国家社科基金
GUOJIA SHEKE JIJIN HOUQI ZIZHU XIANGMU
后期资助项目

东周两汉社会转型背景下的《春秋》诠释

Hermeneutics of *The Spring and Autumn Annals* under the Background of Social Transformation in Eastern Zhou Dynasty and Han Dynasty

朱松美　著

中国人民大学出版社
· 北京 ·

国家社科基金后期资助项目
出版说明

后期资助项目是国家社科基金设立的一类重要项目，旨在鼓励广大社科研究者潜心治学，支持基础研究多出优秀成果。它是经过严格评审，从接近完成的科研成果中遴选立项的。为扩大后期资助项目的影响，更好地推动学术发展，促进成果转化，全国哲学社会科学工作办公室按照“统一设计、统一标识、统一版式、形成系列”的总体要求，组织出版国家社科基金后期资助项目成果。

全国哲学社会科学工作办公室

目　录

绪 论

中国文化的一个独特现象是：无论思想进步还是政治变革，大都借助了经典诠释。经典的精微奥义伴随历史脉搏的跃动，在不断和不同的诠释中延伸、变幻，以此推进思想的变革和政治的变迁，也因此彰显出经典鲜活的生命力和不朽的魅力。并且，往往越是在社会发展的重大转折期，经典诠释越是发挥着一叶知秋的先导性功能，因而使其自身迸发出异常灿烂的光芒。《春秋》，因为其特有的政治属性，对它的诠释更是如此。

一、历史学：实证与诠释的双重属性

长期以来，关于历史学的学科属性问题一直悬而未决。近现代科学将历史学归之于科学，但与一般意义上的科学特别是自然科学相比，历史学在研究对象和研究方法上无疑存在显著差异。众所周知，自然科学的研究对象是可以直接确定、直接感知的“当下”事实，而历史学的研究对象却是不能直接确定、更无法直接感知的“过去”事实。研究对象的不同，决定了两者研究方法的不同。因为对象的现实存在性和确定性，自然科学可以用反复“观察”和“实验”的方法，经过逻辑推理和抽象概括得出某种普遍、确定的规律或结果；而历史学由于研究对象的不可复现性，研究方法区别于一般自然科学。

首先，从研究对象上看，历史学的研究对象只存在于不可复现的过去，这些过去的史事，只能靠考古发现或史家有选择的“记录”，它们被称为“史料”。这些“史料”在完整性、真实性上不可避免地与真实的史事之间存在巨大差异。因为，考古资料本身的零碎自不待言，史料在被选择与记录的过程中，也不可避免地掺杂进记录者的主观“前见”①。这些

---

① 加达默尔．真理与方法：哲学诠释学的基本特征．洪汉鼎，译．上海：上海译文出版社，1992：347．

"前见"就是记录者在特定时代背景下形成的某种经验、意识和观念。这种"记录"下来的史事与史事真相之间的不符，像一条巨大的鸿沟，成为研究者寻求历史真相的障碍，影响着对史事客观性和真实性的追索和判断。

其次，正是因为与自然科学在研究对象上的这一差异，历史学在研究方法上具有不同于一般自然科学的特殊性——诠释属性。因为史事不可复现，历史学研究只能通过考古的零星发现和"记录"的史事进行某种主观体验和理解，从而推理、判断和确认事实的意义和内涵。这种诠释属性的存在，使得有些历史学家希望观察历史、研究历史能够像"镜子和天平一样""鉴空衡平"，"是什么，照出来就是什么；有多重，称出来就有多重，把自己的主观意见铲除净尽"① 的愿望成为主观上的一厢情愿，在实践中难以真正做到。因为史料的记录者和诠释者不可能彻底摆脱"前见"使历史事实以原本的方式再现，亦即：历史无法不加任何主观选择地、纯粹客观地被记录或再现。如伊曼纽尔·沃勒斯坦所说："由于过去有着无限的细节，没有人能够把所有的过去都讲述出来。我们作出选择：我们确实在作出一系列的选择。"② 从事史学方法论研究的，大多要正视这一问题。赵光贤在谈到历史研究法时也指出："史学家能否将与假设相关的史料悉数网罗，大是问题"，因为史料本身的"支离破碎"，在对史料搜集和鉴定后，"还存在一个如何去解释的问题"，"对这段史料怎么解释，可能出现很大的分歧"③，这实际上指出了史学的实证性与诠释性之间的矛盾。历史本是追求客观实证的，求实是历史学的本质，但因为史料的记载和解读过程中掺入了主观性选择与倾向性理解，因而很难做到纯粹的客观，始终难以避免因诠释者的"前见"而表现出诠释的"时代性"。关键是，历史学如何谋求两者之间的平衡。杜维运提出"适度的想像"，并且以努力追求两者的平衡为鹄的："历史上很多地方是割裂的，是不连贯的，数据的残缺不全，促使（想像）这种情势出现"，因而需要"适度地运用'想像'"，而"这种想像，在史学上是一种建设"④。因为在"想像"中，已不由自主地加进了主观意识，这些都是基于时代背景的自我创新，因而进入"建设"层面。只是这种"适度"说起来容易，做起来却

① 梁启超．中国现代学术经典：梁启超卷．石家庄：河北教育出版社，1996：374.
② 伊曼纽尔·沃勒斯坦．知识的不确定性．济南：山东大学出版社，2006：87.
③ 赵光贤．中国历史研究法．北京：中国青年出版社，1988：124.
④ 杜维运．史学方法论．北京：北京大学出版社，2006：149.

很难。

孟子说："王者之迹熄而《诗》亡，《诗》亡然后《春秋》作。晋之《乘》，楚之《梼杌》，鲁之《春秋》，一也。其事则齐桓晋文，其文则史。孔子曰：其义则丘窃取之矣。"（《孟子·离娄下》）这段论述概述了历史学组成的三大要素，即史、文、义的巧妙结合。所谓"史"是以实证法研究基本事实；所谓"文"是将史事以文字表述的形式连缀和贯通起来形成完整叙事；所谓"义"则是用诠释的方法挖掘深藏于史事背后的意义。前两者是传统史学的基本功夫，史学界没有分歧。而对于后者，却有不同看法。实证家如王鸣盛表示排拒："史家所记典制，有得有失，读史者不必横生意见，驰骋议论，以明法戒也。但当考其典制之实，俾数千百年建置沿革，了如指掌，而或宜法，或宜戒，待人之自择焉可矣。其事迹则有美有恶，读史者亦不必强立文法，擅加与夺，以为褒贬也。但当考其事迹之实，俾年经事纬，部居州次，记载之异同，见闻之离合，一一条析无疑，而若者可褒，若者可贬，听诸天下之公论焉可矣。"① 而司马迁却强调史学不仅要"究天人之际，通古今之变"，更要"成一家之言"，这正是孔子"别嫌疑，明是非，定犹豫，善善恶恶，贤贤贱不肖"② 的史学意义。这种史学领域里实证与诠释的纠纷在西方也存在过，典型的是以兰克为代表的史实派和以卡尔·波普尔为代表的诠释派。前者总是试图做到"只让人知道他面前的事实"而不表达出"对任何事情的看法"③；后者则坚定地认为："不可能有一部'真正如实表现过去'的历史，只能有各种历史的解释，而且没有一种解释是最后的解释；因此每一代人都有权利作出自己的解释"④。

的确，历史学的诠释属性决定了"无论是有意还是无意、自觉还是不自觉，我们所面对的历史都渗入了解释的因素"，并且，历史学家正是通过"解释"才完成了他们替现实社会代言的时代任务。正如沃勒斯坦所说："所有的学术研究都是现在——一种不断发展的现在——的活动。没有学者能够逃避现实的要求。"⑤

---

① 王鸣盛．十七史商榷：序//续修四库全书：第452册．上海：上海古籍出版社，2002：137.

② 司马迁．史记：太史公自序．2版．北京：中华书局，1982：3297.

③ 阿克顿．历史研究讲演录//何兆武．历史理论与史学理论：近现代西方史学著作选．北京：商务印书馆，1999：344.

④ 朱本源．历史学理论与方法．北京：人民出版社，2012：7.

⑤ 伊曼纽尔·沃勒斯坦．知识的不确定性．济南：山东大学出版社，2006：87.

因而，我们在界定历史文本的时候，应该接受或认同这样一种理念："历史文本归根结底是为传达某种意义而存在的，历史研究者的一个主要任务就是赋予历史以'意义'"，而"'意义'，归根到底是对'文本'进行创造性解读的结果"①。打个形象一点的比喻，如果把历史比作一个充满生机的生命个体，那么，"史""文"是躯体，而"义"才是灵魂。

当然，历史学的实证属性又决定了历史解释绝不可以肆意脱离客观事实，"历史学是通过对证据的解释而进行的"②，历史解释"必须被置于证据的限制之下"③，而不能彻底摆脱"客观性"的约束，纯粹地天马行空、肆意发挥，这正是历史学"科学"属性之要求。

实证与诠释双重属性的纠合，决定了历史学是事实与诠释的平衡物。从这一意义上立论，历史学家的成功，在"很大程度上取决于他能否成功地在自己与过去之间找到一个恰当的位置"④，这个位置就是实证与诠释的辩证统一。就像皮埃尔·肖努在谈及其历史著作《卡洛斯五世的西班牙》（*Espagne de Charles Quint*）的公正性问题时所说："这本书并非都是公正的——但公正又何在呢？至少研究我们的传统的一代又一代的人们是团结一致在努力用现在了解、解释过去和用过去了解、解释现在的。我们努力做到前后连贯一致。我们不掩饰我们的偏颇。"⑤ 肖努所说的"公正"是指历史著作与历史事实完全符合而表现出的纯粹的客观性，而"偏颇"在这里就带有了脱离客观史事，由作者"用现在了解、解释过去"所赋予的带有强烈现实印记的主观意涵。但是最终，作者对这一作品的肯定是"在努力用现在了解、解释过去和用过去了解、解释现在"中取得一种平衡、一种一致，用作者的话说，就是努力在"过去"和"现在"中寻找一种"连贯"。并且，在这样的统一与"连贯"中，作者由时代出发所赋予作品的"义"，恰是新作品解决时代问题的价值和意义所在，如清代史评家章学诚所强调的："史所贵者义也，而所具者事也，所凭者文也。"⑥

① 王学典．史学引论．北京：北京大学出版社，2008：245-246，249.
② 科林伍德．历史的观念．北京：商务印书馆，1997：37.
③ 同①87.
④ 约翰·坎农．历史学家在工作．世界史研究动态，1998(3).
⑤ 伊曼纽尔·沃勒斯坦．知识的不确定性．济南：山东大学出版社，2006：88.
⑥ 章学诚．文史通义：卷三//叶瑛．文史通义校注．北京：中华书局，1985：219.

实证是历史解释的基础，而历史学必须超越实证，走向解释，方能彰显其价值。

二、《春秋》：诠释向度与意义呈现

孟子的“其义则丘窃取之”（《孟子·离娄下》）说得很明白，对于《春秋》，孔子在文、史、义三要素中是特别属意于后者的。在今天看来，《春秋》的“史”与“义”呈现两端并进、共同发展的态势。更明确点说：从形式上看，《春秋》是历史的，它原本是鲁国史官记载下来的本国编年史，主要以史的形式记事；但与其他史书相比，在其历史编年“外壳”之下的内容与国家政治、社会变革关系紧密，因而政治意义或政治属性由隐而显[①]。这一特点，最早被孔子捕捉到，因此假借《春秋》，伤时感怀，以史鉴治。正如刘勰所揭示的：“夫子闵王道之缺，伤斯文之坠，静居以叹凤，临衢而泣麟，于是就大师以正《雅》《颂》，因鲁史以修《春秋》，举得失以表黜陟，征存亡以标劝戒；褒见一字，贵逾轩冕；贬在片言，诛深斧钺。”[②] 所以，章学诚一再强调：“载笔之士，有志《春秋》之业，固将惟义之求，其事与文，所以借为存义之资也。”[③] “譬之人身，事者其骨，文者其肤，义者其精神也。断之以义，而书始成家”[④]，“作史贵知其意，非同于掌故，仅求事文之末也”[⑤]。显然，学者屡屡强调的《春秋》之“义”是指《春秋》行文中隐而不显的所谓“微言大义”，即隐含在历史事件背后的政治意义，故此荀子有“《诗》《书》之博也，《春秋》之微也”（《荀子·劝学》）的感叹。这也是司马迁认为“有国者不可以不知《春秋》”“为人臣者不可以不知《春秋》”[⑥] 的深层原因。从历史发展的进程上看，政治意义随着历史进程的延伸愈加丰厚，与其他经、史著作相比，《春秋》特别彰显了其诠释属性。

两千年来，从《左传》《公羊传》《穀梁传》三传开始，对《春秋》的诠释表现出了两种明显的倾向（或风格）：一是历史性诠释，重在补充、梳理和阐发《春秋》中的历史性内涵。这一诠释倾向由《左传》发端，目

---

① 赵伯雄：“史是《春秋》的躯壳，义是《春秋》的精神。”（赵伯雄．春秋学史．济南：山东教育出版社，2004：160）

② 刘勰．文心雕龙：史传//四库全书：第1478册．上海：上海古籍出版社，1987：23.

③ 章学诚．文史通义：卷二//叶瑛．文史通义校注．北京：中华书局，1985：171.

④ 章学诚．文史通义：卷六//叶瑛．文史通义校注．北京：中华书局，1985：574.

⑤ 同③172.

⑥ 司马迁．史记：太史公自序．2版．北京：中华书局，1982：3298.

的重在追寻《春秋》"原义"以更好地理解原典。其方法是实证的，传统学术界将这一方法或倾向称为"古文经学"或"汉学"。二是现实性诠释，重在挖掘和阐发《春秋》中的现实（或政治）性内涵，使经典诠释承担起"存亡国，继绝世，补敝起废"① 的政治鉴戒和制度创新功能。这一诠释倾向的特色在于通过探寻《春秋》蕴含的"微言大义"为社会现实政治服务，其方法是演绎的，被称为"今文经学"或"宋学"。

不过，从中国两千年诠释史看，无论是追求原义的"古文经学"或"汉学"，还是注重创新的"今文经学"或"宋学"，这两种诠释风格实际上始终围绕着一个恒定的轴心——追求原义与意义创新二者的统一。也就是说，旨在追求原义的"汉学"并非"惟知章句训诂"，同样，旨在追求微言大义的"宋学"也并非完全"脱略章句，陵籍训诂"②。

经典之所以成为经典，正在于其意义的与时俱新性，而"意义创新"的源泉，即诠释者究竟赋予历史文本（或经典）怎样的新"意义"，其"参照系"始终是诠释者所处当下的社会"现在"以及所预设的社会"未来"③，所谓《春秋》"为万世立法"也正是从这一角度立论的。历史文本的诠释总是立足于当下，回应时代要求，呼应时代步伐，以实证为手段和前提，借助对经典"原义"的理解和诠释，将"意义"指向当下或未来。因而，随着历史的不断延伸，经典总是以"微言大义"的形式不断而又不同地呈现出来。黄俊杰总结得极为恰当："经典的诠释者实际上是以他们所处的时代背景、思想氛围及个人经验来解释意义"，"强烈的历史性与现实取向"是"中国诠释学的重大特征"④。西方诠释理论家伽达默尔也说过：与其说"更好的理解"，还不如说是"不同的理解"，理解"不只是一种复制的行为，而始终是一种创造性行为"⑤。如果把诠释理解为一种创造，那么这种创造产生的源泉就是诠释者生活其中的当下社会实践。张立文也从更广阔的意义上说过类似的话："没有永恒的、不变的真理，只有某个时代精神的精华的体现。"⑥ 这就是经典诠释的时代性意蕴。在这一

① 司马迁．史记：太史公自序．2版．北京：中华书局，1982：3297.

② 朱熹．中庸集解：序//郭齐，尹波．朱熹集：卷75．成都：四川教育出版社，1996：3957.

③ 王学典．史学引论．北京：北京大学出版社，2008：251.

④ 黄俊杰．孟学思想史论：卷2．台北："中央研究院中国文哲研究所"，1997：55-56.

⑤ 加达默尔．真理与方法：哲学诠释学的基本特征．上海：上海译文出版社，1992：380.

⑥ 张立文．中国哲学：从"照着讲"、"接着讲"到"自己讲"．中国人民大学学报，2000（2）.

点上，注重意义创新的“今文经学”自然毋庸置疑，即便追求经典原义的“古文经学”也不例外。

司马迁说《春秋》“文成数万，其指（通“旨”）数千”①。在今天看来，《春秋》的“数千”之“旨”，其实是随着时间推移，一代代春秋学家因应时代不断诠释而形成的“意义”积淀。学者谢金良就一方面看到了由孔子赋予《春秋》的初始“意义”，另一方面强调了孔子之后《春秋》学家们不断赋予的累加“意义”：《公羊》和《穀梁》二传“都是在传授和记录经义的基础上经过长期口耳相传才写定成本的”，它们“不只是对第一个解经者言论的实录，因而必然杂有历代传经者对原有经义重新加以阐释的成分”②。赵伯雄也有过贴切的总结：“经典在长期的传授过程中，其中的义也在不断地增加，《春秋》也是这样。后世经师讲《春秋》的‘义’，有很多既不是作为史册的《春秋》所原有，也不像是孔子的思想，实际上是孔子的弟子和再传弟子们在传经的过程中新增加进去的。因此，应该说，《春秋》的经义是逐渐累积形成的。”③

程颢说：“吾学虽有所受，‘天理’二字却是自家体贴出来”④。《春秋》的“意义”正是随着历史的不断延伸而被一代代儒学后者不断“体贴”出来的。这一方面得益于经典自身意义的开放性，另一方面则归因于现实赋予经典的时代性。章学诚曾有论：“门人弟子，据引称述，杂见传记章表者，不尽出于所传之书也，而宗旨卒亦不背乎师说，则诸儒著述成书之外，别有微言绪论，口授其徒，而学者神明其意，推衍变化，著于文辞，不复辨为师之所诏，与夫徒之所衍也。”⑤ 章学诚认为，师徒辗转传授的微言，经过长期授受，已难辨“师之所诏”与“徒之所衍”。倘若一定要更进一步探寻究竟何人、在何时“体贴”出了《春秋》怎样的“意义”，最好的办法就是深入到各个不同时期，从不同的时代中寻找答案。而对这一问题的深入考察，无疑将有助于我们更深切、更准确地把握不同时代的政治变迁和观念变革。因为，体现为经典意义创新的思想创造，正是应这个时代的需求而产生，并为这个时代代言。

---

① 司马迁．史记：太史公自序．2版．北京：中华书局，1982：3297.

② 谢金良．《穀梁传》的真伪和写作时代问题考辨．福建论坛，1996（2）.

③ 赵伯雄．春秋学史．济南：山东教育出版社，2004：11.

④ 程颢，程颐．二程外书：卷12//四库全书：第698册．上海：上海古籍出版社，1987：337.

⑤ 章学诚．文史通义：卷二//叶瑛．文史通义校注．北京：中华书局，1985：172.

三、东周两汉：社会转型与经典诠释

亚里士多德的《政治学》将社会政体形式归纳为三类，即：多数人主治的共和（民主）政体、少数人主治的贵族（贤能）政体和一人主治的王制（君主政体）①。从现实看，社会组织的演进是逐渐发生的，不同阶段的变化不会像刀砍斧削般断然分明。这给我们探求和甄别政治和社会变迁的阶段性带来了困难。而亚里士多德的理论总结，则给我们提供了一个清晰的界标。以亚氏的理论做参照，我们可以更清楚地判别出中国历史发展过程中政体的变化分野——三种政体划分形式恰好分别与我国的史前民主政治、夏商周三代贵族政治和秦汉以后的君主政治相契合。

在中国历史上，从少数人主治的贵族政治向一人主治的君主政治过渡，是阶级社会以来第一次重大的社会变革与社会转型。以往，史学界大多将这个转型期框定在春秋战国，这当然并不算错。不过，在我看来，因为这一转型涵盖了旧制度的崩溃和新制度的创设，对于整个社会而言，这意味着一种脱胎换骨的政治和文化变迁，必须经历一个相对漫长的时期才能完成。春秋战国只是这个转型期的前半段，当然也是最激烈的剧变期。事实上，从经济、政治和社会观念变革的整个过程看，转型的最终完成在时间上要远远超过这段时期。在我看来，旧政治体制和观念崩塌到新政治体制及观念在全国范围内真正确立的过程在我国从周代后期即东周（史学界通常又细分为春秋和战国两个时期）开始，经秦到两汉才最终得以巩固、完善。如此，大致算来，从东周开始（前770年）到东汉结束（公元220年），这个过程经历了近千年的时间。从阶段上划分，囊括了春秋战国五百年的“破”和秦汉五百年的“立”。中国历史由贵族政治到君主政治的转变经过了近十个世纪，历春秋、战国、秦、西汉、东汉五个历史阶段的变迁，才完成了这一漫长且激越跌宕的蜕变过程。

在这一近千年的社会转型时期，中国社会的确在多个方面发生了脱胎换骨的历史巨变，这些巨变主要体现在以下三个方面：

一是经济的飞跃。工具是生产力最活跃的因素。东周以降，以铁农具和牛耕广泛使用为代表的生产力显著提高，中国历史由青铜时代进入铁器时代。铁使更大面积的农田耕作、广阔森林地区的开垦，成为可能。铁器的使用，使土地被大量开垦，水利工程大规模兴建，土地利用率大大提

① 亚里士多德. 政治学. 北京：商务印书馆，2006：34-35.

高。与此同时，人们对土地的贪婪觊觎也越发不可遏制，围绕土地的兼并和掠夺愈演愈烈。生产力的进步牵引着生产方式的巨大变革，以往大规模简单协作的农耕方式被以男耕女织为特点的个体家庭经营方式取代。与此呼应，手工业和商业经营也出现了新格局，官营手工业无法继续垄断：以国家垄断工商业为特征的“工商食官”被打破，私营工商业迅猛发展。农业、工商业的变革巨浪推动着列国统治者被动地调整政策：放弃农业和工商业的国家垄断，承认私有，向私有土地和工商业者征税。如此一来，一种以私有制为基础的新型生产关系悄然确立，私有观念日益深入人心；经济基础的变化最终导致社会制度和社会意识形态领域的深刻变革，君主政治取代了贵族政治。贵族为延续统治而承认私有的政策调整，最终自掘坟墓，亲手葬送了自己的政权。与此同时，封建生产关系的建立、调整和封建政治体制的确立、完善，反过来又加速了封建经济的发展，以农业、手工业和商业三大领域为代表的封建经济迅猛发展。到秦汉时期，中国经济发展已达到当时世界先进水平。农业：当汉代推广铁犁时，欧洲还在使用木犁；汉代使用的条播机，欧洲到 18 世纪才学会使用；当汉代农业进入高技术的轮作复种时，欧洲的农业还在实行轮作制。手工业：汉代的丝绸轰动欧洲，价逼黄金；中国在公元前 7 世纪进入铁器时代，到公元前 3 世纪的战国中期已达到世界冶铁技术的先进水平，其中铣铁冶炼和锻铁技术领先西方两千年，战国的人力皮囊鼓风系统、汉代采用的煤饼燃料和高炉冶炼都领先世界；东汉制瓷技术达到成熟；四大发明中有两大发明（指南仪、造纸术）出现于这一时期。商业：汉代的长安城超过罗马城三倍，居世界城市前列；商业信贷包括债券“傅别”、高利贷，都领先世界；对外贸易从西北的丝绸之路到东南的海上丝绸之路，中国商人通过陆、海国际商路将中国先进的技术产品传播到世界。体制变革和社会转型，使中国在世界文明史上闪耀着异常灿烂的光彩。

二是贵族政治向君主政治的转变。这一转变是随着血缘纽带的进一步废弛、典型宗法制向非典型宗法制过渡而发生的。从世界范围考察，社会组织关系由血缘转向地缘这一人类文明演进趋势的完成，原本通常发生在多数人主政的史前民主向少数人主政的贵族政治的过渡期，即人类进入文明社会时期（在我国就是由原始社会到夏商周社会建立）。但是，因为各民族不同的地理环境和经济方式，这一演进历程表现出较大差异。如生活于海洋地理环境、工商业发达的希腊人，在跨入文明社会后，很快挣脱氏族社会的血缘纽带，彻底地完成了血缘向地缘的转化。但是，与古希腊人不同，居住于辽阔的东亚大陆、以农耕为主要经济形式的中国居民，由于大陆迁移的从容和农耕经济的求稳，养成了聚族而居、固土重迁的生活习惯和民族特性。这种民族习惯和心理倾向决定了中国人从史前向文明过渡的过程中血缘纽带解体得不充分。血缘纽带在文明社会延续的直接结果是造成了典型的血缘宗法社会。这种血缘宗法的延续，决定了中国在第一个转型期（即由史前转入国家时期）由血缘向地缘转变的不彻底——血缘组织依然在社会上强韧地存在。缘于此，中国社会的发展形成了不同于西方的独特之处。

所以，从春秋战国开始，以工具为突破的经济发展推进了由血缘向地缘的第二步转变——从商周典型的血缘宗法体制向非典型血缘宗法体制的转变。血缘宗法的部分废弛，导致了以往靠血缘纽带联结的社会组织变得相对松散，而散漫的小农经济社会又恰恰需要一种强有力的社会组织形式。于是，随着夏商周典型血缘社会的进一步解体，君主政治体制在艰难的蜕变中逐渐建立起来。以秦始皇主持的大规模政治体制建构为标志，少数人主政的商周贵族政治终于被一人主政的君主政治取代。当然，在这一转变过程中，由于地理和经济方式仍未发生本质性改变，血缘宗法仍然顽强地在新政体的顶层（皇室）和基层（众多的地方家族）组织中存在，两千年绵延不绝，构成了整个中国与西方社会的巨大差异。但无论如何，经过春秋战国五百年的痛苦震荡和激越蜕变，以秦朝的建立为标志，这一由典型血缘宗法向非典型血缘宗法、由纯粹血缘宗法向宗法政治型国家的过渡最终完成了，秦朝君主政治体制框架的建立是这一过程完成的集中体现。经过两汉特别是西汉武帝和东汉光武帝的进一步完善，君主政治体制得以牢固地奠立。对于这一点，翦伯赞的结论显然是恰当的："西汉的政治，到武帝时，走进了一个新的阶段，这就是完成了中央集权政治体制的建立。"① 这种集权政治因为契合了中国分散的小农经济方式，最终成为中国农耕文明的恰当体现和必然选择。由此释放出的巨大政治动能，不仅深刻影响了此后两千年中国文明的走向，也以世界古代农耕文明的巅峰地位，成功影响了世界文明的发展。

三是思想意识形态的变革。任何社会意识形态，都与该社会形态的本质规定性相适应。在转型前期的春秋战国时代，不同的阶级、阶层面对社会经济、政治的巨变，产生了不同的看法或主张，形成了不同的愿望和要

① 翦伯赞. 秦汉史十五讲. 北京：中华书局，2012：77.

求。而“学在官府”教育体制的打破和政治割据动荡下文化高压的趋弱，都为思想者们提供了表达不同主张、愿望和要求的现实可能性或理想环境。在先进知识分子——“士”观念巨变的引领下，社会普遍的思想心理和价值观念在春秋战国这一新旧交替、古今杂陈的时代，展现了一幕幕多元文化价值观激荡的场景。

再细分开来看，百家争鸣正是社会经济、政治变革引发的思想文化变革的表现。换言之，经济、政治变革引发的社会危机和文化危机，是诸子学术兴起的社会土壤。诸子百家在新与旧、古与今、现实与未来的交替对接中，肩负起了新文化重建的艰巨使命。他们站在不同的立场和角度，通过不同的方法和途径，在新的体制、文化和观念建设上做出了各自的努力，为社会转型提供了不同的转变模式和蓝图设计。但无论是儒家的和谐秩序、道家的本真自然，还是法家的尚刑重法，诸子百家其实万流归宗，政治上由贵族政治秩序走向君主政治秩序，地域上由分裂走向统一，观念上由求变到趋稳，是各学派思想变革围绕的主轴和核心，也是这一社会转型期的一般步骤和规律。经过百家争鸣的思想碰撞和君主政治体系的趋于完善，到转型的后半段即两汉时期，思想价值观念终于由贵族政治颠覆下激烈动荡的“破”，过渡到与稳定相契合的君主政治及其意识形态的“立”。

冯天瑜等学者的《中华文化史》，从文化形态学角度将文化分为物态、制度、行为、心态几个层面，并分析指出：社会意识形态因为是由文化专门家创作加工，注入了丰富的个性色彩，是创造性思维的产物，从而具有了活跃的变异性，尤其在社会变革的时代，可以在短期内发生“今是而昨非”的剧变①。这种剧变，引领时代思潮，反过来又作为一种强有力的思想召唤引领着时代变革。从东周到两汉，从诸子百家到董仲舒们的努力所激发起的思想风暴正是起到了这样的作用。而当我们深入进去，认真考察他们进行思想创建的路径和方法时，却几乎无一例外地发现：他们借以创新、变革思想从而引导时代前行的理论平台或者实践路径就是经典诠释。

通过对经典的诠释和再诠释，实现文化的扬与弃、因与革，在破与立中建构新的思想体系，探寻新的文化方向，描绘新的社会蓝图。这也就是为什么当我们考察经典诠释史时会发现，恰恰正是在诸如东周两汉，以及清末民初社会转型的特殊时刻，经学特别是注重阐发“微言大义”的今文

① 冯天瑜，何晓明，周积明. 中华文化史. 上海：上海人民出版社，1990：34.

经学会格外活跃。而在诸经典中，《春秋》又因为其突出的政治特色，在社会变革期扮演了重要角色。徐彦说："《春秋》之说，口授子夏，度秦至汉乃著竹帛"①，《春秋》是乱世之作，乱世之史至治世而著竹帛，成为定本，经典的形成过程与现实政治的变迁过程之间竟如此契合绝非偶然。从现实角度看，经义从分化到统一，传播方式从口耳相传到著于竹帛，《春秋》经从产生到成型的过程，正是现实中旧的国家政治体制衰败到新的国家政治体制全面确立的过程。在这一过程中，经典诠释与政治变革相契相合，从始至终共同表征或完成了中国历史上这一重大的社会变革。

探讨社会变革时期的《春秋》诠释，把握这一特殊历史时期经典诠释与社会政治之间的互动关系及其所由以发生的深层社会根源，其意义不仅在于经学和学术的发展，更在于社会的发展。

① 徐彦．春秋公羊传注疏：序//阮元．十三经注疏．北京：中华书局，1980：2190．

第一章　贵族政治没落与孔子“作”《春秋》

夏商周三代统治象征着中国古代贵族政治的三面旗帜，而西周则是整个中国贵族政治历史上最成熟或典型的时期。从公元前 1046 年到公元前 771 年，靠着稳定的井田经济和文、武两代前后相继的贵族政治制度与文化创建，西周统治维系了近三百年的繁荣，这在整个中国历史上都是少见的。

但是，这个曾经设想坚如磐石的政权依然没有摆脱智者兴、庸者亡的兴衰规律。以生产力发展为契机，周政权与它所代表的贵族政治一起，最终还是在腐败、暴虐的政治乱象与“百川沸腾，山冢崒崩”（《诗经·小雅·十月之交》）、“瘨我饥馑，民卒流亡”（《诗经·大雅·召旻》）的灾难中走上衰落覆亡之路。从王室衰微到诸侯称霸再到强卿政治，借助分封制遗留的分裂基因，在政治强弱格局的变换中，旧体制瓦解，新体制萌发，贵族政治的衰落与君主政治的确立几乎同时发生。这就是历史上通常所说的东周时期，也叫春秋战国时期。这个时期从公元前 770 年到公元前 221 年，经历了痛苦、激荡而又生机乍现的五百年。

中国历史上进入阶级社会以来第一个轰轰烈烈的社会转型时代从此拉开了帷幕。从旧贵族政治体制的崩溃到新君主政治体制的建立和完善，前后经历了春秋战国的“破”到秦汉的“立”。这一转型过程形势瞬息万变，各种未知与新鲜不断涌现，但有一点是注定了的，那就是：整个社会在向着更高阶段前行。

第一节　礼崩乐坏与鲁史《春秋》诞生

进入东周，政治实力变化推进了礼乐征伐“自天子出”到“自诸侯出”再到“自大夫出”，乃至“陪臣执国命”（《论语·季氏》）的层级式权力颠覆。在一次次颠覆中，贵族等级的代表——壁垒森严的周礼频频遭到僭越和践踏。曾经，当齐景公面对“陈氏厚施焉，民归之矣”的局面，询问晏婴如何阻止田氏崛起时，晏婴回答：“唯礼可以已之。在礼，家施不及国，民不迁，农不移，工贾不变，士不滥，官不慆，大夫不收公利。”（《左传》昭公二十六年）其实，晏婴不曾看透礼制只不过是政治等级制的外在体现，在等级制遭到破坏的情况下，礼制也必然随之削弱而失去原本的功用。

贵族等级制无可奈何花落去，与此同时，以私有制为代表的新的经济和政治力量日渐生成。这些新兴力量在积极冲破旧有礼制的同时，又特别致力于用新的“法治”保护私有。从公元前685年齐国管仲改革主张以法治国①，到公元前536年郑子产“铸刑书”和二十多年后（前513年）赵鞅“铸刑鼎”，法治政治和法治理念日益深入人心。法治，是新兴封建势力冲破旧礼制等级限制以对抗旧势力、保护新生私有力量的有力武器。它的推行，必将进一步加速旧礼制秩序的崩溃，接下来引发类似“子弑父，臣弑君”的更大社会动荡和混乱，所以孔子用“晋其亡乎，失其度矣……民在鼎矣，何以尊贵？贵何业之守？贵贱无序，何以为国？”（《左传》昭公二十九年）对礼制崩溃与法制兴起表示困惑。

历史的车轮无法倒退。随着贵族政治体制的崩溃，旧礼制倒塌的趋势已无法遏止。在这样的现实状况下，接受了太多鲁礼熏陶的孔子，出于恢复礼制的目的，要借整理鲁史《春秋》发表深微洞察，以乱世之痛教训后人，使“善可为法，恶可为戒”②。

《春秋》本是周代多国史官所记各国编年史的泛称。设史官，著国史，在我国有着悠久的传统。中国以农业大国著称，农耕经济的一个显著特点是祖先崇拜，在寒来暑往的自然循环中，先辈经验可以为后代农业生产提供足够的借鉴。如此长期的观念和意识积累，形成了中国人格外崇拜祖

① “明主者，一度量，立表仪，而坚守之；故令下而民从。法者，天下之程式也，万事之仪表也。吏者，民之所悬命也。故明主之治也，当于法者赏之，违于法者诛之。故以法诛罪，则民就死而不怨；以法量功，则民受赏而无德也。此以法举错之功也。故明法曰：以法治国，则举错而已。明主者，有法度之制，故群臣皆出于方正之治，而不敢为奸。百姓知主之从事于法也，故吏之所使者有法，则民从之；无法则止。民以法与吏相距，下以法与上从事。故诈伪之人不得欺其主，嫉妒之人不得用其贼心，谗谀之人不得施其巧，千里之外不敢擅为非。故明法曰：有法度之制者，不可巧以诈伪。”（管仲．管子：明法解//诸子集成（五）．上海：上海书店，1986：346）

② 司马光．资治通鉴：进书表．北京：中华书局，1997：2432.

先（经验）的心理传统。因之，“依圣托祖”、重视历史成为中国人根深蒂固的思维。对史官设置及其记事的重视，正是这一传统在社会实践中的体现。

许慎《说文解字·叙》记有：“黄帝之史仓颉，见鸟兽蹄迒之迹，知分理之可相别异也，初造书契，百工以乂，万品以察，盖取诸夬。”① 在诸多如《荀子》《韩非子》《吕氏春秋》《世本》等早期文献中也不乏类似记载，以故刘知幾有“史官之作，肇自黄帝，备于周室”② 的结论。上述文献显示，从黄帝开始，中国就有了史官。此后，历代都延续了设史官的传统，所谓：“古之王者世有史官，君举必书，所以慎言行，昭法式也。左史记言，右史记事，事为《春秋》，言为《尚书》，帝王靡不同之。”③ 文献所见，夏有史官终古④；商有史官向挚⑤；到了周代，不仅王室设史官，各诸侯国也开始设史官⑥。所谓：“周礼有史官，掌邦国四方之事，达四方之志，诸侯亦各有国史。大事书之于策，小事简牍而已。”⑦

在文字产生前，史官记事主要通过口耳相传和结绳、刻木等原始形式。文字发明后，人们逐渐尝试将记事内容刻于陶器、甲骨和青铜器上，成为陶文、甲骨文和金文。

春秋以降，随着贵族政治的没落，文化下移使各诸侯国和卿大夫之家也都设史官以载国史、记家史，成为一个个遍布各地的独立文化记录和传播中心。史官记录史事产生了大量史料和史著。《国语·楚语上》记载春秋中期楚庄王就太子教育问题访于大夫申叔时，申叔时提到用于教育太子的文献有《春秋》《世》《诗》《礼》《乐》《令》《语》《故志》《训典》⑧

① 许慎．说文解字：叙．北京：社会科学文献出版社，2006：841.

② 刘知幾．史通：史官建置//浦起龙．史通通释：卷十一．上海：上海古籍出版社，1978：304.

③ 班固．汉书：艺文志．北京：中华书局，1962：1715.

④ “夏太史令终古出其图法，执而泣之。夏桀迷惑，暴乱愈甚，太史令终古乃出奔如商。”（吕不韦．吕氏春秋：先识//诸子集成（六）．上海：上海书店，1986：179）

⑤ “殷内史向挚见纣之愈乱迷惑也，于是载其图法，出亡之周。”（吕不韦．吕氏春秋：先识//诸子集成（六）．上海：上海书店，1986：179）

⑥ 鲁国史官由周王赐予，《左传》定公四年有：“武王克商，成王定之，选建明德，以藩屏周。故周公相王室，以尹天下，于周为睦。分鲁公以大路、大旂……土田陪敦，祝宗卜史，备物典策，官司彝器。因商奄之民，命以伯禽，而封于少皞之虚。”晋国也在周王室东迁前设立了史官。就连僻居西陲的秦，也在平王十八年（秦文公十三年，前753年）“初有史以记事”（司马迁．史记：秦本纪．2版．北京：中华书局，1982：179）。

⑦ 孔颖达．春秋左传正义：序//阮元．十三经注疏．北京：中华书局，1980：1704.

⑧ 国语：楚语上．上海：上海古籍出版社，1998：528.

等，可见当时文献种类之多。而各诸侯国史官记录的本国史大多称《春秋》，即墨子所说“吾见百国《春秋》”①。今日所见《墨子·明鬼》篇中的“周之《春秋》”“燕之《春秋》”“宋之《春秋》”“齐之《春秋》”②，当然都囊括其中。所以，清代洪业总结说：“所谓《春秋》者，史书之通称也。”③ 只是，在后来的战乱流离中，各国史官所记大多遗失，唯有鲁国史官所记鲁国《春秋》中的一部分，因被孔子整理后用于教学，并在后世尊儒的社会大背景下，作为儒家经典流传下来。所以，现在所称的《春秋》也就成了鲁史《春秋》的专称。

《春秋》的诞生，是史官由记录史料（如《尚书》）转向编撰史著的标志，因而成为中国史学史的开端。它采用编年体，按年月日顺序依次记载了春秋时期鲁隐公至鲁哀公共 242 年的鲁国史事。在表述方式上，“一般只记时、地、人、事，绝无枝蔓描写，绝无人物对话，也极少解释性的、说明因果的文字，几乎全不带感情色彩”④。这种尽量摒除感情色彩的简略、纲要式记述方式，既是受简帛载体所限，也是史官追求客观记事宗旨的体现。

从产生过程和内容形式看，《春秋》原本是鲁国史官记录本国史事而成的一部鲁国史，属于历史著作，这一点是没有疑问的，杜预、胡安国、郑樵都有类似论述：“《春秋》者，鲁史记之名也。”⑤“古者列国各有史官掌记时事，《春秋》，鲁史尔。仲尼就加笔削，乃史外传心之要典也。”⑥“《春秋》者，鲁史记之名也。有未经夫子笔削之《春秋》，有已经夫子笔削之《春秋》。”⑦ 现代学者杨伯峻甚而列举了大量实例证明“《春秋》本是鲁史”⑧。这一《春秋》原本，概即《左传》昭公二年韩宣子适鲁所见的“鲁《春秋》”⑨ 和《公羊传》庄公七年所说的“不修《春秋》”⑩。后来，孔子将这部鲁史《春秋》稍加修订，用作教授学生的教材。

然而，需要指明的是，鲁史《春秋》经过孔子的修订或改作，其自身

① 刘知幾．史通：六家//浦起龙．史通通释：卷一．上海：上海古籍出版社，1978：7.
② 孙诒让．墨子间诂//诸子集成（四）．上海：上海书店，1986：140-144.
③ 洪业．春秋经传引得：序．上海：上海古籍出版社，1983：11.
④ 赵伯雄．春秋学史．济南：山东教育出版社，2004：3.
⑤ 杜预．春秋经传集解：序//阮元．十三经注疏．北京：中华书局，1980：1703.
⑥ 胡安国．春秋传：序//四库全书：第 151 册．上海：上海古籍出版社，1987：5.
⑦ 郑樵．六经奥论：卷四//四库全书：第 184 册．上海：上海古籍出版社，1987：74.
⑧ 杨伯峻．春秋左传注．3 版．北京：中华书局，2009：8.
⑨ 阮元．十三经注疏．北京：中华书局，1980：2029.
⑩ 同⑨2228.

属性和功能发生了改变，即由侧重历史和实证向侧重政治和诠释转向。虽然历史的学科属性决定了前后两者的联系与共通，但两者在根本上还是有区别的：前者注重过去，后者侧重当下；前者注重客观，后者侧重主观；前者注重记事，后者侧重诠释；前者注重史料真实，后者侧重政治启迪。清末经学家皮锡瑞就洞察到了这一点：“《春秋》自孔子加笔削褒贬，为后王立法，而后《春秋》不仅为记事之书。”① 从此，《春秋》以其“微言大义”，在不同时代不断被诠释者赋予不同的政治“意义”，形成了“文成数万，其指数千”② 的宏大气魄。

“经”本脱胎于“史”，以故李贽有言：“经、史一物也。史而不经，则为秽史矣，何以垂戒鉴乎？经而不史，则为说白话矣，何以彰事实乎？故《春秋》一经，春秋一时之史也。《诗经》《书经》，二帝三王以来之史也。而《易经》则又示人以经之所自出，史之所从来，为道屡迁，变易匪常，不可以一定执也。故谓六经皆史可也。”③《春秋》本为史书，所谓：“昔宣尼赞修六经，而《尚书》《春秋》实为史家之权舆。”④ 这是章学诚明言“六经皆史”⑤ 的学理根据。而本为史书的《春秋》，经孔子带有政治目的的改“作”之后，便发生了由“史”到“经”的属性转变。就像李源澄所说的：“经本是史文，但自经学成立以后，即变其性质。历史之于人生，言其意义，充其量不过知往察来、惩恶劝善而止耳，而经学则有为人生规律之意义。”⑥ “史”既已成“经”，“经”便异于“史”，如蒙文通所说：“于《坊记》见《鲁春秋》，于《公羊》见不修《春秋》，笔则笔，削则削，游夏不能赞一辞，则《春秋》之辞微而指博者，亦非鲁之旧也……未定之六籍，亦犹齐、楚旧法世传之史耳，巫史优为之。删定之书，则大义微言，灿然明备，唯七十子之徒、邹鲁之士、荐绅先生能言之。”⑦ 这也是章学诚遭到后人诟病⑧的原因。

---

① 皮锡瑞．经学历史．北京：中华书局，1959：20.

② 司马迁．史记：太史公自序．2 版．北京：中华书局，1982：3297-3298.

③ 李贽．焚书：卷五．北京：中华书局，2009：214.

④ 钱大昕．廿二史劄记：序//续修四库全书：第 453 册．上海：上海古籍出版社，2002：191.

⑤ 章学诚．文史通义：卷一//叶瑛．文史通义校注．北京：中华书局，1985：1.

⑥ 李源澄．经学通论：论经学之范围性质及治经之途径．上海：华东师范大学出版社，2010：5.

⑦ 蒙文通．经学抉原：旧史第一//蒙文通文集：第三卷．成都：巴蜀书社，1995：53-54.

⑧ 晚世今文学家，如皮锡瑞《经学历史》、廖平《知圣篇》、康有为《孔子改制考》，多在批判古文经学之余，对章氏提出诘难。

第二节 孔子“作”《春秋》与《春秋》意义呈现

孔子“作”《春秋》的记载最早见于《孟子》。《滕文公下》有：“世衰道微，邪说暴行有作，臣弑其君者有之，子弑其父者有之。孔子惧，作《春秋》。《春秋》天子之事也，是故孔子曰：‘知我者，其惟《春秋》乎？罪我者，其惟《春秋》乎？’”“孔子成《春秋》而乱臣贼子惧。”《离娄下》也有：“王者之迹熄而《诗》亡，《诗》亡然后《春秋》作。晋之《乘》，楚之《梼杌》，鲁之《春秋》，一也。其事则齐桓晋文，其文则史。孔子曰：其义则丘窃取之矣。”

自《孟子》以后，对于“孔子作《春秋》”一事，学界从认同到质疑，有过长期争议①。原因除外在不同的政治、文化背景制约之外②，主要的还在于学者们对“作”咬文嚼字式的理解。

事实上，通过教育阐发政治主张、重建礼乐秩序，是孔子著述讲学的主要目的。以《春秋》为教本，是借师徒传承实现这一政治目的的理想途径。孔子的“作”便是借助对鲁史《春秋》的抄撮、修缮和解说，总结、反省和批判政治，阐发对当下时局的观点和看法。通过历史教育、政治启发和观念灌输影响学生，寄希望于师生接力完成拯救时弊、重建政治等级和礼乐秩序的任务。故而，这里的“作”不能理解成传统意义的文字“创作”，而应该理解为孔子基于上述目的对作品意义的理解和“阐发”。

孔子“述而不作”（《论语·述而》），“述”彰显了史料上对鲁史《春秋》的依凭，而“不作”则是以“窃取”（《孟子·离娄下》）《春秋》之义的形式阐发新义，是以“述”为“作”，以史料诠释体现思想创新。司马迁也曾谦称自己著《史记》是：“余所谓述故事，整齐其世传，非所谓作也”③，与孔子的“述而不作”类同，意在连缀、修正旧史以作自我发挥（“成一家之言”）。

---

① 朱松美．也谈孔子“作”《春秋》：孔子“作”《春秋》的诠释学解析．济南大学学报（社会科学版），2017，27（6）．

② 如陈柱、晁天义等分析了20世纪初疑古之风影响下对孔子、儒学的否定（陈柱．孔子不作《春秋》辨．大夏季刊，1929（2）；晁天义．“古史辨”派与20世纪的《春秋》性质研究．甘肃社会科学，2004（4））。

③ 司马迁．史记：太史公自序．2版．北京：中华书局，1982：3299-3300．

至于孔子如何借经文解说阐发“大义”，又阐发出了怎样的“大义”，《礼记·经解》有关于六经的综合论述：“孔子曰：入其国，其教可知也。其为人也，温柔敦厚，《诗》教也；疏通知远，《书》教也；广博易良，《乐》教也；絜静精微，《易》教也；恭俭庄敬，《礼》教也；属辞比事，《春秋》教也。”① 《史记·滑稽列传》也引孔子语：“六艺于治一也。《礼》以节人，《乐》以发和，《书》以道事，《诗》以达意，《易》以神化，《春秋》以义。”② 这一方面告诉我们，孔子修订六经的现实目的是“教”，即发挥教育功能；另一方面明确了《春秋》的教育功能是“属辞比事”。其字面意义是连缀词句，排比史事，深层意义则是在“比事”中品评政治，阐述观念。

所谓“孔子成《春秋》而乱臣贼子惧”（《孟子·滕文公下》），在礼崩乐坏的混乱年代，孔子试图通过周游列国实现政治抱负的希望破灭，只得通过“作”《春秋》，发掘和阐发自己的政治主张，针砭时弊，谴责乱臣贼子对礼制等级的破坏，寄希望于通过师生的代际传递，以“拨乱世，反诸正”，重整社会秩序，实现政治抱负。因此，这里的“作”，实际上是孔子为达到警示现实、塑造未来的政治目的而对鲁史《春秋》意义的再诠释，即所谓“据周史，立新经”③。刘知幾说：“仲尼之修《春秋》也，乃观周礼之旧法，遵《鲁史》之遗文；据行事，仍人道；就败以明罚，因兴以立功；假日月而定历数，藉朝聘而正礼乐；微婉其说，志晦其文；为不刊之言，著将来之法”④，表明了孔子焦虑政治而作《春秋》的目的性以及诠释《春秋》的可能性。亦即：在对《春秋》的刊正、教授中，借隐微之笔，褒贬王事，警示政治。然而，孔子以布衣之身而行褒贬天子之事，等级制度框架下的僭越色彩使孔子陷入两难，因而才有“知我者，其惟《春秋》乎？罪我者，其惟《春秋》乎”的感叹。赵岐解为：“世衰道微，周衰之时也。孔子惧正道遂灭，故作《春秋》。因鲁史记，设素王之法，谓天子之事也。知我者，谓我正纲纪也。罪我者，谓时人见弹贬者。言孔子以《春秋》拨乱也。”（《孟子注疏·滕文公章句下》）朱熹也引胡安国，详加解说：“仲尼作《春秋》以寓王法。惇典、庸礼、命德、讨罪，其大要

① 阮元. 十三经注疏. 北京：中华书局，1980：1609.

② 司马迁. 史记：滑稽列传. 2版. 北京：中华书局，1982：3197.

③ 春秋纬：演孔图//安居香山，中村璋八. 纬书集成. 石家庄：河北人民出版社，1994：579.

④ 刘知幾. 史通：六家//浦起龙. 史通通释：卷一. 上海：上海古籍出版社，1978：7.

皆天子之事也。知孔子者，谓此书之作，遏人欲于横流，存天理于既灭，为后世虑，至深远也。罪孔子者，以谓无其位而托二百四十二年南面之权，使乱臣贼子禁其欲而不得肆，则戚矣。”①

当然，强调孔子“窃取”《春秋》之义，同时意味着鲁史《春秋》原本有“义”，如宋人叶適所说：“旧史自有义，孔子因之，不能废也。”②因为史官选取史料、记录史事的过程本就在有意无意间赋予了《春秋》“意义”，称作“史义”。因为，史料和史著被记录和编写的过程，同时也是史官的主观取舍和加工过程。在这一过程中，客观的史事不可避免地受到史官主体意识的左右。这就是被记录的事实与客观历史本身之间的区别。鲁《春秋》虽然旨在客观记述史事，却也不可避免地内含了史官的主观选择和倾向，这种主观倾向性既有史书传统的编纂方法（即史法），也有心理倾向和价值观念。所以，当孔子说“其义则丘窃取之”（《孟子·离娄下》）时，也就首先表明了鲁《春秋》所内含的本始“意义”。正如杨伯峻所说：“这些史官（当时叫太史）一方面不得不适应当时的形势，一方面也有他自己的观点和文风。”③ 孔子正是借“窃取”这些“义”，以发掘“微言”的形式“接着说”，阐发自己的新“义”，从而打开了《春秋》新的意义诠释空间。

孔子通过诠释《春秋》，接续鲁史官的史事记录和意义表述，进而通过契合当下时代的再诠释，以“上无明君，下不得任用”的无奈，用褒、贬、讥、绝、讳的方式，“垂空文以断礼义，当一王之法”④，阐发和表达自己对社会政治的看法和理想。就像董仲舒所理解的：“周道衰废，孔子为鲁司寇，诸侯害之，大夫壅之，孔子知言之不用，道之不行也，是非二百四十二年之中，以为天下仪表，贬天子，退诸侯，讨大夫，以达王事而已矣。”⑤ 所以，皮锡瑞说：“必以经为孔子作，始可以言经学；必知孔子作经以教万世之旨，始可以言经学。”⑥ 同时代的廖平也有类似论议：“孔子继二帝三王之统，斟酌损益，以为一王之法，达则献之王者，穷则传之后世。缵修六经，实是参用四代，有损益于其间，非但钞袭旧文而已。”⑦

---

① 朱熹. 四书章句集注. 北京：中华书局，2003：272.

② 叶適. 习学记言：卷一四//四库全书：第849册. 上海：上海古籍出版社，1987：452.

③ 杨伯峻. 春秋左传注. 3版. 北京：中华书局，2009：8.

④ 司马迁. 史记：太史公自序. 2版. 北京：中华书局，1982：3299.

⑤ 同④3297.

⑥ 皮锡瑞. 经学历史. 北京：中华书局，1959：27.

⑦ 廖平. 知圣篇：卷上//续修四库全书：第953册. 上海：上海古籍出版社，2002：787.

司马迁说：“《春秋》文成数万，其指（通“旨”）数千。”① “数千之指”当是历代经学家不断丰富的结果。对孔子而言，他要表达的“旨”当有如下几点：

一、尊王尊君与政治秩序

春秋时期的社会动荡催生了知识分子的入世情结。孔子致力于三代秩序的恢复，因而特别关注王道所由兴、霸道所由亡。而鲁《春秋》正是典型王霸兴亡的史事记录，因此成为孔子关注社会变乱、恢复礼乐秩序的聚焦点。于是，借《春秋》所记，“窃取”《春秋》之“义”，以作为阐述自己思想观念和政治理想的平台。

身处新旧交替的春秋乱世，孔子为社会秩序混乱找到的原因是“礼崩乐坏”。如何重整社会秩序，恢复社会稳定，是包括老、庄、孔、孟在内所有身处其时的思想者艰难探索的主题。他们在向前看不到未来的情况下，只好向后看，从人类以往的历史中找寻摆脱现实苦难的出路。在争夺杀戮的现实中，老子找到的是上古“小国寡民”（《老子》八十章）社会的质朴安宁，而孔子则把眼光投向了周初文、武之世“监于二代，郁郁乎文哉”（《论语·八佾》）的井然秩序，因而孜矻以求，致力于恢复周代等级秩序，而尊奉周王，便是恢复等级秩序的首要一环。

明确表达孔子尊王思想的是《春秋》僖公二十八年“冬，公会晋侯、齐侯、宋公、蔡侯、郑伯、陈子、莒子、邾人、秦人于温。天王狩于河阳”条，《左传》释为：“是会也，晋侯召王，以诸侯见，且使王狩。仲尼曰：‘以臣召君，不可以训。’故书曰‘天王狩于河阳。’”春秋时期，齐桓首霸，一度挡住了楚国的北上。齐桓公去世，齐国霸业衰落，宋国曾试图伐齐称霸，与楚国一较高低。但公元前 638 年的宋楚泓之战，宋国一败涂地。对抗楚国北上，维护汉阳诸姬的责任便历史性地落到了刚刚强大起来的晋国肩上。公元前 632 年（鲁僖公二十八年）晋楚城濮之战，晋国以正确的战略战术，大败楚国。城濮之战使中原小国摆脱了强楚的控制，战后，晋文公先是在践土大会诸侯，周襄王正式承认了晋文公的霸主地位。同年冬，晋文公再次召集齐、秦、宋、鲁、郑、陈、蔡、莒等国诸侯会盟于温。此次会盟，周襄王被召赴会。

本来，按照周代的礼制规定，周王通过层层分封和宗法维系，形成了

① 司马迁．史记：太史公自序．2 版．北京：中华书局，1982：3297．

“天子建国，诸侯立家，卿置侧室，大夫有贰宗，士有隶子弟，庶人工商各有分亲，皆有等衰”（《左传》桓公二年）的清晰的等级隶属关系。天子以下的各级贵族，在共同的等级网络中，各自享有不同的政治地位和经济特权。因为他们的权力都是周王赐予的，所以周王对他们拥有绝对的统属权和控御权，可以随时征调各国军队并定期巡视各封国，称“巡狩”。各诸侯国则要严格执行对周王的定期朝聘纳贡制度，即：“诸侯之于天子也，比年一小聘，三年一大聘，五年一朝”（《礼记·王制》）及出兵勤王、戍守、服劳役等。对于违背制度的诸侯国，周王可随时施以诸如贬爵、削土、军事征伐等惩罚，所谓“一不朝见贬其爵，再不朝见削其土，三不朝见则六师移之”（《孟子·告子下》）。但是，春秋以后，“周室衰微，诸侯强并弱，齐、楚、秦、晋始大，政由方伯”[①]。号称“天下共主”的周天子，因为王畿缩小、朝聘减少面临经济穷困、军事削弱的窘境，失去了对诸侯国有效的制约力。诸侯崛起并凭借各自势力逐鹿中原，称王称霸。在这种局面下，象征天子控御四方的“巡狩”，实际上往往变味为被召赴会，温之会就是如此。

对于此次温之会襄王被召一事，鲁史官认为“以君召臣”有违周代等级礼制，按照“为君者讳，为尊者讳，为亲者讳”（《公羊传》闵公元年）的避讳原则，不予如实记录，而用“天王狩于河阳”掩盖了周天子被召赴会的史实真相。这便是鲁史官在记录《春秋》时所表达的“义”，隐含了对周天子威严扫地的隐讳。对此，孔子尽管看到了事实真相：“曰‘诸侯无召王’、‘王狩河阳’者，《春秋》讳之也。”[②] 然而，一心想“宪章文武”、恢复周礼的孔子，却对史官的这一做法表示了赞赏：“曰：以臣召君，不可以训。故书曰：‘天王狩于河阳。’言非其地也，且明德也。”（《左传》僖公二十八年）孔子认为，以臣召君，有违周礼，为避免后人以此为训，不可如实记载。将“天王被召赴会”的事实掩盖起来，代之以“天王狩于河阳”，虽然有违秉笔直书的史官传统，却体现了尊王思想，有益于天子尊严和礼制秩序的维系。因而，在孔子眼里，史官歪曲史事的做法是值得称扬的“明德”之举。

尊君与尊王是一脉相承的。在周代礼制秩序的框架中，诸侯国君为周王所封，在周代礼制中仅次于周王。国君作为这一体制的重要一环，正是周王政权得以存续的政治根基。所以，尊君与尊王异曲同工，同样代表了

---

① 司马迁．史记：周本纪．2版．北京：中华书局，1982：149.

② 司马迁．史记：晋世家．2版．北京：中华书局，1982：1668.

对礼制秩序的维护。尤其在天子式微、诸侯强大已不可逆转的情况下，尊君恐怕已是尊王的代名词。

反映孔子尊君思想的典型有《春秋》宣公二年秋九月“乙丑，晋赵盾弑其君夷皋”条。本条记载的是公元前607年晋国国君晋灵公被杀之事。春秋后期，诸侯国君在频繁的外部战争和激烈的内部矛盾中走向腐朽。晋灵公是春秋后期荒淫无道的君主之一，其“厚敛以雕墙；从台上弹人，而观其辟丸也；宰夫胹熊蹯不熟，杀之，置诸畚，使妇人载以过朝”的恶行，在《左传》中有所揭露。面对灵公的荒淫无道，大臣赵盾（字宣子）、士季等屡次谏阻，灵公非但不听，还因此屡屡派人刺杀赵盾。族人赵穿对这个作恶多端的国君忍无可忍，于此年九月乙丑“攻灵公于桃园”，而“宣子未出山而复”。为此，晋太史董狐记为：“‘赵盾弑其君。’以示于朝。宣子曰：‘不然。’对曰：‘子为正卿，亡不越竟，反不讨贼，非子而谁？’”① 因为赵盾逃亡返回后没有讨伐弑君的赵穿而成为太史董狐笔下的弑君者。撇开灵公该不该杀本身不论，将赵穿的弑君记为赵盾弑君，这样的记载显然违背了史事真相。从秉笔直书的角度看，太史董狐并不是一个尊重史事的好史官。而我们从史官的不实记载，看到了史官浓厚的尊君意识：作为大臣的赵盾，因为返不讨贼，便成了史官眼中间接的弑君者。而对于鲁史官的这一不实记载，孔子尽管认为作为良大夫的赵盾是“为法受恶”，但仍然赞赏董狐的作为，称之为书法不隐的“良史”（《左传》宣公二年）。可见，孔子具有与史官相同的尊君意识。

二、灾异谴告与权力约束

中国文化的连绵不辍，使古代思想精神最大限度地得以保存和传承。生产力水平的局限与对自然认识的肤浅，使祖先倍感自然的神秘、强大与自身的脆弱、渺小，由此产生对自然的依赖、畏惧和崇拜。从史前期的万物有灵到阶级社会的上帝、天命，神灵信仰随着历史进程不断趋于崇高和统一。天人合一、天人感应的天人观和宗教观因此形成。我国早期文献如《尚书》《诗经》有多篇记载商周时期“天命”观的流行盛况②。

西周时期，随着经验积累和政治兴替，人们对自然和社会的认识日趋

---

① 阮元．十三经注疏．北京：中华书局，1980：1867.

② 如《尚书》的汤誓、仲虺之告、伊训，《诗经》的商颂、大雅：文王、小雅：谷风、小雅：节南山等篇。

理性。天的神性渐次淡化，人的力量相对提升。在此基础上，“天视自我民视，天听自我民听”的重人意识树立起来，“天命”成了“民意”的代表，人的敬畏之心也就由前者转向后者，自然宗教开始向伦理宗教过渡。这一变化，我们在多种先秦古籍中都可领略到。

《尚书·盘庚》有：“古我前后，罔不惟民之承。保后胥戚，鲜以不浮于天时。”这里，“天命”与“民意”取得了一致。《尚书·召诰》则表达得更加清晰：

> 天亦哀于四方民，其眷命用懋。王其疾敬德！相古先民有夏，天迪从子保，面稽天若；今时既坠厥命。今相有殷，天迪格保，面稽天若；今时既坠厥命。……我不可不鉴于有夏，亦不可不监于有殷。我不敢知曰，有夏服天命，惟有历年；我不敢知曰，不其延。惟不敬厥德，乃早坠厥命。我不敢知曰，有殷受天命，惟有历年；我不敢知曰，不其延。惟不敬厥德，乃早坠厥命。①

周公借总结夏、商兴亡，考察天命、民意与王权的关系，从天命即民意中找到了王权存在的基础——敬德，得出了“惟不敬厥德，乃早坠厥命”的结论，因而“皇天无亲，惟德是辅”（《左传》僖公五年）、“怀保小民”“不敢荒宁”（《尚书·无逸》）成为维系政权永续的基础。

从周初对“天命靡常”（《诗经·大雅·文王》）的困惑，到发现左右天命的民意，再到“敬德”“保民”执政路径的探索，用了周代八百年的时间，这是中国先祖从神秘宗教走向理性认知的漫长过程。经过这一过程的洗礼，敬天、保民、明德的政治观念最终确立起来，这一观念被儒家继承并延续下来，成为中国古代的政治文化传统。从此以后，灾异谴告作为天命民意的表达，成为约束和匡正政治统治的重要力量。即便在经历了春秋战国人神颠倒的观念变革，敬天重民进一步被轻天重民取代，甚至新的君主政治建立之后，灾异谴告经过董仲舒的重新建构，依然承担着皇权确立与制约的双向使命。如此，我们也就理解了为什么包括荀子、司马迁、董仲舒、朱熹在内的众多的思想家们在天人相分和理性觉醒的情况下，依然顽固地坚守灾异谴告不肯割舍。

灾异谴告的思维前提是早期的天人合一，它是“通过人类社会中的灾变或自然界的异常现象与人类行为之间的关联，来判断人事是非恶善”②。

---

① 阮元．十三经注疏．北京：中华书局，1980：212-213．
② 蒋庆．公羊学引论．沈阳：辽宁教育出版社，1995：206．

因此，它立论于天人合一，而归宿于人间善恶。但也必须看到，这种“灾异谴告”在现实中究竟能够发挥多大的实际效用，还要受制于君主的自觉、自律程度。也就是说，对于一个致力于追寻“功加于时，德垂后裔”“与国咸休，永世无穷”① 的统治者而言，“灾异谴告”自然会起到应有作用。但对于一个不信天命又不敬厥德的统治者，灾异谴告的力量便要大打折扣。所以，我们会屡屡看到，一个靠道德自觉和灾异谴告力量约束权力的社会，只能在“有德者兴，昏庸者亡”的循环更替中终始往复。

但无论如何，在进入阶级社会、史前民主约束已然丧失的情况下，“灾异”成为贵族特别是后来的君主政治下一种无可替代的权力约束力量。在这样的背景下，重视和不断强调灾异谴告，也就成了包括鲁史官、孔子及其后学者惯用的匡政手段，所谓：“天所以有灾异何？所以谴告人君觉悟其行，欲令悔过修德，深思虑也。”② 因而，记灾异也就自然成为鲁史《春秋》的重要记事内容之一。这些“灾异”大至日月异出、山陵崩颓，小至雨不时至、霜不杀草。

如果说“记灾异”在鲁史官那里还有职责所系“记自然”的成分的话，那么，在挂怀兴亡得失的儒者那里，“记灾异”就完全被赋予了“谴告”政治的功能。这一点，我们从孔子答鲁哀公问灾异可清晰地看出来：“鲁哀公问于仲尼曰：‘《春秋》之记曰：“冬十二月，賈霜，不杀菽。”何为记此？’仲尼对曰：‘此言可以杀而不杀也。夫宜杀而不杀，桃李冬实。天失道，草木犹犯干之，而况于人君乎？’”③ 孔子将“宜杀而不杀，桃李冬实”的自然现象与“天失道，草木犹犯干之，而况于人君”的人事直接联系起来，将自然灾异归之于国君“失道”，意在以天谴警告国君。

《史记》中，司马迁借董仲舒的话阐述了孔子赋予“六艺”特别是《春秋》的政治使命：

> 《易》著天地阴阳四时五行，故长于变；《礼》经纪人伦，故长于行；《书》记先王之事，故长于政；《诗》记山川溪谷禽兽草木牝牡雌雄，故长于风；《乐》乐所以立，故长于和；《春秋》辨是非，故长于治人。是故《礼》以节人，《乐》以发和，《书》以道事，《诗》以达意，《易》以道化，《春秋》以道义。拨乱世反之正，莫近于《春秋》。《春秋》文成数万，其

① 尚书：周书//阮元．十三经注疏．北京：中华书局，1980：200.

② 班固．白虎通义：卷上//四库全书：第850册．上海：上海古籍出版社，1987：34.

③ 韩非子：内储说上//诸子集成（五）．上海：上海书店，1986：166.

指数千。万物之散聚皆在《春秋》。《春秋》之中，弑君三十六，亡国五十二，诸侯奔走不得保其社稷者不可胜数。察其所以，皆失其本已。故《易》曰“失之豪厘，差以千里”。故曰“臣弑君，子弑父，非一旦一夕之故也，其渐久矣”。故有国者不可以不知《春秋》，前有谗而弗见，后有贼而不知。为人臣者不可以不知《春秋》，守经事而不知其宜，遭变事而不知其权。为人君父而不通于《春秋》之义者，必蒙首恶之名。①

孔子以恢张仁义、重建秩序为己任，自然特别重视“长于治人”的《春秋》，着力发掘《春秋》所记诸侯因“失其本”而导致“乱世”的根源所在，以找到“反之正”的理想途径。《孝经钩命决》引孔子说：“吾志在《春秋》，行在《孝经》，以《春秋》属商，以《孝经》属参。”② 纬书虽不必全信，但这确是孔子平生“志”之所在，《春秋》中也确寓有孔子对未来政治的希冀。

三、倡导亲迎与伦理秩序

所谓亲迎，是指在婚姻嫁娶过程中，男子亲自上门迎接女子完成婚礼。在中国婚姻史上，从史前乱婚到不稳定的对偶婚，再到文明社会稳定的一夫一妻制，经历了多种婚姻演变形式。周代，随着贵族等级礼制的确立，婚制也逐渐确立为稳固的聘娶婚。男女合婚是形成家庭、实现人类繁衍的前提，也是社会走向文明的标志。《周易大传·序卦传》：“有天地然后有万物，有万物然后有男女，有男女然后有夫妇，有夫妇然后有父子，有父子然后有君臣，有君臣然后有上下，有上下然后礼义有所错。”《荀子·大略》亦有：“夫妇之道，不可不正也，君臣父子之本也。……以高下下，以男下女，柔上而刚下。……亲迎之道，重始也。”正夫妇之道，显然已经由男女结合的性爱本能上升到政治和道德高度，就像何休《春秋公羊解诂》所言：“《春秋》正夫妇之始也。夫妇正，则父子亲；父子亲，则君臣和；君臣和，则天下治。故夫妇者，人道之始，王教之端。”③

《诗经·大雅·大明》记载了一则文王亲迎太姒的故事：“大邦有子，伣天之妹，文定厥祥，亲迎于渭。造舟为梁，不显其光。”④ 正是文王亲

① 司马迁．史记：太史公自序．2版．北京：中华书局，1982：3297-3298.
② 安居香山，中村璋八．纬书集成．石家庄：河北人民出版社，1994：1009.
③ 阮元．十三经注疏．北京：中华书局，1980：2203.
④ 袁梅．诗经译注．青岛：青岛出版社，1999：633.

迎的这位太姒，与其母和祖母太任、太姜一起，成就了三太教子、周朝奠基的佳话。文王亲迎，显示了对女子美德的仰慕与追求，也寓意着对婚姻家庭的重视，为一向主张“宪章文武”的孔子所赞赏。所以，在《大戴礼记·哀公问》中，当鲁哀公对“冕而亲迎，不已重乎”提出质疑时，“孔子愀然作色而对曰：‘合二姓之好，以继先圣之后，以为天地宗庙社稷之主，君何谓已重乎？’”“大婚，万世之嗣也，君何谓已重焉？”“昔三代明王之政，必敬其妻子也有道。妻也者，亲之主也，敢不敬与？”① 在孔子的观念里，婚姻不仅是两性结合，更是家庭和睦、子女教育以及社会责任的开始。亲迎，有敬重婚姻、正夫妇之道以正人道的深刻意味。因而，周代开始严格婚姻禁忌和婚礼规范，今天我们还可以从《仪礼·士婚礼》和《礼记·昏义》管窥一斑。

但是，刚刚在西周得到规范化调整的婚姻制度，到春秋时期随着政治秩序和道德信仰的颠覆而陷入混乱。史前乱婚现象的遗留和复归，在表面的婚无定制中，显示出对婚姻关系的轻蔑和亵渎。《春秋》《左传》都大量记载了由祸家而乱国的婚姻乱象，如《春秋》桓公十六年“十有一月，卫侯朔出奔齐”。《左传》详细记载了这次由婚乱导致的国乱：“初，卫宣公烝于夷姜，生急子，属诸右公子。为之娶于齐，而美，公取之，生寿及朔，属寿于左公子。夷姜缢。宣姜与公子朔构急子。公使诸齐，使盗待诸莘，将杀之。寿子告之，使行。不可，曰：‘弃父之命，恶用子矣！有无父之国则可也。’及行，饮以酒，寿子载其旌以先，盗杀之。急子至，曰：‘我之求也。此何罪？请杀我乎！’又杀之。二公子故怨惠公。十一月，左公子泄、右公子职立公子黔牟。惠公奔齐。”② 卫宣公淫于庶母夷姜，又自娶子媳，最终导致了卫国君位废立、惠公出逃的国难。类似的典型事件还有《春秋》桓公十八年春“公会齐侯于泺，公与夫人姜氏遂如齐。夏四月丙子，公薨于齐”③。齐桓公与其妹鲁桓公夫人淫乱，导致鲁桓公被杀的国难。这些由婚姻混乱导致的家国灾难，意味着秩序混乱、道德沦丧的社会乱象下尊重婚姻、家庭与尊卑等级的社会责任的丧失。

所以，孔子从“礼”的重要性出发，意在通过倡导亲迎恢复婚姻礼制，并以此为契机拨乱反正，维系渐已沉沦的贵族等级制。

---

① 阮元. 十三经注疏. 北京：中华书局，1980：1611.

② 同①1758.

③ 同①1759.

四、“夷夏之辨”与新夷夏观的萌生

夷夏观是中国历史上有关民族关系的一个重要观念。王夫之《读通鉴论》说：“天下之大防二：中国、夷狄也；君子、小人也。”① 这是王夫之借西晋北方五胡之乱，表达对明朝衰弱、满洲入关的感慨。不过，纵观中国历史进程，伴随中原王朝兴衰存在着一个规律性现象：中国②强则四夷弱，中国弱则四夷强。中国与夷狄关系的紧张最早始于东周王室的衰落，因而，旨在防范夷狄的华夷之辨也便盛行于这一时期。由此开始，历史上以汉族为主体的华夏民族在与周边少数民族的碰撞、融合中，每逢民族关系紧张时重视“天下之大防”的“夷夏之辨”便成为人们关注的焦点。

“夷夏之辨”也称“华夷之辨”“夷夏之防”。从根本上来说，它是在华夏族由血缘向地缘转化过程中民族主体意识自觉的表现。随着人群关系由血缘向地缘的转化，人们逐渐意识到与地缘差异相伴随的民族文化的不同。这一观念，又进一步随着中原部族的融合和中原文化的崛起而转化为华夷文化的一个中心概念。

从文献看，夷、夏对举始于西周。先是，《尚书·大禹谟》有大禹治水后“无怠无荒，四夷来王”的记载，自大禹治水、夷夏观形成，周代遂以夏文化继承者自居③，《尚书·康诰》中的“惟乃丕显考文王，克明德慎罚，不敢侮鳏寡。庸庸，祗祗，威威，显民。用肇造我区夏，越我一二邦以修”（《尚书·周书·立政》）就反映了这一文化心理。由此，华夷相对的自觉意识开始萌发。

不过，在整个商周时期，一方面，华夏强盛、中原独大的政治格局，维系了“其克诘尔戎兵，以陟禹之迹。方行天下，至于海表，罔有不服”④ 的四夷宾服局面，华夏文化彰显了自身的优越感，所谓“中国者，聪明睿知之所居也，万物财用之所聚也，贤圣之所教也，仁义之所施也，《诗》《书》《礼》《乐》之所用也，异敏技艺之所试也，远方之所观赴也，

① 王夫之. 读通鉴论：卷十四. 北京：中华书局，1975：372.

② 此处的“中国”为“中原之国”的简称。

③ 祭公谋父回忆周人历史称：“昔我先王世后稷以服事虞、夏。及夏之衰也，弃稷弗务，我先王不窋用失其官，而自窜于戎、狄之间，不敢怠业，时序其德，纂修其绪，修其训典，朝夕恪勤，守以敦笃，奉以忠信，亦世载德，不忝前人。”（国语：周语. 上海：上海古籍出版社，1998：2-3）

④ 阮元. 十三经注疏. 北京：中华书局，1980：232.

蛮夷之所义行也”[①]；另一方面，生产力和人口数量所限，避免了中原与四夷在地缘上的直接对抗，中原四夷维系了“用训厥道，付界四方”（《尚书·周书·康王之诰》）、“惠此京师，以绥四国”（《诗经·大雅·民劳》）的和平局面。

但是，东周以降，一方面，生产力的进步与疆土开拓，消除了各国与四夷之间的缓冲地带。疆土的直接接壤，使得彼此之间的利益冲突更加直接，文化交流与碰撞进一步加剧，所谓“南夷与北狄交，中国不绝若线”[②]。另一方面，在王室衰微与诸侯争霸下，动荡、衰弱的中原局势为四夷涉足中原提供了机会。资料显示，这一时期位于今山西、陕西、内蒙古一带的狄族，位于今河北、山东境内的戎族及江汉流域的荆楚纷纷乘虚而入。早在西周幽王时，史伯避祸迁徙答郑桓公时曾谈及当时局势：“王室将卑，戎、狄必昌，不可逼也。当成周者，南有荆蛮、申、吕、应、邓、陈、蔡、随、唐；北有卫、燕、狄、鲜虞、潞、洛、泉、徐蒲；西有虞、虢、晋、隗、霍、杨、魏、芮；东有齐、鲁、曹、宋、滕、薛、邹、莒；是非王之支子母弟甥舅也，则皆蛮夷戎狄之人也。非亲则顽，不可入也。”[③] 这是华夏诸姬对于血缘与地缘结合下的民族差异第一次有了切肤之感。进入东周，华夏族更是在丧失了天子核心领导力的情况下面临“四夷交侵”的危势，所谓“夷狄也，而亟病中国”[④]。见于《春秋》及其“三传”的相关记载，如隐公七年“天王使凡伯来聘，还戎伐之于楚丘以归”[⑤]、桓公六年“北狄伐齐”[⑥]、鲁庄公三十年“山戎病燕”[⑦]、闵公元年和二年“狄人伐邢”“狄人伐卫”[⑧]、僖公十一年“扬、拒、泉、皋、伊、洛之戎同伐京师，入王城，焚东门，王子带召之也。秦、晋伐戎以救周。秋，晋侯平戎于王”[⑨] 等不绝如缕。特别是在经历了“昭王南征而不复”[⑩]、“王师败绩于姜氏之戎”[⑪]，以及西周灭于犬戎的大变局后，激烈的

---

① 刘向. 战国策：赵策. 上海：上海古籍出版社，1985：656.
② 阮元. 十三经注疏. 北京：中华书局，1980：2249.
③ 国语：郑语. 上海：上海古籍出版社，1998：507.
④ 同②.
⑤ 四书五经. 天津：天津市古籍书店，1988：53-54.
⑥ 同⑤74.
⑦ 同②1783.
⑧ 同②1786，1787.
⑨ 同⑤168.
⑩ 同②1793.
⑪ 国语：周语. 上海：上海古籍出版社，1998：22.

地域与种族冲突激起了华夏族对四夷的民族警惕与心理排斥。华夏民族在“靡室靡家，猃狁之故”“岂不日戒，猃狁孔棘”（《诗经·小雅·采薇》）的义愤中，形成了“非我族类，其心必异”[①]“戎狄豺狼，不可厌也；诸夏亲昵，不可弃也”[②]的民族心理认同，并促成了“戎狄是膺，荆舒是惩”（《诗经·鲁颂·閟宫》）的行为认同。在这样的趋同心理下，“尊王攘夷”成为中原诸侯国称霸扩张的政治号召。在夷夏之间日益频繁的心理和行为对抗中，“夷夏之辨”观念正式形成，所以有学者说：夷夏之辨“严于春秋”[③]。

受夷夏差异与对抗的社会氛围影响，孔子也极端重视夷夏关系，关注夷夏差异，因而有“夷狄之有君，不如诸夏之亡也”（《论语·八佾》）的论述，并用“裔不谋夏，夷不乱华”[④]的夷夏观，高度赞扬管仲九合诸侯、尊王攘夷的功勋：“管仲相桓公，霸诸侯，一匡天下，民到于今受其赐。微管仲，吾其被发左衽矣。”（《论语·宪问》）

当然，东周以来中原与四夷的种族及地域冲突，一方面在民族关系的紧张与碰撞中形成了中原对周边民族的抵斥；另一方面，文化的流动与交融也拓宽了四夷文明，开阔了华夏人的视野，增进了他们对四夷的了解和包容，所谓“去就之变，知者不能一；远近之服，圣贤不能同。穷乡多异，曲学多辨，不知而不疑，异于己而不非者，公于求善也”[⑤]。在这样的情势下，孔子对四夷的观念也在悄然变化：“言忠信，行笃敬，虽蛮陌之邦，行也。”（《论语·卫灵公》）因而才有“子欲居九夷，或曰：‘陋，如之何？’子曰：‘君子居之，何陋之有’”（《论语·子罕》）的言论。可见，这一时期，中原文化的优越感和排斥四夷的心理坚冰在慢慢消融，夷夏之辨的关注点和区别标准在实现了从血缘差别向“内诸夏而外夷狄”[⑥]的地缘差异转变之后，再一次由地缘向文化差异转向。同时，对待夷狄的政策主张也随之发生转变，由“德以柔中国，刑以威四夷”[⑦]的单一军事征伐变为了“远人不服，则修文德以来之”（《论语·季氏》）的文化怀柔，这显然是东周以降华夏与四夷在战乱中交互融合、共同趋于文明的结果。这一结果，促使以地域为界限的夷夏之辨向以文明为标准的新夷夏观转变。

---

① 阮元．十三经注疏．北京：中华书局，1980：1901.

② 同①1786.

③ 姜建设．夷夏之辨问题发生的历史考察．史学月刊，1998（5）.

④ 四书五经．天津：天津市古籍书店，1988：505.

⑤ 刘向．战国策：赵策．上海：上海古籍出版社，1985：657.

⑥ 同①2297.

⑦ 同④190.

第二章　君主政治确立与《春秋》意义的分化

从春秋末到战国初，随着生产力的发展和封建生产关系的建立，卿大夫登上了政治舞台，开始利用民众的力量向诸侯国君展开夺权斗争。在这一过程中，他们自身也实现了由旧贵族向新兴地主的蜕变。

夺权后，为进一步打击旧贵族，实现富国强兵，巩固新兴政权，以便在新一轮激烈的兼并战争中获胜，卿大夫先后进行了不同程度的体制改革，历史上称这些改革为“变法”。在各国的变法中，以魏、楚、齐、燕、韩、赵、秦几个大国最为典型。其中最早的是魏国李悝变法，而最彻底的则是秦国商鞅变法。

这场新的制度改革前后经历了一百多年，经过反复、曲折的斗争，由旧贵族中“卿大夫”转变而成的新兴地主阶级终于取代了以周天子和诸侯国君为代表的旧贵族，陆续在各国建立起了新的君主制政治。以文武分职为特点的官僚机构及官吏任免、管理体制也相应确立起来。从任人唯亲到立功举贤，从贵族分权到君主集权，国君灵活、集中地控制了全国官吏的考核、任免大权。私有成文法的出台，则为新兴的私有制提供了有效的法律保障。这一切，都为其后秦朝君主政治体制的确立奠定了坚实基础。

新的上层建筑因为适应经济基础的变革，促进了封建经济的飞速发展。铁制农具和牛耕迅速普及，水利工程大规模兴建。同时，官、私营手工业和商业蓬勃发展，特别是私营手工业的活跃，为经济发展输入了新鲜血液，平添了新的力量。

这是一个经济大发展、政治大变革、社会大动荡、民族大融合、文化大繁荣的时代。雅斯贝斯把它与古希腊罗马并称为世界文明史上的“轴心时代”，并给予高度评价：“世界历史的轴心似乎是在公元前800年至200年之间发生的精神历程之中……非凡的事都集中在这一时代发生，同时又独立地在中国、印度、巴勒斯坦、希腊等地出现……直至今日，人类一直靠轴心期所产生、思考和创造的一切而生存。每一次新的飞跃都回顾这一时期，并被它重燃火焰。自那以后，情况就是这样。轴心期潜力的苏醒和对轴心期潜力的回忆，或曰复兴，总是提供了精神动力。”①

在这个社会大变革的时代，旧的等级秩序和成文法崩溃，新的等级秩序曙光微露。新旧交替、古今杂陈，各种社会矛盾错综复杂，激烈的政治斗争和繁荣的经济文化，使社会各个层面都发生着剧烈变动：贵族垄断教育的“学在官府”被打破，新的知识分子阶层“士”摆脱贵族身份，成为新文化的代表。他们依照各自的出身及其依附阶层的差异表达不同的观点和主张；而政治上的割据，又为这些知识分子和文化舆论提供了相对自由开放的社会环境，使他们可以对社会大变革中的新问题、新矛盾、新现象敞开胸怀，或各立门派、著书立说，或畅所欲言、互相争鸣。其中既有对旧秩序崩溃的批判和怀恋，也有对新秩序创造的向往。文化领域与社会秩序一样表现出古今杂陈、新旧交锋的热闹场面。

以上的社会变革及其特点，无疑都展现在了他们对《春秋》经的解说之中。

第一节　战国《春秋》诠释与三传成书

《韩非子·显学》说：“孔子死后，儒分为八”。在新旧交替、思想多元的时代，孔子死后，源于对儒家经典理解的不同，儒学分化势所难免。对《春秋》理解的分化也正基于此。如此，杨士勋总结说：“仲尼卒而微言绝，秦正起而《书》《记》亡。其《春秋》之书，异端竞起，遂有邹氏、夹氏、左氏、公羊、穀梁五家之《传》。”② 杨士勋的《春秋》五家之说源于《汉书·艺文志》，班固最早提出有《左传》③ 三十卷及《公羊传》《穀梁传》《邹氏传》《夹氏传》各十一卷。但以上五传，“邹氏无师，夹氏未有书”④。因为邹氏师承中断，夹氏没有文本流传，只有《左传》、《公羊

① 卡尔·雅斯贝斯．历史的起源与目标．北京：华夏出版社，1989：14.

② 杨士勋．春秋穀梁传注疏：序//阮元．十三经注疏．北京：中华书局，1980：2358.

③ 司马迁称“《左氏春秋》”（司马迁．史记：十二诸侯年表．2 版．北京：中华书局，1982：510），班固“《春秋左氏传》”“《左氏》”“《左氏传》”混用（班固．汉书：楚元王传．北京：中华书局，1962：1967）。

④ 班固．汉书：艺文志．北京：中华书局，1962：1715.

传》和《穀梁传》三传传世。

所谓“传”，唐代刘知幾有“盖传者，转也，转受经旨，以授后人”① 的说法。按照刘知幾的理解，“传”是后人对前世经典的“转相授受”。既如此，“转受”中便不可避免地掺杂进诠释者对于经典的自我理解。而经典及其意义也在不断、不同的理解和解释中延续、延伸。三传对《春秋》的解说，实际上内含了作者基于当下发挥的时代性意涵。因而，要探讨三传究竟发掘和阐释出了怎样契合于时代的《春秋》“大义”，必须首先确定三传产生的时代。

要确定三传的形成年代，首先要面对以下两个有争议的问题：一是三传究竟是否为《春秋》传文；二是三传的作者。

一、关于三传是否为《春秋》传文

目前，《公羊传》和《穀梁传》为《春秋》传文，这在史学界已经没有什么疑义。问题集中在《左传》，《左传》究竟是《春秋》传文，还是一部独立的《春秋史》，史学界争议较大，主要有两种不同观点：

一种认为《左传》是一部独立的史学著作，而不是解说《春秋》的传文。这就是历史上所谓“《左传》不传《春秋》”② 的说法。它发源于西汉哀帝今文博士的“《左传》为刘歆伪造”说。

哀帝初，因为刘歆提出将《左传》立于学官，进而引发了经今、古文之争。《汉书·楚元王传》记载了这件事：

> （成帝）河平中，受诏与父向领校秘书，……歆及向始皆治《易》，宣帝时，诏向受《穀梁春秋》，十余年，大明习。及歆校秘书，见古文《春秋左氏传》，歆大好之。时丞相史尹咸以能治《左氏》，与歆共校经传。歆略从咸及丞相翟方进受，质问大义。初，《左氏传》多古字古言，学者传训诂而已，及歆治《左氏》，引传文以解经，转相发明，由是章句义理备焉。歆亦湛靖有谋，父子俱好古，博见强志，过绝于人。歆以为左丘明好恶与圣人同，亲见夫子，而公羊、穀梁在七十子后，传闻之与亲见之，其详略不同。歆数以难向，向不能非间也，然犹自持其《穀梁》义。及歆亲近，欲建立《左氏春秋》及《毛诗》《逸礼》《古文尚书》皆列于学官。哀帝令歆与五经博士论其

---

① 刘知幾．史通：六家//浦起龙．史通通释：卷一．上海：上海古籍出版社，1987：10.

② 班固．汉书：楚元王传．北京：中华书局，1962：1970.

义，诸博士或不肯置对……①

成帝时，刘向、刘歆父子受诏整理宫中藏书。其间，刘歆看到了从民间献进宫中的古文《春秋左氏传》。他以为：《左氏》传文出自曾经“亲见夫子”的左丘明，在领会圣人精神的准确性与可信度上自然要比公羊、穀梁七十子后传闻更胜一筹。于是，“引传文以解经”，并于建平元年（前6年）建议刚继位的哀帝立《左传》于学官。

刘歆笃信《左传》是由与孔子同时的左丘明写成。这部因左丘明惧弟子“各安其意”而写成的解经传本，在汉之前一直流传于民间。西汉建立后，得益于文、景以来政府号召“大收篇籍，广开献书之路”②，《左传》同其他典籍一起被献入宫中。刘歆整理宫中藏书时发现并“大好之”。这段记载不仅认同了《左传》的作者即是与孔子同时的左丘明，而且一并确认了《左传》的成书是在汉之前③。如此，《左传》为刘歆伪造的说法便不能成立了。当然，从上文看，刘歆也并非与《左传》毫无关系，至少刘歆发现后曾“大好之”并“引传文以解经”。

刘歆要将《左传》立于学官的提议激怒了今文学家，原因大概有以下两点：一是心理和观念。今文学家一直奉《公羊》《穀梁》为圭臬，无法容忍《左传》取而代之。二是今文经已经成为其食禄之源，所以为了保住既得利益起而抗争。《汉书·楚元王传》说：刘歆将《左传》等古文经立于学官的说法一提出，“诸儒皆怨恨”，“名儒光禄大夫龚胜以歆移书上疏深自罪责，愿乞骸骨罢”，大司空师丹“奏歆改乱旧章，非毁先帝所立”④。刘歆的提议遭到今文学家的激烈抵抗，或罗列罪名，或以离职要挟。当然，今文学家明白，要想阻止将古文经立于学官，仅仅靠情绪化的“怨恨”不足以达到目的。除政治手段之外，还需要学理上的论证。而从否定《左氏》传经入手，釜底抽薪，斩断《左氏》与《春秋》之间的关联，是阻止刘歆立《左氏》于学官最有效的办法。于是，“《左氏》为不传《春秋》”⑤ 成为今文学家攻击刘歆的主要说辞。今文学家的群起攻之使刘歆一时难以招架，性格懦弱的哀帝除了弱弱地替刘歆辩解了一句“歆欲

① 班固．汉书：楚元王传．北京：中华书局，1962：1967.

② 班固．汉书：艺文志．北京：中华书局，1962：1701.

③ 另有：“汉兴，北平侯张苍及梁太傅贾谊、京兆尹张敞、太中大夫刘公子皆修《春秋左氏传》。”（班固．汉书：儒林传．北京：中华书局，1962：3620）

④ 同①1972.

⑤ 同①1970.

广道术，亦何以为非毁"① 外，再不可能给予刘歆更有力的支持，"忤执政大臣"而遭"众儒所讪"的刘歆只得"惧诛，求出补吏，为河内太守"②，在政治和学术上一并退却。

显然，汉代今文经学家坚持"《左传》不传《春秋》"的深层目的，恐出于今文经学的学术成见与利禄考虑，是反对立《左传》于学官的依据所需。宋叶適批评这一说法："谓之不传《春秋》者，汉儒守师说之陋也"③，大概也是由此立论。然而，当下刘歆的退却，却似乎在客观上坐实了今文经学家"《左传》不传《春秋》""《左传》为刘歆伪造"的说法。

到了清末，在内忧外患与古今、中西文化的激烈碰撞下，中国社会再度面临社会转型。"三千年未有"的社会巨变，迫使经学家们再度借经典诠释应对社会变革，以"微言大义"见长的今文经学再度受到追捧，注重史事补充的《左传》因为发挥空间有限而再度遭贬。刘逢禄作《左氏春秋考证》指出：《左氏春秋》本独自成书，性质类似《晏子春秋》《吕氏春秋》，其成为《春秋传》，是汉刘歆"附益改纂"，"改《左氏》为传《春秋》之书"的结果，"故曰《左氏春秋》，旧名也；曰《春秋左氏传》，刘歆所改也"④。之后，崔适《春秋复始》也沿袭了这一说法，称："刘歆……杂取传记，附以臆说，伪造《左》《穀》二传，借以破坏《春秋》，为莽饰非。"⑤

现代大批学者受此影响，不断坚持甚至完善这一说法。如蒋伯潜就认为："谓《左传》为释经之'传'，不如谓《左传》为记事之史"⑥。张西堂则直称："《左氏春秋》这部书本来是与《春秋经》无关的。它不是解释《春秋》的专书"⑦。张舜徽也认为：今文学派"《左氏》为不传《春秋》"的观点是对的，"《公羊传》和《穀梁传》是专为解释《春秋》的，即'附

① 班固. 汉书：楚元王传. 北京：中华书局，1962：1972.

② 同①1972.

③ 叶適. 习学记言：卷十一//四库全书：第849册. 上海：上海古籍出版社，1987：426.

④ 刘逢禄. 左氏春秋考证//续修四库全书：第125册. 上海：上海古籍出版社，2002：244，241，250.

⑤ 崔适. 春秋复始：卷一//续修四库全书：第131册. 上海：上海古籍出版社，2002：383.

⑥ 蒋伯潜. 十三经概论. 上海：上海古籍出版社，1983：497.

⑦ 张西堂. 左氏春秋考证：序//顾颉刚. 古史辨：第五册. 上海：上海古籍出版社，1982：264.

经立传，经所不书，传不妄发’。《左传》就不同，它只叙史事，不解释《春秋》的经义”①。胡念贻的观点也很有代表性：“《左传》本来是一部叙事较详的史书，是公元前五世纪的一部私家著作。它在写作过程中当然参考了鲁《春秋》——我们见到的《春秋》。但它并不是为解释《春秋》而作，它独立于《春秋》之外。后来有人陆续窜入了一些解释《春秋》的文字，这些文字虽然部分经过精心弥缝，消灭了痕迹，但有许多却是窜入之迹宛然。……《公羊传》和《穀梁传》是解经的书；《左传》不是解经的书，解经的文字是后加的。”② 顾颉刚甚至提出一个独立成书的“《左传》原本”的说法，不过否定“将独立成书的‘原本’改窜为‘解经之传’非一人一时”③。赵光贤沿用了“原本”这一提法，再一次申明：“《左传》与《春秋》原本是各自独立的两部书，《左传》并不是依附《春秋》而存在的”，“《左传》原系杂采各国史书而成，最初不过是一种史事汇编的性质，并非编年之史，原是一部独立的书，与《春秋》无关”④。

与上述相反，另一种观点认为：《左传》是左丘明为《春秋》作的传文。最早提出这一观点的是汉代的司马迁和班固⑤。二人都肯定地认为：《春秋》写成之后，因为“有所刺讥褒讳挹损之文辞不可以书见”，所以，七十子“口授传旨”，由于孔子弟子众多，为防止传经时各执一端造成经义歧异，“鲁君子左丘明”“因孔子史记具论其语”，写成《左传》。这一观点也得到许多后代史学家和经学家的赞同。如清末陈澧就曾辩称：“汉博士谓左氏‘不传《春秋》’。晋王接谓《左氏》自是一家书，不主为经发。近时刘申受云：‘《左氏春秋》犹《晏子春秋》《吕氏春秋》也。冒曰《春秋左氏传》，则东汉以后之以讹传讹者矣。’澧案：《汉书·翟方进传》云：‘方进虽受《穀梁》，然好《左氏传》。’此西汉人明谓之《左氏传》矣。或出自班孟坚之笔，冒曰《左氏传》欤？然翟方进受《穀梁》而好《左氏》。

---

① 张舜徽. 中国史学名著题解. 北京：中国青年出版社，1984：23.

② 胡念贻. 左传的真伪和写作年代问题考辨//文史：第十一辑. 北京：中华书局，1981：3-4.

③ 顾颉刚. 春秋三传及国语之综合研究. 成都：巴蜀书社，1988：36.

④ 赵光贤.《左传》编撰考//古史考辨. 北京：北京师范大学出版社，1987：137，140.

⑤ 司马迁：“鲁君子左丘明惧弟子人人异端，各安其意，失其真，故因孔子史记具论其语，成《左氏春秋》。”（司马迁. 史记：十二诸侯年表. 2版. 北京：中华书局，1982：509-510）班固：“仲尼思存前圣之业，……以鲁周公之国，礼文备物，史官有法，故与左丘明观其史记，据行事，仍人道，因兴以立功，就败以成罚，假日月以定历数，藉朝聘以正礼乐，有所褒讳贬损，不可书见，口授弟子，弟子退而异言，丘明恐弟子各安其意，以失其真，故论本事而作传，明夫子不以空言说经也。”（班固. 汉书：艺文志. 北京：中华书局，1962：1715）

《穀梁》是传，则《左氏》非传而何哉?《左传》记事者多，解经者少。汉博士以为解经乃可谓之传，故云左氏不传《春秋》。然伏生《尚书大传》不尽解经也，《左传》依经而述其事，何不可谓之传?且左氏作《国语》，自周穆王以来，分国而述其事；其作此书，则依《春秋》编年，以鲁为主，以隐公为始，明是《春秋》之传。如《晏子春秋》《吕氏春秋》，则虽以讹传讹，能谓之《春秋晏氏传》《春秋吕氏传》乎?"[①] 陈澧的议论建立在清末社会大变局中新一轮今、古文之争的大背景下，但他援引《汉书·翟方进传》"方进虽受《穀梁》，然好《左氏传》"一语，将《左传》与《穀梁》并称，的确是《左传》与《穀梁》同被视为《春秋》传文，且存在于刘歆之前的明证。

延至近现代，也有一些学人赞同这一观点并进行了深入论证。刘师培专门撰文《左氏不传春秋辨》，以为："战国儒生均以《左传》即《春秋》，斯时《公》《穀》未兴，《春秋》之名，仅该《左氏》，汉臣不察，转以《左氏》不传《春秋》，不亦惑欤?"[②] 早期史学史家金毓黻也明确指出："左氏之书，作于丘明，亦为释《春秋》而作，汉代马、班诸家，皆无异说。"[③] 杨伯峻又撰专文以《左传》从说明书法、补充史事、订正错误、无经之传四点诠释《春秋》为由，确证《左传》为《春秋》传文[④]。

事实上，对于《左传》不是《春秋》传文的说法，杨伯峻文足以否定其说。赵伯雄在此基础上又做了更细致的工作。他在分析了《史记·十二诸侯年表》所述文意后，断然指出："《左传》是为了更准确地理解《春秋》而作的，也就是说，《左传》的作意是'传（zhuàn）经'。尽管今文经学家激烈地反对《左传》是《春秋》之传，但他们的证据毕竟显得薄弱，《左传》解经的性质是很难轻易否定的。"[⑤] 特别是后人怀疑的"无经之传"也都针对经文的解说，只不过不一定紧贴经文。最后得出结论："今本《左传》不是由某一个人（不管他是刘歆还是先秦时人）将早先已有的一部现成著作（《左传》原本）改编而成的，而是由左氏（我们姑且这样来称呼《左传》的编著者）本着解经的目的，杂取各国的各类史料，

---

① 陈澧. 东塾读书记：卷十. 上海：中西书局，2012：188.

② 刘师培. 左盦集：卷二//刘师培全集：第三册. 北京：中共中央党校出版社，1997：19.

③ 金毓黻. 中国史学史. 石家庄：河北教育出版社，2000：40.

④ 《文史知识》编辑部. 经书浅谈. 北京：中华书局，1984：79-84.

⑤ 赵伯雄. 春秋学史. 济南：山东教育出版社，2004：18.

同时加进了一些自己解经的话编撰而成的。”① 作者认为：由于左氏在编撰《左传》时，片断地摘取各类史册，并把它们按时间顺序连缀起来，并没有进行整体创作，因而使得解经语与记事文字叙述之间出现如杜预所说的“传或先经以始事，或后经以终义，或依经以辩理，或错经以合异，随义而发”不相协调的现象，造成了经传分离，或无经之传，或无传之经等问题，给人割断文气、强行嵌入的感觉。

沈玉成、刘宁在其所撰《春秋左传学史稿》中论称：“《左传》是否为《春秋》这部‘经’的‘传’，本来应该是不成为问题的。然而西汉末，今文经学博士出于学术上的成见和利禄上的现实考虑，否认《左传》为《春秋》之传……后世的今文学家就在这个问题上生出多少是非，直到近、现代学者还在随声附和。其实只要不存偏见，读一读《左传》全文，其中绝大部分的内容与经文完全对应，或解释经义，或补充史实，不过这种解释方式不同于《公》《穀》”②。沿着他们的说法，我们不妨在通贯《左传》全文的解经语中，再深入探寻一下其解说《春秋》经文的痕迹。

证明《左传》解说《春秋》最典型的一条是鲁僖公二十九年冬的温之会。鲁僖公二十八年（前632年）晋楚发生城濮之战，战后，战胜国晋国先是召集诸侯国盟会于践土，当年冬又再会于温。温之会，周襄王被召赴会。《春秋》本着“为尊者讳”的避讳原则，将这一史事记为：“天王狩于河阳”。对此，《左传》做了揭露和纠正式解说：“是会也，晋侯召王。”这一解说，不仅表现了《左传》突破《春秋》“为尊者讳”的进步思想，也使我们从语言表述方式上读出了“传”文年代的晚出，表明《左传》完全是围绕《春秋》进行的解说。所谓“是会也”，主语表述直接指向《春秋》原文的“温之会”，接续并纠正了《春秋》将周襄王被召赴会讳言为“狩于河阳”的史事。如果不是专门针对《春秋》的经文叙述，《左传》“是会也”便是无根之木，不符合语言表述逻辑。《左传》行文中类似的解说俯拾皆是，略举如下：

时间	《春秋》原文	《左传》解说
隐公元年	冬，十有二月，祭伯来。	祭伯来，非王命也。
隐公三年	三月，庚戌，天王崩。	三月，壬戌，天王崩。赴以庚戌，故书之。

① 赵伯雄．春秋学史．济南：山东教育出版社，2004：25．
② 沈玉成，刘宁．春秋左传学史稿．南京：江苏古籍出版社，1992：81．

续表

时间	《春秋》原文	《左传》解说
隐公八年	九月，辛卯，公及莒人盟于浮来。	以成纪好也。
桓公元年	秋，大水。	凡平原出水为大水。
桓公二年	春，王，正月，戊申，宋督弑其君与夷及其大夫孔父。	……君子以督为有无君之心，而后动于恶，故先书弑其君。
	秋，七月……蔡侯、郑伯会于邓。	始惧楚也。
	九月……公及戎盟于唐。	修旧好也。
	冬，公至自唐。	告于庙也。……
桓公三年	夏，齐侯、卫侯胥命于蒲。	不盟也。
	秋，七月……公子翚如齐逆女。	……修先君之好，故曰“公子”。
	九月，齐侯送姜氏于讙。	齐侯送姜氏，非礼也。……
桓公四年	春，正月，公狩于郎。	书时，礼也。
	夏，天王使宰渠伯纠来聘。	夏，周宰渠伯纠来聘，父在，故名。
桓公五年	秋，大雩。	秋，大雩，书不时也。……
桓公六年	春，正月，实来。	……书曰“实来”，不复其国也。
	九月，丁卯，子同生。	以太子生之礼举之。……
桓公七年	夏，谷伯绥来朝，邓侯、吾离来朝。	七年，春，谷伯、邓侯来朝。名，贱之也。
桓公八年	冬，十月……祭公来遂逆王后于纪。	礼也。
桓公十年	春，纪季姜归于京师。	凡诸侯之女行，唯王后书。
桓公十三年	二月，公会纪侯、郑伯。己巳，及齐侯、宋公、卫侯、燕人战，齐师、宋师、卫师、燕师败绩。	……不书所战，后也。
桓公十四年	秋，八月，壬申，御廪灾。乙亥，尝。	……书不害也。
桓公十五年	春，二月，天王使家父来求车。	非礼也。……
	五月……公会齐侯于艾。	谋定许也。
桓公十六年	春，正月，公会宋公、蔡侯、卫侯于曹。	会于曹，谋伐郑也。
	冬，城向。	书时也。

续表

时间	《春秋》原文	《左传》解说
桓公十七年	春，正月，丙辰，公会齐侯、纪侯盟于黄。	平齐、纪，且谋卫故也。
	冬，十月，朔，日有食之。	……不书日，官失之也。……
庄公元年	三月，夫人孙于齐。	不称姜氏，绝不为亲，礼也。
庄公二年	冬，十有二月，夫人姜氏会齐侯于禚。	书奸也。
庄公三年	春，王，正月，溺会齐师代卫。	疾之也。
	五月，葬桓王。	缓也。
庄公九年	春，齐人杀无知。公及齐大夫盟于蔇。	齐无君也。
庄公十四年	冬，单伯会齐侯、宋公、卫侯、郑伯于鄄。	冬，会于鄄，宋服故也。
庄公十五年	春，齐侯、宋公、陈侯、卫侯、郑伯会于鄄。	春，复会焉，齐始霸也。
庄公十七年	春，齐人执郑詹。	郑不朝也。
庄公十八年	夏，公追戎于济西。	不言其来，讳之也。
	秋，有蜮。	为灾也。
闵公元年	春，王，正月。	元年春，不书即位，乱故也。
僖公元年	春，王，正月。	元年春，不称即位，公出故也。公出复入，不书，讳之也。讳国恶，礼也。
	夏……齐师、宋师、曹师城邢。	诸侯城之，救患也。……
僖公十四年	春，诸侯城缘陵。	十四年春，诸侯城缘陵而迁杞焉。不书其人，有缺也。
僖公十五年	春……楚人伐徐。	徐即诸夏故也。
	夏，五月，日有食之。	不书朔与日，官失之也。
	秋，七月，刘师、曹师代厉。	秋，伐厉以救徐也。
	九月……己卯，晦，震夷伯之庙。	震夷伯之设，罪之也。……
	冬，宋人伐曹。	讨旧怨也。
僖公十九年	冬……梁亡。	梁亡，不书其主，自取之也。
僖公二十二年	春，公伐邾，取须句。	伐邾，取须句，反其君焉，礼也。
僖公二十三年	春，齐侯伐宋围缗。	以讨其不与盟于齐也。

续表

时间	《春秋》原文	《左传》解说
僖公三十年	秋，大雨雹。	为灾也。
僖公三十一年	夏，四月，四卜郊，不从，乃免牲，犹三望。	四卜郊，不从，乃免牲，非礼也。犹三望，亦非礼也。
僖公三十三年	夏……狄侵齐。	因晋丧也。
文公二年	春……丁丑，作僖公主。	丁丑，作僖公主，书不时也。
文公八年	宋人杀其大夫司马，宋司城来奔。	宋襄夫人，襄王之姊也。
文公十五年	六月，辛丑朔，……单伯至自齐。	齐人许单伯，请而赦之，使来致命。书曰，单伯至自齐，贵之也。
	秋，齐人侵我西鄙，季孙行父如晋。	秋，齐人侵我西鄙，故季文子告于晋。
宣公五年	夏，公至自齐。	夏，公至自齐，书过也。
	冬，齐高固及子叔姬来。	冬，来，反马也。
宣公九年	秋，取根牟。	言易也。
成公元年	三月，作丘甲。	为齐难故，作丘甲。
成公六年	二月……取鄟。	取鄟，言易也。
成公十一年	五月……齐人来媵。	媵不书，此何以书，录伯姬也。
襄公二年	秋，七月，仲孙蔑会晋荀罃、宋华元、卫孙林父、曹人、邾人于戚。	会于戚，谋郑故也。
襄公四年	冬……陈人围顿。	楚人使顿间陈，而侵伐之，故陈人围顿。
襄公十九年	春……晋人执邾子。	执邾悼公，以其伐我故。
襄公二十一年	九月……公会晋侯、宋公、卫侯、郑伯、曹伯、莒子、邾子于商任。	会于商任，锢栾氏也。
襄公二十二年	冬……公会晋侯、齐侯、宋公、卫侯、郑伯、曹伯、莒子、邾子、薛伴、杞伯、小邾子于沙随。	冬，会于沙随，复锢栾氏也。
襄公二十六年	夏……公会晋人、郑良霄、宋人、曹人于澶渊。	六月，会会晋赵武、宋向戌、郑良霄、曹人于澶渊以讨卫疆戚田。……赵武不书，尊公也；向戌不书，后也；郑先宋，不失所也。
襄公二十八年	十有一月，公如楚。	为宋之盟故。
昭公三年	丁未，滕子原卒。	丁未，滕子原卒。同盟，故书名。

续表

时间	《春秋》原文	《左传》解说
昭公四年	九月，取鄫。	九月，取鄫。言易也。
昭公五年	夏，莒牟夷以牟娄及防兹来奔。	牟夷非卿而书，尊地也。
昭公十二年	冬……晋伐鲜虞。	因肥之役也。
昭公二十五年	秋，七月，上辛，大雩，季辛，又雩。	秋，书再雩，旱甚也。
昭公三十年	春，王，正月，公在乾侯。	不先书郓与乾侯，非公，且徵过也。
昭公三十一年	夏，四月，丁巳，薛伯谷卒。	同盟故书。
定公十五年	秋，七月，壬申，姒氏卒。	不称夫人，不赴，且不祔也。
	九月……辛巳，葬定姒。	不称小君，不成丧也。
	冬，城漆。	书不时，告也。
哀公十二年	夏，五月，甲辰，孟子卒。	夏，五月，昭夫人孟子卒。昭公娶于吴，故不书姓。

表中大量的主语省略表明，如果没有《春秋》经文所述在前，《左传》的行文便没有了来由。如昭公三年、昭公二十五年、昭公三十一年、定公十五年的“故书名”“书再雩”“同盟故书”“书不时告”，其中“书”的主语，显然是指《春秋》所“书”，即《春秋》经文的记载内容。表中所列，自隐公至哀公，类似行文贯穿全经。

从行文看，《左传》对《春秋》的解说，主要呈现为如下两种方式：

一是史事补充性解说，这也是《左传》解说《春秋》的主要方式。如关于鲁隐公继位代政及隐公之死的问题，《春秋》经文有隐公元年“春王正月”和隐公十一年“冬，十有一月壬辰，公薨”。看了如此过简的经文行文，免不了产生如下疑问：隐公是谁？是如何继位的？隐公与桓公是什么关系？隐公是如何“薨”的？对此，《左传》用史事进行了大量补充性解说。

首先，在“隐公”二字下逐一回答了前三个问题：“惠公元妃孟子。孟子卒，继室以声子，生隐公。宋武公生仲子，仲子生而有文在其手，曰：‘为鲁夫人。’故仲子归于我，生桓公。而惠公薨，是以隐公立而奉之。”通过这段解说我们明白了，鲁惠公元配夫人是宋国的孟子。孟子早卒无子，遂以其媵声子为继室，生隐公。宋武公又生了仲子（鲁惠公元配孟子之妹）。仲子出生后掌心有“鲁”字，占卜者以为这是要做鲁夫人的征兆，因而长大后嫁给惠公而生桓公。惠公死后，隐公以自己出身妾室故而奉桓公为君，因桓公年幼，自己暂代摄政。

其次，于“春王正月”下解释了两点：第一，王正月，是指周正正月；第二，按惯例，在“王正月”之下，要书“即位”，《春秋》于“王正月”之下不书“即位”二字，是因为隐公是摄政的缘故。因而，《左传》解说为“不书‘即位’，摄也”。隐公的摄政，为后来的死于非命埋下了祸根。在隐公十一年“冬，十有一月壬辰，公薨”经文下重点补充解说隐公的“薨”：“羽父请杀桓公，将以求大宰。公曰：‘为其少故也。吾将授之矣。使营菟裘，吾将老焉。’羽父惧，反谮公于桓公而请杀之。公之为公子也，与郑人战于狐壤，止焉。郑人囚诸尹氏，赂尹氏，而祷于其主钟巫，遂与尹氏归，而立其主。十一月，公祭钟巫。齐于社圃，馆于寪氏。壬辰，羽父使贼杀公于寪氏，立桓公，而讨寪氏。”鲁大臣羽父向隐公献媚进言：杀掉桓公，正式即位。欲以此而求太宰的职位。隐公却说：“我之所以暂时摄政，是因为桓公年少。我已在菟裘建好宅邸，准备让位于桓公于此终老。”羽父怕事情败露，反过来挑拨桓公说隐公阴谋要杀桓公。在征得桓公杀隐公的默许后，便趁隐公在寪氏祭仲巫之机，杀死隐公，之后嫁祸寪氏。有了《左传》详尽的补充式解说，以上问题便迎刃而解。可以想见，如果没有《左传》的解释，随着时间的推移，相关史事真相后人将无从得知。

二是评论式解说，如上表中的“礼也”“非礼也”，是解说者以特定的价值标准，对《春秋》所述史事进行评论。

由此看来，《左传》无疑是诠释者针对《春秋》行文过简或突出史事不充分的问题，为表达特定价值观而进行的补充性、评论性诠释作品。吴承仕说得比较中肯：“传者，有故事，有故训，《左氏》备行实而兼明书法，二家详文义而忽略事状，要皆传之流，而《左氏》尤要。汉《五经》家乃以《左氏》不传《春秋》，殆郑君所谓‘疾此蔽冒，疑惑未悛’者邪？”①金毓黻“《左氏传》为释《春秋》经而作，经既为传之纲领，而传亦为经之节目”② 的结论是正确的。

二、关于三传的成书问题

传文作者究竟赋予经典怎样的“义”，实受制于作者及其所处的时代。

---

① 吴承仕．经典释文序录疏证．北京：中华书局，1984：117.

② 金毓黻．中国史学史．石家庄：河北教育出版社，2000：42.

因此，要弄清三传赋予《春秋》的新“义”，必须首先弄清楚三传成书的大体时代。然而，由于年代久远、资料匮乏，更兼因长期口耳相传以至著于竹帛的时间模糊，三传的作者和成书时间都成了颇具争议、久而难决的问题。当然，两者也是二而一的问题，其中一项明确了，另一项也就大致清楚了。

1. 关于《左传》的作者与成书年代

《左传》为《春秋》传文，以往的论证已显示出越辩越明的趋势，但还有一个《左传》的作者和成书年代问题需要解决。与前一问题相比，这一问题直接决定着《左传》诠释内容的时代性，与本书内容有着更强的关联。

关于《左传》的作者，汉代司马迁和班固都提出是鲁国左丘明。司马迁《史记·十二诸侯年表》记孔子在西周后期“强乘弱，兴师不请天子。然挟王室之义，以讨伐为会盟主，政由五伯，诸侯恣行，淫侈不轨，贼臣篡子滋起”的乱局下，“明王道，干七十余君，莫能用，故西观周室，论史记旧闻，兴于鲁而次《春秋》，上记隐，下至哀之获麟，约其辞文，去其烦重，以制义法，王道备，人事浃。七十子之徒口受其传指，为有所刺讥褒讳挹损之文辞不可以书见也。鲁君子左丘明惧弟子人人异端，各安其意，失其真，故因孔子史记具论其语，成《左氏春秋》”①。孔子感于时而作《春秋》，但其中的“刺讥褒讳挹损之文辞不可以书见”，故七十子之徒只得口授传旨。而口耳相传，不免掺杂进传授者个人的理解和观念，因而经典意义在一次次口授中日益背离原义，出现班固所说的“仲尼没而微言绝，七十子丧而大义乖”② 的情况，于是“鲁君子左丘明惧弟子人人异端，各安其意，失其真，故因孔子史记具论其语，成《左氏春秋》”③。汉宣帝时，公羊家严彭祖的《严氏春秋》引《观周篇》更形象地叙述了左丘明作《左传》的过程：“孔子将修《春秋》，与左丘明乘如周，观书于周史，归而修《春秋》之经，丘明为之《传》，共为表里。”④ 班固《汉书·艺文志》沿袭了上述说法：“丘明恐弟子各安其意，以失其真，故论本事而作传”⑤。可见，班固对左丘明传《春秋》一事笃信不疑。此后，汉唐间的经、史学家，如贾逵、刘向、刘歆、桓谭、班彪、范宁、杜预、陆德

---

① 司马迁. 史记：十二诸侯年表. 2 版. 北京：中华书局，1982：509-510.
② 班固. 汉书：艺文志. 北京：中华书局，1962：1701.
③ 同①.
④ 阮元. 十三经注疏. 北京：中华书局，1980：1705.
⑤ 同②1715.

明、司马贞[①]等，也都赞同马、班的观点。

但从唐代开始，"左丘明作《左传》"的说法开始受到质疑。先是，啖助提出了《左传》成书的新说法："予观《左氏传》，自周、晋、齐、宋、楚、郑等国之事最详……左氏得此数国之史，以授门人，义则口传，未形于竹帛，后代学者，乃演而通之，总而合之，编次年月，以为传记。"[②] 这一结论否定了此前司马迁、班固有关"左丘明为《春秋》作传"的观点。赵匡承续这一观点，认为《左传》是"孔门后之门人"所作，与左丘明无关，并批评传统观点："丘明者，盖夫子以前贤人，如史佚、迟任之流，见称于当时耳。焚书之后，莫得详知。学者各信胸臆，见《传》及《国语》俱题'左氏'，遂引'丘明'为其人。此事既无明文……自古岂止有一丘明姓'左'乎？何乃见题'左氏'，悉称'丘明'？"[③] 其后，宋元诸儒如罗璧、叶梦得、孙复、刘敞、胡安国、王安石、陈振孙、郑樵等都沿用这一观点，对"《左传》作者为左丘明"的说法持怀疑态度。

到清代，政治风云激荡，今文经学再起，部分清儒出于以今文经服务社会改革的政治需要，继续否定古文经学，肯定宋元诸儒的结论并进一步论证。先是，刘逢禄从《左传》内容下手，推论《左传》不是与孔子同时的鲁史官左丘明所作[④]。其后，康有为的《新学伪经考》、廖平的《今古学考》、崔适的《史记探源》和《春秋复始》、皮锡瑞的《经学通论》均反对"左丘明传《春秋》"说。细观其论证理据与方法、途径大同小异，概相互沿袭所成。

至于《左传》究竟为谁所作，反对者的答案五花八门。宋人叶梦得采唐啖助、赵匡及宋孙复的观点，著《春秋考》谓："今考其书，杂见秦孝公以后事甚多，以予观之，殆战国周秦之间人无疑也"[⑤]，以为《左传》是"战国周秦之间人"所作。郑樵以八条理由证《左传》作者为战国时"楚人"[⑥]。清代乾嘉学者崔述《考信录》断定《左传》成书在定、哀以

---

① "仲尼作《春秋经》，鲁史左丘明作《传》，合三十篇，故曰《左氏传》。"（司马贞．史记索隐：序．北京：中华书局，1982：2）

② 陆淳．春秋集传纂例：卷一//四库全书：第146册．上海：上海古籍出版社，1987：381.

③ 同②386.

④ 刘逢禄．左氏春秋考证：卷二//续修四库全书：第125册．上海：上海古籍出版社，2002：252.

⑤ 叶梦得．春秋考：卷三//四库全书：第149册．上海：上海古籍出版社，1987：292.

⑥ "左氏非丘明，是为六国时人"，"左氏为楚人"（郑樵．六经奥论：卷四//四库全书：第184册．上海：上海古籍出版社，1987：92-93）。

后，战国以前[①]。家铉翁折中前人说法，以为："左氏者，愚意其世为史官，与圣人同时者丘明也。其后为《春秋》作传者，丘明之子孙或其门弟子，生后洙泗而其渊源所渐有自来矣。……惟丘明亲见圣人，在七十二弟子之列。然当时皆口传授，不为之书。至其子孙门弟子，始述其若祖若父若师之意，以为之书。故杂以秦汉间官名制度，此说得之矣。"[②] 这一说法弥合了此前有关《左传》记事之晚与左丘明年老的矛盾，既回答了《春秋》与左氏的关系，又解决了左氏年龄与《左传》内容相龃龉的问题，比较讨巧；但缺乏实际证据，公信力不够。现代学者杨伯峻参照前人考证，又从《左传》本身内容分析认为："《左传》作者不可能是《论语》中的左丘明"，有可能是受孔丘影响的儒家别派[③]。

以上学者对《左传》作者及其成书的考察各引一端。不过，综上所述，可以发现一个共性：这些说法都与《左传》的传承过程有关。唐代陆德明曾总叙《左传》授受源流称："左丘明作《传》以授曾申，申传卫人吴起，起传子期，期传楚人铎椒，椒传赵人虞卿，卿传同郡荀卿名况，况传武威张苍，苍传洛阳贾谊，谊传至其孙嘉，嘉传赵人贯公，贯公传其少子长卿，长卿传京兆尹张敞及侍御史张禹。"[④] 从这段叙述中，我们可以得出：宋以来关于《左传》作者的种种说法，其实都源于上述关于《左传》传承的记录，是分头将上述《左传》传承的某个环节当作《左传》作者的结果。

事实上，以《左传》记事下限来判断其成书年代的做法并不准确。因为我国早期古籍多经长期积累，非成于一人一时。《左传》的成书就是这样，顾炎武"左氏之书，成之者非一人，录之者非一世"[⑤] 的说法较为通达。《左传》即便是与孔子同时的左丘明所作，也极有可能篡入左氏后学的观点和内容。清代学者姚鼐也曾根据《左传》的授受历程分析得出：《左氏》随传承而不断增益，非必成于一人，"自左丘明作《传》授之曾申，曾申授吴起，起授其子期，期授铎椒，椒授虞卿，虞卿授荀卿，荀卿授张苍。然后及汉。夫《左传》之文非一人所能备也。自曾申而降，盖累

① 崔述. 洙泗考信录：余录：卷三//续修四库全书：第455册. 上海：上海古籍出版社，2002：780-781.

② 家铉翁. 春秋集传详说：纲领//四库全书：第158册. 上海：上海古籍出版社，1987：21-22.

③ 杨伯峻. 春秋左传注. 3版. 北京：中华书局，2009：32-34.

④ 陆德明. 经典释文：序录//吴承仕. 经典释文序录疏证. 北京：中华书局，1984：121.

⑤ 顾炎武. 日知录：卷四//四库全书：第858册. 上海：上海古籍出版社，1987：464.

增焉"①。清代纪昀就是沿着这一逻辑，从考察《左传》行文入手，对《左传》为左丘明所作，做出了总结性结论②。

至于清代刘逢禄③、康有为、梁启超、崔适、顾颉刚、张西堂、钱玄同及蒋伯潜、蒋祖诒父子等"《左传》为汉刘歆伪造"的结论，实乃出于当时倡导今文学、抨击古文学的学术和政治目的，缺乏确凿依据，已受到诸多学者的批驳④。

杨伯峻强调："我们应该重视的，是《左传》的成书年代。"⑤ 这话说得不错，要探究《左传》的"意义"创新，弄清《左传》究竟赋予了《春秋》怎样的时代"意义"，首先要搞清楚《左传》的成书时代。尽管经过长期累积而成的古籍不易确定具体年代，但至少可以弄清大致时代范围。弄清这一点，才能够大致定位作者是受了什么样的时代影响，而赋予作品怎样的时代精神。

综合上述可见，继马、班之后，古代学者对左氏为何人虽然众说纷纭，但大多主张《左传》成书于战国中期⑥。从《左传》内容分析，这一结论理据较为充分。

近现代以来，学者结合对作者的考察，从内容、思想和史料来源等不同角度对这一问题进行探索，也得出了类似结论。徐中舒⑦、杨伯峻⑧、

---

① 姚鼐．惜抱轩九经说：卷十六//续修四库全书：第 172 册．上海：上海古籍出版社，2002：697.

② 纪昀．钦定四库全书总目：卷二六．北京，中华书局，1965：210.

③ "《左氏春秋》与《铎氏》、《虞氏》、《吕氏》并列，则非传《春秋》也。故曰《左氏春秋》旧名也，曰《春秋左氏传》，则刘歆所改也。"（刘逢禄．左氏春秋考证：卷二//续修四库全书：第 125 册．上海：上海古籍出版社，2002：250）

④ 先有章太炎《春秋左传读叙录》《春秋左氏疑义答问》、刘师培《周季诸子述左传考》《左氏学行于西汉考》、瑞典汉学家高本汉《左传真伪考》、钱穆《刘向歆父子年谱》、杨向奎《论左传的性质及其与国语的关系》、童书业《春秋左传研究》等，后有 20 世纪七八十年代杨伯峻《左传成书年代论述》、胡念贻《左传的真伪及其写作年代考辨》、赵光贤《〈左传〉编撰考》等。其中，钱穆的《刘向歆父子年谱》以 28 条证据，一证刘歆并非伪造古经；二证刘歆并非助莽篡汉（顾颉刚．古史辨：第五册．上海：上海古籍出版社，1982：101－106）。

⑤ 杨伯峻．春秋左传注．3 版．北京：中华书局，2009：34.

⑥ 如赵光贤（《〈左传〉编撰考》）、朱东润（《左传选》序）、杨伯峻（《春秋左传注》前言）等。胡念贻认为《左传》成书于春秋末年（胡念贻．《左传》的真伪和写作时代问题考辨//文史：第十一辑．北京：中华书局，1981：21），牛鸿恩批评其有"失考"之处（牛鸿恩．论《左传》的成书年代．首都师范大学学报（社会科学版），1994（5））。

⑦ 徐中舒．左传选：后序．北京：中华书局，1963：367.

⑧ 同⑤38，41.

赵光贤[①]、赵伯雄[②]等从考察《左传》预言是否应验的角度考证其最后成书时间，分别得出结论为：前375—前351年、前403—前389年、前375—前352年、前375—前343年；詹子庆[③]、孙开泰[④]等侧重于从分析《左传》的思想倾向入手进行考察；王和先后发文《〈左传〉材料来源考》《〈左传〉的成书年代与编撰过程》[⑤]，从《左传》的取材及预言入手，将成书年代判定在公元前375—前360年之间；日本学者本田成之则从《左传》中残存的近于孟子"君有大过则谏，反复之而不听则易位"（《孟子·万章下》）的早期抗志思想缺乏秦汉以后的集权意味，断定《左传》成书于战国时代[⑥]。近现代以来诸多专家从多角度考察得出的一致性结论是：《左传》主体部分基本成书于春秋末至战国[⑦]，其中沈玉成和刘宁《春秋左传史稿》的分析最为晓畅：

> 《左传》记事的下限及于三家分晋，这不仅在哀公十四年以后的"续传"中有明白的记载，即在以前的一些史料中，也可以看出这一现象，而左丘明本人其时早已不在世上。所以，《左传》这部书从草创到写定，应该经历一个过程，具体说，当是草创于春秋末而写定于战国中期以前，由授受者不断补充润色，大体定型。[⑧]

《左传》成书不晚于战国，这一观点已基本成为学界共识[⑨]。不妨以这一结论作为判断《左传》成书年代的参考。以之为参照，把握《左传》意义诠释的时代特征。

2. 关于《公羊传》和《穀梁传》的成书年代与作者

《公羊传》和《穀梁传》的成书问题比《左传》更加复杂。与《左传》

---

① 赵光贤.《左传》编撰考//古史考辨. 北京：北京师范大学出版社，1987：186-187.

② 赵伯雄. 春秋学史. 济南：山东教育出版社，2004：13，17.

③ 詹子庆. 论《左传》的政治思想倾向. 史学史研究，1983（4）.

④ 孙开泰. 从《左传》的史学思想看其作者. 史学理论研究，1999（4）.

⑤ 中国史研究. 1993（2）；2015（2）.

⑥ 本田成之. 中国经学史. 桂林：漓江出版社，2013：67-68.

⑦ 刘佳男.《左传》成书年代问题的多视角考察. 大连：辽宁师范大学硕士学位论文，2008.

⑧ 沈玉成，刘宁. 春秋左传学史稿. 南京：江苏古籍出版社，1992：82.

⑨ 关于《左传》为战国前作品的观点，目前主要基于理证。2009年有人从海外购回一批《左传》竹简，后藏于浙江大学考古与艺术博物馆。曹锦炎等学者整理缀合，著《浙江大学藏战国楚简》一书，于2012年出版。有学者认为：这批楚简的发现，将证明《左传》成书于先秦，从而结束《左传》为晚出伪书的论争。但竹简的真伪也受到一些学者的质疑，如邢文于2012年5月28日和6月4日分别在《光明日报》上发文《浙大藏简辨伪》（上、下）。多数学者认为：这批竹简还需古文字学家进一步鉴定真伪，之后才能确定是否可作为《左传》早出的有力物证。

一开始便以定本的形式呈现不同，《公羊》《穀梁》二传经过长期口传才正式写成定本，兼之此后是否还有人进一步参与增删也未可知。如此一来，二传内容究竟反映了什么时代的思想精神，便成了一个模糊问题。这对于准确判断二传诠释意义的时代特征，平添了诸多障碍。

首先是《公羊传》和《穀梁传》的传承源头问题。对此，学界通常以为《公羊》《穀梁》同源于子夏。《后汉书·徐防列传》有徐防上疏称："臣闻《诗》《书》《礼》《乐》定自孔子；发明章句，始于子夏。其后诸家分析，各有异说"①。唐代徐彦《春秋公羊传注疏》和杨士勋《春秋穀梁传注疏》沿用了这一观点②。对于这一说法，汉以来直到清代学者大多赞同。比如宋人洪迈就坚信："孔子弟子唯子夏于诸经独有书。虽传记杂言未可尽信，然要为与他人不同矣。……公羊高实受之于子夏。穀梁赤者，《风俗通》亦云子夏门人……后汉徐防上疏曰：《诗》《书》《礼》《乐》定自孔子，发明章句始于子夏，斯其证云。"③

但也有人反对，如承载和杨伯峻就从二传对经文不同甚至相反的阐释入手，论证二传不可能同出子夏。承载认为：《穀梁》和《公羊》虽然在名称、内容上有些类似，都"不能证明两传真的就是同门所出"，"相传《穀梁》与《公羊》都是以孔子的弟子子夏为祖师"④的观点不能成立。杨伯峻也举二传在《春秋》隐公五年"考仲子之宫"、僖公二十二年"宋楚泓之战"和宣公十五年冬"蝝生"中相互矛盾的解释提出异议：若两传同出子夏，内容"应大同小异，不能自相矛盾，更不会自相攻击"，因而"无论公羊高或穀梁赤，都未必是子夏的学生，托名子夏，不过借以自重罢了"⑤，因而"二传同出子夏"的说法不可信。

谢金良的观点比较客观。他在多方考证的基础上，援引清人钟文烝《穀梁补注》"《公羊》之学，当亦由子夏之弟子辗转相授，而去圣弥远，

---

① 范晔. 后汉书：徐防列传. 北京：中华书局，1965：1500.

② 徐彦. 春秋公羊传注疏//阮元. 十三经注疏. 北京：中华书局，1980：2195；杨士勋. 春秋穀梁传注疏：序//阮元. 十三经注疏. 北京：中华书局，1980：2358.

③ 洪迈. 容斋随笔：续笔//四库全书：第851册. 上海：上海古籍出版社，1978：517.

④ 承载. 春秋穀梁传译注：前言. 上海：上海古籍出版社，2004：5.

⑤ 杨伯峻.《公羊传》和《穀梁传》//《文史知识》编辑部. 经书浅谈. 北京：中华书局，1984：87-89.

意义不备，或多乱说。虽与《穀梁》同源，而其归迥异”① 的说法，认为：从《春秋》写成到二传“著于竹帛”，中间经过了从春秋到汉初的长期传承，每一代传承者都有可能将他们对《春秋》经的不同理解掺入经典阐释之中。特别是后来在不同地域传承，必然掺入了更多思想观念。若按照《春秋》经至二传写定的顺序，其中至少应该包含最早记录《春秋》的鲁史官、删定《春秋》为经的孔子、子夏以及公羊子和穀梁子们，甚至还要包括如沈子、司马子、北宫子等众多传承者。如此，在不同时代、地域和师法的传承中，经典理解的分化便难以避免，二传的分野甚至观点相反势成必然。所以，很难从二传不同甚至相互矛盾的诠释来否定二传同源。相反，二传同重“微言大义”，以及其中大量相同或相似的解说，却恰可证实二传的同源性。所以，“《穀梁传》和《公羊传》是同源异流、同本异末的两部著作”，“子夏口传《春秋传》于后世的说法，是较为可信的”②。这一说法既解决了“公、穀二传，同源异流”③ 的问题，也为从同源性上思考为什么二传的传授路径和观点相异却又同属今文、都注重“微言大义”的问题提供了一个很好的解答思路。

其次是关于《公羊传》和《穀梁传》的作者和成书年代问题。

子夏之后，《春秋》经的传承出现了分叉，也由此形成了《公羊》和《穀梁》不同的解说风格与传承系统。

《公羊传》著于竹帛之前的传承，见于徐彦《春秋公羊传注疏》引戴宏《春秋说序》：“子夏传与公羊高，高传与其子平，平传与其子地，地传与其子敢，敢传与其子寿。至汉景帝时，寿乃与齐人胡毋④子都著于竹帛。”⑤ 戴宏是东汉名儒，他的说法应当能代表汉人的看法。根据这一说法，《公羊传》从孔子弟子子夏，到战国时代的公羊高“五世相授”⑥，到西汉景帝时才最终由公羊寿与胡毋子都以文字形式著于竹帛。清代阮元也

---

① 钟文烝. 春秋穀梁经传补注：论传//续修四库全书：第132册. 上海：上海古籍出版社，2002：341.

② 谢金良. 穀梁传开讲. 上海：华东师范大学出版社，2013：5.

③ 洪业. 春秋经传引得：序. 上海：上海古籍出版社，1983：1.

④ 《史记》作“胡毋”，司马贞《索隐》：“胡毋，姓。”（司马迁. 史记：儒林列传. 2版. 北京：中华书局，1982：3118）班固“胡毋”（“言《春秋》，于齐则胡毋生”）、“胡母”（“胡母生字子都，齐人也”）混用（班固. 汉书：儒林传. 北京：中华书局，1962：3593，3615）。

⑤ 徐彦. 春秋公羊传注疏//阮元. 十三经注疏. 北京：中华书局，1980：2189.

⑥ 阮元. 十三经注疏. 北京：中华书局，1980：2195.

相信这一说法①，但是，这里面仍有两个疑点。

一是从年代看，子夏到汉景帝时的公羊寿，时间跨越了三四百年②，却只传了五世，传承记录明显有脱漏。崔适就明确提出质疑："子夏少孔子四十四岁，孔子生于襄公二十一年，则子夏生于定公二年。下讫景帝之初，三百四十余年。自子夏至公羊寿，甫及五传，则公羊氏世世相去，六十余年，又必父享耄年，子皆夙慧，乃能及之，其可信乎？"③ 赵伯雄也认为："这一传授系统并不可靠……这中间很可能有缺环。"④ 当时正值春秋战国，因时局混乱而传承模糊、记录不全不足为怪。这些没有纳入传承记录的"缺环"，很可能就包括《传》中提到的"子沈子""子司马子""子北宫子""高子""鲁子"⑤。就像《四库提要》所说："今观传中有'子沈子曰''子司马子曰''子女子曰''子北宫子曰'，又有'高子曰''鲁子曰'，盖皆传授之经师"。所以，赵伯雄推断："大概在公羊高以前，多是师徒相授。从公羊高到公羊寿，则为父子相传，汉人言之凿凿，也许不至于有什么大错。"⑥ 以二十年左右为一代计，从汉景帝时的公羊寿上朔五世至公羊高，大约正是战国中后期。在战国中后期不同的地域传承中，从子夏传授系统里分化出来，形成了公羊一系的思想框架，又经公羊家族在汉初的五世传承，至西汉景帝时，最终由公羊寿和胡毋子都写成定本，《公羊传》特有的解经风格和诠释理念被固定下来。可见，公羊高是《公羊传》解经风格形成的关键人物。由此我们也就理解了，《公羊传》是包括公羊高在内的几代公羊子弟和子沈子等众多公羊家共同传承的结果。而班固之所以将《公羊传》的作者归功于公羊高，显然与其在《公羊传》传承中的特殊地位有关。

二是公羊高其人。班固《汉书·艺文志》在"《公羊传》十一卷"下

---

① 阮元："汉武帝好公羊，治其学者胡毋子都、董胶西为最著。胶西下帷讲诵著书十余万言，皆明经术之意，至于今传焉。子都为景帝时博士，后，年老归教于齐，齐之言《春秋》者，莫不宗事之。《公羊》之著竹帛，自子都始。"（阮元. 春秋公羊传注疏校勘记：序//十三经注疏. 北京：中华书局，1980：2192）

② 据《史记》载：子夏"少孔子四十四岁……孔子既没，子夏居西河教授，为魏文侯师"（司马迁. 史记：仲尼弟子列传. 2版. 北京：中华书局，1982：2202-2203）。子夏生于公元前508年，而汉景帝在位时间为前150—前141年，子夏生年距汉景帝三四百年。

③ 崔适. 春秋复始：卷一//续修四库全书：第131册. 上海：上海古籍出版社，2002：381.

④ 赵伯雄. 春秋学史. 济南：山东教育出版社，2004：36.

⑤ 翁银陶. 公羊传开讲. 上海：华东师范大学出版社，2013：4-5.

⑥ 同④.

自注为："公羊子，齐人。"颜师古注："名高。"① 班固并没有说这个"公羊子"是什么时代的人。不过，根据《汉书·艺文志》"及末世口说流行，故有《公羊》《穀梁》《邹》《夹》之传"的表述，其中的"末世"，应当指的是西周"末世"。那么，这个"齐人"，当是战国时的齐人。而如上节分析，从汉景帝到公羊高五世传承，时间正该约在战国中后期。班固之所以强调《公羊传》的作者是齐人公羊子，显然正是强调了公羊高对于《公羊传》形成的奠基之功，以及《公羊传》颇具齐地特色的解经特点。正是公羊高在战国时期地域文化交流相对隔绝的齐地，受齐风齐俗影响，才形成了《公羊传》独具齐地特色的解经风格②。这一过程，预示了子夏之后《春秋》经理解和解说的分化以及三传思想特色的形成。

可见，《公羊传》出于孔子、子夏，之后在公羊高时受传承者所在的齐地齐风影响而初具地方特色，再经汉代公羊氏五世传承，最终形成了既有《春秋》原典精神，又颇具齐俗特点的解经风格。

《穀梁传》的作者和成书时代问题较《公羊传》更为复杂。

前已有述，在子夏之后，《穀梁传》与《公羊传》走上分途。关于《穀梁传》的传授，唐代杨士勋《春秋穀梁传疏》据《汉书·儒林传》总结授受系统为：穀梁子"受经于子夏，为经作传，故曰《穀梁》。传孙卿，孙卿传鲁人申公，申公传博士江翁。其后鲁人荣广大善《穀梁》，又传蔡千秋。汉宣帝好《穀梁》，擢千秋为郎，由是《穀梁》之传大行于世"③。其中"江翁"就是《汉书·儒林传》所说的瑕丘江公。因为瑕丘江公曾在武帝时与董仲舒论《公》《穀》二传，可见，授经江翁的申公应该是汉初人。而穀梁子直接传与战国中后期的孙卿，即荀子。荀子是战国中后期

---

① 公羊子名"高"的说法，概依据《春秋纬·说题辞》有"传我书者公羊高也"。清代洪颐煊《经义丛钞》认为，"明"字的古音读"芒"，"芒"和"羊"同韵，所以"《春秋》家公羊高，亦即《孟子》所谓公明高也"，此说也缺乏说服力。关于公羊子，正史中没有发现其他记载。

② 关于《公羊传》兴起于齐地，前人已有不少论述（黄开国．公羊学发展史．北京：人民出版社，2013：43，53）；关于《公羊传》解经的齐地风格，除了从传承者多为齐师，沿袭了齐风齐俗及其思想特色外，还可以从《公羊传》以齐地俗语释经考察，如庄公十二年秋《传》文："万怒，搏闵公，绝其脰"，何休训"脰"为："颈也，齐人语。"（何休．春秋公羊解诂//阮元．十三经注疏．北京：中华书局，1980：2233）从语言习惯上暴露了《公羊传》解说《春秋》的齐地特色。

③ 杨士勋．春秋穀梁传注疏：序//阮元．十三经注疏．北京：中华书局，1980：2358．

人。如此算来，传与孙卿的“穀梁子”应该不出战国中后期[①]。可见，就如同公羊子是《公羊传》思想体系框架的形成者一样，穀梁子也是《穀梁传》思想特色形成并独立发展的关键一环，因而成为《穀梁传》的奠基者。

至于“穀梁子”究竟为何人，班固在《汉书·艺文志》“《穀梁传》”条下自注：“穀梁子，鲁人。”但关于其具体名字，到唐代以前就有“喜”“嘉”“赤”“俶”“寘”“淑”六种不同说法[②]。

好在，无论穀梁子究竟是谁，这一问题都无碍于我们对二传成书时代的大致判定。对于这一问题的探讨，学界主要围绕《公羊》和《穀梁》著于竹帛时间的早晚展开，大致有两种不同观点。

一种认为《穀梁传》成书于先秦，早于《公羊传》。这一观点又沿着两种不同的论证途径展开：一是从作者入手。《穀梁传》为穀梁子亲作，穀梁子又是先秦人，因而《穀梁传》成书于先秦，早于汉景帝时期成书的《公羊传》。东汉桓谭、应劭与唐代杨士勋均持这一观点。按照他们的观点，鲁人穀梁赤作《穀梁传》的时间在《左传》成书后百余年。如果以前述《左传》成书于战国中后期算，那么《穀梁传》成书不会早于战国中后期。而穀梁子所处的时代，若依据秦孝公即位于公元前361年，在位时间大致与穀梁子同时这一事实判断，穀梁子恰为战国中后期人，《穀梁传》的成书也当不晚于战国中后期。现代学者谢金良、杨德春等也基本沿用了上述观点。谢金良还进一步考证：《穀梁传》“经穀梁子删定成书后，又惨遭秦火之厄，至迟在汉初用今文著于竹帛”[③]。杨德春更是陆续撰文[④]，从不同的角度论证这一观点。二是从所述内容入手。从《穀梁传》中所述及

---

① 关于穀梁子生活的时代，历史上说法不一。桓谭（桓谭．新论：卷九//朱谦之．新编桓谭新论．北京：中华书局，2009：39）、陆德明（陆德明．经典释文：序录//吴承仕．经典释文序录疏证．北京：中华书局，1984：114）、王应麟（王应麟．困学纪闻：卷七//四库全书：第854册．上海：上海古籍出版社，1987：291）各有分论，但大概不出战国中后期。

② 分见桓谭《新论》、麋信《穀梁传注》、王充《论衡》、阮孝绪《七录》、颜师古《汉书·艺文志》、杨士勋《春秋穀梁传疏》、钱大昕《汉书辨疑》。皮锡瑞认为：它们是不同时代的传经者（皮锡瑞．经学通论：论《公羊》《穀梁》二传作者当为传其学者所作，《左氏传》亦当如此解之．北京：中华书局，1959：17）。吴承仕批评皮氏“不明声类而妄为说”，以为：“赤、淑、俶、寘、喜五文声转通作，故字异而人同”，至于《汉书》颜注本和钱大昕《汉书辨疑》的名“嘉”，则是“‘喜’形之伪也”（吴承仕．经典释文序录疏证．北京：中华书局，1984：117）。

③ 谢金良．《穀梁传》的真伪和写作时代问题考辨．福建论坛，1996（2）．

④ 杨德春．《春秋穀梁传》在先秦时代即有古文文本流传．南通大学学报（社会科学版），2011（4）；杨德春．论《春秋穀梁传》的产生与成书先于《春秋公羊传》．辽东学院学报（社会科学版），2011（3）．

的史事或制度比《公羊传》古老，以证其成书早于汉初成书的《公羊传》。持这一观点的以东汉郑玄和唐代孔颖达为主。如孔颖达《礼记正义》释《礼记·王制》“天子诸侯无事，则岁三田”条下郑玄注“三田者，夏不田，盖夏时也”谓：

> “夏不田，盖夏时也”者，以夏是生养之时，夏禹以仁让得天下，又触其夏名，故不田。郑之此注取《春秋纬·运斗枢》之文，故以为夏不田……孔子虽有圣德，不敢显然改生王之法以考授于世，若其所欲改，其阴书于纬，藏之以传后王。《穀梁》四时田者，近孔子故也。《公羊》正当六国之亡，谶纬见读而传为三时田。作者有先后，虽异，不足以断《穀梁》也。如郑此言三时之田不敢显露，阴书于纬，四时之田显然在《春秋》之经。《穀梁》为传之时，去孔子既近，不见所藏纬，唯睹《春秋》见经，故以为四时田也。《公羊》当六国之时，去孔子既远，纬书见行于世，《公羊》既见纬文，故以为三时田。①

上述大意是：按照《周礼》的规定，天子诸侯在没有征伐凶丧的平常年景下要一年四季田猎，春曰蒐、夏曰苗、秋曰狝、冬曰狩②。《穀梁传》在解说《春秋》桓公四年“春，正月，公狩于郎”也说：“四时之田，皆为宗庙之事也。春曰田、夏曰苗、秋曰蒐、冬曰狩。四时之田用三焉，唯其所先得。一为乾豆、二为宾客、三为充君之疱。”二者虽然在四时田的名字上有些差异，但都说是“四时田”。然而《公羊传》在同条下却说：“狩者何？田狩也。春曰苗、秋曰蒐、冬曰狩”，只说了三田。而《礼记·王制》与《公羊传》相同，也说“天子诸侯无事，则岁三田”。由“四田”到“三田”，少了一次“夏田”，怎么回事呢？郑玄的《注》为调和二者不同，说是大概夏时夏禹以仁让治国，不忍在夏天万物滋养繁茂时节田猎。孔颖达又进而解释说，《公羊传》和郑玄的“三田说”是参照了《春秋纬·运斗枢》，《穀梁传》和《公羊传》之所以出现了“四田”和“三田”的差异，主要是因为《穀梁传》成书早，看到的是古代的“四田”说，而《公羊传》成书晚，看到了纬书中的“三田”说。可是，《春秋纬》为什么从“四田”改为“三田”了呢？按照孔颖达的说法，是因为孔子在教学时知道了夏朝事实上执行了“三田”，然而又不愿轻易改正“四田”作为

---

① 孔颖达. 礼记正义//阮元. 十三经注疏. 北京：中华书局，1980：1333.

② 见《周礼·春官·甸祝》：“甸祝掌四时之田表貉之祝号”，贾公彦疏：“四时田即大司马所云春蒐、夏苗、秋狝、冬狩。”（阮元. 十三经注疏. 北京：中华书局，1980：815）

“先王之法”的古《礼》，就暗地里将这一想法写到了纬书里面，以传后王，使后王效仿夏朝施行仁政。郑玄和孔颖达的解说因为掺杂了较多主观推测而疑窦丛生，故而其后少有赞同者。不过，他们从“四田”与“三田”的差异中寻找《穀梁传》成书早于《公羊传》的证据，倒另辟了一种新的论证路径①。

对比《公羊》《穀梁》二传成书，四库馆臣认为：《穀梁传》的成书应当与徐彦疏《公羊传》成书相同，也不是由穀梁赤本人所作，而是后人著于竹帛，然后题其先师所作。四库馆臣虽然没有明确说明《穀梁传》究竟成于何时，但“穀梁赤后人所作”的结论，却也一并说明了《穀梁传》成书一定不是先秦。四库馆臣的说法合于一般逻辑，既然《公羊传》是公羊寿著于竹帛后，将成书归功于先辈“公羊子”，那么，就没有理由否认《穀梁传》也有由后人“著于竹帛”，而将成书归功于前辈穀梁子的可能。

另一种观点则认为《穀梁传》成书于西汉，晚于《公羊传》。持这一观点的大致有以下四种论证途径。

第一种是唐代陆德明《经典释文·序录》直接下结论说：“公羊高受之于子夏，穀梁赤乃后代传闻”②。依此定《春秋》三传的次序，以《公羊传》成书于汉初为前提，则《穀梁传》成书必晚于汉初。但陆德明并没有就这一说法提出什么证据。

第二种是从内证中寻找依据，即从《穀梁传》解说中大量反驳和否定《公羊传》的内容，以及二者语言表述的承接特点做出判断。对比二传内容分析，认为《穀梁传》中很多解经的传文显然是针对《公羊传》。采用这一论证路径的人较多，从古至今，学者们对此做了接力式努力。

先是，宋人刘敞《春秋权衡》对比了二传对隐公二年“无骇帅师入极”、隐公八年“无骇卒”和庄公二年“公子庆父帅师伐于余丘”的解说。如经隐公二年“无骇帅师入极”与八年“无骇卒”中的“无骇”称名不称氏，《公羊》明确指出这是“贬”，《穀梁》则说：“无侅之名未有闻焉。或曰隐不爵大夫也，或说曰故贬之也。”其中“或说曰故贬之”显然指向

① 清代阮元的《春秋穀梁传注疏校勘记·序》在总结上述结论的基础上提出：“士勋《疏》称：穀梁子名俶，字元始，受经于子夏，为经作传。则当为穀梁子所自作。”又引徐彦《公羊传疏》称：“公羊高五世相授，至胡毋生乃著竹帛，题其亲师，故曰《公羊传》。《穀梁》亦是著竹帛者题其亲师，故曰《穀梁传》。则当为传其学者所作。”（阮元．春秋穀梁传注疏：校勘记序//十三经注疏．北京：中华书局，1980：2357）

② 吴承仕．经典释文序录疏证．北京：中华书局，1984：20．

《公羊》“贬”的解说。再如对庄公二年“夏，公子庆父帅师伐于余丘”条，《公羊传》的解说是：“于余丘者何？邾娄之邑也。曷为不系乎邾娄？国之也。曷为国之？君存焉尔。”《公羊传》在解说了余丘是邾娄国的一个邑之后，指出：按照《春秋》的“例”，记外邑必系国（即邑前加国名），而国君所在之邑即视为国，故邑前不再加国名。《公羊传》只是指出了《春秋》经文在本句中暗含的关于书地名的“例”而已，并没有明示经文的好恶倾向。《穀梁传》则在简单解说“国而曰伐于余丘，邾之邑”后，明确表明经文所含的褒贬之义：“其曰伐何也？公子贵矣，师重矣，而敌人之邑，公子病之。病公子，所以讥乎公也。其一曰：君在而重之也。”两相对比，两传的区别有两点：一是文义。《穀梁》的解说明显比《公羊》更进一步，明确指出经文在此邑不书国是对公子庆父及鲁国国君的“讥”。二是文字表述。《穀梁传》最后又引“其一曰：君在而重之也”，此句所指即《公羊传》所解说的“君存焉尔”，比《公羊传》解说在文义上更进了一步，并且引《公羊传》为解经“一说”，这是《穀梁》针对《公羊》，而成书后于《公羊》的显证。所以，刘敞根据《穀梁》两引《公羊》为“一说”而断定《穀梁》“见《公羊》之书而窃附益之”①，《穀梁》晚出于《公羊》。稍晚的晁说之也肯定这一观点，认为：“《穀梁》晚出于汉，因得监省《左氏》《公羊》之违畔而正之”②。之后，清代陈澧《东塾读书记》又做了一些补充：一是从隐公元年“春王正月”和僖公十七年“夏，灭项”二传文中找出《穀梁》类同《公羊》的例证；二是从文公十二年“子叔姬卒”、宣公十五年初税亩“冬蝝生”两个传文中，找到《穀梁》或承或驳《公羊》的例证：

> 醴按：更有可证者，文十二年“子叔姬卒”，《公羊》云：“此未适人，何以卒？许嫁也。”《穀梁》云：“其曰‘子叔姬’，贵也，公之母姊妹也。其一传曰：许嫁以卒之也。”此所谓“其一《传》”，明是《公羊传》矣。宣十五年“初税亩。冬，蝝生”，《穀梁》云：“蝝非灾也。其曰蝝，非税亩之灾也。”此《穀梁》驳《公羊》之说也。《公羊》以为宣公税亩，应是而有天灾。《穀梁》以为不然，故曰：“非灾也”，驳其以为天灾也；又云：“其曰蝝，非税亩之灾也”，驳其以为

① 刘敞. 春秋权衡：卷十四//四库全书：第147册. 上海：上海古籍出版社，1987：320.

② 晁说之. 景迂生集：卷十二//四库全书：第1118册. 上海：上海古籍出版社，1987：236.

应税亩而有此灾。其在《公羊》之后，更无疑矣。”①

《春秋》宣公十五年初税亩“冬蝝生”，《公羊传》说：“上变古易常，应是而有天灾。”而《穀梁传》却说：“蝝，非灾也。其曰蝝，非税亩之灾也。”此段解说中，《穀梁传》显然是针对《公羊传》“蝝生是税亩之灾”的否定，其语气承接关系极为明显。根据上述事例，陈澧以为：“盖《穀梁》以《公羊》之说为是而录取之也。《穀梁》在《公羊》之后，研究《公羊》之说，或取之，或不取之；或驳之，或与己说兼存之。其《传》较《公羊》为平正者以此也。”② 陈氏认为，正因为《穀梁》成书晚于《公羊》，所以传文中对后者有赞同吸取和驳难非议，也正因为《穀梁》后出，所以它的观点表述才比《公羊传》显得更加平正精致。对此，陈澧得出结论：“《穀梁》不但不在《公羊》之先，实在《公羊》之后”③。

近代以来的众多学者如皮锡瑞、童书业、顾颉刚、张西堂、杨伯峻、沈玉成、赵伯雄等，也多赞同《穀梁》晚出说。

第三种是从宏观上对二传思想体系进行全面把握。晁岳佩全面分析了《穀梁传》与《公羊传》相比，在解说形式上“更胜一筹”④。

第四种是从历史地理考证方面进行研究。金德建著文提出将《穀梁传》著于竹帛的是汉武帝时期的瑕丘江公⑤，证据是《穀梁传》桓公五年载：“郑，同姓之国也，在乎冀州”。金德建看到：郑国在战国时所处地名应为“豫州”，直至《淮南子》才开始改称“冀州”。《穀梁传》的说法反映了汉代人的地理观念，这说明它成书的时间应该在汉代⑥。

以上四种论证，为《穀梁》晚出提供了可观证据，答案的确定似已呼之欲出。

---

① 陈澧．东塾读书记：卷十//续修四库全书：第1160册．上海：上海古籍出版社，2002：595.

② 同①.

③ 同①594-595.

④ 晁岳佩．春秋三传义例研究：前言．北京：线装书局，2011：4.

⑤ “武帝时，江公与董仲舒并。仲舒通五经，能持论，善属文。江公呐于口，上使与仲舒议，不如仲舒。”（班固．汉书：儒林传．北京：中华书局，1962：3617）汉武帝的太子刘据也曾私自向江公学习《穀梁春秋》：“上（武帝）因尊《公羊》家，诏太子受《公羊春秋》，由是《公羊》大兴。太子既通，复私问《穀梁》而善之。”（班固．汉书：儒林传．北京：中华书局，1962：3617）

⑥ 金德建．瑕丘江公作《穀梁传》的推测．人文杂志，1957（3）.

依据上述结论，可以基本断定《穀梁传》成书于汉代的大致时间。晁岳佩提出成书时间“大概是在汉宣帝年间”①。日本学者本田成之认为《穀梁传》作于“荀子以后秦、汉之际”而最终“成于汉景、武二帝之间”②。翁银陶则认为：“《穀梁传》的写定时间可能略迟于《公羊传》，但不会迟于武帝初年，可是《穀梁传》的博士却拖到宣帝年间才设立”③。虽然他们都没有提出明确证据或加以深入论证，但从思想背景看，《穀梁传》的诸多内容明显反映出宣帝时的政治需求和思想主张，存在应时创说的痕迹④，这一点应该可以作为支撑这种说法的理据。而宣帝时期《穀梁传》之所以设为博士、立于学官，概与它恰于此时写为定本有关，二者或可互为因果。就如同景帝时公羊寿恰好写成《公羊传》定本一样。至于《穀梁传》中诸多史事及其称呼的“古老”，概因为《穀梁传》传承地域的“鲁学”特征⑤所致，因为相对于《公羊传》所代表的“齐学”而言，“鲁学”带有更多的尚古崇古之风，因而多用古事古语，不可以此作为《穀梁传》成书早于《公羊传》的直接证据。

对于上述问题，还是赵伯雄的结论比较通达：“《公》《穀》二传在初都是在师徒父子间口耳相传，并没有固定的文本”，它的形成“可能是一个较长的过程，而不一定是某一个人在短期内撰述完成的。直到汉代‘著于竹帛’，写成定本，这才题以先师之名，称为‘穀梁传’或‘公羊传’”。既如此，对于究竟应该将二传看作何时的作品，作者接着说：“‘传’的写定是一回事，‘传’的产生与流传则是另一回事。《穀梁》与

① 晁岳佩．春秋三传义例研究：前言．北京：线装书局，2011：6.

② 原文为：“穀梁传是从荀子而传，在秦汉之际，加以种种要素，至于现在之书。可以断定其成于汉初。前述之辕固与黄生论汤武之受命，此景帝时也；嗣胡毋生、董仲舒出，提唱公羊，瑕丘江公，提唱穀梁，以与仲舒抗，此武帝时也……故若穿凿而论之，则公、穀二传，在景帝、武帝之间，由胡毋生、董仲舒、江公等笔之于书而发表。”（本田成之．春秋穀梁传考//江侠庵．先秦经籍考．上海：上海文艺出版社，1990：342）

③ 翁银陶．公羊传开讲．上海：华东师范大学出版社，2013：6.

④ 清末经学家崔适《春秋复始》提出“《穀梁传》为汉末刘歆伪造”说，以为：“歆造《左氏传》以篡《春秋》之统，又造《穀梁传》为《左氏》驱除。”（崔适．春秋复始：卷一//续修四库全书：第131册．上海：上海古籍出版社，2002：381）其后，刘逢禄及以钱玄同、顾颉刚、张西堂等为代表的古史辨派赞同并发挥其说。但他们的说法并没有得到学界普遍认同，甚至就连顾颉刚在后期也放弃了“《穀梁》为刘歆伪造”说（顾颉刚．秦汉的方士与儒生．上海：上海古籍出版社，2005：49－50）。

⑤ 关于《穀梁传》的鲁学特征，主要根据班固《汉书·儒林传》与唐陆德明《经典释文·序录》所述《穀梁传》的传授系统断言。《穀梁传》的创始者穀梁赤及其后传者如申公、荣广、皓星公、韦贤、夏侯胜、史高“皆鲁人也”，因而有“穀梁子本鲁学，公羊氏乃齐学”（班固．汉书：儒林传．北京：中华书局，1962：3618）的说法。

《公羊》作为《春秋》传，早在战国中后期已经形成了。因此，即使我们不能准确地说出它们的作者，但把它们归入先秦春秋学的文献中那是毫无问题的。”①

二传的定本虽然晚在汉代才最终完成，但其思想早在战国后期的口耳相传中已基本成形。它们作为当时政治和社会现象的反馈，已经以《春秋》意义阐释的形式体现于传文之中，成为传文意义创新的重要内容。所以，二传通过诠释经典所表述的主要思想首先应该是战国时期的。关于这一点，近年一些年轻学者也有所注意。比如，邓文辉在其博士学位论文《〈春秋穀梁传〉礼学思想研究》中指出：“从《穀梁传》作者对《春秋》经文中的人和事表达出‘正’‘不正’‘非正’‘复正’‘反正’‘夺正’‘礼’‘非礼’等对规范秩序的强烈诉求可以看出，其作者处于一个价值体系发生了激烈动荡的时代，他们热切希望通过对于‘失范’‘脱序’现象的批判来重新建立规范的社会秩序。《穀梁传》作者对于社会失序的焦虑和规范秩序的探求，正是春秋末期礼学兴起的背景下，对时代精神的弘扬和阐发。”② 不过，由于二传最终形成于汉代，其中当然免不了掺杂一些汉代思想，或者更明确点说，不乏与汉代前期政治与文化相关的思想观念。如此分析下来，二传阐发的《春秋》“大义”，应具有战国与汉代相混杂的特征。

要准确理解二传经典诠释的意义创新，只能以此作为时代前提和立足点。

三、三传诠释的异与同

班固说：“仲尼没而微言绝，七十子丧而大义乖。故《春秋》分为五，《诗》分为四，《易》有数家之传。”③ 孔子以后，儒家后学对于经典理解的分化，导致了经学的分化。对《春秋》意义理解的分化，从三传的分立上清晰地体现出来。

关于《春秋》三传的异同，前人多有论述。较早的是晋范宁对三传特点的评判：“《左氏》艳而富，其失也巫；《穀梁》清而婉，其失也短；《公羊》辩而裁，其失也俗。”④

---

① 赵伯雄．春秋学史．济南：山东教育出版社，2004：55-56.

② 邓文辉．《春秋穀梁传》礼学思想研究．广州：中山大学博士学位论文，2009：9.

③ 班固．汉书：艺文志．北京：中华书局，1962：1701.

④ 范宁．春秋穀梁传集解：序//阮元．十三经注疏．北京：中华书局，1980：2361.

稍后，唐代陆淳也做过分辨："《左氏》传经多说事迹，凡先见某事，然后可以定其是非，故先《左氏》焉。《公羊》之说事迹亦颇多于《穀梁》，而断义即不如《穀梁》之精，精者宜最在后结之，故《穀梁》居后焉。事势宜然，非前优而后劣也。"①

其后，宋代有学者与陆淳的看法类同，以胡安国和晁说之最为典型。胡安国从正面阐述："事莫备于《左氏》，例莫明于《公羊》，义莫精于《穀梁》"②，晁说之则针对范宁所说，指摘三传得失："《左氏》之失专而纵，《公羊》之失杂而拘，《穀梁》司典刑而不纵，崇信义而不拘，有意乎蹈道而知变通矣，不免失之随也。"③

近人皮锡瑞也有过综合性评价："《春秋》有大义，有微言。大义在诛乱臣贼子，微言在为后王立法。惟《公羊》兼传大义微言；《穀梁》不传微言，但传大义。《左氏》并不传义。"④

以上各家都强调了三传诠释风格的差异性。他们的评价大体恰当，只不过对三传的共通性少有论及。

三传诠释的差异性主要体现在诠释风格上。所谓"风格"，这里指诠释方法和诠释思想两个方面。从诠释方法上看，《左传》重史事，《公羊传》重微言，《穀梁传》重大义；从诠释思想上看，《左传》重传统重礼制，《公羊传》重权变重创新，《穀梁传》则介于二者之间，不乏创新又略重传统，比如对《春秋》鲁桓公九年冬"曹伯使其世子射姑来朝"的诠释，就典型地体现了这一特点：

> 《左传》："冬，曹大子来朝，宾之以上卿，礼也。享曹大子，初献，乐奏而叹，施父曰：'曹大子其有忧乎？非叹所也。'"
>
> 《公羊传》："诸侯来，曰朝。此世子也，其言朝何？《春秋》有讥父老子代从政者，则未知其在齐与在曹与。"
>
> 《穀梁传》："朝不言使，言使非正也。使世子伉诸侯之礼而来朝，曹伯失正矣。诸侯相见曰朝。以待人父之道待人之子，以内为失正矣。内失正，曹伯失正，世子可以已矣。则是故命也。尸子曰：'夫

---

① 陆淳．春秋集传纂例：卷一//四库全书：第146册．上海：上海古籍出版社，1987：389.

② 蒋伯潜．十三经概论．上海：上海古籍出版社，1983：427-428.

③ 晁说之．景迂生集：卷十二//四库全书：第1118册．上海：上海古籍出版社，1987：237.

④ 皮锡瑞．经学通论：卷四．北京：中华书局，1954：19.

已，多乎道。’”①

上述《春秋》经文大意是：鲁桓公九年冬，曹国世子射姑朝见，鲁桓公以上卿之礼接待了他。三传对经文的诠释在意义与风格上有明显不同。首先，从诠释风格上看，《左传》着重补充了享礼过程中太子叹气而引起施受一番责备的史事；而《公羊传》和《穀梁传》则明显对过程详情不感兴趣，而对礼制道德情有独钟，显示出古、今经学的分野。其次，从意义阐释上看，《左传》首先评价鲁国以上卿之礼待曹世子是合乎礼制的。《公羊传》则重点聚焦“曹世子来”《春秋》为什么用“朝”一词，以为这是《春秋》谴责曹国“父老子代从政”的“微言”。《穀梁传》则一方面将评价标准由是否合“礼”改为是否“正”，对曹国派世子和鲁国用上卿之礼的做法均批评为“不正”。对于《穀梁传》所强调的“正”，清人钟文烝指出，“正名”是《穀梁传》所要表达的最大的“义”：“《春秋》始元终麟，止是正名而尽其辞，以明王道，此直揭全书本旨也。隐无正，唯元年有正，《传》曰：‘谨始也，所以正隐也。’桓无王，唯元年有王，《传》曰：‘谨始也，所以治桓也。’此特标开宗要义也。开宗之义即冒全书，故孟子以《春秋》为乱后之一治，谓之‘天子之事’，而引夫子‘知我罪我’之言也。正名尽辞，以为之纲，正隐治桓，以弁其首，而《左氏》之三体五例，《公羊》之三科九旨，皆不足言矣。”②《穀梁传》由“礼”到“正”的变化意味着，“正”字在字面上与《左传》的“礼”字相对，但在内涵上则于传统礼制之上附加了基于当下社会变化的新是非评判标准，展现了《传》文作者在继承传统中的创新。上例中，《穀梁传》对《公羊传》一味指责曹国的态度有所纠正，指出曹与鲁的做法均有“不正”。各打五十大板的骑墙术，表现了《穀梁传》特有的持中态度，特别是大段聚焦于“正”与“不正”的讨论，突出体现了《穀梁传》一方面与《公羊传》共同关注经典“大义”，另一方面又与《左传》比肩，表现出对传统礼制深沉厚重的情感。

至于导致《春秋》诠释分化的原因，大致有两个：一是时代，二是地域。

从时代性上看，东周以降，剧烈的社会变革冲击着士人的心灵，并导

① 四书五经. 天津：天津市古籍书店，1988：79.

② 钟文烝. 春秋穀梁经传补注：论经//续修四库全书：第132册. 上海：上海古籍出版社，2002：334.

致他们思想分化。在新旧制度更替面前，他们的思想因为倾向于不同的阶级、阶层，而产生了不同的主张。这正是战国时期百家争鸣的社会基础。士人们在自由奔走、各抒己见、各立门派的同时，也借助收徒讲学、著书立说表达他们的主张、愿望和要求。而收徒讲学、著书立说的凭借就是经典解说，在“依圣托古”的观念下，经典诠释成为他们表达思想最理想的工具。

从地域性上看，《公》《穀》二传在学术分野上本来同属今文学，但是，由于传授渠道和传播区域的不同，在不同地域文化的影响下形成了不同的经典诠释风格。这一点，早在汉代就成为学者共识。汉代学者确信《汉书》“穀梁子本鲁学；公羊氏乃齐学”① 的说法，清人唐晏在谈到《公》《穀》差异时，也曾从地域角度分析：“以今考之，《穀梁》出于鲁儒，其说最为有本，惜汉代无大儒为发明之。又其立学官也晚，遂不及《公羊》之盛。《公羊》，齐说也，未必为孔门之正传。”② 马宗霍也曾考虑到地域差异与三传分化的关系：“从其文字言，则有古今之殊；从其地域言，则有齐鲁之异”。马氏还一并指出了齐学与鲁学差异的主要表现：“大抵齐学尚恢奇，鲁学多迂谨”③。齐、鲁虽然相互毗邻，但地理环境、历史渊源及发展途径却大为不同。这些不同不仅塑造了其各具特色的经济类型和治国理念，也形成了不同的思想观念和学术风格：“齐学通权达变，趋时求合；鲁学严守古义，笃信师说”④。从而进一步导致了经学的分化，齐学的广采博纳、投合世主、趋时求用，鲁学的严守古义、笃信师说，均是齐国尚变和鲁国迂谨之风熏染的结果。所谓：“两汉之经学传授，齐、鲁之学特点两现，殊为分明。其主要表现在释经与授学两个方面。从释经看齐学博采杂说，趋时求合，好为经作‘传’而其意离本经往往较远；鲁学则好为训诂，往往着意探求古义。……从经生接受经学的角度看，齐学弟子往往比较通达善变，迎合世俗，甚至有‘曲学阿世’之态；鲁学弟子则信守古义，不知变通。”⑤ 齐鲁之异终成《公》《穀》之别，以至演成宣帝甘露间的召五经名儒评《公》《穀》同异。孙筱也看到了经典传授地域不同所决定的诠释风格的不同：“就两书学风而言，《公羊》多放言高论，

① 班固．汉书：儒林传．北京：中华书局，1962：3618.

② 唐晏．两汉三国学案：卷八．北京：中华书局，1986：401.

③ 马宗霍．中国经学史．北京：商务印书馆，1936：35，46.

④ 王志民．齐鲁文化概说．济南：山东文艺出版社，2004：42.

⑤ 同④43-44.

而《穀梁》较稍显拘谨。……《穀梁传》属于鲁学，学风拘谨是鲁学风格，《公羊传》属于齐学，学风恣肆是齐学风格。”① 显然，地域风习的不同影响了学风的不同，从而进一步由思想、学风的不同形成经典诠释风格的不同。《公羊》《穀梁》二传虽然在今、古经学分野中同属今文经学，但由于其各自不同的传授地域，导致了二者诠释风格的差异。

然而，在强调三传诠释差异性的同时，也不能忽视它们之间的共通性。这里所谓的“共通性”，也可以从诠释方法与诠释思想两个方面来理解。

在诠释方法上，作为古文的《左传》重在“传事”，然而“传事”中有“传义”，既注重训诂与史事补充，又借《春秋》诠释传达了尊崇等级、维护礼制、重民爱民等儒家传统思想；同样，作为今文的《公羊》《穀梁》侧重“传义”，然而“传义”中也有“传事”，既注重阐发尊王尊周、仁政爱民、权变讥古等“微言大义”，也注意方法的训诂并兼及史事补充。三传在诠释方法上虽有拘守与开放、史事与大义，甚至传统与激进的不同侧重，但又都无一例外地体现了“由训诂以明礼义”的诠释方法的内在统一性。

至于三传在诠释思想和意义表述上的趋同性，赵伯雄在《春秋学史》中已经列举了大量相关事例。此处举三传对《春秋》宣公十五年鲁国实施“初税亩”一事的诠释为例②：

> 《左传》：“初税亩，非礼也。谷出不过藉，以丰财也。”
>
> 《公羊》：“初税亩何以书？讥。何讥尔？讥始履亩而税也。古者什一而藉。……什一者，天下之中正也。”
>
> 《穀梁》：“古者什一，藉而不税。初税亩，非正也。”

履亩而税是春秋时期生产力发展、贵族政治崩溃背景下的无奈之举，不唯鲁国，春秋时期的重要诸侯国如齐、晋、秦等大国均如此。改革的出发点本是为了维系贵族政治，事实上却饮鸩止渴，加速了贵族政治的崩溃。“初税亩”是春秋时期鲁国在“公田不治”情况下的一次税收改革。面对这一社会改革，三传的保守态度表现出了惊人的一致：《左传》明确给出了“非礼”的否定性评判；《公羊传》声称《春秋》之所以要记“初税亩”一笔，就是为了表达讥贬；《穀梁传》也用了“非正”表示对履亩

① 孙筱．两汉经学与社会．北京：中国社会科学出版社，2002：278-279.

② 赵伯雄．春秋学史．济南：山东教育出版社，2004：71.

而税的反对。总之，三传对于鲁国这一重大经济制度变革，以违背传统什一之征、藉而不税的缘由，一致表示反对。

其实，三传类似上述态度一致的地方很多，如桓公三年九月“齐侯送姜氏”、桓公十五年二月“天王使家父来求车”、庄公二十三年秋“丹桓公楹”、二十四年三月“刻桓宫桷”、文公二年二月“作僖公主”、僖公二年五月“虞师晋师灭下阳”、十九年冬“梁亡”、九年春“毛伯来求金”、襄公十九年七月“晋士匄帅师侵齐”、昭公五年夏“莒牟夷以牟娄及防兹来奔”等等。赵伯雄将三传在思想上的这种趋同性归因于《春秋》经文的同源性。这一结论固然有其道理，范宁也曾经有过这样的结论：“《春秋》之传有三而为经之旨一，臧否不同，褒贬殊致”①。但问题并非如此简单，三传经义的趋同性，除了与《春秋》经的同源性有关外，还与诠释者所处的共同时代背景有关。共同面对的时代课题，使三传作者产生相同或相近的思想共鸣。一方面，面对新旧交替、革故鼎新的社会变革，怀旧与慕新的矛盾，使他们共处于趋新与恋旧、恶旧与尚新的进退纠结之中。这是社会现实在思想观念上烙下的印记，也是决定三传意义理解和诠释共通性的社会基础。另一方面，巨大的社会变革赋予他们共同的历史使命和社会责任，那就是为旧制度复兴或新制度构建做出努力。无论是齐、鲁地域差异还是今、古学术不同，在这一点上都是一致的，从三传对等级制、仁政爱民不约而同的倡导，以及在否定旧等级制与构建新等级制上的一致性可以明显看到。对三传携手一致背离旧礼制，范宁曾有过总结性评论：“《左氏》以鬻拳兵谏为爱君，文公纳币为用礼；《穀梁》以卫辄拒父为尊祖，不纳子纠为内恶；《公羊》以祭仲废君为行权，妾母称夫人为合正。以兵谏为爱君，是人主可得而胁也；以纳币为用礼，是居丧可得而婚也；以拒父为尊祖，是为子可得而叛也；以不纳子纠为内恶，是仇雠可得而容也；以废君为行权，是神器可得而窥也；以妾母为夫人，是嫡庶可得而齐也。若此之类伤教害义，不可强通者也。”②

第二节　君主政治确立与《春秋》意义分化

在三传成书年代基本确认之后，我们就可以考察三传的诠释者们是如

---

① 范宁．春秋穀梁传集解：序//阮元．十三经注疏．北京：中华书局，1980：2360．
② 同①．

何基于各自的时代与地域背景，赋予《春秋》怎样的“义”。

一、《左传》的战国之“义”

宋人叶梦得在《春秋传·序言》中说：“可与通天下曰‘事’，不可与通天下曰‘义’。《左氏》传事不传义，是以详于史而事未必实，以不知经故也；《公羊》《穀梁》传义不传事，是以详于经而义未必当，以不知史故也。由乎百世之后而出乎百世之上，孰能核事之实而察义之当欤？惟知《春秋》之所以作，为天下也，为后世也，其所自比者天也，其所同者尧、舜、汤、文、武、周公也。不得于事则考于义，不得于义则考于事，事、义更相发明。犹天之在上，有目者所可共睹，则其为与为夺、为是为非、为生为杀者，庶几或得而窥之矣。”① 实际上，《春秋》诠释的确存在《左传》重传“事”与《公》《穀》重传“义”的差异，但是深入考察三传内容会发现：其实《左传》传“事”中有传“义”，同样，《公》《穀》传“义”中也有传“事”，只不过前者喻“义”于“事”，而后者则喻“事”于“义”。

1. 伸张民本

重民、保民意识是西周、春秋以来伴随人神颠倒形成的政治思想主线。从商末周初开始，治水平土的实践积累和朝代更替，使人们在自然变化和政治兴亡中学会了理性地认识自然和社会，进而在“天命”的背后看到了“民意”的重要。于是，哲学开始挺立，民本思想初现端倪。《尚书》中“天不可信”（《君奭》）、“徽柔懿恭，怀保小民”（《无逸》）等说法，都反映了这一时期人神颠倒的观念变革，而经典诠释理所当然地充当了这一观念变革的平台。《左传》中大量重民轻神的言论②就是这一观念变革的反映，其中桓公六年季梁的一段话最为典型：

> 夫民，神之主也，是以圣王先成民而后致力于神……故务其三时，修其五教，亲其九族，以致其禋祀。于是乎民和而神降之福，故动则有成。③

---

① 叶梦得．叶氏春秋传：原序//四库全书：第149册．上海：上海古籍出版社，1987：3.

② 如《左传》庄公十四年“妖由人兴”、僖公十六年“吉凶由人”、僖公十九年“民，神之主”、襄公三十二年“国将兴，听于民；将亡，听于神”、昭公十八年“天道远，人道迩，非所及也”等。

③ 阮元．十三经注疏．北京：中华书局，1980：1750.

"民，神之主"，民从神的桎梏中解放出来。在这种情况下，以道自任的儒者看到了利民与利政、失民与失政的一致性。《左传》文公十三年：

> 邾文公卜迁于绎。史曰："利于民而不利于君。"邾子曰："苟利于民，孤之利也。天生民而树之君，以利之也。民既利矣，孤必与焉。"左右曰："命可长也，君何弗为？"邾子曰："命在养民。死之短长，时也。民苟利矣，迁也。吉莫如之。"遂迁于绎。①

《左传》昭公二十五年：

> 乐祁曰："……政在季氏三世矣，鲁君丧政四公矣。无民而能逞其志者，未之有也。国君是以镇抚其民。《诗》曰：'人之云亡，心之忧矣。'鲁君失民矣，焉得逞其志？"②

这些重民保民思想最终升华为孟子"民为贵，社稷次之，君为轻"（《孟子·尽心下》）的民本思想。

2. 复归礼制

春秋战国是旧礼制秩序崩溃的时代，孔子为天子式微、诸侯僭越、臣下犯上的社会乱象找到的根源是礼崩乐坏。于是，从孔子开始，儒者代代接力、上下求索，致力于礼制复兴。所以我们看到，在《左传》对《春秋》的解说中，价值评判标准就是血缘宗法礼制。杨伯峻统计《左传》有462次③谈到"礼"字，甚至郑玄有"《左氏》善于礼"④ 的评价。统观全文，《左传》的确有非常明显的重礼特征，如桓公二年、三年、四年、十五年，庄公二十七年，僖公元年、二十二年、三十一年等频繁的"礼也""非礼也"的评论，都反映了作者是以礼制规范作为评判标准的。

《左传》对礼制的重视和强调还表现在通过礼、仪区分，将礼制上升到经国家、定社稷的理论高度，并把礼制的外在约束进一步引向内在自觉。《左传》昭公二十五年，借子大叔与赵简子的问答，阐述了礼的本质：

> 子大叔见赵简子，简子问揖让周旋之礼焉。对曰："是仪也，非礼也。"简子曰："敢问何谓礼？"对曰："吉也。闻诸先大夫子产曰：

---

① 阮元．十三经注疏．北京：中华书局，1980：1852.

② 同①2107.

③ "我把《左传》礼字统计一下，一共讲了462次。"（杨伯峻．论语译注．北京：中华书局，1980：16）

④ 郑玄《六艺论·春秋论》："《左氏》善于礼；《公羊》善于谶；《穀梁》善于经。"（皮锡瑞．六艺论疏证//续修四库全书：第171册．上海：上海古籍出版社，2002：287）

‘夫礼，天之经也，地之义也，民之行也。’天地之经，而民实则之。……礼，上下之纪、天地之纬也，民之所以生也，是以先王尚之。故人之能自曲直以赴礼者，谓之成人。大，不亦宜乎！”①

有这样的认识深度，“守礼”自然由被动的外在约束上升为主动的内在自觉，所谓“礼，国之干也；敬，礼之舆也。不敬，则礼不行；礼不行，则上下昏，何以长世？”（《左传》僖公十一年）“君子勤礼，小人尽力。勤礼莫如致敬，尽力莫如敦笃”（《左传》成公十三年）。

不过，我们还应该看到：春秋战国是新旧交替的时代。恋旧与慕新并存，促成了儒者文化挽救的不同方向。到战国时期，《左传》已经悄然走上了借复活血缘、复归礼制实现否定旧礼制、创建新礼制之路。这一努力，为行将出现的君主制等级政治提供了必要的转换契机。

3. 重鬼尚巫

东晋范宁有“《左氏》艳而富，其失也巫”② 的结论。《左传》的确有很多尚巫记载，如庄公八年“齐侯田于贝丘，见大豕”、庄公二十二年“有妫之后，将育于姜，五世其昌”、僖公三十一年“卫迁于帝丘，卜曰：三百年”，以及昭公七年“尧殛鲧于羽山，其神化为黄熊”等。

《左传》的尚巫之风源于史前宗教崇拜，是春秋战国巫风盛行的表现。人类文明初期，由于生产力和思维能力所限，人在自然面前极其渺小和脆弱，对自然界及自身的认识也是模糊甚至错误的。于是，由对自然现象的神秘敬畏而生崇拜，并试图借助某种仪式以求得护佑，如恩格斯所说：“宗教是在最原始的时代从人们关于他们自身的自然和周围的外部自然的错误的、最原始的观念中产生的。”③ 早期的宗教崇拜和宗教仪式即由此诞生。

宗教崇拜的仪式表达，在早期体现为巫术、祭祀。《国语·楚语》“观射父答楚庄王问”记载了上古宗教信仰的生成演变和巫文化的产生，所谓：“古者民神不杂。民之精爽不携贰者，而又能齐肃衷正，其智能上下比义，其圣能光远宣朗，其明能光照之，其聪能听彻之，如是则明神降之……及少昊之衰也，九黎乱德，民神杂糅，不可方物。……颛顼受之，

① 阮元. 十三经注疏. 北京：中华书局，1980：2107-2108.

② 范宁. 春秋穀梁传集解：序//阮元. 十三经注疏. 北京：中华书局，1980：2361.

③ 恩格斯. 路德维希·费尔巴哈与德国古典哲学的终结//马克思恩格斯选集：第四卷. 3版. 北京：人民出版社，2012：260-261.

乃命南正重司天以属神，命火正黎司地以属民，使复旧常，无相侵渎，是谓绝地天通。”① 这段叙述，反映了先民由蒙昧无知到有神信仰、由自发崇拜向人为宗教转变的历程。

齐鲁地处东夷，从众多上古材料看，是商周以来巫风遗存最盛的地域。司马迁《史记·天官书》重点提到了齐、楚之巫。《汉书·地理志》也曾记载齐、陈、楚三国的巫风之盛。

三国巫风概均源于齐地，齐地巫风随着东夷族众的外拓影响到陈、楚。特别是春秋战国时期，时局的动乱加剧了巫士的流动，进而助推了齐地巫风的外传。见于文献记载的如自齐至郑的巫咸②，自齐往燕、赵的邹衍③等。至于齐地巫风盛行的原因，概与其沿海独特的地理环境及海上神仙的传说有关。齐国建立后，政策上的因俗简礼最大限度地保留了东夷史前遗风，并在动荡中成为巫风外播的基地，也当然地成为《左传》尚巫、《公羊》善谶的历史渊源。

4. 尚战崇霸

《春秋》纪年二百五，大战四百九。战争是争霸的手段，又以争霸为目的。

五百年的王权衰落与霸权迭兴，使身处其中的士人们不得不直面现实，就连一向崇尚仁义、反对战争的孔子也不得不对齐桓首霸投以赞赏的目光，称赞管仲“相桓公，霸诸侯，一匡天下，民到于今受其赐”（《论语·宪问》）。战国之于春秋，争霸战争更趋激烈，《左传》作者受环境熏陶，表现了更浓郁的尚战崇霸思想。所谓“国之大事，在祀与戎”（《左传》成公十三年）、“报施救患，取威定霸，于是乎在矣”（《左传》僖公二十七年）。在他们看来，战争、争霸成为博取利益、报施救患，乃至确立权威、安定天下的必由之路，因此成为与祭祀比肩的国之“大事”。

一方面，《左传》毫不掩饰地赋予战争威慑无道、安定国家的正面意义。如宣公十二年的“夫武，禁暴，戢兵，保定，定功，安民，和众，丰财者也”，襄公二十七年的“凡诸侯小国，晋、楚所以兵威之。畏而后上下慈和，慈和而后能安靖其国家，以事大国，所以存也。无威则骄，骄则乱生，乱生必灭，所以亡也。天生五材，民并用之，废一不可，谁能去

① 国语：楚语下. 上海：上海古籍出版社，1998：559，562.

② 列子：黄帝；庄子：应帝王.

③ 司马迁. 史记：平原君虞卿列传. 2版. 北京：中华书局，1982：2370.

兵？兵之设久矣，所以威不轨而昭文德也”。

另一方面，《左传》也毫不吝啬地揭露战争的血腥与弊端，表达反战态度。如襄公二十七年“兵，民之残也，财用之蠹，小国之大灾也”，借韩宣子之口表达反战思想。战争的确是罪恶与灾难的渊薮，所以《孙子兵法》以“兵者，国之大事，死生之地，存亡之道，不可不察”（《孙子兵法·计篇》）反对轻动干戈，尤其是被孟子称为“不义”之战（《孟子·尽心下》）的东周战乱，更应受到谴责。

但是，在仁政止战无效的情况下，以战止战成为不二之选。战争与和平二者之间的对立统一，如列宁所说：“虽然像任何战争一样不可避免地带来种种惨祸、暴行、灾难和痛苦”，但是却因为它们“帮助破坏了特别有害的和反动的制度”，而“有利于人类的发展”[①]。从当时实际情况看，争霸战争的确促进了新旧制度更替，增进了民族融合，也加快了全国统一的步伐。

《左传》的尚战崇霸思想突出表现在两个方面：一是对战争的推崇和对霸主、霸业的赞美。如对战争的战略策略、战场形势、人心向背、实力对比、战争胜负等的大肆渲染，及对齐桓、晋文称霸不吝笔墨的描述和颂扬等，所以郭丹说：“作者对战争思想的阐述、对战争胜负的预测、对战争气氛的渲染，都可以使人明显地感受到作者对以武力攻伐征服的霸道与霸权的肯定”[②]。二是将称霸战争提升到国家哲学、礼制和道德层面。

首先，将战争提升到哲学层面。春秋战国时期哲学的挺立，对作者思想产生了深刻影响，使他们在阐述战争起因、强调人的策谋、揭示战争本质、评价战略得失中，摒弃传统的天神观念，充分注意人在争霸战争中的作用。如晋文公行礼讲信而霸（《左传》僖公二十七年）、齐景公“征敛无度”致败（《左传》昭公三年）、司马子鱼怒斥宋襄公以人祭迫诸侯拥戴[③]（《左传》僖公十九年），及僖公二十八年的“师直为壮”、宣公十二

① 列宁．社会主义与战争（俄国社会民主工党对战争的态度）//列宁全集：第 26 卷．2 版．北京：人民出版社，1988：322.

② 郭丹．左传开讲．上海：华东师范大学出版社，2013：46.

③ 齐桓公死后，齐霸业衰落。宋襄公以拥戴齐公子昭回国为齐孝公而自以为可以由自己继齐而后成为霸主。鲁僖公十九年（宋襄公十年），宋襄公召集滕、曹、邾、鄫几个小国会盟于曹，滕子婴齐和鄫子迟到，宋襄公以为有辱尊严，为泄愤而将滕子婴齐（滕宣公）关押起来，并准备用鄫子做人祭。对宋襄公的这一不理智的残暴行为，司马子鱼予以严厉批评，事见《左传》僖公十九年：“夏，宋公使邾文公用鄫子于次睢之社，欲以属东夷。司马子鱼曰：‘古者六畜不相为用，小事不用大牲，而况敢用人乎？祭祀以为人也。民，神之主也。用人，其谁飨之？齐桓公存三亡国以属诸侯，义士犹曰薄德，今一会而虐二国之君，又用诸淫昏之鬼，将以求霸，不亦难乎？得死为幸。’”（阮元．十三经注疏．北京：中华书局，1980：1810）

年的“师出以律”、襄公十一年的“有备无患”、昭公十年的“量力而行”等等。诸如此类对于战争规律的总结、军事思想的认识，均表明了作者摆脱迷信、注重人事的理性思维的树立。

其次，将战争提升到礼制层面。昭公二十五年子大叔对礼与仪的区分，将礼从行为遵循的外在仪式，内化为人之为人的本质规定。礼制既上升为“经国家，定社稷，序人民”的“国之干”，行礼重德理所当然地体现在最常见的诸如外交、朝聘与战争等国之大事上。

通过两个例子可见《左传》是如何将“礼”贯穿于战争的。

一例是成公二年齐晋鞌之战。齐军失利，齐顷公败逃，因战车“絓于木而止”，被晋司马韩厥追上，双方竟上演了一场感人的战场礼仪：

> 韩厥执絷马前，再拜稽首，奉觞加璧以进，曰：“寡君使群臣为鲁、卫请，曰：‘无令舆师陷入君地。’下臣不幸，属当戎行，无所逃隐。且惧奔辟，而忝两君，臣辱戎士，敢告不敏，摄官承乏。”丑父使公下，如华泉取饮。郑周父御佐车，宛茷为右，载齐侯以免。①

齐晋鞌之战原本是晋国为解鲁、卫之急而与齐对抗。鞌之战中，《左传》作者一方面通过“郤克伤于矢，流血及屦”，张侯“矢贯”手及肘、“左轮朱殷”体现战争的血腥与残酷；另一方面却又在韩厥追上齐顷公后，以一出“再拜稽首，奉觞加璧”张扬礼仪。

另一例是成公十六年，晋楚鄢陵之战，晋军主帅郤至与楚共王战场相遇：

> 郤至三遇楚子之卒，见楚子必下，免胄而趋风。楚子使工尹襄问之以弓，曰：“方事之殷也，有韎韦之跗注，君子也。识见不谷而趋，无乃伤乎?”郤至见富，免胄承命，曰：“君子外臣至，从寡君之戎事，以君之灵，间蒙甲胄，不敢拜命。敢告不宁，君命之辱。为事之故，敢肃使者。”三肃使者而退。②

敌我搏杀，你死我活。然而，血腥的战争与高扬的礼制这两种原本并不和谐的场景，被作者强行纠合在一起。作者对礼制的留恋以至于此。不过，战争终究是战争，它是敌对双方基于利益争夺的残酷角逐与较量。无论表面有多么温情脉脉，都掩盖不了它的血腥本质。因此，战场上的

---

① 阮元．十三经注疏．北京：中华书局，1980：1894-1895.

② 同①1918-1919.

“礼”，除了体现为战争主体双方的人性品质、道德素养外，更深刻的还是体现于战争的属性与规律上，无论《左传》作者有多么不情愿放弃前者，战争的血腥本质却无论如何都无法回避和掩盖。这一点，从《左传》对僖公二十二年宋楚泓之战①和宣公二年宋郑大棘之战中宋襄公和狂狡②的“蠢猪式仁义”的讽刺中体现出来。

最后，将战争提升到道德层面。西周以来，人神关系的颠倒触发了保民明德的思想和政治觉醒③。争霸战争作为“国之大事”，既是敌我双方军事权谋与策略的校量，更是两国实力的较量，而国家实力的支撑则是民心。这一认识的深化，使得《左传》作者将争霸战争提升到道德层面，尽力渲染德霸合一、以德求霸和以德评霸思想④。《左传》作者笔下的齐桓首霸、秦霸西戎、晋文称雄及楚威中原均以德取胜⑤，是以德定威、以德取霸的正面典型。

春秋战国是王纲解纽、礼崩乐坏的时代，也是百舸争流、自我超越的时代。《春秋》以史官的笔触记录了这个时代跃动的脉搏。《左传》则借助于对它的诠释，为我们展开了一幅社会转型下风云激荡的生动画卷，同时也以独特的眼光和视角审视、评判着这场深刻的社会变革，表达着自己恋

① 《左传》僖公二十二年：“冬十一月己巳朔，宋公及楚人战于泓。宋人既成列，楚人未既济。司马曰：‘彼众我寡，及其未既济也，请击之。公曰：‘不可。’既济而未成列，又以告。公曰：‘未可。’既陈而后击之，宋师败绩。公伤股，门官歼焉。国人皆咎公。公曰：‘君子不重伤，不禽二毛。古之为军也，不以阻隘也。寡人虽亡国之余，不鼓不成列。’子鱼曰：‘君未知战。勍敌之人，隘而不列，天赞我也。阻而鼓之，不亦可乎？犹有惧焉。且今之勍者，皆吾敌也，虽及胡耇，获则取之，何有于二毛？明耻教战，求杀敌也。伤及未死，如何勿重？若爱重伤，则如勿伤；爱其二毛，则如服焉。三军以利用也，金鼓以声气也。利而用之，阻隘可也。声盛致志，鼓儳可也。’”（阮元. 十三经注疏. 北京：中华书局，1980：1813-1814）

② 《左传》宣公二年：“春，郑公子归生受命于楚，伐宋。宋华元、乐吕御之。二月壬子，战于大棘，宋师败绩，囚华元，获乐吕及甲车四百六十乘，俘二百五十人，馘百人。狂狡辂郑人，郑人入于井，倒戟而出之，获狂狡。君子曰：‘失礼违命，宜其为禽也。“戎，昭果毅以听之”之谓礼，杀敌为果，致果为毅。易之，戮也。’”（阮元. 十三经注疏. 北京：中华书局，1980：1866）

③ 如周武王警示：“我不可不监于有夏，亦不可不监于有殷……惟不敬厥德，乃早坠厥命”（《尚书·召诰》）。

④ “忠，德之正也；信，德之固也；卑让，德之基也”（《左传》文公元年）；“德、刑、详、义、礼、信，战之器也。德以施惠，刑以正邪，详以事神，义以建利，礼以顺时，信以守物”，如此，方能使民“莫不尽力以从上命，致死以补其阙，此战之所由克也”（《左传》成公十六年）；“有德不可敌”（《左传》僖公二十八年）。

⑤ 如齐桓首霸，是因为管仲“招携以礼，怀远以德”（《左传》僖公七年）；秦晋争霸的胜利，是因为孟明视“惧而增德，不可当也”（《左传》文公二年）；齐楚召陵之盟是楚大夫屈完“以德服人”（《左传》僖公四年）的结果。

旧与慕新相纠缠的复杂情感，如同郭丹所说：“《左传》一书反映的民本思想、爱国思想、战争思想、天人观念、伦理观念，是对春秋时代急剧变革的社会历史的总结；作者对宗法制度逐渐解体的描绘，对统治阶级内部矛盾尖锐对立的揭露，对统治阶级荒淫无耻的生活、暴君的凶残和战争的惨烈所加于人民的痛苦，予以无情的抨击，又给后世统治者提供了深刻的鉴戒。作者也通过人事的总结，来重新认识人的价值和人的本质力量。而书中对众多的各个不同阶级、阶层的历史人物的刻画，表现了作者对人自身在历史运动中的价值、地位、作用和意义的一种新的觉醒，直接反映着作者对历史的认识、体验、把握和领悟，形成具有鲜明时代特征的历史意识。”① 所有这一切，都为一个时代对另一个时代的否定，以及新时代的诞生做了体制和观念上的有益探索。

二、《公羊传》和《穀梁传》的战国之“义”

以“不传义”受人诟病的《左传》尚不免于呼应时代，喻“传义”于“传事”之中，以“传义”为擅长的《公》《穀》二传，其“传义”特性当然更是毫无疑问。

的确，与《左传》侧重于对《春秋》的史事性解说不同，《公羊传》和《穀梁传》以善于发挥《春秋》的“微言大义”著称。蒋庆的论述“孔门弟子沿着孔子《春秋》的总体思路，又依据自己所处的具体境况，并在同其他思想的激荡中，不断阐述公羊学的义理，从而不断完善公羊学，最后把公羊学发展成了一门能够解决时代问题的新儒学”②，贴切地揭示了《公羊传》对《春秋》大义的时代性发挥。

但这里需要说明的是：二传的成书年代跨越了战国和汉初，其意义呈现自然也囊括了两个前后相继而又有所不同的时代。这里所谓的“不同”，主要是指君主政治体制从挣脱贵族政治而初萌到在全国范围内真正建立的转变。显然，这一体制巨变，在战国先觉者的观念里，已经有了预设性创见。这些“预设性创见”，作为一种思想倾向，会自然而然地反映于《春秋》诠释之中。然而，大众深层心理的滞后性又使得传统观念作为潜意识固着于人们的头脑中难以撼动。于是，这种慕新与恋旧的观念纠合，一如在《左传》中的表现，也同样在《公》《穀》二传中体现得淋漓尽致。慕

① 郭丹．左传开讲．上海：华东师范大学出版社，2013：33．
② 蒋庆．公羊学引论．沈阳：辽宁教育出版社，1995：87．

新与恋旧的交叠，使战国至汉初的思想领域表现出新旧杂陈的特点。

在这样的情况下，我们硬要分清二传中哪些是战国之“义”，哪些又是汉代的思想，不仅是极其艰难的，也是十分危险的，容易犯主观臆断、生拉硬扯的错误。但为了更细致地探寻和体味经典阐释的时代意义，冒一下这样的风险也未尝不可。

《公羊传》和《穀梁传》对《春秋》“微言大义”的开掘和阐发，内容上既各有侧重，又颇多雷同，方法上则都习惯于通过叙事“书法”体现出来。借助于鲁史官和孔子对《春秋》的意义表述，通过“应书而不书”“不应书而书”的义例研判，借事明义，巧妙地表达了他们对时代的理解和人事的褒贬。在这些理解和阐释中，有源于传统的继承，也有基于现实的创新，新与旧的交叠共存，体现了文化上“扬”与“弃”的统一。

1.《公羊传》和《穀梁传》的“尊王”“尊周”思想

晁岳佩将“尊王”定为《春秋》第一大原则①。对于这一原则，《公羊传》和《穀梁传》体现了高度一致②。公羊、穀梁家承续孔子，借《春秋》阐发尊王大义，表达了对恢复贵族等级秩序的希冀。无疑，二传所尊之“王”当然是指周天子，承袭的是天下共主的尊周原则。文中对《春秋》的尊王阐释无处不在，除了前文提到的僖公二十八年践土之会是“不与致天子”，和同年冬“天王狩于河阳”是“不与再致天子”，通过对诸侯召天子参加盟会的否定和隐讳以体现尊王之意外，还突出体现在以下几个方面：

一是“不与诸侯专封”。这一观点集中反映在《公羊传》对《春秋》僖公二年的解说中：“孰城？城卫也。何为不言城卫？灭也。孰灭之？盖狄灭之。曷为不言狄灭之？为桓公讳也。曷为为桓公讳？上无天子，下无方伯，天下诸侯有相灭亡者，桓公不能救，则桓公耻之也。然则孰城之？桓公城之。曷为不言桓公城之？不与诸侯专封也。曷为不与？实与，而文不与。文曷为不与？诸侯之义，不得专封。诸侯之义，不得专封，则其曰‘实与之’何？上无天子，下无方伯，天下诸侯有相灭亡者，力能救之，则救之可也。”春秋初年，王室衰微，诸侯争霸，北方邢、燕、卫等国频受戎、狄侵扰。在这种局面下，凭借管仲改革率先强大起来的齐国，以

① 晁岳佩．春秋三传义例研究．北京：线装书局，2011：245．

② 赵伯雄认为：“尊王”是“贯穿《公羊传》全书的一条最重要的经义”，而《穀梁传》在尊王、尊周上表现得“较《公羊》更为强烈”（赵伯雄．春秋学史．济南：山东教育出版社，2004：41，59）。

“尊王攘夷”为旗号，抵抗戎、狄侵扰，救邢存卫，捍卫诸姬。在天子无能的情况下，由作为诸侯的齐国出面阻击戎、狄，拯救邢、卫，这无疑是一件存亡继绝的好事。但从传统礼制的角度看，这也是对天子权力的僭越。对此，《公羊传》采用了明贬暗褒的办法，表面上以“不与齐侯专封”否定（贬）齐国的僭越行为，暗地里却以理性的态度面对天子式微、诸侯强大的现实，对齐国的做法予以肯定（褒）。《穀梁传》也亦步亦趋：“楚邱者何？卫邑也。国而曰城。此邑也，其曰城何也？封卫也。则其不言城卫何也？卫未迁也。其不言卫之迁焉何也？不与齐侯专封也。其言城之者，专辞也。故非天子，不得专封诸侯。诸侯不得专封诸侯，虽通其仁，以义而不与也。故曰‘仁不胜道’”。在公羊、穀梁家看来，齐桓公任力行霸，专封诸侯，是不尊周礼的僭越行为，在语言表述上不能公然表扬这种行为（“文不与”）。但是，在天子孱弱、诸侯相残的现实情况下，齐桓公的尊王攘夷、存亡继绝，又使乱世维系了仁道秩序，应该在态度和倾向上承认他的功绩（“实与”）。因而，以“实与文不与”的方式隐讳而恰当地处理了理论和现实、道义弘扬和礼制维护之间的张力和矛盾。既用传统视角彰显桓公僭越周礼之恶，又从现实的立场表彰桓公存亡继绝之功。显然前者是主观上对传统尊周观念的继承，后者则是客观认同“王室衰微”的社会现实。

二是“不与诸侯专讨”。这一观点体现在对《春秋》宣公十一年“冬十月，楚人杀陈夏征舒”一事的诠释。对于这场楚国专讨事件，《公羊传》也用“文不与”表达对楚国僭越周王权力的贬斥：“此楚子也。其称人何？贬。曷为贬？不与外讨也。不与外讨者，因其讨乎外，而不与也。虽内讨，亦不与也。曷为不与？实与，而文不与。文曷为不与？诸侯之义，不得专讨也。诸侯之义，不得专讨，则其曰‘实与之’何？上无天子，下无方伯，天下诸侯有为无道者，臣弑君，子弑父，力能讨之，则讨之可也。”夏征舒是陈国大夫，其父夏御叔去世后，其母（貌美的夏姬）与陈国大夫孔宋、仪行父及陈灵公通奸。陈灵公十四年（鲁宣公十年，前599年），三人前往夏家饮酒。其间，以言语辱于夏征舒，征舒愤而怒杀灵公，孔宁、仪父逃往楚国，灵公太子午出奔晋国，夏征舒自立为陈侯。次年（鲁宣公十一年，前598年），觊觎中原的楚庄王借机出兵讨陈，杀夏征舒。《公羊传》指出：楚国出面平陈国内乱是僭越天子的专讨行为。但鉴于当时“上无天子，下无方伯”的社会现实，对楚国出兵讨伐陈国、杀夏征舒的僭越行为，虽理论上不赞同（“文不与”），却用“实与”的暧昧事实上予以默认。

可见，在王室衰微、诸侯强大的现实面前，公羊家虽然还放不下尊崇周礼的传统思维，然而实际上却不得不理性地面对周天子尊严扫地的客观现实，用“实与文不与”的折中策略表达对诸侯称霸的认同。

三是“不与诸侯专杀”。这一观点集中体现于《公羊传》对《春秋》僖公二十八年“公子买戍卫，不卒戍，刺之”的解说：“不卒戍者何？不卒戍者，内辞也，不可使往也。不可使往，则其言戍卫何？遂公意也。刺之者何？杀之也。杀之，则曷为谓之刺之？内讳杀大夫，谓之刺之也。”[①] 事情发生于晋楚城濮之战前夜。齐桓公去世后，齐国霸业衰落，楚国觊觎中原。保卫中原诸姬的重任历史地落到了晋国肩上。于是，晋、楚之间的较量势所难免。鲁僖公二十七年冬，楚国率先发难，联合陈、蔡、郑、许，围宋。宋求救于晋，晋国当仁不让，联合齐、秦，共同抗楚。为了将秦、齐拖入战争，加入晋方，以解除南向对楚的后顾之忧。晋文公先是让宋贿赂并求救于秦、齐，以由两国出面，请求楚退兵。但又怕楚国忌惮晋、齐、秦三强联合而退出北向角逐，使得晋国失去挫败强楚、称霸中原的有利时机。于是，为激怒楚国、迫其出兵，晋于鲁僖公二十八年春（周襄王二十年，前632年）主动出兵楚的附属国曹、卫。如此一来，便造成了一种局面：一方面，楚国因为附属国曹、卫受侵，而被激怒，不听齐、秦请求，坚决出战；另一方面，秦、齐则因为“喜赂、怒顽”[②] 而坚决地与晋联盟，与楚对决。结果，城濮一战，晋胜楚败，晋文公遂一举称霸中原。上文叙述的，就是晋楚交战前夕鲁国夹在晋、楚两强中间的尴尬处境。当晋出兵曹、卫的时候，鲁僖公正慑于楚国压力，奉行亲楚政策，鲁国卿大夫公子买为楚国驻守卫国。在两国争霸局势尚不明朗之际，鲁国既怕强晋，又怕强楚。于是实行两边都不得罪的滑头主义：一面以谎称公子买戍事未终而归为借口，杀了公子买以讨好楚国；另一面又以杀了为楚值守的公子买，讨好于晋。《公羊传》解释：为什么明明杀了公子买，《春秋》却不说“杀”而说“刺之”呢？是因为对内忌讳用“杀”这个词。因为按周礼，大夫为周天子任命，是周天子的属臣，生杀予夺之权归于周天子。鲁僖公自行决定杀了公子买，是僭越周天子、违背周礼的专杀行为。

---

① 阮元．十三经注疏．北京：中华书局，1980：2261.

② 《左传》僖公二十八年：秦、齐喜于宋赂而出面请求楚退兵，楚因曹、卫受侵固执不退，从而激怒齐、秦坚决参战，与晋联合。

所以，何休《解诂》为："有罪无罪，皆不得专杀，故讳'杀'言'刺'之。"①《公羊传》对鲁国专杀的避讳，是其尊王思想的遗存。

四是"不与诸侯专地"。这一观点分别见于《春秋》桓公元年、宣公元年和昭公二十三年。

在《春秋》桓公元年三月"郑伯以璧假许田"条下，《公羊传》针对郑伯私自用玉璧交换许国田地一事做了详细解说：

> 其言以璧假之何？易之也。易之，则其言假之何？为恭也。曷为为恭？有天子存，则诸侯不得专地也。许田者何？鲁朝宿之邑也。诸侯时朝乎天子，天子之郊，诸侯皆有朝宿之邑焉。此鲁朝宿之邑也，则曷为谓之许田？讳取周田也。讳取周田，则曷为谓之许田？系之许也。曷为系之许？近许也。②

对于上述《公羊传》的解说，《穀梁传》也附言：

> "假"不言"以"，言"以"非"假"也。非"假"而曰"假"，讳易地也。《礼》：天子在上，诸侯不得以地相与也。③

对于晋国侵夺周天子的直辖地，以及郑国以璧与鲁私自交换土地等僭越天子权力的行为，公羊、穀梁家认为，应该本着"为尊者讳"的原则予以隐讳。

另外，在《春秋》宣公元年"晋赵穿帅师侵崇"和昭公二十三年"晋人围郊"条下，《公羊传》也一再重复"诸侯不得专地"的观念："柳④者何？天子之邑也。曷为不系乎周？不与代天子也。""郊者何？天子之邑也。曷为不系于周？不与伐天子也。"这些发挥性解说，均体现了公羊、穀梁家们头脑中根深蒂固的尊王思想，以及对周代等级制的惯性维护。

五是避讳周王之败。这一观点典型体现于《公》《穀》二传对《春秋》成公元年秋"王师败绩于贸戎"的解说："孰败之？盖晋败之，或曰贸戎败之。然则曷为不言晋败之？王者无敌，莫敢当也。"《穀梁传》也解说为："不言'战'，莫之敢敌也。为尊者讳，敌不讳败；为亲者讳，败不讳敌。尊尊亲亲之义也。"在这一条下，《公》《穀》二传表达了相同的尊王

---

① 何休．公羊传解诂//阮元．十三经注疏．北京：中华书局，1980：2261.

② 阮元．十三经注疏．北京：中华书局，1980：2212-2213.

③ 同②2372.

④ 《春秋》写为"崇"，《公羊传》写为"柳"。

思想。在春秋时期王室衰微、周王尊严扫地的情况下，公羊、穀梁家们仍然坚守着对周王尊严的维护。即便是周王被晋国打败，也不能明言，因为要维护所谓“王者无敌”的观念信仰和“为尊者讳”的尊礼习惯。

除了上述几点外，二传还通过解说《春秋》经文中对于出场人名的排序，来体现他们对周王尊严的勉力维护。如在《春秋》僖公五年夏“公及齐侯、宋公、陈侯、卫侯、郑伯、许男、曹伯，会王世子于首止”条下，《公羊传》有“曷为殊会王世子？世子贵也”的表述。本条下，《穀梁传》则表现得更甚：“及以会，尊之也。何尊焉？王世子云者，唯王之贰也。云可以重之存焉，尊子也。何重焉？天子世子，世天下也。”周世子作为周王之子，地位高于一般诸侯，所以在上述解说中，有意识地运用了各诸侯会世子的语序，以表达各诸侯国听凭王世子召唤会于首止。类似手法在《春秋》僖公八年春“公会王人、齐侯、宋公、卫侯、许男、曹伯、陈世子款、郑世子华盟于洮”也有同样表现。此条下《公羊传》的解释是：“王人者何？微者也。曷为序乎诸侯之上？先王命也。”《穀梁传》也有“王人之先诸侯，何也？贵王命也”的随声附和。“王人”原本只是周王的大夫，按周代等级制，地位远在齐侯、宋公之下，但《春秋》行文叙述中却将“王人”列于齐侯等人之前，正是为了体现“先王命”的“尊王”观。

上述《公羊传》和《穀梁传》在《春秋》诠释中所表现出的“实与文不与”的矛盾心理，在新旧杂陈的时代昭示了两种意义面向：一方面表现了他们对“尊王”“尊君”的旧三代贵族等级制的习惯性迷恋，体现了他们思维与观念的滞后性；另一方面又体现了他们在社会巨变的现实下，对旧礼制崩塌与新的等级礼制确立的理性认同。这两种矛盾情结，只有在秦汉新的等级制真正确立起来以后，在政治变革巨流的推动下，才会彻底终结：蜕掉“尊周”的外壳，而将“尊王”的内核转化为君主等级下的“尊君”。

2.《公羊传》和《穀梁传》的仁政爱民思想

“仁”是孔子思想体系的核心，从“恭宽信敏惠”（《论语·阳货》）的品德修养到“泛爱众，而亲仁”（《论语·学而》）的人际伦理，再到“为政以德”（《论语·为政》）的仁政理念。“仁”，始终是儒者“士不可以不弘毅，任重而道远”（《论语·泰伯》）的人生追求和政治使命。

后儒对“仁”的思想的发扬同样大量体现于他们的经典诠释之中。只不过，既有对孔孟传统仁政思想的继承，也增加了切合当下社会的创新性“发挥”。

时至战国，统治者越发骄奢淫逸、巧取豪夺。面对这样的局面，公羊、穀梁家的态度也随时而变。在更加剧烈和更大规模的战乱与血腥中，由春秋时期对统治者“爱民如子”的激励，转为绝望情绪下对统治者残酷与掠夺的谴责，针砭情绪日渐升腾。

董仲舒总结《春秋》爱民的思想内涵为：“《春秋》之法，凶年不修旧，意在无苦民尔。苦民尚恶之，况伤民乎？伤民尚痛之，况杀民乎？故曰，凶年修旧则讥，造邑则讳。是害民之小者，恶之小也；害民之大者，恶之大也。今战伐之于民，其为害几何？考意而观指，则《春秋》之所恶者，不任德而任力，驱民而残贼之”①。

董仲舒的“《春秋》之法”，其实是《公羊》之“义”。公羊、穀梁家们充分体认当时百姓饱受巧取豪夺与战乱的痛苦，借助经典诠释，承续儒家思想，为唤醒统治者重民爱民奔走呼吁。

一是爱惜民力。“节用而爱人，使民以时”（《论语·学而》）是孔子仁政爱民的首要体现。《公》《穀》二传中频繁强调和展现类似的思想观念。如《春秋》隐公七年：“夏，城中丘”，《左传》以“书不时”指出“城中丘”误农时。《公羊》用“以重书”，提醒筑城是动用民力的大事，应该谨慎对待。《穀梁》更是表达坚决反对：“城为保民为之也。民众城小则益城，益城无极。凡城之志，皆讥也。”《春秋》桓公四年“春正月，公狩于郎”。《公羊传》解说为：“狩者何？田狩也。春曰苗，秋曰蒐，冬曰狩。常事不书，此何以书？讥。何讥尔？远也。”公羊家认为：周代天子、国君巡狩之礼原本无须史官记载，这次之所以记载，是作者对鲁桓公不惜民力、远赴狩猎的讥讽和贬斥②。类似的还有不少，如对《春秋》庄公二十八年冬“臧孙辰告籴于齐”的嘲讽③和同年冬“筑郿”、次年春“延新厩”的谴责④等等。

---

① 董仲舒．春秋繁露：卷二．北京：中华书局，1975：46-47.

② 因为周礼同样有“诸侯田狩不过郊”的规定（何休．春秋公羊解诂//阮元．十三经注疏．北京：中华书局，1980：2215）。

③ 对此，《左传》只从史事的角度解说：“冬饥，臧孙辰告籴于齐，礼也。”而《公羊传》“告籴者何？请籴也。何以不称使？以为臧孙辰之私行也。君子之为国也，必有三年之委。一年不熟，告籴，讥也”，语气明显有嘲讽意味。

④ 《公羊传》：“冬既无麦禾矣，曷为先言筑微，而后言无麦禾？讳以凶年造邑也。”“新延厩者何？修旧也。修旧不书，此何以书？讥。何讥尔？凶年不修。”《穀梁传》：“古之君人者，必时视民之所勤。民勤于力，则功筑罕；民勤于财，则贡赋少；民勤于食，则百事废矣。冬筑微，春新延厩，以其用民力为已悉矣。”在公羊、穀梁家看来，《春秋》先言“筑微”后言“无麦禾”，以及“延厩”本不该书却书的目的正是对鲁庄公不惜民力、追求奢侈、大兴土木的讥讽和警告。

二是抵制暴敛。战国时期，各国统治者为应对征战之需和满足生活贪欲，不断增加赋税。因此，《公羊传》对鲁宣公十五年秋的"初税亩"、鲁成公元年三月的"作丘甲"，以及鲁哀公十二年春的"用田赋"都表达了讥讽和指责。《公羊传》称："初税亩何以书？讥。何讥尔？讥始履亩而税也。何讥乎始履亩而税？古者什一而籍……十一者，天下之中正也。多乎什一，大桀小桀""何以书？讥。何讥尔？讥始丘使也""何以书？讥。何讥尔？讥始用田赋"。《穀梁传》也随声附和："古者什一，藉而不税。初税亩，非正也。""丘甲，国之事也。邱作甲，非正也。""古者公田什一，用田赋，非正也。"用"非正"表达了对加赋的否定和谴责。

鲁宣公十五年的"初税亩"，本是春秋战国旧制度崩溃、公田不治下国君承认土地私有、履亩而税的自救之举。按亩征税，表明鲁国也正式走上了废除井田，承认土地私有的改革之路。今天，从社会制度变革的角度看应该加以肯定。显然，二传谴责的并非制度改革本身，而是鲁国统治者借改革变相加赋，增加百姓负担。

三是反战与渴望统一。经历春秋战国五百年战乱，社会在动荡、苦难中实现着蜕变。经济上，随着生产力提高和交流活跃，区域间的封闭被打破，联系不断加强，所谓"北海则有走马、吠犬焉，然而中国得而畜使之。南海则有羽翮、齿革、曾青、丹干焉，然而中国得而财之。东海则有紫紶、鱼盐焉，然而中国得而衣食之。西海则有皮革、文旄焉，然而中国得而用之"（《荀子·王制》），从而为政治统一提供了先决条件。政治上，战乱中民族的迁徙融合和各国君主政治体制的确立，形成了一个统一稳固的民族共同体。民族共同体的形成，为统一多民族国家的建立奠定了基础。兼之，五百年的战乱动荡，给人民带来了难以承受的痛苦、灾难与负担，公羊、穀梁家们身临其境，感同身受，不可避免地将怜悯百姓、同情苦难的情绪宣泄诉诸经典诠释。因而《公羊传》通篇充满反战情绪，如对隐公四年"莒人伐杞"、僖公三十三年"秦晋殽之战"秦国试图插足中原的谴责，甚至在赞誉春秋首霸齐桓公救危扶难、稳定中原的同时①，也不乏对其恃强凌弱、讨伐无罪的谴责②。

---

① 如对《春秋》僖公四年春，齐率八国联军抵御楚国内侵，逼使楚不战而屈，双方于同年夏签订"召陵之盟"一事，《公羊传》称赞道："南夷与北狄交，中国不绝若线。桓公救中国，而攘夷狄，卒怗荆，以此为王者之事也。"（阮元．十三经注疏．北京：中华书局，1980：2249）

② 如用"卫未有罪尔""强也"表达对齐桓公于鲁庄公二十八年兴兵伐卫、鲁僖公六年兴兵伐郑的谴责。

战乱和苦难源于分裂与争夺，建立一个强大的集权国家，用统一彻底结束动荡和苦难，是使小农经济社会回归安宁的良方。因而，随着战争与兼并的深入，厌战与渴望统一，成为社会各阶层的普遍愿望。孟子抨击“君不行仁政而富之，皆弃于孔子者也，况于为之强战？争地以战，杀人盈野；争城以战，杀人盈城，此所谓率土地而食人肉，罪不容于死”（《孟子·离娄上》），希望“定于一”（《孟子·梁惠王上》）；墨子揭露“王公大人，天下之诸侯……将必皆差论其爪牙之士，皆列其舟车之卒伍，于此为坚甲利兵，以往攻伐无罪之国，入其国家边境，芟刈其禾稼，斩其树木，堕其城郭，以湮其沟池，攘杀其牲牷，燔溃其祖庙，劲杀其万民，覆其老弱，迁其重器，卒进而柱乎斗”（《墨子·非攻下》），希望“一同天下”（《墨子·尚同》）；老子主张“以道佐人主者，不以兵强于天下”（《老子》三十章）；《荀子·非十二子》主张“一天下”；《韩非子·十过》主张“一匡天下”，于此可见人们对战争的厌恶和对统一的渴望。

这样的渴望同样反映在公羊家的观念意识里，体现于经典诠释中。《公羊传》对《春秋》开篇和末篇颇具牵强的解说，就反映了这种情绪倾向。

隐公元年“春王正月”原本只不过是史官按照编年体史书的书写惯例，点明“隐公元年春天，按照周正的一月，隐公正式继位”这件事，但是公羊家却借题发挥，将这一“普通”记事赋予“不普通”的含义：

> 元年者何？君之始年也。春者何？岁之始也。王者孰谓？谓文王也。曷为先言王而后言正月？王正月也。何言乎王正月？大一统也。①

这个“大一统”的核心表达，就是对政权始立、朝代更替的重视和政权长治久安的希冀。这一情感倾向在公羊家对《春秋》最后一年（即鲁哀公十四年）“西狩获麟”的解释中表述得更透彻：

> 麟者，仁兽也，有王者则至，无王者则不至。有以告者，曰：“有麕而角者。”孔子曰：“孰为来哉？孰为来哉？”反袂拭面，涕沾袍……君子曷为为《春秋》？拨乱世，反诸正，莫近诸《春秋》。②

在公羊家看来，仁兽麟的出现，象征着仁政社会的出现。但是麟被樵

① 阮元．十三经注疏．北京：中华书局，1980：2196．

② 同①2352－2354．

者所囚，又意味着儒家追寻的实现仁政社会的渺茫。所以孔子不禁为之绝望而痛哭流涕，慨叹一声“吾道穷矣”。公羊家借此表达了他们对“拨乱世，反诸正”，结束血腥杀戮，恢复社会安宁的强烈愿望，并借此暗示：只要后人彻底读懂《春秋》真义，乱臣贼子有所畏惧，则拨乱反正、实现太平就有希望。其后，董仲舒的“统纪可一”① 和何休、段熙仲、路温舒的“推尊开始”都承袭了这一心理倾向。

3.《公羊传》和《穀梁传》的“崇权变”与“讥变古”

春秋战国剧烈的社会变革，作为一股强大的力量影响和推动着先觉者的思想争鸣。在这样的情形下，即便生长在以传承周礼为职志的鲁国的孔子、孟子，都不由自主地在“守传统”与“崇权变”中纠结，更不要说深受齐俗尚变之风影响的公羊家们。于是，我们看到，“崇权变”与“讥变古”矛盾地并存其中。

《论语》中有两处推崇“权变”的言论，一见于《子罕》篇：“子曰：‘可与共学，未可与适道；可与适道，未可与立；可与立，未可与权’”②；一见于《微子》篇：“虞仲、夷逸隐居放言，身中清，废中权。”可见，“权变”作为经义变通，是孔子“中庸”方法论的要素。《春秋》作为孔子用来“深切著明”于后世的“行事”法则，同样内含了“权变”奥义，所以司马迁才有“为人臣者不可以不知《春秋》，守经事而不知其宜，遭变事而不知其权”③ 的说法。

战国时期，社会变动比之春秋更为剧烈。身处其中的孟子，继承、发扬了孔子的权变思想，所谓：“执中无权，犹执一也。所恶执一者，为其贼道也，举一而废百也。”（《孟子·尽心下》）《孟子》的《离娄》《万章》《梁惠王》等篇中有多处述及经、权关系的事例。从这些事例看，孟子对“权变”的认识有所深化，明确了顺势而为、道义为上的行“权”原则。经与权、常与变、原则性与灵活性的统一，是孔、孟儒家推重的权变观。

《公羊传》作为齐儒对《春秋》的解说，其“尚权变”思想既继承孔、

① 熊逸．春秋大义——隐公元年．桂林：广西师范大学出版社，2009：62-65.

② 赵纪彬《困知二录》引崔颢《〈论语〉考异》、阮元《〈论语〉校勘记》考证其字序有传抄倒误，认为原文应是：“可与共学，未可与立；可与立，未可与适道；可与适道，未可与权。”如此才符合层层递进的语言逻辑关系（赵纪彬．困知二录．北京：中华书局，1991：264-266）。

③ 司马迁．史记：太史公自序．2版．北京：中华书局，1982：3298.

孟遗韵，又秉受齐俗趋变风尚①，在"通权达变"②、趋时求用上表现得更加突出。

《公羊传》对"权变"的推崇，借"《春秋》笔法"体现出来，以下三例比较典型。

一是对《春秋》桓公十一年"九月，宋人执郑祭仲"的解说："祭仲者何？郑相也。何以不名？贤也。何贤乎祭仲？以为知权也。"《公羊传》以为，经文称祭仲"字"而不称"名"，是对他"知权"的褒奖。郑庄公死后，祭仲按照常规立公子忽为国君，是为昭公。公子突的母家宋国因此借故囚禁了祭仲，逼其"出忽而立突"，并威胁说：若不从其言，则"君必死，国必亡，从其言，则君可以生易死，国可以存易亡"。面对危境，祭仲用变通之策，先答应了宋国的要求，图谋以后再伺机"出突"而"返忽"。公羊家充分肯定了祭仲的这一做法，并借此深入论述经、权关系与行权原则："古人之有权者，祭仲之权是也。权者何？权者，反于经然后有善者也。权之所设，舍死亡无所设。行权有道，自贬损以行权，不害人以行权。杀人以自生，亡人以自存，君子不为也。"③

二是对《春秋》庄公十九年"秋，公子结媵陈人之妇于鄄，遂及齐侯宋公盟"的解说："媵不书，此何以书？为其有遂事书。大夫无遂事。……有可以安社稷利国家者，则专之可也。"何休注："先是鄄幽之会，公比不至。公子结出竟，遭齐宋欲深谋伐鲁，故专矫君命，而与之盟。除国家之难，全百姓之命，故善而详录之。"④按《春秋》经的常规书法，大夫无遂事，公子不得为政。公羊家认为，公子结擅矫君命与齐侯、宋公结盟，这是特殊情况下的"行权"，这种以国家利益为重的临危"行权"是值得肯定的。

三是对《春秋》宣公十五年"夏，五月，宋人及楚人平"的解说："外平不书，此何以书？大其平乎已也。何大乎其平乎己？庄王围宋，军有七日之粮尔，尽此不胜，将去而归尔。于是使司马子反乘堙而窥宋城。

① 关于齐、鲁地域风俗不同对《公》《穀》二传的不同影响，马宗霍总结为："齐学鲁学之名，虽见于西京，然惟宣帝甘露中，尝召五经名儒平《公羊》《穀梁》同异，各以经处是非，余如《诗》《论》固亦有齐、鲁之说，而不闻异同之辨，不如古今之聚讼纷如也。顾一加寻绎，则两派亦微有不同，大抵齐学尚恢奇，鲁学多迂谨。"（马宗霍．中国经学史．北京：商务印书馆，1936：46）

② 王志民．齐鲁文化概说．济南：山东文艺出版社，2004：42.

③ 阮元．十三经注疏．北京：中华书局，1980：2219-2220.

④ 同③2236.

华元亦乘堙而出见之。司马子反曰：'子之国何如？'华元曰：'惫矣。'曰：'何如？'曰：'易子而食之，析骸而炊之。'司马子反曰：'嘻，甚矣惫。虽然，吾闻之也：围者柑马而秣之，使肥者应客。是何子之情也？'华元曰：'吾闻之，君子见人之厄则矜之；小人见人之厄则幸之。吾见子之君子也，是以告情于子也。'司马子反曰：'诺，勉子矣。吾军亦有七日之粮尔，尽此不胜，将去而归尔。'揖而去之。反于庄王，庄王曰：'何如？'司马子反曰：'惫矣。'曰：'何如？'曰：'易子而食之，析骸而炊之。'庄王曰：'嘻，甚矣惫！虽然，吾今取此，然后而归尔。'司马子反曰：'不可。臣已告之矣，军有七日之粮尔。'庄王怒曰：'吾使子往视之，子曷为告之？'司马子反曰：'以区区之宋，犹有不欺人之臣，可以楚而无乎？是以告之也。'庄王曰：'诺，舍而止。虽然，吾犹取此然后归尔。'司马子反曰：'然则君请处于此，臣请归尔。'庄王曰：'子去我而归，吾孰与处于此？吾亦从子而归尔。'引师而去之。故君子大其平乎己也。此皆大夫也，其称人何？贬。曷为贬？平者在下也。"按战争惯例，不可与敌通情；按君臣惯例，大夫不得专平。对于这一事件，公羊家表达了相互矛盾的两种态度：一是以"不应书而书"，表达"君子大其平乎己"。以为：司马子反与华元阵前因恻隐之心互告实情，以解两国军民战争之厄，从权变角度看是君子所为，值得称赞。二是贬"平者在乎下"。以为：司马子反和华元以卿大夫的身份，彼此透露国情军情，促成撤军，都是未请示各自国君而擅作主张，从常经的角度看，违背了"大夫不得专平"的礼制规定。这种矛盾的态度，显示了公羊家对于现实中如何恰当处理经、权关系的困惑与纠结。

与《公羊传》相比，深受鲁国迂谨之风影响且被指责"不通时势之变"① 的《穀梁传》，在通权达变上虽然不及《公羊传》，但也持类似观点，如对襄公二十九年"变之正"的肯定：《春秋》襄公二十九年夏五月，"仲孙羯会晋荀盈、齐高止、宋华定、卫世叔仪、郑公孙段、曹人、莒人、滕人、薛人、小邾人，城杞"。杞是夏后裔封国，自受封始就国小势弱，在列强环伺中难以自立。因为晋平公母家是杞国，因而平公于鲁襄公二十九年，会集齐、宋等国，帮助杞国建城。对此，《左传》借卿大夫之口，指责晋平公：一，没有奉周天子之命，自作主张帮助杞国建城，不合周礼；二，组织姬姓诸国劳民伤财，为非姬姓的夏后杞国建城，其"不恤周

① 赵伯雄．春秋学史．济南：山东教育出版社，2004：67.

宗之阙，而夏肄之屏”是“弃同即异，是谓离德”的背叛行为，“其弃诸姬亦可知也已。诸姬是弃，其谁归之?”然而，《穀梁传》的态度则大相径庭，认为：“古者天子封诸侯，其地足以容其民，其民足以满城以自守也。杞危而不能自守，故诸侯之大夫相帅以城之，此变之正也。”在穀梁家看来，杞虽属夏后裔，但同样是西周封国。在春秋乱世、天子衰微的情况下，晋平公在未奉周王命令的前提下召集诸侯国帮杞建城，虽不合周礼，却是济危助困的权变之举，应予褒扬。

《公羊传》和《穀梁传》对“权变”思想的张扬，当然是建立在经权一致的道义原则之上的。从一般意义而言，“权”既是对经的变通，自然内含着对经的背反。然而，经义作为社会常态下的理论规范，不可能涵盖所有非常态的现实状况。在这样的情势下，因时、因地、因事、因人而行“权”，就成了对经义的补充，如此，“经”“权”原本相背而在高层道义上达到统一。因此，宋叶梦得说：“权者有时而行，而常者万世不可改也。”① 朱熹的理解更形象：“经毕竟是常，权毕竟是变”，“经者道之常也，权者道之变也”，然“权者，乃是到这地头，道理合当恁地做，故虽异于经，而实亦经也”，故“合于权，便是经在其中”②。今人李清良也从阐释学角度有类似论述：“‘变易’与‘不变’总是就不同层次而言。在小层次中的‘变易’却是大层次境遇中的‘不变’”③。

判断“权变”是否符合“道义”标准有两个原则：一是在内涵上“反（背反）于经然后有善”，包括“自贬损”“不害人”，即不是为了个人利益损人利己，行为合乎道义与正义；二是在时机上，“舍死亡无所设”，即只有在事关生死存亡的危难时刻，经过认真的权衡④，才可使用变通之策，除此别无他策。这两个原则，保证了背经行权行为道义上的至上性和公正性。

另外，《公羊传》对“权变”的推崇，还表现在讥贬世卿和趋时求新、力求改革上。所谓讥贬世卿，即主张改革卿大夫世袭制。周代分封制与宗法制相配合，从天子、诸侯到卿大夫、士依次递降。嫡长子继承、余子分

---

① 叶梦得. 春秋考：卷一//四库全书：第149册. 上海：上海古籍出版社，1987：256.

② 朱熹. 朱子语类：卷三十七//四库全书：第700册. 上海：上海古籍出版社，1987：821，821，822，822.

③ 李清良. 中国阐释学. 长沙：湖南师范大学出版社，2001：241.

④ 董仲舒：“明乎经变之事，然后知轻重之分，可与适权矣。”（董仲舒. 春秋繁露：卷三. 北京：中华书局，1975：80）

封，构成了典型的国家政治体制管理层级序列，即从天子、诸侯到卿大夫、士世代相袭的“世卿世禄”制。春秋战国时期，生产力发展冲击着固有的宗法等级体制，从王室衰微、诸侯强大，再到诸侯暗弱，卿大夫擅政，在频繁的政治篡乱中权力不断被颠覆。贵族等级最底层的“士”，在否定旧世袭制过程中，变身为新兴体制的代表。公羊家身处其中，自然免不了受时代影响，在对《春秋》隐公三年“夏四月辛卯，尹氏卒”、桓公五年夏“天王使仍叔之子来聘”，及宣公十年夏“齐崔乐出奔卫”等的多处解说中可见一斑：“尹氏者何？天子之大夫也。其称尹氏何？贬。曷为贬？讥世卿，世卿非礼也”；“仍叔之子何？天子之大夫也。其称仍叔之子何？讥。何讥尔？讥父老子代从政也”；“崔氏者何？齐大夫也。其称崔氏何？贬。何为贬？讥世卿。世卿，非礼也”。公羊家认为：《春秋》所称的尹氏、仍叔、崔氏，称“氏”或“名”，而不称“字”或“子”，是依照“氏不若人，人不若名，名不若字，字不若子”的七等进退制的评价原则以讥贬世卿。世卿世禄本是周代等级礼制内中应有之义，《公羊传》却以为这不合“礼”。做出这一悖谬判断的原因，“盖战国时代，贵族政治已趋瓦解，任贤使能渐成潮流，‘世卿’自然会被视为不合理的事物。《公羊》的这一义明显地带有时代的印记”①。这一思想变化，为秦汉以后新官僚选拔制度的产生奠定了基础。

战国时期巨大的社会变革，强化了春秋学家的制度焦虑和“改制”观念。这些改革思想集中反映在他们对《春秋》所述郊祭、三田等制度的解说上。

郊祭制是天子祭天之制，是帝王上通天神、奉命行权的礼制表达方式。《周礼·天官·大宰》规定太宰“以八则治都鄙”的第一则就是“祭祀，以驭其神”②，但这一礼制至春秋已渐行破坏，以至郊无定制，祭无定时。鉴于此，《公羊传》主张定立新制。《春秋》成公十七年秋“九月辛丑，用郊”有：“用者何？用者不宜用也。九月非所用郊也。然则郊曷用？郊用正月上辛。”公羊家认为周历九月即夏历七月，“天气上升，地气下降”、气候炎热，“郊月郊天”不合时宜，郊祭时间应改在“正月上辛”（即正月的第一个辛日）。这一改制实际上迎合了重视岁首的“大一统”原则，有利于敦促统治者重视统治伊始，遵奉天地之道以便合理统

① 赵伯雄. 春秋学史. 济南：山东教育出版社，2004：47.

② 阮元. 十三经注疏. 北京：中华书局，1980：646.

治。《礼记·郊特牲》有“郊之祭也，迎长日之至也”。“迎长日之至”即迎春分的到来，《易纬·乾凿度》说：“此之时，天地交，万物通，所以顺四时法天地之道。”①“万物本乎天”，因而“郊之祭也，大报本反始也”②。

所谓“田制”，本意为敦促统治者勤于职守、勠力农耕。但春秋以来哲学的觉醒，激发了人们遵循自然规律、保护山林川泽、节制自然资源的理念。在这样的背景下，公羊家免不了用节制思想衡量田制规定。在《春秋》桓公四年“春正月，公狩于郎”条下，《公羊传》提出改传统的四时田制为三时田制：“狩者何？田狩也。春曰苗，秋曰蒐，冬曰狩。……诸侯曷为必田狩？一曰乾豆，二曰宾客；三曰充君之庖。”《穀梁传》解释说：“四时之田，皆为宗庙之事也。春曰田，夏曰苗，秋曰蒐，冬曰狩。四时之田用三焉。唯其所先得。一为乾豆，二为宾客，三为充君之庖。”以“故意漏述”的形式取消夏田制，是公羊家节制资源的体现。何休《春秋公羊解诂》点明原因：之所以取消夏田制，是以“飞鸟未去于巢，走兽未离于穴，恐伤害于幼稚，故于苑囿中取之”③。刘向《说苑》更明确地解说为：“夏不田者，何也？天地阴阳盛长之时，猛兽不攫，鸷鸟不搏，蝮虿不螫。鸟兽虫蛇且知应天，而况人乎哉！是以古者必有豢牢。”④

历史不断发展，制度、政策也随时而变，社会转型期尤其如此。公羊、穀梁家们身处变革时代，对权变难免格外重视。因此，再次面临社会转型和巨变的清初，我们才再次看到人们对“权变”的重视：“制天下有权，权者，轻重适如其分之准也，非诡重为轻、诡轻为重，以欺世而行其私者也。重也，而予之以重，适如其数；轻也，而予之以轻，适如其数；持其平而不忧其忒，权之所审，物莫能越也。”⑤

然而，思想观念的变革具有相对复杂性。在新旧交替的转型时期，表现出了喜新与恋旧的交错并存。因而，在《春秋》诠释中也表现为“崇权变”与“讥变古”的同时并存。

所谓“讥变古”是对颠覆传统的讥讽与抵斥。如《公羊传》解说《春秋》隐公元年“春王正月”谓：

---

① 阮元. 十三经注疏. 北京：中华书局，1980：1452.
② 礼记：郊特牲//阮元. 十三经注疏. 北京：中华书局，1980：1453.
③ 何休. 春秋公羊解诂//阮元. 十三经注疏. 北京：中华书局，1980：2215.
④ 刘向. 说苑：修文//四库全书：第696册. 上海：上海古籍出版社，1987：171.
⑤ 王夫之. 读通鉴论. 北京：中华书局，1975：574.

公何以不言即位？成公意也。何成乎公之意？公将平国而反之桓。曷为反之桓？桓幼而贵，隐长而卑，其为尊卑也微，国人莫知。隐长又贤，诸大夫扳隐而立之。隐于是焉而辞立，则未知桓之将必得立也；且如桓立，则恐诸大夫之不能相幼君也。故凡隐之立，为桓立也。隐长又贤，何以不宜立？立嫡以长不以贤，立子以贵不以长。桓何以贵？母贵也。母贵则子何以贵？子以母贵，母以子贵。①

权力继承上的“嫡长继承制”确保了贵族世袭继承的秩序化，减少了因政权内部权力争夺而引发的动乱。但到春秋时期，贵族等级制崩溃，周王及各诸侯国君位继承陷入混乱。因长幼、嫡庶权力争夺引发的杀戮、战争此起彼伏。对此，公羊家认为，理想的解决方式是回到嫡长继承的等级传统。所以，他们借隐公非嫡子继位带来杀身之祸一事，发表自己的见解，以为：鲁隐公元年《春秋》之所以不书“公即位”，是对本不该立为国君的隐公即位的否定。因为隐公取代嫡子桓公继位，为自己带来了杀身之祸（隐公后来被桓公所杀），也由此开启了鲁国公室连绵不断的权力之争，从而导致鲁国政治与国势的颓败。

公羊家为社会动乱找到的政治动因是“嫡长继承制”破坏，这显然是错以现象为根源。不过，他们为维护传统继承制所做的努力，为君主政治的权力继承提供了有效范本。在后来新兴的君主政治下，长期维系了皇权的稳定。

社会不断发展，思想有扬有弃，观念的变革正是在怀旧与慕新、继承与开拓的矛盾中实现的。

4.《公羊传》和《穀梁传》的“夷夏之辨”

东周以来激烈的民族文化碰撞增进了夷夏之间的了解，提升了四夷的文明水平。由孔子的“虽蛮陌之邦，亦可行矣”（《论语·卫灵公》）开始，“夷夏之辨”的心理坚冰逐渐消融，从“内诸夏而外夷狄”到“诸侯用夷礼则夷之，进于中国则中国之”②，夷夏由地域差异向道德文明差异转变。巨变的现实与孔子关于夷夏之辨的破冰之思，影响了三传作者对“夷夏之辨”问题的新理解，引领了夷夏新文明观的形成。

时至战国，“尊王攘夷”早已成为历史陈迹，然而思维的转变并非一

① 阮元. 十三经注疏. 北京：中华书局，1980：2196-2197.

② 韩愈. 五百家注昌黎文集：卷一一//四库全书：第1074册. 上海：上海古籍出版社，2002：224.

夜之功。《公》《穀》二传中明显体现出儒者在“夷夏之辨”思维转向上的矛盾与纠葛。

如《公羊传》在对《春秋》隐公七年、庄公十年、昭公二十三年的解说中，以“不与夷狄执中国”“不与夷狄获中国”“不与夷狄主中国”[①]高扬“中国”、贬斥夷狄。

《穀梁传》的攘夷思想不如《公羊传》强烈，但也不乏类似的表述，如释《春秋》庄公十年秋“九月，荆败蔡师于莘”：“‘荆’者，楚也。何为谓之‘荆’？狄之也。何为狄之？圣人立，必后至；天子弱，必先叛，故曰‘荆’，狄之也。”释《春秋》成公十二年秋“晋人败狄于交刚”：“中国与夷狄不言战[②]，皆曰败之。”

在夷夏关系问题上，公羊、穀梁家们似乎总体仍沿袭了内华夏而外夷狄的传统思维倾向，但细看却不难发现他们对华夷分野的新眼光。如《公羊传》解说《春秋》哀公十三年夏“公会晋侯及吴子于黄池”：

> 吴何以称子？吴主会也。吴主会则曷为先言晋侯？不与夷狄之主中国也。其言及吴子何？会两伯之辞也。不与夷狄之主中国，则曷为以会两伯之辞言之？重吴也。曷为重吴？吴在，是则天下诸侯莫敢不至也。[③]

《穀梁传》说得更直白：

> 黄池之会，吴子进乎哉，遂子矣。吴，夷狄之国也。祝发文身，欲因鲁之礼，因晋之权，而请冠端而袭。其籍于成周，以尊天王，吴进矣。吴，东方之大国也，累累致小国以会诸侯，以合乎中国。吴能为之，则不臣乎，吴进矣。[④]

公羊家站在中原华夏立场上，不想张大吴国称霸中原的事实，故而将吴子召晋侯赴会称为“晋侯会吴子”，但又按七等进退制称吴为“子”以褒扬其称霸中原。这一褒贬共存的现象显示了公羊家在夷狄问题上的矛盾心理。

这说明，华、夷之间在长期的战乱与碰撞中，地域边界已然模糊。在中原士子的观念里，无论“中国”还是“四夷”，谁秉承先进文化、摒弃

---

① 阮元. 十三经注疏. 北京：中华书局，1980：2209，2232，2327.

② 这一说法并非事实。《春秋》在记晋楚城濮、邲、鄢陵大战时，都书“战”。

③ 同①2351-2352.

④ 同①2451.

落后野蛮，谁能稳定局势、消弭战乱，谁就值得尊重和褒扬。于是，文明程度成为华夷地位升降与褒贬评判的标准。这一观念的转变，见于《公羊传》释《春秋》定公四年冬“十有一月，庚午，蔡侯以吴子及楚人战于柏举”：

> 吴何以称“子”？夷狄也而忧中国。其忧中国奈何？伍子胥父诛乎楚，挟弓而去楚，以干阖庐。阖庐曰：“士之甚，勇之甚！”将为之兴师而复仇于楚。伍子胥复曰：“诸侯不为匹夫兴师。且臣闻之：事君犹事父也。亏君之义，复父之仇，臣不为也。”于是止。蔡昭公朝乎楚，有美裘焉，囊瓦求之，昭公不与。为是拘昭公于南郢，数年然后归之。于其归焉，用事乎河，曰：“天下诸侯，苟有能伐楚者，寡人请为之前列。”楚人闻之，怒，为是兴师，使囊瓦将而伐蔡。蔡请救于吴。伍子胥复曰：“蔡非有罪也，楚人为无道。君如有忧中国之心，则若时可矣。”于是兴师而救蔡。①

《穀梁传》进一步强调称吴为“子”是为了表达以吴为“贵”：

> 吴其称“子”，何也？以蔡侯之以之，举起贵者也。蔡侯之以之，则其举贵者，何也？吴信中国而攘夷狄，吴进矣。②

蛮夷有道而升“子”变夏，同样，华夏无道也可贬为夷狄。以“文明”的标准统一衡量，华、夷地位是对等的。如《穀梁传》释《春秋》昭公十二年冬“晋伐鲜虞”：

> 其曰晋，狄之也。其狄之何也？不正其与夷狄交伐中国，故狄称之也。③

本属华夏的晋国，以其侵伐暴行同样可被贬为夷狄④。

华夏与夷狄衡量标准的变化，是三传在“华夷之辨”问题上传统观念变革释放的一个重要信号。

春秋时期，孔子主张“诸侯用夷礼则夷之，夷而进于中国则中国之”，到战国时期，华夷差别已由地域、民族与血统的差异转换为礼仪道德文明

---

① 阮元．十三经注疏．北京：中华书局，1980：2337．

② 同①2444．

③ 同①2436．

④ 类似表述还有《公羊传》对《春秋》庄公二十三年夏“荆人来聘”、宣公十五年夏“晋师灭赤狄潞氏，以潞子婴儿归”，以及《穀梁传》对《春秋》僖公三十三年夏“晋人及姜戎败秦于殽”的解说。

程度的不同。与之同步，三传诠释紧随社会变迁，完成了“夷夏之辨”的华丽转身，道德文明取代地域差异成为区别夷、夏的标准。正如钱穆所说：“在古代观念上，四夷与诸夏实在另有一个分别的标准，这个标准，不是‘血统’而是‘文化’。所谓‘诸侯用夷礼则夷之，夷狄进于中国则中国之’，此即是以文化为‘华’、‘夷’分别之明证。”① 这一转变意味着超越传统狭隘地域概念的大华夏和新文明观的形成，这是“中国文明的又一次觉醒”②。

5.《公羊传》的“大复仇”

《公羊传》对血亲复仇兴趣浓厚，秉持赞赏的态度，凡涉此事必大书特书。《春秋》隐公十一年冬“十有一月，壬辰，公薨”。鲁隐公于十一年冬薨，《春秋》未按常例“书葬”。《公羊传》解释称：“何以不书葬？隐之也。何隐尔？弑也。弑，则何以不书葬？《春秋》：君弑贼不讨，不书葬。以为无臣子也。子沈子曰：‘君弑臣不讨，非臣也；子不复仇，非子也。’”③ 借沈子之言表达复仇观。释《春秋》庄公四年夏“纪侯大去其国”：“大去者何？灭也。孰灭之？齐灭之。曷为不言齐灭之？为襄公讳也。《春秋》为贤者讳，何贤乎襄公？复仇也。何仇尔？远祖也。哀公亨乎周，纪侯谮之。以襄公之为于此焉者，事祖祢之心尽矣。尽者何？襄公将复仇乎纪。卜之曰：‘师丧分焉。寡人死之，不为不吉也。’远祖者，几世乎？九世矣。九世犹可以复仇乎？虽百世可也。家亦可乎？曰：不可。国何以可？国、君一体也。先君之耻，犹今君之耻也。今君之耻，犹先君之耻也。”④ 类似的观点还有释《春秋》庄公四年冬“公及齐人狩于禚⑤”、庄公九年秋“八月，庚申，及齐师战于乾时，我师败绩”及定公四年“冬，十有一月，庚午，蔡侯以吴子及楚人战于伯莒，楚师败绩”。

公羊家的复仇思想源于史前部落的血亲复仇。史前血亲复仇是血缘关系纽带下处理人与人关系、维系部族秩序的基本方式⑥。随着氏族解体，以地缘关系为基础的国家组织确立，血亲复仇逐渐被国家刑罚取代。但在

---

① 钱穆．中国文化史导论．北京：商务印书馆，1994：41.

② 蒋庆．公羊传引论．沈阳：辽宁教育出版社，1995：223.

③ 阮元．十三经注疏．北京：中华书局，1980：2210.

④ 同③2226.

⑤ 《公》《穀》作“郜”。

⑥ 血亲复仇，在世界上古史中普遍存在。不仅我国，欧洲许多古老法典中也遗留了一些有关血亲复仇的痕迹。如古巴比伦的《汉谟拉比法典》和古罗马的《十二铜表法》，明确规定保留血族复仇的习俗。

某些血缘关系解体不充分的地区，如我国，血亲复仇沿袭下来，演变为家族、家庭或个人复仇。

从《尚书·周书·泰誓》的“抚我则后，虐我则仇”，到孔子答子夏对待父母之仇“寝苫，枕干，不仕，弗与共天下也。遇诸市朝，不反兵而斗”（《礼记·檀弓上》），再到《礼记·曲礼》“父之仇弗与共戴天，兄弟之仇不反兵，交游之仇不同国”。儒家对血亲复仇的认同，至《公羊传》发展到极致，形成了公羊学的“大复仇”说。

《公羊传》的复仇观主要涵盖三方面内容：一是国君复国君杀祖父之仇；二是臣子复乱贼弑君之仇；三是个人复国君杀父之仇[①]。这种以直报怨、以暴抗暴的“复仇”观，是在春秋战国天子式微、政府失责、社会失序情况下，个人对社会动乱的抗争和社会正义的追索。公羊家的复仇观，总体上遵循三大原则：一是有理，体现正义；二是有节，体现公平；三是有情，体现仁爱。这样的豪侠、抗争，虽然通常看来存在理性或法制欠缺，但在许多学者看来仍值得赞赏，如唐君毅说：“儒家之忠恕之道，以直报怨，则可以使人人皆在世间有一立足点，以阻碍自己与他人之过失与罪恶之流行。义愤及与人为善之心，亦皆可以直接使善之在世间，得其自然生长之道路。”[②] 蒋庆也认为：“大复仇”体现了儒家追求公平正义的精神[③]。

黑暗不公与社会公权力的缺失自然地赋予了个人复仇雪耻、追求公正的权力。但当强大的国家权力建立后，公权力与个人复仇之间的矛盾开始彰显。因而，我们看到，秦汉统一的君主政治建立以后，血亲复仇逐渐湮没于强大的国家权力之中。

上述可见，在相同的时代背景下，三传对社会变革的关切点基本一致，都具有典型的时代性，但传播地域不同造成了学派分野，进而形成《春秋》诠释意义的差异性。三传的分化与并行，正是这一政治新旧交替、地缘割裂纷争的特殊社会状况在思想领域的反映。所以，在秦汉君主政治建立以后，三传兴废虽依照政治喜好交错兴替，但像这种三传并立、各自争辉的现象就很难看到了。

---

① 蒋庆．公羊学引论．沈阳：辽宁教育出版社，1995：315-329.

② 唐君毅．中国文化之精神价值．桂林：广西师范大学出版社，2005：165.

③ 蒋庆认为：公羊学作为政治儒学，关注的重点之一是“历史中的公正问题”，公羊家礼赞复仇，“实际是在天下无道的时代肯定凭个人力量恢复正义”（蒋庆．公羊学引论．沈阳：辽宁教育出版社，1995：3，315）。

第三章　君主政治完善与《春秋》诠释的兴盛

秦始皇结束了六国纷争，在颠覆贵族政治的基础上建立了统一的君主政治，但却因为刻薄寡恩而快速败亡。巩固君主政治、创建新思想文化的使命落到了两汉统治者的肩上，两汉是继秦朝之后君主政治体制的完善期。

这一时期，如何或者通过怎样的方式完成“巩固、完善君主政治及其与之相应的文化创建”，成为当时政治家和以道自任的儒者关注的重大社会命题。围绕这一命题，政治上，西汉武帝和东汉光武帝在权力机构的建设、调整及其机能的完善上做了接力式努力：政治上，消除了与中央集权相悖的分裂势力，国家一统得以稳固；文化上，在陆贾、贾谊等大批朝野文人与高祖马上马下的争论中，汲取了秦亡教训，探索出一条“行仁义，法先圣”[①]“刑罚不足以移风，杀戮不足以禁奸”[②] 的由法转儒、“文武并用，长久之术”[③] 的常态化统治范式。继而，又经过西汉董仲舒到东汉何休的努力，呼应当时政治和社会需求，进一步调整思想文化，形成了以儒家道德教化为主线的意识形态和文化体系。

今天我们回过头来看，两汉君主政治体制的巩固和完善，事实上一直是在与经学的有效互动中完成的。这一互动过程，就是通过对儒家经典，特别是极具政治特色的《春秋》的创新性诠释完成的。并且，自此开始，对经学特别是《春秋》的诠释和再诠释，作为政治统治和变革的先导，在两千年的政治变迁中，始终不移地承担着延续或者变革政治的重要使命。与此同时，《春秋》诠释的创新性意义也在这一过程中不断展现。

从总的趋势看，西汉的春秋学传授以武帝、宣帝和哀帝为界，经历了

---

① 司马迁．史记：陆贾列传．2版．北京：中华书局，1982：2699.

② 淮南子：主术训//诸子集成（七）．上海：上海书店，1986：129.

③ 同①.

从《公羊》到《穀梁》再到《左传》的轮番交替。而在每一轮交替背后，都潜藏着激烈的政治暗流。换句话说，虽然学术发展固有内在理路，但不得不承认，政治统治之“术”对学术思想的倾向性选择，如一只隐形的操手，左右着学术思想的变迁。

汉初七十年经济残破、休养生息，在政治对于思想“是否于己有用”① 的选择下，黄老道家得以盛行。

武帝继位后，一方面，形势发生了变化。思想散乱、地方王国势力膨胀和边境不宁对统一的君主政治构成严重威胁。武帝出于完善新体制、应对新局势的需要，开始调整统治政策。另一方面，以董仲舒为代表的儒家，顺应形势、自我调整，借《春秋》诠释成功完成了由虚玄之“学”向现实之“术”的转向，因而得到武帝青睐。儒家思想由民间诸子之一升为国家意识形态②，成为君主政治调整的思想保障。

但是，因为汉武帝寄希望于本该“百年积德而后可兴”③ 的太平世界在短期内快速实现，政治的亢奋和种种政策的匆促，在实现了政治表面繁荣的同时，也迅速掏空了前期七十年的经济积淀，由此激化了内部矛盾，引发了各种社会问题，最终导致“轮台诏”和武帝时代的结束。作为武帝时代的思想推手，《公羊春秋》也一同随着政治变迁面临新的转向。盐铁之议，就是武帝政治结束和《公羊》政治转向的界标。

宣帝时期，政治进入稳定期。然而，武帝时期权力争夺、穷兵黩武导致的刻薄少恩与国库空虚带来的新政治矛盾，促使宣帝在思想意识形态上重新做出选择——从《公羊春秋》的权变、进取调整到《穀梁春秋》的论等级、讲礼制、重稳定上来。在这种情况下，《公羊》与《穀梁》的轮替成为必然。石渠阁会议《穀梁春秋》立于学官，标志着《公羊》与《穀梁》之间升降轮替的完成。

成帝以后，腐败导致的政治危机，将西汉政权引向没落。与政治上的

---

① 朱维铮. 中国经学史十讲. 上海：复旦大学出版社，2002：11.

② 汉武帝的尊儒，是儒家取代道家走向政治前台的标志。而儒家成为国家意识形态的标志则是早期儒家经典五经——《诗经》《尚书》《仪礼》《易经》《春秋》——被设为博士、立为学官。五经被立于学官经历了一个渐进过程。最早被立为博士的是《诗经》和《尚书》，在汉初文帝时期；到汉武帝时期，《仪礼》和《易经》又被设为博士。《春秋》经在先秦分为三传，《公羊传》最早在景帝时率先被设为博士，《穀梁传》晚至宣帝时才被设为博士，而《左传》虽然在战国时就已成书，是《春秋》三传中最早著于竹帛、写成定本的，但却是最迟被设为博士的，一直到西汉末年平帝时，才在刘歆的一再倡导下被执政者王莽设为博士。

③ 班固. 汉书：叔孙通传. 北京：中华书局，1962：2127.

风雨飘摇相伴，《公羊》灾异死灰复燃。以延续或颠覆西汉统治为目的的谶纬迷信，借助《公羊春秋》的灾异谴告向知识和权力层渗透，经学诠释的谶纬化在所难免。

哀帝时，刘歆试图通过倡导《左传》、重振儒家经典，挽救西汉政治。然而吊诡的是，这根挽救西汉政治的救命稻草，却被王莽的托古改制利用，成了终结西汉政治的“罪魁”。

宋叶梦得论《春秋》三传说：“汉兴，《公羊》最先传，景帝时已立博士；《穀梁》至宣帝好之，始列于学官；而《左氏》虽传于张苍、贾谊，久而不显，及王莽受禅而后盛，则三家之盛衰皆出于时君所尚，本不以是非为断也。”① 可见，《春秋》三传在汉代的兴衰荣替，除了学术自身的规律使然外，更重要的还在于现实政治环境对于特定学术的需求和选择。促使政治对于学术做出这样或那样“选择”的，表面上似乎是“时君所尚”，而事实上则是隐于其背后的社会政治需求。儒家就是在不断变幻的政治局势下，不断适应形势、调整自我以满足不断变化的政治需求。而完成这一任务，经典的诠释和再诠释成为无可替代的重要途径。

第一节　师法、家法与西汉《春秋》经的传授

一、何为师法家法

范宁引班固《汉书》总结孔子之后儒家的分化：“九流分而微言隐，异端作而大义乖。”② 孔子及七十子之后，对《春秋》“微言”“大义”的理解和解说发生乖离，《春秋》三传分野因此而起。此后，三传各立门户，对《春秋》经的传授各自恪守师法家法。

关于“师”与“家”的关系，皮锡瑞曾有议论：“前汉重师法，后汉重家法。先有师法，而后能成一家之言。师法者溯其源；家法者衍其流也。师法、家法所以分者，如《易》有施、孟、梁丘之学，是师法；施家有张、彭之学，孟有翟、孟、白之学，梁丘有士孙、邓、衡之学，是家法。家法从师法分出，而施、孟、梁丘之师法又从田王孙一师分出者

① 叶梦得．春秋考：卷三//四库全书：第149册．上海：上海古籍出版社，1987：298.

② 范宁．春秋穀梁传集解：序//阮元．十三经注疏．北京：中华书局，1980：2360.

也。”① 皮锡瑞的结论包含三层意思：一是以概念划分，“师”与“家”有时间早晚之别，二者是源与流的关系。师法较早，更接近于原始师说。家法则是师法的进一步分支。二是以内涵划分，“师”重经说来源，而“家”更强调经说流派。三是以朝代划分，西汉多称“师法”，东汉多称“家法”。皮氏这一结论大概依据两《汉书》，看到《汉书》中只称“师法”，而《后汉书》则多称“家法”，故而以前、后汉为界区分“师”与“家”。事实上，“师”与“家”其实只不过是一个相对性概念，不必一定以前、后汉区别划分，所以清代王鸣盛又将“师法”“家法”混同使用：“汉人重师法如此。又称家法，谓其一家之法，即师法也。”②

强调重师法、家法，是为了在口授时代恪守师说，防止经义理解分歧而致“大义乖”。然而，事实上从师法到家法，本就意味着经学传承的分化与经义的乖离。因为，家法实际上正是对师法的理解阐释的再分化。从经学发展渊源上看，师法和家法，都是后代经学家对经学原典不同的理解和发挥。两者的区别只在于旧诠与新解的问题。

师法与家法，在理论上要求严格遵守师徒传授渠道，不轻易做出异于或悖于师的理解。恰是因为在实践上总避免不了因不同时代而致的个人理解差异，而在经学传承上不断出现趋时更新与意义变革。对《春秋》的理解就是在传承师法与创新家法的一轮轮不断又不同的诠释中实现思想创新以服务现实。与此同时，《春秋》经的政治性和社会性功用，也在不同的诠释中得以彰显。

从经典传承实践上看，西汉与东汉相比的确较重师法家法。究其原因，有历史性的，也有现实性的③。

历史地看，中国本就有遵师重祖的习惯。《吕氏春秋》有“君子之学也，说义必称师以论道，听从必尽力以光明。听从不尽力，命之曰背；说义不称师，命之曰叛。背叛之人，贤主弗内之于朝，君子不与交友”④。足见自先秦始，不遵师说者往往背负“背叛”之名而受到排斥。再加上早期

---

① 皮锡瑞．经学历史．北京：中华书局，1959：136.

② 王鸣盛．十七史商榷：卷二十一//续修四库全书：第452册．上海：上海古籍出版社，2002：322.

③ 姜维公曾撰文从先秦师法传统的影响、秦始皇焚书坑儒的影响、物质条件的制约，以及汉武帝统一思想的策略等四个方面做过论证，较为全面（姜维公．汉代经学教育中的师法与家法．社会科学战线，2005，(1)）。

④ 吕氏春秋：尊师//诸子集成（六）．上海：上海书店，1986：39.

书写载体“缣贵而简重”[①] 的限制，特别是秦火后简牍的匮乏，经师口授成为经学传承的主要途径。

现实地看，汉武帝以来，君主集权政治已基本稳定，儒术独尊使得通经致用成为士人立身扬名、光耀门庭的唯一出路。利益驱动逼迫经师严格师法授受以严防异己混入。同门师生因共处于一个学术利益共同体之中而乐此不疲。而对师说的遵从，便理所当然地成为巩固这一共同体的强力纽带。

二、两汉交替之际师法家法的突破与经义创新

辩证地看，一方面，严“师法”有利于经学先师的思想维系，有利于在学说的传承中最大限度地保持本真原始思想；另一方面，“家法”作为师法的分支，在传承师法的同时也为后人提供了发挥经典的自由空间。这样一来，看似互不相容的师法与家法，实则共同构成了一种封闭与开放、守成与创新相统一的完整传承体系。在这样的状况下，皮锡瑞所说的“汉人最重师法。师之所传，弟之所受，一字勿敢出入”的传承状况，实际上很难得到真正彻底的贯彻。两汉的《春秋》经学必然从严师法家法的封闭走向从师法到家法的开放。

为达到思想统一的目的，汉武帝推行了“独尊儒术”的文教政策，而经历了汉初七十年“无为”政治之后的学术领域，不仅百家杂陈，儒学内部也已是门大学歧。对此，汉武帝在亲政前三十年围绕树立儒学正统地位实施了许多重大举措，包括：建元五年（前 136 年）增设《易》《礼》博士，形成儒家五经博士；元光五年（前 130 年）罢黜秦以来的其余诸子博士；元朔五年（前 124 年）听取公孙弘建议设博士弟子员；元狩五年（前 118 年），正式设五经博士弟子员。在儒学博士一家独大的情况下，博士在实际职责上也由虚转实，由原来的“具官待问”[②] 真正走上政治前台，涉足议政、制礼、文献、教学、策试、出巡等领域，参与大臣议罪、灾异封赏、外交礼制、正朔服色、郊庙祭祀甚至皇帝废立等国家大事，特别是通过加官给事中进入“中朝”机构，参与权力中枢决策。如此一来，在“博士的教授，随博士在经学中的合法权威地位而亦获得合法权威的地位，师法的观念遂由此产生”[③] 的同时，儒学与政治的紧密联姻，也由此

① 范晔. 后汉书：蔡伦列传. 北京：中华书局，1965：2513.

② 司马迁. 史记：儒林列传. 2 版. 北京：中华书局，1982：3117.

③ 徐复观. 中国经学史的基础//徐复观论经学史二种. 上海：上海书店出版社，2005：56.

展开。

可见，强调师法原本是为了维系博士教授的权威，然而，改师法以成家法实际上也从这一刻开始。到宣帝时，又将五经博士增置为十二类，《春秋》有《公羊》《穀梁》两家。《穀梁》与《公羊》的分庭抗礼，说明《春秋》内部的学说分化得到了政府的认同。这说明，对师法的改造不仅没有受到师者和政府的阻止，反而得到了支持。皮锡瑞站在西汉严守师法的角度，曾对此大惑不解："《史记》云：'言《易》者本于杨何。'立《易》杨，已足矣；施、孟、梁丘师田王孙，三人学同，何分颛门？学如不同，必有背师说者。乃明知孟喜改师法，不用，后又为立博士，此何说也？京房受《易》焦延寿而托之孟氏，孟氏弟子不肯，皆以为非，而亦为立博士，又何说也？"① 他以《易》传的分化为例提出质疑：既然《易》始于杨何，为什么到宣帝时又在杨氏《易》之外另立施、孟、梁丘氏《易》。尤其是孟氏《易》，孟喜虽然因为改师法而受到抨击，却依然被立为官学博士；更令皮氏不解的是，京氏《易》因为出身不纯受到孟氏弟子的排拒，东汉政府还是不管不顾地将它设为官学博士。皮锡瑞在对政府不断增设经学分派为官学博士表示不解的同时，也以"学如不同，必有背师说者"指出了"家法"的出现必是对师法的背叛这一事实。

经学"家法"的出现，本身就是对"师法"的不尊和破坏。这说明，西汉武帝时，随着官方对师法的认可，同时出现了对师法的背叛与师门家法的混乱。更值得注意的是，这一现象不仅没有受到经师和政府的阻止，相反还得到了支持，宣帝时十二儒学博士的官方化或正统化就是明证。当然，有人会用孟喜"擅改师法"不为宣帝所用作为反证。但如若将注意力聚焦于事件背后的政治与学术上，便不难看出：孟喜的被黜，所谓"改师法"，也只不过是一个借口，其深层原因还是经学内部的纷争和政治的选择。即便如此，这个叛离师门的异端终究还是跻身博士行列。而孟喜不仅自己改易师说，对假托己说的赵宾、焦延寿也都大度地承认其为自己的弟子。资料显示，鼓励弟子自创新说的经师在西汉并非孟喜一家。《汉书·儒林传》就记载了《诗经》家法的创新："山阳张长安幼君，先事式，后东平唐长宾，沛褚少孙亦来事式，问经数篇，式谢曰：'闻之于师具是矣，自润色之。'不肯复授。唐生、褚生应博士弟子选，诣博士，抠衣登堂，颂礼甚严，试诵说，有法，疑者丘盖不言，诸博士惊问何师，对曰事

① 皮锡瑞. 经学历史. 北京：中华书局，1959：78.

式。……由是《鲁诗》有张、唐、褚氏之学。”① 可见，《诗》张、唐、褚各家法的形成，正是在王式“不肯复授”的情况下“自润色之”，即对师法自由发挥的结果。看来，西汉所谓的“严师法”“尊师说”，实际上大多停留于口头，是否改易师说、自创新说，师者和政府其实都并没有真正在意。而自创一家，自成新说，也就披着“尊奉师说”的外衣，于私下里悄悄地进行着。从“师”到“家”，经学的创新就在这阳奉阴违中实现了。这才是“尊”师法、家法的真相。而推动这一创新实现的动力，正是源于社会特别是政治变迁带来的新需求。在这一需求面前，无论是尊“师”还是重“家”，都成了软弱无力的口头功夫。东汉鲁丕对和帝的上疏：“臣闻说经者，传先师之言，非从己出，不得相让；相让则道不明，若规矩权衡之不可枉也”②，恰从反面说明了当时维系师法家法的艰难。

不仅如此，宣帝石渠阁会议（甘露三年，前 51 年）评议五经异同，又进而以政治权威的名义将表面遵守的“师法”也一同淆乱了。会议上《公羊》《穀梁》的并列，表明由以“师说”为贵转而以“经义”为尊。从此，学者们便在“尊经说”的旗帜下堂而皇之地背弃“师说”了。如果说，《公羊》和《穀梁》毕竟尚且同属今文经学的范畴，那么，西汉哀帝与王莽时期属于古文经学的《左氏春秋》立为博士从而厕身经学正统，则是对师法观念的一次更严重的践踏。促成这一重大变化的原因不外乎以下几点：一是两汉时期纸的使用③，以书籍为师，使学术授受逐渐摆脱了师授局限，从而打开了经典自我理解的广阔空间。如此发展的结果，便是对经师依赖的淡化和师法观念的模糊。二是政局变化，要求经师不断从古老的经典中挖掘出更多适应当下政治的“微言大义”。这一要求，为经师趋时更新、另立一家提供了强大的政治支持。因此也就出现了文献上所说的“汉承暴秦，褒显儒术，建立《五经》，为置博士。其后学者精进，虽曰承师，亦别名家”④，“言虽承一师之业，其后触类而长，更为章句，则别为

① 班固. 汉书：儒林传. 北京：中华书局，1962：3610.

② 范晔. 后汉书：鲁恭列传. 北京：中华书局，1965：884.

③《太平御览》卷五百卌四引《黄图》谓：“诸生朔望会此市，各持其郡所出货物及经书传记、笙磬乐器，相与买卖。”（太平御览：卷五百卌四. 北京：中华书局，1985：2424）可见，王莽时，太学生就已经买卖书籍。东汉时，在太学的王充就看到洛阳市肆上有书籍买卖：充“好博览而不守章句。家贫无书，常游洛阳市肆，阅所卖书，一见辄能诵忆，遂博通众流百家之言”（范晔. 后汉书：王充列传. 北京：中华书局，1965：1629）。

④ 范晔. 后汉书：肃宗孝章帝纪. 北京：中华书局，1965：137.

一家之学”① 的情况。

从两《汉书》的《儒林传》所载《春秋》的实际授受情况看，也正是如此。早在武帝大力提倡《公羊》时，太子刘据便在学《公羊》之余兼学《穀梁》。武帝以后今古兼采、三传兼受的情况就更普遍了：尹更始既从蔡千秋学《穀梁》，又兼受《左氏传》；伊更始的儿子尹咸及弟子翟方进、房凤和江博士的弟子胡常也都既学《穀梁》又兼师刘歆受《左传》。这种兼采风气到东汉更是一发不可收拾，至何休、郑玄，今、古藩篱从无意到有意②被逐渐打破。徐防的上疏“伏见太学试博士弟子，皆以意说，不修家法，私相容隐，开生奸路。每有策试，辄兴诤讼，论议纷错，互相是非”③，反映了东汉师法、家法弃而不尊的现状。

经典诠释就这样在从师法到家法的变易中，一路呼应社会和政治需求，不断推陈出新。如此发展的结果是，到东汉，对“师法”的遵从就只剩下表面文章了，如近人王国维所说：“后汉之季，虽今文学家亦尚兼综，而先汉专己守残之风一变，家法亦不可问矣。”④

三、西汉师法家法下的《春秋》三传授受

不过，两汉相比，西汉的经说与传承在社会舆论和主流实践上的确还是强调遵守师法家法的，如皮锡瑞所说：“汉人最重师法。师之所传，弟之所受，一字毋敢出入；背师说即不用。师法之严如此”，“汉人治经，各守家法；博士教授，专主一家”⑤。皮氏的说法基本符合西汉经学传授的事实。西汉文献显示：当时，“遵师法”“守家法”者受到社会的普遍认同。反之，不遵师法、家法者则可能遭贬斥。传《公羊春秋》的嬴公“守学不失师法”，“为昭帝谏大夫”⑥，而《易》学家孟喜则因“改师法”，“遂不用”⑦。西汉末刘歆也曾因“颠倒五经，毁师法”⑧的罪名遭到政敌

① 范晔. 后汉书：肃宗孝章帝纪. 北京：中华书局，1965：138.

② 何休虽然崇尚兼综，且在其《春秋公羊解诂》中兼采颜、严二家，综合立说，但还有意识地坚守今文壁垒，对古文“表现出强烈的敌忾”，甚至撰《左氏膏肓》以示攻诘。相比于何休，郑玄在兼综方面“走得更远一些”（赵伯雄. 春秋学史. 济南：山东教育出版社，2004：221）。郑玄的兼综古今、遍注群经，才是真正有意识地打破家派藩篱。

③ 范晔. 后汉书：徐防列传. 北京：中华书局，1965：1500-1501.

④ 王国维. 书《春秋公羊传解诂》后//观堂集林：卷四. 北京：中华书局，1959：168.

⑤ 皮锡瑞. 经学历史. 北京：中华书局，1959：77，75.

⑥ 班固. 汉书：儒林传. 北京：中华书局，1962：3616.

⑦ 同⑥3599.

⑧ 班固. 汉书：王莽传. 北京：中华书局，1962：4170.

攻击。

在严师法家法的学术环境下，西汉的春秋学基本上是按门派传授的，这从《史记》《汉书》的《儒林传》中有关三传的流传与授受情况可以看得很清楚。

1.《公羊传》在西汉的传授

《公羊传》在汉代以前的传授，前已有述，据唐徐彦《公羊疏》的说法：由孔子口授子夏，子夏传与公羊高，又经公羊氏一家从公羊平到公羊地、公羊敢和公羊寿的四代传承。到汉景帝时期，由公羊寿与弟子齐人胡毋（母）子都著于竹帛①。从此，《公羊传》结束了口耳相传的历史，有了文字定本。

这一说法与《史记》和《汉书》的叙述衔接起来，司马迁《史记·儒林传》有："及今上即位，赵绾、王臧之属明儒学……言《春秋》于齐鲁自胡毋生，于赵自董仲舒。"② 班固《汉书》也基本袭承了《史记》的说法③。

依据司马迁和班固的说法，胡毋子都和董仲舒是汉代早期传承《公羊春秋》最主要的两支。二人作为《公羊传》最早的传承者，在理论传承和经世致用上做出了各自不同的贡献，因此双双成为景帝博士。

胡毋生是齐人，所以晚年还归家乡教授《公羊传》。他对公羊学传播的贡献有两点：一是将《公羊传》著于竹帛，并总结《公羊》义例④，使其更加条理化和系统化；二是推进了齐地《公羊春秋》的传播和普及（所谓"齐之言《春秋》者多受胡毋生"），并教出了一位对汉代公羊学乃至整个儒学影响至巨的弟子公孙弘（以致司马迁在胡毋生之后《公羊传》的传授系统里，只写了公孙弘一人的名字）。

公孙弘是齐地菑川人，曾多次上疏答武帝对策，主张弘扬儒学、推行仁政。因其善于审时度势，"不肯庭辩""背其约以顺上指"⑤，受到武帝喜爱与重用，官至丞相，封平津侯。他治《春秋》的功力虽然比不上董仲舒⑥，

① 徐彦．春秋公羊传注疏：序//阮元．十三经注疏．北京：中华书局，1980：2190．

② 司马迁．史记：儒林列传．2版．北京：中华书局，1982：3118．

③ 班固．汉书：儒林传．北京：中华书局，1962：3593．

④ 胡毋生曾归纳公羊义例，著《公羊条例》一书。东汉末何休作《公羊解诂》，称其"往者略依胡毋生《条例》，多得其正"（何休．春秋公羊解诂：自序//阮元．十三经注疏．北京：中华书局，1980：2191），唐徐彦在本条下《疏》称："胡毋生……犹自别作《条例》，故何氏取之以通公羊也。"（徐彦．春秋公羊传注疏：序．北京：中华书局，1980：2191）

⑤ 班固．汉书：公孙弘传．北京：中华书局，1962：2619．

⑥ "公孙弘治《春秋》不如董仲舒。"（司马迁．史记：儒林列传．2版．北京：中华书局，1982：3128）

但却是公羊学得以兴盛的关键人物。靠着他“希世用事，位至公卿”[①] 的地位优势，使公羊学派的董仲舒打败穀梁学派的瑕丘江公，从而推动公羊学派登上汉代政治舞台。虽然曾因与董仲舒不睦而欲假手郊西王害之[②]，但董仲舒一支的壮大，的确是借了公孙弘之力。正是鉴于他在公羊学传播中的突出贡献，才有“公孙弘以《春秋》白衣为天子三公，封以平津侯，天下之学士靡然乡风矣”[③] 的个人风光与学术盛况，被司马迁视为汉初公羊学的旗帜性人物。

胡毋生一支在公孙弘以后，与董仲舒一支的璀璨耀眼相比显得暗淡了许多，也因此从《史记》和《汉书》的视野中消失。

相反，董仲舒一支因为受到武帝青睐而大放异彩。他对春秋学发展的贡献主要有两点：一是在学术理论上，靠发挥《公羊》微言大义，引经论事，援经入世。借助《春秋》解说致力于改造儒学，以适应社会政治需求。二是在学术实践上，借《天人三策》赢得武帝青睐，使《公羊春秋》借庙堂之力跃升显学，进而在西汉政治和社会舞台上大显身手，也使得董氏《公羊》呈现弟子众多、后继有人的繁荣。司马迁说：“汉兴至于五世之间，唯董仲舒名为明于《春秋》，其传《公羊氏》也”[④]，概由此论。

与董仲舒的开拓之功相比，其弟子们在传承和发扬公羊学上的贡献，也可以从两方面来看：一方面是如褚大、段仲、吕步舒等活跃于官场的实践型学者，他们将公羊学应用于政治，使得公羊学借助于政治得以广泛传播；另一方面是像嬴公那样“守学不失师法”的学术型学者，他们严守师法，忠实地将《公羊》大义传授给后人，使公羊学在学术主旨上保持了相对的纯粹性，从而使公羊学传承免于过度违离原旨而变得面目全非。单从学术发展的角度看，后者对春秋学的贡献远胜于前者。比如嬴公的后继弟子眭弘，因为传授《春秋》，成就了后来公羊学最有名的两个弟子严彭祖和颜安乐，形成了公羊学颜、严二派。史称：“孟[⑤]弟子百余人，唯彭祖、安乐为明，质问疑谊，各持所见。孟曰：‘《春秋》之意，在二子矣！’孟

① 司马迁. 史记：儒林列传. 2版. 北京：中华书局，1982：3128.

② “仲舒以弘为从谀，弘嫉之，胶西王亦上兄也，尤纵恣，数害吏二千石。弘乃言于上曰：‘独董仲舒可使相胶西王。’胶西王闻仲舒大儒，善待之，仲舒恐久获罪，病免。”（班固. 汉书：董仲舒传. 北京：中华书局，1962：2525）

③ 同①3118.

④ 同①.

⑤ 眭弘，字孟，因而文献中也常称“眭孟”。

死，彭祖、安乐各颛门教授，由是《公羊春秋》有颜、严之学。”① 颜氏一门由颜安乐授泠丰、任公、筦路和冥都，泠丰又授马宫和左咸；筦路又授孙宝，成为西汉末显学。而严氏一门，严彭祖授王中，王中授公孙文和东门云，虽不及颜氏显耀，也是弟子众多（见附2西汉《公羊春秋》传授表）。

2.《穀梁传》在西汉的传授

根据班固的说法，西汉最早传授《穀梁春秋》的是申公②：“申公，鲁人也。少与楚元王交俱事齐人浮丘伯受《诗》。……申公卒以《诗》《春秋》授，而瑕丘江公尽能传之，徒众最盛。”③ 据此，唐杨士勋系统地梳理了穀梁学的传承次序：穀梁子传“孙卿，孙卿传鲁人申公，申公传博士江翁。其后鲁人荣广大善《穀梁》，又传蔡千秋。汉宣帝好《穀梁》，擢千秋为郎，由是《穀梁》之传大行于世”④。

申公，名培，鲁人。西汉初，曾借“高祖过鲁”之机，“以弟子从师入见高祖于鲁南宫”⑤。可见，申公在汉初曾有趋附政治的意图。后于吕后执政时游学长安，与刘邦少弟楚元王刘交同学于齐人浮丘伯。之后，又归鲁居家授《诗》。著名弟子有兰陵赵绾、王臧。武帝即位后，由赵绾、王藏举荐，武帝“使使束帛加璧安车驷马迎申公”“立明堂以朝诸侯”⑥。

① 班固．汉书：儒林传．北京：中华书局，1962：3616.

② 另一种意见以为：汉初最早传播穀梁学的是陆贾而非申公。如清人唐晏以“世以穀梁学出申公，乌知申公尚在陆生后乎”（王利器．新语校注：唐晏序//新编诸子集成．北京：中华书局，1986：223）为凭借，对班固《汉书·儒林传》的说法提出质疑，在其《两汉三国学案》中明确指出：“《汉书·儒林传》《穀梁春秋》以申公为始，不知尚有陆生也。陆氏《新语》凡引《春秋》者四，其二明出《穀梁》；其一引夹谷之会，未云何《传》，当是《穀梁》语。然则陆生者，固《穀梁》大师也。而其年岁应长于申公，今列之《春秋》之首”，认为陆贾才是西汉穀梁学的发轫者（唐晏．两汉三国学案．北京：中华书局，1986：405-406）。关于陆贾受《穀梁》于浮丘伯，余嘉锡《四库提要辨证》有论：“浮邱伯为孙卿门人，见《楚元王交传》。贾著《新语》在申公卒业之前，浮邱尚未甚老，贾之年辈当亦与相上下，而贾极口称之，形于奏进之篇。其意盖欲以此当荐书，则其学出于浮邱伯，尤有明征。”（余嘉锡．四库提要辨证：卷十．北京：中华书局，1980：528）可见，陆贾与申公的确均为汉初受《诗》《穀梁》之学于浮丘伯的学者，但他们对于穀梁学的贡献各有分别：陆贾的穀梁学主要影响于高祖时，贡献在于其对汉代政治影响之早；申公的穀梁学主要影响于武帝时，贡献在于其对汉代政治影响之大。从穀梁学学脉传承的体系化及对汉代政治参与程度之深刻而言，均首属申公，《汉书·儒林传》以申公为汉初穀梁学的传承者，依据概在于此。

③ 同①3608.

④ 杨士勋．春秋穀梁传注疏：序//阮元．十三经注疏．北京：中华书局，1980：2358.

⑤ 司马迁．史记：儒林列传．2版．北京：中华书局，1982：3120.

⑥ 同⑤3121.

申公受诏后，致力于巡狩封禅与改历法、易服色等礼制创设："武帝初即位，尤敬鬼神之祀，汉兴已六十余岁矣，天下艾安，缙绅之属皆望天子封禅改正度也，而上乡儒术，招贤良。赵绾、王臧等以文学为公卿，欲议古立明堂城南，以朝诸侯，草巡狩封禅改历服色事未就。"① 申公的努力方向无疑与《穀梁春秋》的礼制思想契合，然而却因为"太皇窦太后好《老子》言，不说儒术，得赵绾、王臧之过以让上，上因废明堂事，尽下赵绾、王臧吏，后皆自杀。申公亦疾免以归，数年卒"②。

申公除武帝时期短暂的礼制实践外，一生大部分时间授徒讲授《诗》《穀梁春秋》，弟子"为博士者十余人"均由经学踏入仕途，担任太守、内史等职，知名者如孔安国、周霸、夏宽等。而对穀梁学传承贡献最大的则是瑕丘江公。史称："瑕丘江公受《穀梁春秋》及《诗》于鲁申公，传子至孙为博士。武帝时，江公与董仲舒并。仲舒通《五经》，能持论，善属文。江公呐于口，上使与仲舒议，不如仲舒。而丞相公孙弘本为公羊学，比辑其议，卒用董生。于是上因尊公羊家，诏太子受《公羊春秋》，由是《公羊》大兴。太子既通，复私问《穀梁》而善之。其后浸微，唯鲁荣广王孙、皓星公二人受焉。"③ 需要强调的是，在江公与董仲舒的学术较量中，表面看是因为公孙弘支持了董仲舒，才使"呐于口"的江公败下阵来，实际上董仲舒的胜利是因为其《公羊》新说适应了新形势而受到武帝青睐。不过，虽然公羊学由此而大盛，但所谓失之东隅、得之桑榆，江公因为集中从事授徒讲学工作，教授出了诸多知名的穀梁学者，如荣广、皓星公等。其中荣广"高材敏捷，与《公羊》大师眭孟等论，数困之，故好学者颇复受《穀梁》"④。穀梁学虽失之庙堂，却凭借众多知名弟子的不懈努力，延续了穀梁学脉，保存了与公羊学派相颉颃的后续潜力。

宣帝即位后，种种因缘际会，终于使久处民间的《穀梁春秋》拨云见日。撇开政治因素不谈，单从学术根脉上看，宣帝的"好"《穀梁》自然是与像瑕丘江公、荣广等《穀梁》一派鲁学学者坚持不懈的努力传承有关。瑕丘江公的努力影响了戾太子刘据与宣帝爷孙两人对《穀梁》的喜好，而荣广等在《公羊》大盛的情况下对《穀梁》的努力传承，又

① 班固. 汉书：郊祀志. 北京：中华书局，1962：1215.
② 司马迁. 史记：儒林列传. 北京：中华书局，1982：3122.
③ 班固. 汉书：儒林传. 2版. 北京：中华书局，1962：3617.
④ 同③.

为穀梁学打下了扎实的民间基础。多年积淀，于宣帝时一朝爆发。石渠会议，穀梁学派经过与公羊学派的一番激烈的唇枪舌剑，从民间一跃登上庙堂。至宣帝黄龙元年（前 49 年），与《公羊》共同跻身“十二博士”① 之列，所谓“汉宣帝好《穀梁》，擢千秋为郎，由是《穀梁》之传大行于世”②。

西汉末哀帝时，古文经借王莽托古改制而兴，《左传》随即得到政治青睐而风生水起，《穀梁传》在宣帝时代短暂受宠之后再度转入在野，不过倒也没有彻底地销声匿迹。穀梁学的传授，除瑕丘江公的孙子江博士授胡常，“常授梁萧秉君房”③ 而自成穀梁一派外，荣广的弟子蔡千秋、周庆、丁姓等④也各有传授：丁姓授楚人申章昌，蔡千秋授尹更始，尹更始再授其子尹咸、翟方进、房凤等（见附 3 西汉《穀梁春秋》传授表），皆官至丞相、司农，出入朝廷，影响政局。后来房凤虽因支持刘歆立《左氏》于学官，“共移书责让太常博士”⑤ 被黜，但穀梁学已然成为民间一股不可忽视的力量，号称“尹、胡、申章、房氏之学”⑥。

3.《左传》在西汉的传授

西汉《春秋》经的传承随着形势变化与政治好尚呈现《公羊》、《穀梁》与《左氏》交错轮替的局面。西汉成帝以前，与《公》《穀》的辉煌相比，《左氏》一直隐而不彰。不过从现有资料看，其在民间的传承也并未彻底中断。

司马迁《史记·十二诸侯年表》记述了《左氏春秋》在武帝以前的流传：

> 鲁君子左丘明惧弟子人人异端，各安其意，失其真，故因孔子史记具论其语，成《左氏春秋》。铎椒为楚威王傅，为王不能尽观《春

① “博士，秦官，掌通古今，秩比六百石，员多至数十人。武帝建元五年初置五经博士，宣帝黄龙元年稍增员十二人。”（班固．汉书：百官公卿表．北京：中华书局，1962：726）

② 杨士勋．春秋穀梁传注疏：序//阮元．十三经注疏．北京：中华书局，1980：2358．

③ 班固．汉书：儒林传．北京：中华书局，1962：3619．

④ “沛蔡千秋少君，梁周庆幼君、丁姓子孙皆从广受。千秋又事皓星公，为学最笃。”（同③3617-3618）

⑤ 同③．

⑥ “姓至中山太傅，授楚申章昌曼君，为博士，至长沙太傅，徒众尤盛。尹更始为谏大夫、长乐户将，又受《左氏传》，取其变理合者以为章句，传子咸及翟方进、琅邪房凤。”（同③3618）

秋》[①]，采取成败，卒四十章，为《铎氏微》。赵孝成王时，其相虞卿上采《春秋》，下观近势，亦著八篇，为《虞氏春秋》。吕不韦者，秦庄襄王相，亦上观尚古，删拾《春秋》，集六国时事，以为八览、六论、十二纪，为《吕氏春秋》。及如荀卿、孟子、公孙固、韩非之徒，各往往捃摭《春秋》之文以著书，不可胜纪。汉相张苍历谱五德，上大夫董仲舒推《春秋》义，颇著文焉。[②]

班固《汉书·儒林传》接续司马迁，详记了《左传》在汉代的传承：

汉兴，北平侯张苍及梁太傅贾谊、京兆尹张敞、太中大夫刘公子皆修《春秋左氏传》。谊为《左氏传》训诂，授赵人贯公，为河间献王博士，子长卿为荡阴令，授清河张禹长子。禹与萧望之同时为御史，数为望之言《左氏》，望之善之，上书数以称说。后望之为太子太傅，荐禹于宣帝。征禹待诏，未及问，会疾死。授尹更始，更始传子咸及翟方进、胡常。常授黎阳贾护季君。哀帝时待诏为郎，授苍梧陈钦子佚，以《左氏》授王莽，至将军。而刘歆从尹咸及翟方进受，由是言《左氏》者本之贾护、刘歆。[③]

唐代陆德明的《经典释文》和孔颖达的《春秋左传正义》汇集马、班所述，纵向梳理了《左传》自先秦至两汉的传承源流。

陆德明《经典释文》称：

左丘明作《传》以授曾申。申传卫人吴起。起传其子期。期传楚人铎椒。椒传赵人虞卿。卿传同郡荀卿名况。况传武威张苍。苍传洛阳贾谊。谊传至其孙嘉。嘉传赵人贯公。贯公传其少子长卿。长卿传京兆尹张敞及侍御史张禹。禹数为御史大夫萧望之言《左氏》，望之善之，荐禹，征待诏，未及问，会病死。禹传尹更始。更始传其子咸及翟方进、胡常。常授黎阳贾护。护授苍梧陈钦。《汉书·儒林传》云："汉兴，北平侯张苍及梁太傅贾谊、京兆尹张敞、太中大夫刘公子皆修《春秋左氏传》。"如刘歆从尹咸及翟方进受《左氏》。"由是言《左氏》者本之贾护、刘歆"。歆授扶风贾徽。徽传子逵。逵受诏列

① 根据前后文连贯意义，此处及后文的"《春秋》"，显然特指前文的"《左氏春秋》"。
② 司马迁．史记：十二诸侯年表．2版．北京：中华书局，1982：509-510.
③ 班固．汉书：儒林传．北京：中华书局，1962：3620.

《公羊》《穀梁》不如《左氏》四十事，奏之，名曰《左氏长义》。章帝善之，逵又作《左氏训诂》。①

孔颖达《春秋左传正义》称：

据刘向《别录》云：“左丘明授曾申，申授吴起，起授其子期，期授楚人铎椒。铎椒作《抄撮》八卷，授虞卿。虞卿作《抄撮》九卷，授荀卿。荀卿授张苍。”此经既遭焚书而亦废灭，及鲁共王坏孔子旧宅，于壁中得古文逸《礼》有三十九篇，《书》十六篇。天汉之后，孔安国献之，遭巫蛊仓促之难，未及施行。及《春秋左氏》丘明所修，皆古文旧书，多者二十余通，藏于秘府，伏而未发。汉武帝时，河间献《左氏》及古文《周官》。

光武之世，议立《左氏》学，公羊之徒上书讼《公羊》抵《左氏》，《左氏》之学不立。

成帝时，刘歆校秘书，见府中古文《春秋左氏传》，歆大好之。时丞相尹咸以能治《左氏》，与歆共校传。歆略从咸及丞相翟方进受，质问大义。初《左氏传》多古字古言，学者传训诂而已。及歆治《左氏》，引传文以释经，转相发明，由是章句义理备焉。歆以为左丘明好恶与圣人同，亲见夫子，而《公羊》《穀梁》在七十二弟子后，传闻之与亲见，其详略不同。歆数以问向，向不能非也。及歆亲近，欲建立《左氏春秋》及《毛诗》、《逸礼》、《古文尚书》，皆列于学官。哀帝令歆与五经博士讲论其义，诸儒博士或不肯置对，歆因移书于太常博士，责让之。

和帝元兴十一年，郑兴父子及歆创通大义奏上，《左氏》始得立学，遂行于世。至章帝时，贾逵上《春秋大义》四十条，以抵《公羊》《穀梁》，帝赐布五百匹。又与《左氏》作《长义》。至郑康成，箴《左氏膏肓》，发《公羊墨守》，起《穀梁废疾》。自此以后，二传遂微，《左氏》学显矣。②

由上述记载可见，《左传》虽然长期隐没民间，倒也一直传承不辍。

从上述《左传》的传承看，因为班固将《史记》中的“略举”改为“授”，唐代陆、孔又沿袭班说，而授受者之间年代不合，造成了传承的模

① 陆德明．经典释文：序录//吴承仕．经典释文序录疏证．北京：中华书局，1984：121.

② 孔颖达．春秋左传正义：序//阮元．十三经注疏．北京：中华书局，1980：1703.

糊和争议①。原因概有如下几点：一是战国动乱，缺乏记述，《左传》又长期在民间传承，造成统系不清；二是《左传》与《公》《穀》的长期口传不同，一开始就以文本形式呈现。文本传承自然不必囿于口授师说。如此一来，师门家派的划分也自然不如《公》《穀》二传清晰。进入西汉以后，随着社会稳定和儒学地位提升，《左传》的传授才开始讲究师传，上述文献所记的师传也才相对清晰起来。

其实，从上段《史记》所述前后文意看，文中述及的几个《左传》的传承者如铎椒、虞卿、荀卿、张苍等，不过是司马迁略举的《左传》流传过程中的几个主要传承者，这些传承者之间未必一定存在直接授受关系。陆德明在释杜预《春秋序》“左丘明受经于仲尼”条中曾就“授”字做过解释：“丘明为经作传，故言受经于仲尼，未必面亲授受使之作传也”②。不仅二人之间，其余传承所用“授”字意义大概相仿，未必定是亲自授受③。有两个例子可以说明。

一例是上述材料均提到张苍是汉代《左传》第一任传承者④。所以，钱穆考证汉初《左传》传承说：“荀卿授《左传》于张苍，恐亦未见其必信也。”⑤ 另一例是《汉书·儒林传》干脆直接将张苍、贾谊、张敞、刘公子并列为汉初《左传》的最早传承者，这种写法倒是比较贴切。所以，

① 最早提出质疑的是中唐的赵匡，赵匡以为：孔颖达“据刘向《别录》”所述的《左传》早期授受世系并非刘向原文，而是“近世诸儒，欲尊崇《左氏》，妄为此记。向若传授分明如此，《汉书》的《张苍》、《贾谊》及《儒林传》何故不书？则其伪可知也”（陆淳. 春秋集传纂例：卷一//四库全书：第146册. 上海：上海古籍出版社，1987：386），将造伪世系的罪魁直接指向“近世诸儒”，即陆德明和孔颖达。叶梦得更明确怀疑：“刘向《别录》世不复见，不知其有无。”（叶梦得. 春秋考：卷三//四库全书：第149册. 上海：上海古籍出版社，1987：293）清代，刘歆作伪说兴起后，陆、孔所引《别录》的《左氏》授受世系遂受到进一步抨击，刘逢禄又提出《别录》为伪：“《经典释文》云：左丘明作传以授曾申，申传卫人吴起……此兼采伪《别录》及《汉儒林传》而为之。”（刘逢禄. 左氏春秋考证//续修四库全书：第125册. 上海：上海古籍出版社，2002：256）其后在今文大盛的学术环境下，崔适、梁启超、钱玄同、顾颉刚等持刘歆作伪说者都步其后尘，赞同此论。承其余绪，钱穆又从铎椒、虞卿、荀卿的年世入手确证：“考之诸人年世，似不足信”（钱穆. 先秦诸子系年：卷四. 北京：中华书局，1985：450）。延至现代，黄觉弘又撰《〈左传〉先秦授受世系之由来辩伪》[江汉大学学报（人文科学版），2002（6）] 力证：所谓《别录》世系是后人据《史记·十二诸侯年表序》伪造；而陈鸿超又作《〈左传〉先秦传授世系再议》力辩《别录》传授世系非伪 [中国典籍与文化，2006（2）]。

② 阮元. 十三经注疏. 北京：中华书局，1980：1705.

③ 从这个角度理解，其余经学“授受”中年代难以衔接的问题也便迎刃而解。

④ 许慎也说“北平侯张苍献《春秋左氏传》”（许慎. 说文解字：叙. 北京：社会科学文献出版社，2006：842）。

⑤ 钱穆. 先秦诸子系年：卷四. 北京：中华书局，1985：450.

若一定要将“授”机械地理解为“直接授受”，则必然陷入传承不清的困惑。

看来，《左传》在汉代以前的传受，除了了解一些重要传承者外，难以弄清明确的传授系统。至于汉代以后的传承，在班固《汉书·儒林传》所载《左传》汉初的四个传承者张苍、贾谊、张敞、刘公子中，有后期传承的是贾谊和张敞两支。

贾谊一系的传承是唯一贯穿西汉始终的。贾谊传贾嘉，贾嘉传贯公，贯公授其子贯长卿。之后，贯长卿又授张禹，张禹授兼修《公羊》的尹更始，尹更始也一并将《左传》传授给了他的《公羊》弟子尹咸、翟方进和胡常。

尹咸、翟方进和胡常三人的传承又分为两支：胡常授贾护，贾护传陈钦，陈钦传王莽，这一支称“陈氏春秋”[①]；另一支，尹咸和翟方进传刘歆，刘歆再传其兄子刘伯玉。所以，班固说“言《左氏》者本之贾护、刘歆”[②]。

张敞一系的传承在经历了其子张吉，张吉又传敞之外孙杜邺[③]，邺再传张吉之子张竦之后，就不见于史籍记载了（见附1西汉《左氏春秋》传授表）。

第二节 西汉政治变迁与《春秋》诠释兴盛

从上述情况可以断定，汉初七十年虽为黄老政治，但春秋学的传承并没有彻底中断。

刘邦建汉之初，在和陆贾等关于“马上马下”的一番讨论中，形成了“儒者难与进取，可与守成”[④] 的儒学功用论。与此同时，原本瞧不起儒学的刘邦又的确从“知当时之要务”的儒士叔孙通所定的朝仪里，初次尝到了“为皇帝之贵”的乐趣。汉高祖在兴奋之余，为这些能“知时变”的儒者封官加禄，“拜叔孙通为太常，赐金五百斤”，其余诸弟子“悉以为

① 范晔．后汉书：陈元列传．北京：中华书局，1965：1230.
② 班固．汉书：儒林传．北京：中华书局，1962：3620.
③ 班固．汉书：谷永杜邺传．北京：中华书局，1962：3473.
④ 司马迁．史记：刘敬叔孙通列传．2版．北京：中华书局，1982：2722.

郎"[1]。当然，在汉初百废待兴的政治时局和窦太后"好黄老之术"的学术好尚下，儒学暂时没有机会登上政治前台。儒学得以勃兴的好时机，是在汉武帝继位以后。

一、武帝时期政治形势变化与《春秋》公羊学兴起

公元前141年，武帝刘彻继位。年轻有为的武帝上台伊始便急于广揽人才："诏丞相、御史、列侯、中二千石、二千石、诸侯相举贤良方正直言极谏之士"，但不久发现所举流品杂凑，"或治申、商、韩非、苏秦、张仪之言"，无法应对统一帝国之需，因而接纳丞相卫绾"乱国政，请皆罢"[2]的建议，又听从窦婴、田蚡建言，"务隆推儒术，贬道家言"[3]，但这些想法和努力依旧受阻于窦太后。

公元前136年，窦太后风烛残年，已无力干政，武帝乘机下诏独设五经博士，其余各家博士被罢黜。次年（前135年），窦太后去世，摆脱了掣肘的武帝这才将田蚡复职，开始了大刀阔斧的尊儒举措："绌黄老、刑名百家之言，延文学儒者数百人，而公孙弘以《春秋》白衣为天子三公，封以平津侯。天下之学士靡然乡风矣。"[4]从此，在西汉学术舞台上，儒者开始扬眉吐气。

公孙弘建议武帝兴立官学"为博士官置弟子五十人，复其身。太常择民年十八已上，仪状端正者，补博士弟子。郡国县道邑有好文学，敬长上，肃政教，顺乡里，出入不悖所闻者，令相长丞上属所二千石，二千石谨察可者，当与计偕，诣太常，得受业如弟子。一岁皆辄试，能通一艺以上，补文学掌故缺"[5]，被采纳。作为经学先驱，他的另一个功劳是使爱好《公羊》的董仲舒打败了《穀梁》一派，从而得以在西汉政治舞台上崭露头角。

董仲舒的贡献主要有两个方面：一是在武帝《举贤良对策》中，援引公羊《春秋》，提出大一统理论和独尊儒术的主张："诸不在六艺之科孔子之术者，皆绝其道，勿使并进"[6]。在这一"黜"一"尊"中，经学与政

---

① 司马迁．史记：刘敬叔孙通列传．2版．北京：中华书局，1982：2723-2724.
② 班固．汉书：武帝纪．北京：中华书局，1962：155-156.
③ 司马迁．史记：魏其武安侯列传．2版．北京：中华书局，1982：2843.
④ 司马迁．史记：儒林列传．2版．北京：中华书局，1982：3118.
⑤ 同④3119.
⑥ 班固．汉书：董仲舒传．北京：中华书局，1962：2523.

治发生紧密关联，儒者的利禄之途由此敞开，如夏侯胜所言："经术苟明，其取青紫如俯拾地芥耳。"[①] 利益驱动学者对儒学一拥而上，如班固所说："自武帝立《五经》博士，开弟子员，设科射策，劝以官禄，讫于元始，百有余年，传业者浸盛，支叶蕃滋，一经说至百余万言，大师众至千余人，盖禄利之路然也"[②]。二是建议武帝兴立太学：

> 养士之大者，莫大乎太学。太学者，贤士之所关也，教化之本原也。今以一郡一国之众，对亡应书者，是王道往往而绝也。臣愿陛下兴太学，置明师，以养天下之士，数考问以尽其材，则英俊宜可得矣。[③]

这一建议的作用在于：用利禄吸引，将士人通经做官的道路明朗化[④]。而学校制度的建立，使儒者源源不断地走上社会，又进一步引导了汉代学术和政治发展的未来走向。经学就在政府和整个社会的共同认可和推崇中成为正统官方意识形态。儒家经学特别是公羊学的官方化至此有了一个良好的开端，政治对学术的选择和重塑也就此完满收官。

唐晏总结说："考两汉以来，春秋学以公羊最盛。凡朝廷决大疑，人臣有献替，必引《春秋》为断，而所尊者，公羊家言也。"[⑤] 这里提出了一个问题：汉代统一稳定的君主政治需要善于守成的儒学。然而，又为何是《春秋》学独受青睐呢？要回答这个问题，需要从社会现实的角度进行考察。从现实角度看，这绝不仅是公孙弘、董仲舒个人才华或是武帝一时的心血来潮，这其实是社会政治需求与《春秋》公羊学本身特殊的政治功能相契合的产物。

从当时的政治形势看，西汉建立以后，秦朝极端刚性的制度亟待校正，礼仪的完善、皇权尊严的树立等问题亟待解决。而汉初七十年黄老之学和休养生息导致旧问题没有解决，新问题又不断涌现，包括：诸侯势力过度膨胀威胁中央；北方匈奴强悍演为民族屈辱；秦朝"以吏为师"形成教育空白；等等。问题的严重以至危及新制度的存废，政策调整和制度完

---

① 班固．汉书：夏侯胜传．北京：中华书局，1962：3159.
② 班固．汉书：儒林传．北京：中华书局，1962：3620.
③ 班固．汉书：董仲舒传．北京：中华书局，1962：2512.
④ 赵伯雄．春秋学史．济南：山东教育出版社，2004：98.
⑤ 唐晏．两汉三国学案．北京：中华书局，1980：443-444.

善势在必行。

就《春秋》本身来看，因为所记事关政治变迁，具有强烈的现实性、政治性。这一特征使它相对于其他儒家经典而言，最便于为解决社会政治问题提供借鉴。尤其《公羊春秋》关注政治、崇尚权变和善于以发掘“微言大义”的方式开掘新义的经学特征，又使得《春秋》最能满足当下迫切的政治需求。

蒋庆在《公羊学引论》中提出：人类的学术思想起因于对现实问题的焦虑，这种“焦虑”可分为实存性焦虑和制度性焦虑两类，而《公羊春秋》就是“典型的制度性焦虑”。这种“制度性焦虑”是政治的焦虑，其焦虑的对象是政治的价值、制度的意义、规范的设立和政制的改进。而其关注的焦点包括了“政治社会的形上根基问题，政治秩序的合法性问题，政治制度的变革存废问题，行为规范与政治制度的重建问题等与现时代政治秩序稳定，政治制度创新密切相关的问题”①。今天看来，《公羊春秋》的确是政治焦虑的产物。武帝面临新局面下政治制度的调整和完善，在这种情况下，一方面政治选择学术；另一方面学术自我调整以迎合政治。《公羊春秋》以“为汉制法”作为开场白，很快便深入到了具体解决汉代政治的各种实务之中。

1. “以《春秋》当新王”：“为汉制法”的真实意义

孔子作《春秋》以“为汉制法”，是汉儒为运用公羊学解决现实问题所做的理论张本。“为汉制法”说源于《公羊传》哀公十四年对孔子“西狩获麟”的解说：

> 何以终乎哀十四年？曰：备矣。君子曷为为《春秋》？拨乱世，反诸正，莫近乎《春秋》。则未知其为是与？其诸君子乐道尧、舜之道与？末不亦乐乎尧、舜之知君子也？制《春秋》之义以俟后圣，以君子之为，亦有乐乎此也。②

公羊家认为，“西狩获麟”使孔子明白了生前实现王道理想无望，只得著书立说以寄托于未来。于是，作《春秋》以为后圣立法。在汉代种种现实社会需求下，董仲舒率先注意到了“西狩获麟”背后的隐义：“仲尼之作《春秋》也，上探正天端王公之位，万民之所欲，下明得失，

① 蒋庆. 公羊学引论. 沈阳：辽宁教育出版社，1995：2-3.
② 阮元. 十三经注疏. 北京：中华书局，1980：2353-2354.

起贤才，以待后圣”[①]，“故《春秋》应天作新王之事”[②]。司马迁也认同董仲舒关于孔子作《春秋》，是借鲁国史寄托“补弊起废”[③]的王道理想的说法。“为后圣立法”进而被后来的谶纬学家神化和具象化为“为汉制法”[④]。

胡朴安说：“西汉学者，求孔子之微言大义于垂绝之余，故其于六经也，皆以通经致用为治学之准绳。”[⑤]用经典诠释的方式总结前代统治经验，为后世解决现实问题作借鉴，在客观上岂非就是为后世制法？这就是《春秋》“为汉制法”的真实意义。而“为汉制法”是汉人的说法，从历代借助《春秋》诠释为当世立法看，《春秋》又岂仅是为汉制法？又何尝不是借助经典诠释，承担起“为后世立法”的使命？

公羊家以“《春秋》当新王”的“微言”吹响了设计后代新秩序的号角。所谓“以《春秋》当新王”的意义在于：周室衰微、王纲失坠的混乱年代，人们呼唤新“王”拯救民生、安定秩序，《春秋》以无冕之王行褒贬之责，担当起重建社会秩序的历史责任。因此，孔子就成了继商、周之后出现的一个假想的新王，而《春秋》所记之国——鲁国就是这个假想的继周代之后的新朝代[⑥]。之所以说“假想”，是因为它只不过是一种理想性假托而已，并非事实。这就是司马迁所说的“孔子闵王路废而邪道兴，……故因史记作《春秋》，以当王法，其辞微而指博”[⑦]的含义。孔

① 董仲舒．春秋繁露：卷六．北京：中华书局，1975：198.

② 董仲舒．春秋繁露：卷七．北京：中华书局，1975：236.

③ 司马迁．史记：太史公自序．2版．北京：中华书局，1982：3297.

④ 详见《春秋纬·演孔图》：“孔子仰推天命，俯察时变，却观未来，豫解无穷，知汉当继大乱之后，故作拨乱之法以授之。”《孝经纬·援神契》：“孔子斋戒，簪缥笔，衣绛单衣，向北辰而拜，告备于天，曰：‘《孝经》四卷，《春秋》《河》《洛》凡八十一卷，谨已备。’天乃虹郁起，白雾摩地，赤虹自上下，化为黄玉，长三尺，上有刻文。孔子跪受而读之，曰：‘宝文出，刘季握，卯金刀，在轸北，字禾子，天下服。’”（黄奭．春秋纬；论语纬；孝经纬．上海：上海古籍出版社，1993：26，28）纬书的穿凿荒谬当然不言而喻，但剥去其中的主观性和神秘性，从汉代以《春秋》治国的现实状况看，孔子的确是“为汉制法”。皮锡瑞洞察了这一点，所以他说：“《春秋》为后王立法，虽不专为汉，而汉继周后，即谓为汉制法，有何不可？且在汉言汉，推崇当代，不得不然。即如欧阳修生于宋，宋尊孔教，即谓《春秋》为宋制法，亦无不可。今人生于大清，大清尊孔教，即谓《春秋》为清制法，亦无不可。”（皮锡瑞．经学通论：卷四．北京：中华书局，1954：11）

⑤ 胡朴安．中国训诂学史．北京：商务印书馆，1998：1.

⑥ 董仲舒“《春秋》缘鲁以言王义”（董仲舒．春秋繁露：卷九．北京：中华书局，1975：348)。康有为解释为：“缘鲁以言王义，孔子之意，专明王者之义，不过言托于鲁以立文字。”（康有为．春秋董氏学．北京：中华书局，1990：115）

⑦ 司马迁．史记：儒林列传．2版．北京：中华书局，1982：3115.

子以鲁国为假托，通过《春秋》褒贬进行全新的政治设计，在现实中成为真正的“未来朝代”——汉代所遵循和践行的政治框架①。就像董仲舒说的：“今《春秋》之为学也，道往而明来者也。”② 同样，孔子以后的《春秋》家们，也像孔子一样，不断借诠释《春秋》，做出对当下或未来政治的新设计。而“以《春秋》当新王”，正是新设计实施的理论先锋。董仲舒《春秋繁露》对“以《春秋》当新王”做了极致性发挥：“《春秋》作新王之事，变周之制，当正黑统。而殷、周为王者之后，绌夏，改号禹谓之帝，录其后以小国。故曰：绌夏存周，以《春秋》当新王”③，其深意正在于此。

2. “通三统”“张三世”：制度更化与政权持久性论证

“通三统”是“以春秋当新王”的理论基础。所谓“三统”，通俗而言是指三个朝代的统治。公羊家以为：一个新朝代的建立，要因应时代改革制度，但是这种改制要合理地解决好“新制度对旧传统、旧制度的合理吸收与继承问题”④。而每一个新朝代建设可资借鉴的旧朝代主要是这一新王朝之前的两个朝代，这两个朝代和新王朝一起⑤统称为“三统”。因为统治政策具有较强的连续性，每一新朝代的统治政策，都要兼择前两代政治之善者继承之，这就是所谓的“通三统”。只有这样，新朝代的新政策才因为合理吸纳了前两代统治的经验教训而更加完善。由此立论，孔子的“行夏之时，乘殷之辂，服周之冕”（《论语·卫灵公》）大概就是最早的“通三统”。

董仲舒在《春秋繁露·三代改制质文》中详细论证了他的“通三统”理论：

> 《春秋》上绌夏，下存周，以《春秋》当新王。
>
> 《春秋》当新王者奈何？曰：王者之法，必正号，绌王谓之帝，封其后以小国，使奉祀之。下存二王之后以大国，使服其服，行其礼乐，称客而朝。故同时称帝者五，称王者三，所以昭五端，通三统

① 这一政治框架体现在汉代政治对《春秋》义例的遵奉。对此，赵伯雄在《春秋学史》第二章第二节“汉代《春秋》经传的社会政治功能”中有详述（赵伯雄．春秋学史．济南：山东教育出版社，2004：99-127）。

② 董仲舒．春秋繁露：卷三．北京：中华书局，1975：107.

③ 董仲舒．春秋繁露：卷七．北京：中华书局，1975：247-248.

④ 蒋庆．公羊学引论．沈阳：辽宁教育出版社，1995：295.

⑤ 至于为什么一定是三个朝代，概源于孔子《论语·为政》：“殷因于夏礼，所损益可知也；周因于殷礼，所损益，可知也；其或继周者，虽百世可知也。”

也。是故周人之王，尚推神农为九皇，而改号轩辕谓之黄帝，因存帝颛顼、帝喾、帝尧之帝号，绌虞，而号舜曰帝舜，录五帝以小国。下存禹之后于杞，存汤之后于宋，以方百里爵称公。皆使服其服，行其礼乐，称先王客而朝。

《春秋》作新王之事，变周之制，当正黑统，而殷、周为王者之后，绌夏，改号禹谓之帝，录其后以小国。故曰：绌夏存周，以《春秋》当新王。①

这里所谓的“三统”是随着朝代的不断更替而不断流动的，每一新朝加入，都要将最早的那个朝代排除出去②。如果将《春秋》假托为一个新朝代，那么，前边的两个朝代中就要排除最早的夏代，“三统”便相应地由“夏、商、周”成了“商、周、春秋（或鲁）”。按照邹衍的社会五行说，正与商灭夏、周代商的朝代更替次序暗合。按照这个递嬗次序，代周而立的新朝代春秋应属“水”，色为黑。于是，春秋代周而立，因而“变周之制，当正黑统”。

“通三统”内含两个意义：一是每一个新朝代都建立在对旧朝代经济政治与文化的继承之上，没有哪个新朝代的建立可以凭空而起；二是每一个新朝代的建立，又都是对旧朝代的颠覆。由此逻辑推演，任何一个朝代的统治都不是永恒的，天子受命于天，但天命可变，旧王自然会被新王取代，而取代的原因不是什么“天命”，而是天子的德行，即董仲舒所说的“天子命无常，唯命是德庆”③。这一观念，已经是自周代哲学觉醒以来先觉者的共识。如《白虎通义》所说：“王者所以存二王之后，何也？所以尊先王，通天下之三统也。明天下非一家之有，谨敬谦让之至也。”④ 由此可见，“通三统”的焦点在于：通过论证“新统的必要性、合理性”与

---

① 董仲舒．春秋繁露：卷七．北京：中华书局，1975：244-248.

② 至于被排除到哪里了，顾颉刚解释为：三统说，是“把朝代的递嬗归之于三个统的循环。这三个统的名字是黑统，白统，赤统。得到哪一个统而为天子的，那时的礼乐制度就照着哪一个统的定制去办理”。三代和前二代为“三王”，三王之前有一个“五帝”的时代，五帝之前又有一个“九皇”的时代。“夏”从“三王”退出后，进入“五帝”的行列里，以此类推，“五帝”中的最早的一帝“黄帝”便依次向前进入“九皇”的时代里了。这样随着新朝代不断建立，一一向前推移，就“好像亲属之有高祖、曾祖和曾孙、玄孙一样”。这就是“《春秋》应天作新王之事，时正黑统，王鲁，尚黑，绌夏，亲周，故宋”（顾颉刚．五德终始说下的政治和历史//顾颉刚．古史辨：第五册．上海：上海古籍出版社，1982：442）的意思。

③ 同①236.

④ 班固．白虎通义：卷下//四库全书：第850册．上海：上海古籍出版社，1987：49.

"旧统的可取性"[①] 之间的辩证关系，警告统治者"兢惧戒约"[②]，致力于完成改旧制、创新制的社会使命，实现"新统"的稳定，延长"新统"的存续。

"三世说"分见于《公羊传》隐公元年冬十二月"公子益师卒"、桓公二年春"公会齐侯、陈侯、郑伯于稷，以成宋乱"和鲁哀公十四年春"西狩获麟"条下的"所见异辞，所闻异辞，所传闻异辞"[③]。内含两大义项：一是时代划分。公羊家认为，以《春秋》作者孔子为界标，鲁国自隐公元年至哀公十四年，二百四十二年的历史分为自远及近的三个时代"所传闻世"、"所闻世"和"所见世"。二是"书法"表述。公羊家以为，对于这三个由远而近的时代，孔子在"作"《春秋》时采用了各自不同（"异辞"）的表达方式（"书法"），包括客观上记事内容的详略差异和主观上"讳尊隆恩""辟害容身"[④] 的褒贬原则。以上三例，从客观上看反映了史书作者依时间远近和材料多寡不同而详略不一的记事方式；从主观上看则体现了随时间远近和敏感程度不同而采用的不同隐讳方式。至于鲁国十二公共二百四十二年的历史与"所见""所闻""所传闻"三世究竟形成了怎样的对应关系，以及究竟运用了怎样的详略褒贬原则，还有待董仲舒《春秋繁露》做出进一步解说。

《春秋繁露》将"《春秋》分十二世以为三等，有见有闻有传闻"的公羊"三世"划分与《春秋》鲁十二公相匹配，把鲁十二公自近至远分别纳入所见、所闻、所传闻三个阶段："春秋分十二世以为三等：有见、有闻、有传闻。有见三世，有闻四世，有传闻五世。故哀、定、昭，君子之所见也；襄、成、文、宣，君子之所闻也；僖、闵、庄、桓、隐，君子之所传闻也。所见六十一年，所闻八十五年，所传闻九十六年"，并举《春秋》所记，详细解说了三世划分的依据：

> 于所见微其辞，于所闻痛其祸，于传闻杀其恩，与情俱也。是故逐季氏而言又雩，微其辞也。子赤杀，弗忍言日，痛其祸也。子般杀

---

① 蒋庆. 公羊学引论. 沈阳：辽宁教育出版社，1995：307.

② 欧阳修，等. 新唐书：魏征传//四库全书：第 274 册. 上海：上海古籍出版社，1987：245.

③ 阮元. 十三经注疏. 北京：中华书局，1980：2200，2213，2353.

④ 何休《春秋公羊传解诂》释《公羊传》定公元年条下"定、哀多微词"："此孔子畏时君，上以讳尊隆恩、下以辟害容身，慎之至也。"（阮元. 十三经注疏. 北京：中华书局，1980：2334）

而书乙未，杀其恩也。屈伸之志详略之文，皆应之。……然则《春秋》义之大者也，得一端而博达之，观其是非，可以得其正法；视其温辞可以知其塞怨。是故于外道而不显，于内讳而不隐，于尊亦然，于贤亦然。此其别内外，差贤不肖而等尊卑也。义不讪上，智不危身。故远者以义讳，近者以智畏。畏与义兼，则世逾近而言逾谨矣。此定、哀之所以微其辞。以故用则天下平，不用则安其身，《春秋》之道也。①

以昭、定、哀为“所见世”，计六十一年；以襄、成、宣、文为“所闻世”，计八十五年；以僖、闵、庄、桓、隐为“所传闻世”，计九十六年。董氏的划分显然有主观牵强的嫌疑，不过倒确与现实相吻合。从当时社会现实情况看，鲁国与整个春秋形势的变化的确大致以这三个时段为转折，见下表：

孔子经历三世	鲁十二公	时间	鲁国局势	春秋局势	夷夏关系	《春秋》笔法	何休理想三世
所传闻世	隐桓庄闵僖	前722—前627年	政在诸侯：周室衰落，庆父之乱，鲁国走向衰弱	王室衰微，诸侯强大，春秋争霸序幕拉开，齐国首霸	内其国而外诸夏	杀其恩	衰乱世
所闻世	文宣成襄	前626—前542年	政在大夫：三桓强盛，三分公室，鲁国名存实亡	晋楚争霸，诸侯在争霸中衰落，卿大夫崛起	内诸夏而外夷狄	痛其祸	升平世
所见世	昭定哀	前541—前481年	政在陪臣：昭、定、哀三公被三桓打败，流亡国外；陪臣阳虎掌握季氏权力	中原争霸结束，吴越争霸尾声，君主政治初现	天下远近大小若一	微其辞	太平世

从上表可以看出：在时间上，“所见”、“所闻”和“所传闻”的三世划分，在现实中恰恰反映的是鲁国和周王朝梯级衰落的三个阶段。《论语·季氏》有：“孔子曰：‘天下有道，则礼乐征伐自天子出；天下无道，则礼乐征伐自诸侯出。自诸侯出，盖十世希不失矣；自大夫出，五世希不

① 董仲舒．春秋繁露：卷一．北京：中华书局，1975：12-14.

失矣；陪臣执国命，三世希不失矣。天下有道，则政不在大夫。天下有道，则庶人不议。’”从时间节点看，董仲舒对鲁十二公的“三世”划分，正是孔子上段论述的后三个时期：从春秋初年的王室衰微、诸侯强大到中期的诸侯衰落、强卿政治，再到后期的卿大夫凋零、陪臣执国命，这是贵族政治渐次衰落、君主政治不断崛起的过程；在书法区分上，董氏分别以逐季氏而言“又雩”，以及子般与子赤被杀的书不书“日”作为时间远近不同情况下亲疏和隐讳的差异化表述，即所谓的“异辞”。前者见于《公羊传》释《春秋》昭公二十五年“秋，七月，上辛，大雩。季辛，又雩”为：“又雩者何？又雩者，非雩也，取众以逐季氏也。”①在公羊家看来：季氏横行，鲁昭公聚众驱逐季氏失败，反映了鲁公室卑弱与大夫强势。站在鲁公室的立场上，这是不光彩的。而昭公又处于孔子“所见”世，本着“为尊者讳”的原则，只得将“逐季氏”隐讳地记为“又雩”。后者分见于《春秋》庄公三十二年冬“十月，乙未，子般卒”和鲁文公十八年冬“十月，子卒”。子般是鲁庄公与夫人孟任所生世子，为庆父所杀；子赤为鲁文公与夫人哀姜所生嫡长子，为公子遂所杀。这两次世子被杀，反映了鲁国王政的衰落。特别是子般被杀的背后，是庆父作为卿大夫对鲁国国政的干预，这是反映鲁国卿大夫势力崛起和君权衰落的一次典型事件。

对于这两次世子之卒，《春秋》有意识地采用了不同表述：一记日，一不记日；一称名，一不称名。《公羊传》认为：子赤之死之所以不记日，不称名，原因是：“子卒者孰谓？子赤也。何以不日？隐之也。何隐尔？弑也。弑则何以不日？不忍言也。”②按照公羊家的解释，对于子赤之死，《春秋》之所以不记日、不称名，是因为子赤是被弑，作者出于情感哀痛之深，不忍重提确切日子和具体姓名。但如此解说却忽略了一点：同为《春秋》，在记庄公三十二年冬“子般卒”时却记日也称名，这就出现了前后矛盾。对此，《公羊传》的解释是：“子卒云子卒，此其称子般卒何？君存称世子，君薨称子某。”公羊家认为，这里明确称“子般”的名字是史官记事的通常手法，即：对于世子之死，如果他的父亲（即国君）还活着，就直接称“子卒”，但如果他的父亲已经去世，那就要称“子某卒”。在子般卒前的同年八月，其父鲁庄公“薨于路寝”，所以，当年冬天的世子卒要明确记为“子般卒”。公羊家这一解释合于史官记事规则，但仍然没

---

① 阮元. 十三经注疏. 北京：中华书局，1980：2328.

② 同①2275.

有弥合两种记载的矛盾。如果有人一定要较真的话，就会继续追究：按照对子赤死的解释，难道对子般被弑就“忍心”称名了吗？显然，公羊家在解说二子卒的问题上，没有想到“三世”的问题，对二者之死的说法没有统一意识。直到董仲舒引进了“三世说”，才成功解决了这一问题。董氏以为，《春秋》之所以对子般卒称名、记日，是因为子般属“所传闻世”，与《春秋》作者相距久远，恩降情杀，故忍言日称名；而子赤属“所闻世”，与作者相距稍近，恩情尚厚，故不忍言日称名。这一富于创造性的解释尽管难免牵强，但却“合情理”地弥合了二者的矛盾。此后，东汉何休与唐徐彦也都沿着这一思路走①。

董仲舒对公羊家“三世说”的创造性贡献有两点：一是将“三世说”与《春秋》所记鲁国国君相比附，有意无意间借三世变化揭示了鲁国乃至东周王权的衰落轨迹；二是将这一理论切实贯穿到《春秋》诠释之中，使公羊家那些尚处萌芽状态的“三世说”逐渐清晰，更贴切地反映了鲁国以及东周社会的衰落。在王权衰落的总结方面，实践了孔子“托诸空言，不如见诸实事”的理想效果。

当然，总结过去一定是为了现在和未来，这由史学的致用性所决定，也是经典诠释的责任和使命。对于董仲舒而言，如此创造性地“张三世”，目的更在于总结过去、服务现在和未来。

武帝时期社会经济由凋敝到繁荣，现实社会对变革制度与文化提出了强烈要求。作为一代大儒，董仲舒肩负起思想和理论创新的使命，如他所说：“今所谓新王必改制者，非改其道，非变其理，受命于天，易姓更王，非继前王而王也。若一因前制，修故业，而无有所改，是与继前王而王者无以别。”②“通三统”“张三世”理论作为其儒家理论的重要组成部分，与武帝的制度完善和政治治理相配合：一是为了说明“当更化而更化”，用变迁理论推进制度变革；二是为了用政权更替警醒统治，保持良好的政治运作，以免失掉政权。这正是学者郭西安在其《圣人、圣言与圣行：作为一种经学判断的“孔子作〈春秋〉”》一文中强调的：“于公羊家而言，建立汉王朝与三代之间的承继关系，使其进入王道正统的序列，这一点并非其经学话语实践的目的，而是其前奏甚至前提，重要的是以此为契机而

① 何休解说“子赤卒”为：“所闻世，臣子恩痛王父深厚，故不忍言其日，与子般异。”徐彦《疏》接续，说出了何休没有说完的下半句：“子般为所传闻之世故也。”（阮元．十三经注疏．北京：中华书局，1980：2275）

② 董仲舒．春秋繁露：卷一．北京：中华书局，1975：17-18.

向未来，开启帝国新制度传统的形塑。”[①] 虽然董仲舒还仅仅囿于三世变迁，没有从更广阔的历史空间体味世事变化、制度更迭，但仅此已足以大大推进公羊学，为后来何休创新和拓展“三世说”明确了方向。

3. “天人感应”“灾异谴告”：皇权树立及其制约

上三代贵族政治下，天神、贵族集团和统治者的个人道德构成了对王权的三大约束。然而，东周以来贵族政治的崩溃和哲学上人神关系的颠倒使得前两项权力约束同时丧失，而君主制下帝王权力的过于集中，又恰恰为权力约束提出了特殊要求——强化制约以免权力滥用导致政治腐败和政权危机。为了重建和完善君主政治体制，以道自任的儒生们急需重塑帝王权威和再建皇权约束。这种双重责任，最后都落实到重建天人感应与重拾灾异谴告上。

首先，东周以来，伴随王权崩溃，传统的天人合一观念受到冲击。西汉建立以后，政权合法性论证需求和现实中地方势力膨胀对中央的威胁，都需要重建君权与神权的关联以重塑君威。在这样的历史情势下，以更加精致、深邃而系统的理论重新论证天意、树立天威、为君主政治和权力找寻新的神学凭依，成为西汉君主政治体系完善的首要任务。面对时代赋予的历史使命，公羊家有责任不遗余力。董仲舒汇集、糅合了所有天地阴阳五行理论与自然科学新成果，借助对天地阴阳四时、五行相生相胜，以及天副人数、同类相动、天人相感等的理论建构，通过诸如“天者群物之祖也，……故圣人法天而立道”[②]，“天子受命于天，天下受命于天子”[③]，“受命之君，天意之所予也”[④]，“天之所大奉使之王者，必有非人力所能致而自至者，此受命之符”[⑤] 的系列阐述，重塑“人格神”的“天”，再建“天人感应”的宇宙图式，重建帝王威严。

然而，历史往往又陷入以下逻辑悖论：贵族等级制崩塌后，一方面松散的社会组织需要君主政治的强力支撑；另一方面，君主权力的无限膨胀又极易激化社会矛盾，从而引发政权危机。中国两千年君主政治以帝王贤能而兴，又因帝王昏庸而衰的朝代更替已经充分验证了这一危险。如何弱

① 郭西安．圣人、圣言与圣行：作为一种经学判断的“孔子作《春秋》”．湖南大学学报（社会科学版），2016（1）．

② 班固．汉书：董仲舒传．北京：中华书局，1962：2515．

③ 董仲舒．春秋繁露：卷十一．北京：中华书局，1975：386．

④ 董仲舒．春秋繁露：卷十．北京：中华书局，1975：355．

⑤ 同②2500．

化由皇权的随意性带来的危险是包括董仲舒在内的儒者时刻萦怀的问题。董仲舒只得在重塑君主权威的同时，再建君主权力制约。而在贵族谏政已不可逆转的情况下，只好重拾神权约束。正如萨孟武说的，在君主政治体制下，“人主既不受人的牵制，又不受法的约束。于是董仲舒就于天子之上，置之以天”①。使这个凌驾于“君威”之上的“天威”以“天夺国祚”的威慑力达到“监督政事”② 的目的：“人主以好恶喜怒变习俗，而天以暖清寒暑化草木。喜乐时而当则岁美；不时而妄则岁恶。天地人主一也”③，“与天同者大治，与天异者大乱。故为人主之道，莫明于在身之与天同者而用之。使喜怒必当义乃出，如寒暑之必当其时乃发也”④。董仲舒利用了武帝的神学取向，通过《春秋》与天地相通的灾异论约束皇权，所谓“孔子作《春秋》，上揆之天道，下质诸人情，参之于古，考之于今。故《春秋》之所讥，灾害之所加也；《春秋》之所恶，怪异之所施也。书邦家之过，兼灾异之变，以此见人之所为，其美恶之极，乃与天地流通而往来相应，此亦言天之一端也”⑤。通过重建《春秋》“天人感应”神学体系，使传统的天命神权思想以全新的形式复活，并使之成为既“屈民而伸君”又“屈君而伸天”、既培植皇权又约束皇权的双刃剑。这就是以董仲舒为代表的公羊家重视发挥《春秋》“天人感应”“灾异谴告”的良苦用心。

4. “大一统”：*君主政治巩固与完善*

政治一统必须首先体现于地域一统。作为制度建设，秦汉处于由分封制向郡县制过渡的转折期。刘邦错以郡县制为秦代速亡的原因，吸取教训推行了郡国并行制，却不曾想到因此出现了地方王国权力过大、诸侯势力威胁中央的状况。公元前 177 年济北王刘兴居叛乱、公元前 175 年淮南王刘长叛乱和公元前 154 年吴楚七国之乱，都显示了地方势力对中央统治构成的巨大威胁。董仲舒借助对《公羊春秋》隐公元年“春，王正月”“王者孰谓？谓文王也。曷为先言王而后言正月？王正月也。何言乎王正月？大一统也”的发挥，进一步张扬这一立义：“《春秋》立义，天子祭天地，诸侯祭社稷，诸山川不在封内不祭。有天子在，诸侯不得专地，不得专

① 萨孟武. 中国政治思想史. 北京：东方出版社，2008：169.
② 萧公权. 中国政治思想史. 沈阳：辽宁教育出版社，1998：278.
③ 董仲舒. 春秋繁露：卷十一. 北京：中华书局，1975：406.
④ 董仲舒. 春秋繁露：卷十二. 北京：中华书局，1975：418-419.
⑤ 班固. 汉书：董仲舒传. 北京：中华书局，1962：2515.

封，不得专执天子之大夫，不得舞天子之乐，不得致天子之赋，不得适天子之贵。”① 通过尊周王贬诸侯强调地域一统，以维护皇权一统。

其次，政治的统一又为思想文化的统一提出了要求、创造了条件。董仲舒借助《春秋》继续诠释：

> 《春秋》大一统者，天地之常经，古今之通谊也。今师异道，人异论，百家殊方，指意不同，是以上亡以持一统；法制数变，下不知所守。臣愚以为，诸不在六艺之科孔子之术者，皆绝其道，勿使并进。邪辟之说灭息，然后统纪可一而法度可明，民知所从矣。②

汉武帝采纳了这一建议。从此，百家学说尽皆罢黜，儒家学说定于一尊。思想文化的一统反过来巩固了政治一统。在秦汉以后两千年君主政治中，“统一”作为一种顽强的机制与观念不断被延续和强化，这不能不说与以董仲舒为代表的《春秋》公羊家通过阐发经典，因应时变、尊儒兴学、制度教化的创造性贡献有关。

5. “阴阳五行”与“三纲五常”：尊卑伦常秩序重建

周代政治严格的礼制秩序已然随着贵族等级政治的崩溃而崩溃。但是，史前血缘依然顽强留存。与此同时，秦汉建立的君主政治体制也同样需要伦理等级的支撑。君臣、父子、夫妻、兄弟等人伦关系的相沿不衰，为等级秩序的再建提供了必要的基础。

以休养生息、复苏经济为宗旨的汉初，无法真正完成和完善秦始皇初步搭建起来的君主等级政治体制，这一任务历史地落到了汉武帝及其同时代政治和知识精英肩上。以董仲舒为代表的今文经学“权变”之儒敏锐地感受到并承担起了这一重大使命，在重新论证和树立帝王之尊的同时，致力于社会伦理等级秩序的重建。

然而，旧的等级秩序毕竟崩溃了，新秩序的论证必须饶有新意才能增进它的可信度，以便更深入地植根于人们的心灵。为此，董仲舒将《公羊春秋》伦理体系的“旧酒”装进了阴阳五行的“新瓶”。

首先，将三纲与阴阳相配。董仲舒在《春秋繁露》中论证三纲合于阴阳，如《春秋繁露·基义》：“王道之三纲，可求于天”，“凡物必有合……阴者阳之合，妻者夫之合，子者父之合，臣者君之合。物莫无合，而合各有阴阳”，“君臣父子夫妇之义，皆取诸阴阳之道。君为阳，臣为阴；父为

① 董仲舒．春秋繁露：卷四．北京：中华书局，1975：135.

② 班固．汉书：董仲舒传．北京：中华书局，1962：2523.

阳，子为阴；夫为阳，妻为阴”①。《春秋繁露·天辨在人》：“阳贵而阴贱，天之制也。”② 君臣、父子、夫妇的阴阳贵贱合于自然界普遍法则，其存在的普遍性和合理性也便昭然了。如此，“阴”只为了配合“阳”的存在而存在，作为“阴”的臣、子、妻失去了自身的存在价值，成为君、父、夫的附属品。

其次，将五常与五行结合。孟子以为仁义礼智四端植根于人心③，但是心性本身模糊虚玄，既难证实也难证伪。董仲舒独辟蹊径，把思路由人转向宇宙自然，把人的问题奠立于宇宙自然之上，从而为五常找到了可信的自然根基。一是将仁、义、礼、智、信与木、金、水、火、土分别相配，用五行相克比附父子君臣人伦；二是运用这一配伍论证父子君臣关系：“父者，子之天也”④，“木受水而火受木，土受火，而金受土，水受金也。诸授之者，皆其父也。受之者，皆其子也”⑤，“诸父所为，其子皆奉承而续行之，不敢不致，如父之意，尽为人之道也”⑥。家国相应，与父子关系相对应的君臣关系便是“臣不奉君命，虽善以叛言，晋赵鞅入于晋阳以叛是也”⑦。君命面前只有绝对服从。

董仲舒将孔、孟和公羊家的人伦思想体系化并与五行相联系，创造性地建构起具有更高理论性和可信度的新伦常秩序。就像翁银陶所说的：“较之前人，董氏的三纲五常说更系统、更完整，而且更重要的是，董氏在阐述这些思想时，总要与古老的阴阳五行说挂上钩，总要用阴阳关系、五行规律去解释、去规范各种人伦准则，因而有着浓厚的神秘色彩，这是以现实、理性为基本特征的孔孟及《公羊》先师等人的旧的人伦思想所没有的”⑧。而与此同时，我们也明显地看到：经过此番论证，以往孔、孟和公羊家们所强调的诸如父慈子孝、夫妻一体、兄弟亲亲，以及“君之视臣如手足，则臣视君如腹心”（《孟子·离娄下》），“君有大过则谏，反复之不听，则易位”（《孟子·万章下》）等原始平等、人格独立与反叛精神

---

① 董仲舒．春秋繁露：卷十二．北京：中华书局，1975：434，452-453.

② 董仲舒．春秋繁露：卷十一．北京：中华书局，1975：413.

③ 《孟子·公孙丑上》：“恻隐之心，仁之端也；羞恶之心，义之端也；辞让之心，礼之端也；是非之心，智之端也。”《孟子·告子上》：“仁义礼智，非由外铄我也，我固有之也。”

④ 董仲舒．春秋繁露：卷十五．北京：中华书局，1975：517.

⑤ 同②391.

⑥ 董仲舒．春秋繁露：卷十．北京：中华书局，1975：380-381.

⑦ 同④521.

⑧ 翁银陶．公羊传开讲．上海：华东师范大学出版社，2013：148.

被不断削弱，这是君主制强化的必然结果。

6.“大复仇”与新夷夏观：民族关系由紧张到趋缓

被孔子和公羊家礼赞的“大复仇”说，是春秋战国特殊政治和社会背景下的产物。这一时期，“礼乐征伐自天子出”的政治秩序遭到颠覆，周天子丧失了统辖一切的公权力，社会在上下失序、君臣相欺、诸侯杀伐中失去了基本的公平和道义。社会纷争无法以正当、合法的途径解决，只得由诸侯国或个人站出来，权且通过复活史前血亲复仇的方式伸张正义。如《公羊传》所说“有明天子，则襄公得为若行乎？曰：‘不得也。’”只有当“上无天子、下无方伯”的乱世，“缘恩疾者”的“复仇”才“可也”①。

秦汉君主制建立以后，天子一尊的局面重新确立。封削大权操于一人，诸侯复仇自然受到抑制。然而，西汉立国七十年，从高祖平城被围到文景之治，屈辱和亲并没有换来边境安宁，特别是北边匈奴的袭扰从未间断。对此，董仲舒审时度势，在《春秋繁露·竹林》中用大段篇幅强调《公羊春秋》复仇观：

> 凡《春秋》之记灾异也，虽亩有数茎，犹谓之无麦苗也。今天下之大，三百年之久，战攻侵伐不可胜数，而复仇者有二焉。是何以异于无麦苗之有数茎哉？不足以难之，故谓之无义战也。以无义战为不可，则无麦苗亦不可也；以无麦苗为可，则无义战亦可矣。若《春秋》之于偏战也，善其偏不善其战，有以效其然也。《春秋》爱人而战者杀人，君子奚说善杀其所爱哉。故《春秋》之于偏战也，犹其于诸夏也。引之鲁，则谓之外；引之夷狄，则谓之内。比之诈战，则谓之义；比之不战，则谓之不义。故盟不如不盟，然而有所谓善盟；战不如不战，然而有所谓善战。不义之中有义，义之中有不义。辞不能及，皆在于指，非精心达思者，其孰能知之。②

以此为先声，武帝以汉初七十年经济实力的积淀为基础、以“大复仇”③ 作为旗帜，向匈奴宣战。历元光、元朔、元狩十年艰苦卓绝的汉匈

---

① 阮元. 十三经注疏. 北京：中华书局，1980：2226.

② 董仲舒. 春秋繁露：卷二. 北京：中华书局，1975：48-51.

③ “高皇帝遗朕平城之忧，高后时单于书绝悖逆。昔齐襄公复九世之仇，《春秋》大之。”（班固. 汉书：匈奴传. 北京：中华书局，1962：3776）

大战，“匈奴远遁，而幕南无王庭”①。

但从总的趋势看，经历了春秋战国以来几百年民族文化碰撞，夷夏关系已然由对立趋于融合，董仲舒也敏锐地发现了这一变化，通过创造性地诠释《公羊传》宣公十二年“不与晋而与楚子为礼”条，提出适应时变的新夷夏观：

> 《春秋》之常辞也，不予夷狄而予中国为礼。至邲之战，偏然反之，何也？曰：《春秋》无通辞，从变而移。今晋变而为夷狄，楚变而为君子，故移其辞以从其事。夫庄王之舍郑，有可贵之美。晋人不知其善而欲击之。所救已解，如挑与之战，此无善善之心，而轻救民之意也，是以贱之而不使得与贤者为礼。②

在这场晋楚交锋中，晋本为夏，因无仁义而被《春秋》贬为夷狄；楚本为夷，以重仁义而被《春秋》进为华夏。董氏用“权变”观打量邲之战，赋予“夷夏之辨”新意义，变《春秋》的“攘夷与敌对”为“教化与融合”，为武帝以后汉匈和睦揭开了新篇章。

二、武帝后期公羊学与政治的背反

古代中国，学术之于政治始终发挥着服务与针砭的双重功能。总体来看，君主政治下二者关系的确存在着“学随术变”③ 的现象。但同时也应该看到，无论政治权力如何强化，儒学在政治面前始终维系着它的批判性张力。《春秋》本身是孔子“明王道”而作。七十子之后，儒者转相授受，目的仍是对政治“有所刺讥褒讳挹损”④。

从历史阶段上看，儒学是批判还是配合政治，视现实情况不同而有所侧重：当统治顺应社会稳定与发展，儒学则更多保持与政治的一致性。反之，当政治违背社会稳定与发展，儒学往往走向与政治的疏离甚至对立。

这种双重功能，在董仲舒“天人感应”既树立又约束皇权的两面性上已经反映出来。而其个人命运的起伏跌宕，也清晰地反映了帝王对这一双重倾向的爱恨交加和弃用两难。正因为儒学与政治之间既配合一致又非完全亦步亦趋，政治对于儒学的“推尊”，其实也并非完全地真切和由衷。

---

① 班固．汉书：匈奴传．北京：中华书局，1962：3770.

② 董仲舒．春秋繁露：卷二．北京：中华书局，1975：43-44.

③ 朱维铮．中国经学史十讲．上海：复旦大学出版社，2002：46.

④ 司马迁．史记：十二诸侯年表．2版．北京：中华书局，1982：509.

儒学的独立性与趋时性及其由此形成的对于政治的批判性和工具性，既是由于其与政治之间时而一致、时而背离，也是不同政治对儒学不同流派做出差异化选择的内在根源。

武帝前期，董仲舒通过诠释《公羊春秋》对于维护国家政治所做的理论建构，使得学术与政治之间在大方向上达成一致。因此，《公羊春秋》得到了政治的特殊眷顾，并发挥了理想的辅政效果。但是，这种一致随着武帝好大喜功、穷兵黩武导致的经济紧张、社会骚动而日趋分裂。与之同时，公羊学的社会批判功能日益凸显，儒生与武帝之间的矛盾和对抗不断升级，他们的命运也在灾异针砭与政治警示中趋于恶化，最终以眭弘的“汉家气数已尽”，上书要求汉帝退位而遭“伏诛”达到高峰：

> 汉兴推阴阳言灾异者，孝武时有董仲舒、夏侯始昌，昭、宣则眭孟、夏侯胜，元、成则京房、翼奉、刘向、谷永，哀、平则李寻、田终术。此其纳说时君著明者也。察其所言，仿佛一端。假经设谊，依托象类，或不免乎“亿则屡中”。仲舒下吏，夏侯囚执，眭孟诛戮，李寻流放，此学者之大戒也。京房区区，不量浅深，危言刺讥，构怨强臣，罪辜不旋踵，亦不密以失身，悲夫！①

1. 武帝霸政与天下骚动

司马光肯定武帝的“尊先王之道，知所统守”“诛赏严明，晚而改过”，但也毫不留情地揭露了他“穷奢极欲，繁刑重敛，内侈宫室，外事四夷，信惑神怪，巡游无度，使百姓疲敝，起为盗贼”的奢侈与霸政是“其所以异于秦始皇者无几矣”②。钱穆也曾总结武帝之患：“汉武鄙薄始皇，远慕唐虞。究其所至，仍亦为始皇之所为而止耳。而汉武顾自以为唐虞三代，不知其仍为亡秦之续也”，“汉武谴方士，求神仙，行封禅，立明堂，造历推德，外攘四夷，又事事与始皇如出一辙”③。钱穆将通常的汉武辉煌与秦皇速亡相类比，这当然基于不同的评判向度。无论如何，上述评价客观地揭示了武帝统治在使西汉政治达到巅峰与辉煌的同时，也将其引向财力枯竭和政治衰亡的两面性。

其一，穷兵黩武、财力虚耗与百姓困窘。随着秦朝统治的覆灭，中原与四夷关系再趋紧张。而汉之边患，以北方为最强。楚汉相争，中原疲于

---

① 班固．汉书：眭两夏侯京翼李传．北京：中华书局，1962：3194-3195.

② 司马光．资治通鉴：卷二十二．北京：中华书局，1997：207.

③ 钱穆．秦汉史．北京：生活·读书·新知三联书店，2012：79.

兵革，而匈奴“得自强，控弦之士三十余万”①。公元前 201 年，高祖平城被围显露了汉初国力的孱弱。之后，文、景二帝忍辱和亲，意在与民休息，而大小边患从未宁息。武帝继位，承七十年之厚积，击匈奴，通西域，降滇王，平百粤，迁乌桓，威震四夷。

武帝开边的动机当然主要是边患凌逼。高祖时外患威胁自不必说，所谓“高祖有天下，三边外畔；大国之王虽称蕃辅，臣节未尽”，“南越、朝鲜……拥兵阻阸”②。高后又遭匈奴凌辱③。文帝时，朝廷只好一边“复修和亲”④，一边不断向单于贡献赠遗⑤。即便如此，仍难挡匈奴侵扰，“往来入塞，捕杀吏卒”⑥，边患不断⑦，如司马迁所说：“匈奴日已骄，岁入边，杀略人民畜产甚多，云中、辽东最甚，至代郡万余人。汉患之”⑧，以致文帝因“匈奴内侵，军吏无功，边民父子荷兵日久”而“动心伤痛，无日忘之”⑨。北部边患的确成为汉初难以言说的切肤之痛。武帝拓边，毫无疑问是为一解多年沉疴。

然而，史料显示，边患并非是武帝拓边的唯一动机。

北边：从当时汉匈关系的走向看，自景帝继位，边患问题虽未根本解决，而羁縻政策已初见成效。从“终景帝世，时时小入盗边，无大寇”⑩，至武帝时，“明和亲约束，厚遇关市，饶给之。匈奴自单于以下皆亲汉，往来长城下”⑪。在这种情况下，武帝却在元光元年（前 134 年）诏贤良

---

① 司马迁．史记：匈奴列传．2 版．北京：中华书局，1982：2890.

② 司马迁．史记：律书．2 版．北京：中华书局，1982：1242.

③ “孝惠、高后时，冒顿寖骄，乃为书，使使遗高后曰：‘孤偾之君，生于沮泽之中，长于平野牛马之域，数至边境，愿游中国。陛下独立，孤偾独居。两主不乐，无以自虞，愿以所有，易其所无。’高后大怒，召丞相平及樊哙、季布等，议斩其使者，发兵而击之。”（班固．汉书：匈奴传．北京：中华书局，1962：3754-3755）

④ 班固．汉书：匈奴传．北京：中华书局，1962：3756.

⑤ 孝文前六年，遗单于“服绣袷绮衣、长襦、锦袍各一，比疏一，黄金饬具带一，黄金犀毗一，绣十四，锦二十匹，赤绨、绿缯各四十匹”，“老上稽粥单于初立，文帝复遣宗人女翁主为单于阏氏”，孝文后二年又“诏吏遗单于秫蘖金帛绵絮它物岁有数”（同④3758，3759，3762-3763）。

⑥ 同④.

⑦ 如文帝“三年夏，匈奴右贤王入居河南地为寇”，“孝文十四年，匈奴单于十四万骑入朝那萧关，杀北地都尉卬，虏人民畜产甚多”，“军臣单于立岁余，匈奴复绝和亲，大入上郡、云中各三万骑，所杀略甚众”（同④3756，3761，3764）。

⑧ 同①2901.

⑨ 同②.

⑩ 同④3765.

⑪ 同④3765.

"德及鸟兽，教通四海。海外肃慎，北发渠搜，氐羌来服。……何施而臻此"[①] 的发问后，于次年（前133年）设马邑之谋，伏兵三十万，诱杀单于，主动挑起事端，"自是后，匈奴绝和亲，攻当路塞，往往入盗于边，不可胜数"[②]。

显然，武帝的主动出击使本已渐趋和平的汉匈关系再度紧张。对于武帝主动挑衅的目的，钱穆认为："其拓边以耀威德之心，盖自初即位已有之。"[③] 钱穆的分析有几分道理。看来，凭借汉初七十年的经济积累，耀大汉之威德于四边，以超越大秦统一之功，是武帝拓边的另一目的。

与西北的联络，也是始于联合大月氏共击匈奴，而终于垂涎方外、扩土拓疆。史载："建元中……匈奴降者言匈奴破月氏王，以其头为饮器，月氏遁而怨匈奴，无与共击之。汉方欲事灭胡，闻此言，欲通使，道必更匈奴中，乃募能使者。骞以郎应募，使月氏，……骞身所至者，大宛、大月氏、大夏、康居，而传闻其旁大国五六，具为天子言其地形，……天子既闻大宛及大夏、安息之属皆大国，多奇物，土著，颇与中国同俗，而兵弱，贵汉财物；其北则大月氏、康居之属，兵强，可以赂遗设利朝也。诚得而以义属之，则广地万里，重九译，致殊俗，威德遍于四海。"对西南的觊觎，则始于张骞出使西域："初，汉欲通西南夷，费多，罢之。及骞言可以通大夏，乃复事西南夷。"[④] 显然，由联合抗击匈奴而出使西北大月氏，又由张骞出使所闻西南夷与印度，而产生了出使、出兵西南夷，以达"广地万里""威德遍于四海"的设计，遂涉足征伐西南夷。

由被动出击到主动拓边，战争性质的变化显而易见。与之对应，儒家与政治之间也由辅翼、配合转向抵触和背反。

曾经，面对武帝德施方外、化被远夷的一再发问，董仲舒秉承儒家一贯的德政思想，援引孔子的"德不孤，必有邻"[⑤]，以"仁义礼乐"[⑥] 为久安之道，主张"任德不任刑"[⑦]。他委婉地提醒和警告武帝："今废先王德教之官，而独任执法之吏治民"[⑧]，"虐政用于下，而欲德教之被四海，故

---

① 班固. 汉书：武帝纪. 北京：中华书局，1962：160.

② 班固. 汉书：匈奴传. 北京：中华书局，1962：3765.

③ 钱穆. 秦汉史. 北京：生活·读书·新知三联书店，2012：136.

④ 班固. 汉书：张骞传. 北京：中华书局，1962：2687，2689-2690.

⑤ 班固. 汉书：董仲舒传. 北京：中华书局，1962：2500.

⑥ 同⑤2499.

⑦ 同⑤2502.

⑧ 同⑤2502.

难成也”①。董仲舒对武帝政策的倾向性很明显：秉承儒家祖述尧舜、宪章文武、仁政德治、与民安宁的施政核心。这一点，是儒者与政治之间疏与密、一致与背反的衡量标尺。同样，武帝对于董仲舒的思想，其实也采用了双重倾向选择——吸纳大一统、伦理等级与天人感应中有利于皇权树立的因素，而摒弃了诸如“以德服远”等旨在警示政治的灾异论。

元光五年（前130年）夏，“发巴蜀治南夷道”②，“蜀长老多言通西南夷之不为用，大臣亦以为然”③。司马相如遂著书借“耆老大夫搢绅先生之徒二十有七人”④之口以讽谏：“天子之于夷狄也，其义羁縻勿绝而已。今罢三郡之士，通夜郎之涂，三年于兹，而功不竟，士卒劳倦，万民不赡，今又接之以西夷，百姓力屈，恐不能卒业，此亦使者之累也，窃为左右患之。且夫邛、筰、西僰之与中国并也，历年兹多，不可记已。仁者不以德来，强者不以力并，意者殆不可乎！今割齐民以附夷狄，弊所恃以事无用，鄙人固陋，不识所谓。”⑤反之，又晓喻百姓以明武帝心声，谓：“世必有非常之人，然后有非常之事。有非常之事，然后有非常之功。非常者，固常人之所异也。……夫拯民于沉溺，奉至尊之休德，反衰世之陵夷，继周氏之绝业，天子之急务也。百姓虽劳，又恶可以已哉?”⑥司马相如切实道出了武帝在一统天下的宏大野心和政治谋略下，视“百姓虽劳”为微不足道，因而“通西南夷道，发巴蜀广汉卒，作者数万人。治道二岁，道不成，士卒多物故，费以亿万计。蜀民及汉用事者多言其不便”⑦。可见，在武帝看来，与扩疆拓土相比，士卒之死，百姓之劳，财力之费，均不足为虑。

武帝开边的脚步从北边的汉匈大战开始，西北征西羌、大宛，西南开巴蜀、征西南夷，东南征东瓯、降闽越，东北出兵朝鲜，三十年四面出击，战事此起彼伏。仅将《汉书·武帝纪》所载武帝边事列表如下：

---

① 班固．汉书：董仲舒传．北京：中华书局，1962：2502.
② 班固．汉书：武帝纪．北京：中华书局，1962：164.
③ 班固．汉书：司马相如传．北京：中华书局，1962：2582.
④ 同③2583.
⑤ 同③2583.
⑥ 同③2584-2586.
⑦ 同③2580-2581.

方位	时间	匈奴入边	战况
北方	元光六年，春	匈奴入上谷，杀略吏民。	遣车骑将军卫青出上谷，骑将军公孙敖出代，轻车将军公孙贺出云中，骁骑将军李广出雁门……
	元光六年，秋	匈奴盗边，遣将军韩安国屯渔阳。	
	元朔元年，秋	匈奴入辽西，杀太守；入渔阳、雁门，败都尉，杀略三千余人。	遣将军卫青出雁门，将军李息出代，获首虏数千级。
	元朔二年，春	匈奴入上谷、渔阳，杀略吏民千余人。	遣将军卫青、李息出云中，至高阙，遂西至符离，获首虏数千级。
	元朔三年，夏	匈奴入代，杀太守；入雁门，杀略数千人。	
	元朔四年，夏	匈奴入代、定襄、上郡，杀略数千人。	
	元朔五年，春		大旱。大将军卫青将六将军兵十余万人出朔方、高阙，获首虏万五千级。
	元朔五年，秋	匈奴入代，杀都尉。	
	元朔六年，春二月		大将军卫青将六将军兵十余万骑出定襄，斩首三千余级。
	元朔六年，夏四月		卫青复将六将军绝幕，大克获。
	元狩元年，夏五月	匈奴入上谷，杀数百人。	
	元狩二年，春三月		遣骠骑将军霍去病出陇西，至皋兰，斩首八千余级。
	元狩二年，夏	匈奴入雁门，杀略数百人。	将军去病、公孙敖出北地二千余里，过居延，斩首虏三万余级。 遣卫尉张骞、郎中令李广皆出右北平。

续表

方位	时间	匈奴入边	战况
北方	元狩三年，秋	匈奴入右北平、定襄，杀略千余人。	
	元狩四年，夏		大将军卫青将四将军出定襄，将军去病出代，各将五万骑。步兵踵军后数十万人。青至幕北围单于，斩首万九千级，至阗颜山乃还。去病与左贤王战，斩获首虏七万余级，封狼居胥山乃还。两军士死者数万人。
	太初二年，秋		蝗。遣浚稽将军赵破奴二万骑出朔方击匈奴，不还。
	太初三年，秋	匈奴入定襄、云中，杀略数千人，行坏光禄诸亭障；又入张掖、酒泉，杀都尉。	
	天汉二年，夏五月		贰师将军三万骑出酒泉，与右贤王战于天山，斩首虏万余级。又遣因杅将军出西河，骑都尉李陵将步兵五千人出居延，与单于战，斩首虏万余级。陵兵败，降匈奴。
	天汉四年，春正月		发天下七科谪及勇敢士，遣贰师将军李广利将六万骑、步兵七万人出朔方，因杅将军公孙敖万骑、步兵三万人出雁门，游击将军韩说步兵三万人出五原，强弩都尉路博德步兵万余人与贰师会。广利与单于战余吾水上连日，敖与左贤王战不利，皆引还。
	征和二年，九月	匈奴入上谷、五原，杀略吏民。	
	征和三年，春	匈奴入五原、酒泉，杀两都尉。	三月，遣贰师将军广利将七万人出五原，御史大夫商丘成二万人出西河，重合侯马通四万骑出酒泉。

续表

方位	时间	匈奴入边	战况
西北	元鼎五年，秋	西羌众十万人反，与匈奴通使，攻故安，围枹罕。匈奴入五原，杀太守。	
	元鼎六年，冬十月		发陇西、天水、安定骑士及中尉，河南、河内卒十万人，遣将军李息、郎中令徐自为征西羌，平之。
	太初元年，秋		遣贰师将军李广利发天下谪民西征大宛。
	太初四年，春		贰师将军广利斩大宛王首，获汗血马来。作西极天马之歌。
西南	元光五年，夏		发巴蜀治南夷道，又发卒万人治雁门阻险。
	元狩三年，秋		发谪吏穿昆明池。
	元鼎六年，冬		令征西南夷，平之。遂定越地，以为南海、苍梧、郁林、合浦、交趾、九真、日南、珠崖、儋耳郡。定西南夷，以为武都、牂柯、越巂、沈黎、文山郡。
	元封二年，秋		又遣将军郭昌、中郎将卫广发巴蜀兵平西南夷未服者，以为益州郡。
东南	元鼎五年，夏四月	南越王相吕嘉反，杀汉使者及其王、王太后……	
	元鼎五年，秋		遣伏汉将军路博德出桂阳，下湟水；楼船将军杨仆出豫章，下浈水；归义越侯严为戈船将军，出零陵，下离水；甲为下濑将军，下苍梧。皆将罪人，江淮以南楼船十万人。越驰义侯遣别将巴蜀罪人，发夜郎兵，下牂柯江，咸会番禺。

续表

方位	时间	匈奴入边	战况
东南	建元三年，秋	闽越围东瓯，东瓯告急。	遣中大夫严助持节发会稽兵，浮海救之。
	建元六年，秋	闽越王郢攻南越。	遣大行王恢将兵出豫章，大司农韩安国出会稽，击之。
	元鼎六年，秋	东越王余善反，攻杀汉将吏。	遣横海将军韩说、中尉王温舒出会稽，楼船将军杨仆出豫章，击之。
东北	元封二年，冬	朝鲜王攻杀辽东都尉。	募天下死罪击朝鲜。
	元封二年，秋		遣楼船将军杨仆、左将军荀彘将应募罪人击朝鲜。
	元封三年，夏		朝鲜斩其王右渠降，以其地为乐浪、临屯、玄菟、真番郡。

吕思勉说："汉武帝东征西讨，所开拓者颇广，后世盛时之疆域，于此已略具规模，读史者或称道之。"① 的确，武帝开边，使秦始皇以来一统帝业达到前所未有的高峰。特别是北方与西北方，经过元光、元朔、元狩年间艰苦卓绝的几大战役，"武帝奋击之威"，基本结束了汉匈百年冲突，一度迎来"边城晏闭，牛马布野，三世无犬吠之警，黎庶亡干戈之役"② 的安宁岁月。而张骞两次出使西域，则开辟了中原通往中亚、西亚、北非、欧洲的商业走廊——丝绸之路。这一前所未有的"凿空"之旅，开启了中国走向世界的辉煌历史。

然而，在细数荣耀的同时，我们也不得不看到，长达三十年的东征西讨，百姓在无休无止的铁血征伐中遭遇了无以计数的死亡、流徙与成倍的兵役、赋役灾难，大汉王朝在动辄"两军士死者数万人"的战争中付出了惨重的兵力与财力代价。这不仅使西汉前七十年的积累消耗殆尽，又在补充因战争而捉襟见肘的政府财力过程中不间断地增赋、鬻爵，实行与民争利的盐铁官营、算缗告缗，西汉政权遂从耀眼的辉煌坠入衰败的深渊。司马迁的总结沉重而发人深思：

---

① 吕思勉．秦汉史．南京：译林出版社，2016：94.

② 班固．汉书：匈奴传．北京：中华书局，1962：3832-3833.

严助、朱买臣等招来东瓯，事两越，江淮之间萧然烦费矣。唐蒙、司马相如开路西南夷，凿山通道千余里，以广巴蜀，巴蜀之民罢焉。彭吴贾灭朝鲜，置沧海之郡，则燕齐之间靡然发动。及王恢设谋马邑，匈奴绝和亲，侵扰北边，兵连而不解，天下苦其劳，而干戈日滋。行者赍，居者送，中外骚扰而相奉，百姓抏弊以巧法，财赂衰耗而不赡。入物者补官，出货者除罪，选举陵迟，廉耻相冒，武力进用，法严令具。兴利之臣自此始也。

其后，汉将岁以数万骑出击胡，……又兴十万余人筑卫朔方，转漕甚辽远，自山东咸被其劳，费数十百巨万，府库益虚。乃募民能入奴婢得以终身复，为郎增秩，及入羊为郎，始于此。……而汉军之士马死者十余万，兵甲之财转漕之费不与焉。于是大农陈藏钱经耗，赋税既竭，犹不足以奉战士。……请置赏官，命曰武功爵。……吏道杂而多端，则官职耗废。

于是县官大空，而富商大贾或蹛财役贫，转毂百数，废居居邑，封郡皆低首仰给。冶铸煮盐，财或累万金，而不佐国家之急，黎民重困。①

长期军事征伐致国库财力困窘，于是多方罗掘，盐铁酒专卖、均输平准、算缗告缗、增口赋与山海川泽之税、铸钱与鬻爵，甚至于“令死罪入赎钱五十万减死一等”②。而其中骚扰社会、危害百姓之大者，首推盐铁官营与算缗告缗。史载：“告缗遍天下，中家以上大抵皆遇告。……得民财物以亿计，奴婢以千万数。田大县数百顷，小县百余顷，宅亦如之。于是商贾中家以上大率破。民偷甘食好衣，不事畜藏之产业，而县官有盐铁缗钱之故，用益饶矣。”③ 凡经告发，财产即全部没收。告缗的结果使得“县官以盐铁缗钱之故，用益饶”。表面看来，国家财政紧张的问题似稍有缓和，然而其负面作用更深：一则，盐铁官营的官方理由本是为防“浮食奇民欲擅管山海之货，以致富羡，役利细民”④，然而，“民之受其弊实深”⑤，《盐铁论》总结了“苦恶”“不给民用”“善恶无所择”“难得”“铁

---

① 司马迁. 史记：平准书. 2版. 北京：中华书局，1982：1420-1425.

② 天汉四年秋“九月，令死罪入赎钱五十万减死一等”；又，太始二年秋“旱，九月，募死罪入赎钱五十万减死一等”（班固. 汉书：武帝纪. 北京：中华书局，1962：205，206）。

③ 同①1435.

④ 同①1429.

⑤ 吕思勉. 秦汉史. 南京：译林出版社，2016：102.

官卖器不雠，或颇赋于民”[①] 五大弊端；二则，算缗与告缗使民不敢求富，“偷甘食好衣，不事畜藏之产业”，助长了社会奢侈、怠惰与不事生产之风；三则，因“告发者得其半”，而“奸人乌得不乐为”[②]。上下相告、人人自危、奸人得势，告密之风的盛行，对于社会秩序与道德文明遂形成一大破坏，如钱穆总结的：“当武帝晚节，财用既竭，罗掘未已，铤而走险，盗贼弥山。而吏道既杂，酷刑滥施。”[③] 总之，为解决政府财政之急而与民争利的诸多措施，从表面上看虽或暂时“有彼国计”，然从长远看对于国家经济、吏治、法治以至民风流弊之深，实难尽数。“商贾中家以上大抵破”，脆弱的小农更经不起这番折腾。竭泽而渔、上下骚动致使社会普遍贫困与道德堕落，成为大汉王朝走向衰落的征兆，尽管这一衰落趋向此时尚被东征西讨的表面辉煌所掩盖。

其二，承平日久、奢侈靡费与贫富不均。司马迁描述西汉建立之初的经济凋敝与社会残破，谓：“汉兴，接秦之弊，丈夫从军旅，老弱转粮饷，作业剧而财匮，自天子不能具钧驷，而将相或乘牛车，齐民无藏盖。”[④] 针对这一情况，自高祖至文、景帝，一意致力招抚流亡[⑤]、赈贷鳏寡[⑥]、崇尚节俭、与民休息。高祖起于民间，知民生之艰难，建国六年（前201年）夏五月，令“兵皆罢归家”[⑦]。文帝秉持高祖政策，劝农耕、崇朴素、宽赋敛、敦孝悌、行德政，民三十税乃至百一而税，以至在其去世的前一年（后元六年，前158年），下诏因旱、蝗灾“令诸侯无入贡。弛山泽。减诸服御。损郎吏员。发仓庾以振民”[⑧]。汉初七十年吸取秦亡教训与民休息的宽和政策起到了稳定局势、缓和矛盾的效用。千疮百孔的社会一度出现流民还乡、人给家足、户口繁息的复苏景象，如司马迁所说：“汉兴七十余年之间，国家无事，非遇水旱之灾，民则人给家足，都鄙廪庾皆满，而府库余货财。京师之钱累巨万，贯朽而不可校。太仓之粟陈陈相

---

① “县官鼓铸铁器，大抵多为大器，务应员程，不给民用。民用钝弊，割草不痛，是以农夫作剧，得获者少，百姓苦之”，“贫民或木耕手耨，土耰淡食。铁官卖器不雠，或颇赋于民。卒徒作不中呈，时命助之。发征无限，更繇以均剧，故百姓疾苦之”（桓宽．盐铁论：卷八//四库全书：第695册．上海：上海古籍出版社，1987：594）。

② 钱穆．秦汉史．北京：生活·读书·新知三联书店，2012：167.

③ 同②197.

④ 司马迁．史记：平准书．2版．北京：中华书局，1982：1417.

⑤ 班固．汉书：高帝纪．北京：中华书局，1962：54.

⑥ 班固．汉书：文帝纪．北京：中华书局，1962：113，114，117，118，124，125.

⑦ 同⑤.

⑧ 同⑥131.

因，充溢露积于外，至腐败不可食。众庶街巷有马，阡陌之间成群，而乘字牝者傧而不得聚会。守闾阎者食粱肉，为吏者长子孙，居官者以为姓号”①。这番景象，史称“文景之治”。

然而，文、景的一味宽和，在使西汉经济有所恢复的同时，也在政治上留下遗患，即贾谊上疏的：在王国势大难制、“匈奴嫚侮侵掠”② 的情况下，皇室富贾地主豪强“侈靡相竞”③。

汉初，高祖、文、景悯百姓疾苦、叹国力穷困而倡躬修节俭。武帝即位之初虽也曾以“获奉宗庙，夙兴以求，夜寐以思，若涉渊水，未知所济”④ 自勉，然而七十年天下承平、财力充裕，不仅使其有能力大动干戈、四面出击，也使其走上信方士、求神仙，巡狩祠祭、改历封禅的靡费之路。所谓“武帝初即位，尤敬鬼神之祀。汉兴已六十余岁矣，天下艾安，缙绅之属皆望天子封禅改正度也”⑤。于是，建明堂、修宫馆，南上北下、兴师动众。自建元六年（前 135 年）窦太后去世，至征和元年（前 92 年）宫中巫蛊事起，几乎无年不巡幸、封禅、祠祭，或为求长生不老，至海上求仙人神山，为此靡费无数。

频繁立宫建畤与巡祭的目的，按照汉武帝的说法，是为祈求上天和神灵保江山永固、百姓安宁，如元鼎五年（前 112 年）冬诏称：“朕以眇身托于王侯之上，德未能绥民，民或饥寒，故巡祭后土以祈丰年。”⑥ 然而，就在频繁的祠祭期间，百姓除面对兵役人祸，又屡受天灾之苦。仅《汉书·武帝纪》即有：

时间	天灾
建元三年	春，河水溢于平原，大饥，人相食。
四年	夏，有风赤如血。六月，旱。
元先三年	春，河水徙，从顿丘东南流入渤海。夏五月，河水决濮阳，氾郡十六。
四年	夏四月，陨霜杀草。五月，地震。
五年	秋七月，大风拔木。
元朔五年	春，大旱。

① 司马迁．史记：平准书．2 版．北京：中华书局，1982：1420.
② 班固．汉书：贾谊传．北京：中华书局，1962：2240.
③ 同②2244.
④ 班固．汉书：武帝纪．北京：中华书局，1962：161.
⑤ 班固．汉书：郊祀志．北京：中华书局，1962：1215.
⑥ 同④185.

续表

时间	天灾
元狩元年	十二月，大雨雪，民冻死。五月乙巳晦，日有蚀之。
元鼎二年	三月，大雨雪。夏，大水，关东饿死者以千数。
三年	夏四月，雨雹，关东郡国十余饥，人相食。
元封四年	夏，大旱，民多暍死。
六年	秋，大旱，蝗。

对于武帝打着兴教化的旗号频繁封祭的真实目的，钱穆一语中的："盖贾董欲以兴教化而主复古，武帝则自以复古饰其奢心，而即谓教化在是也。"① 吕思勉也总结批评说："武帝盖全惑于方士之言，其封泰山，亦欲以求不死而已。终武帝世，方士之费，盖十倍于秦始皇，况又益之以事巡游，修宫室邪?"② 频繁的巡视、封祭与建宫立馆造成了极大的财富靡费，所谓"汉世迷信本深，武帝纵恣尤甚。事祠祭，求神仙，民脂民膏，为所浪费者，盖不知凡几"③。而武帝迷信的"圣火"终于燃烧至大汉宫廷，引发巫蛊之祸，在"民转相诬以巫蛊。吏辄劾以大逆亡道。坐而死者前后数万人"④ 的宫廷政变中，汉武"辉煌"的面纱被彻底撕下，西汉衰落的帷幕由此拉开。

正所谓"上有好者，下必甚焉"(《孟子·滕文公上》)。武帝奢靡，助推了中央和地方官僚豪强的奢侈之风。当然，奢侈之风与豪强形成最早起于战国以降的山泽之弛、土地买卖与货物交通，而汉初文、景的轻税政策又加速了地主豪强的膨胀与侈靡。由于上惠不通，地主豪强凭借拥有的大量田地，成为轻税政策的最大受益者。如荀悦曾揭示的："古者什一而税，以为天下之中正也。今汉民或百一而税，可谓鲜矣。然豪强富人占田逾侈。输其赋太半。官收百一之税，民收太半之赋。官家之惠优于三代，豪强之暴酷于亡秦。是上惠不通，威福分于豪强也。今不正其本，而务除租税，适足以资富强。"⑤ 至武帝时，社会安定与经济复苏，兼以武帝的榜样作用，遂使奢靡之风更盛。贾谊《治安策》曾描述当时的情景，谓："今民卖僮者，为之绣衣丝履偏诸缘，内之闲中。是古天子后服，所以庙而不宴者也，而庶人得以衣婢妾。……倡优下贱得为后饰。然而天下不屈

① 钱穆．秦汉史．北京：生活·读书·新知三联书店，2012：106.

② 吕思勉．秦汉史．南京：译林出版社，2016：101.

③ 同②107.

④ 班固．汉书：江充传．北京：中华书局，1962：2178.

⑤ 荀悦．前汉纪：卷八//两汉纪．北京：中华书局，2002：114.

者，殆未有也。”① 司马迁也曾指出：“宗室有土公卿大夫以下，争于奢侈，室庐舆服僭于上，无限度。”②

上层的奢靡与下层的赤贫关联密切，因为上层的靡费、贵族资产者的崛起必然以加剧势力扩张与财力搜刮为前提，其直接后果就是农民失去土地，沦为赤贫。《汉书·食货志》曾借李悝之口描述农民的艰难与贫困：“一夫挟五口，治田百亩。岁收亩一石半，为粟百五十石。除十一之税十五石，余百三十五石。食，人月一石半，五人终岁为粟九十石。余有四十五石。石三十，为钱千三百五十。除社闾尝新春秋之祠，用钱三百，余千五十。衣，人率用钱三百，五人终岁用千五百，不足四百五十。不幸疾病死丧之费，及上赋敛，又未与此。此农夫所以常困，有不劝耕之心”③。这还仅是计算土地之税的大概结果，以西汉通常的税赋计，除田赋（含田租、刍稿）外，还有算赋、口赋及山海池泽之税，更兼以官僚、豪强仗势兼并欺凌，如钱穆所说：“社会经济之畸形发展，一面为新商人资产之骤起，一面为农民生计之穷迫……而奴隶亡命之多，遂因之而激增。贫民无以自存，则转卖为奴婢。因卖身为奴，即可以不自负政府赋敛之责也。”④至武帝时，已有奴婢数以千万。

农业立国，全赖土地税收维系国家机器运转，因而小农的存在是封建政权得以维系的根本。大批农民失去土地、自卖为奴，导致小农大量消失，国家税源枯竭，进而诱发社会动乱以致动摇国本。反观历史，我们便看到一个又一个政权在一次又一次严重的土地兼并中覆亡。

奢靡与征伐，在某种意义上成为汉朝财政困窘与吏治败坏的两大根源，历代学者不乏深刻总结。班固指责：“孝武即位，外事四夷之功，内盛耳目之好，征发烦数，百姓贫耗，穷民犯法，酷吏击断，奸轨不胜”⑤。司马贞描述了武帝统治由“四海承平”而“志尚奢丽”，进而“人无聊生”⑥ 的演变轨迹。钱穆的总结更为深刻：“武帝内兴礼乐，外勤征伐，费用浩繁。举高惠文景七十余载之积畜，一朝尽罄，遂成汉室第一次之衰象”，“故汉武一朝，自其外面观之，确为西汉一代之全盛；而就其内情论

① 班固．汉书：贾谊传．北京：中华书局，1962：2242．
② 司马迁．史记：平准书．2版．北京：中华书局，1982：1420．
③ 班固．汉书：食货志．北京：中华书局，1962：1125．
④ 钱穆．秦汉史．北京：生活·读书·新知三联书店，2012：59．
⑤ 班固．汉书：刑法志．北京：中华书局，1962：1101．
⑥ 司马迁．史记：孝武本纪．2版．北京：中华书局，1982：486．

之，亦实可谓是汉室之中衰也”[①]。

2. 儒者对武帝霸政的批判

征伐、奢侈与靡费，使人祸放大了天灾，百姓困乏至极，只得铤而走险：“吏民益轻犯法，盗贼滋起。南阳有梅免、白政，楚有殷中、杜少，齐有徐勃，燕赵之间有坚卢、范生之属。大群至数千人，擅自号，攻城邑，取库兵，释死罪，缚辱郡太守、都尉，杀二千石，为檄告县趣具食；小群以百数，掠卤乡里者，不可胜数也。于是天子始使御史中丞、丞相长史督之。犹弗能禁也，乃使光禄大夫范昆、诸辅都尉及故九卿张德等衣绣衣，持节，虎符发兵以兴击，斩首大部或至万余级，及以法诛通饮食，坐连诸郡，甚者数千人。数岁，乃颇得其渠率。散卒失亡，复聚党阻山川者，往往而群居，无可奈何。于是作《沉命法》，曰群盗起不发觉，发觉而捕弗满品者，二千石以下至小吏主者皆死。其后小吏畏诛，虽有盗不敢发，恐不能得，坐课累府，府亦使其不言，故盗贼寖多，上下相为匿，以文辞避法焉。”[②] 反抗如星星之火，将成燎原之势。然正所谓：“导之以政，齐之以刑，民免而无耻。”（《论语・为政》）又所谓：“上德不德，是以有德；下德不失德，是以无德。”（《老子》三十八章）“法令滋章，盗贼多有。”（《老子》五十七章）反抗、动荡与社会失序的根源，从来都是社会上层腐败、奢靡与搜刮带来的贫困与不均，而非法律宽疏所致，严刑酷法只是社会动荡失序的结果，而非解决问题的良方。

以道自任的儒家敏锐地察觉了这一危险信号，而他们所能用来化解危机的手段，也只能是继续借用董仲舒《公羊春秋》的灾异谴告。董仲舒灾异谴告的目的非常明确：“国家将有失道之败，而天乃先出灾害以谴告之，……以此见天心之仁爱人君而欲止其乱”[③]，“灾异，皇天所以谴告人君过失，犹严父之明诫。畏惧敬改，则祸消福降”[④]。谷永和息夫躬接续董仲舒：“天之见异，所以敕戒人君，欲令觉悟反正，推诚行善。”[⑤] 这哪里是“皇天”要谴告人君，分明是儒者借“皇天”的名义约束皇权。钱穆一语道破“汉儒好言灾异谴告的本旨”：“盖灾异本所以谴戒人君之失德，而经术之士，则不啻司天舌以扬声。汉武一朝，群臣争颂符瑞。既有符

---

① 钱穆．秦汉史．北京：生活・读书・新知三联书店，2012：158，199.

② 司马迁．史记：酷吏列传．2版．北京：中华书局，1982：3151.

③ 班固．汉书：董仲舒传．北京：中华书局，1962：2498.

④ 班固．汉书：谷永传．北京：中华书局，1962：3450.

⑤ 班固．汉书：蒯伍江息夫传．北京：中华书局，1962：2184.

瑞，即有灾异。武帝末年，发穷财竭，四海困怨，雄主既殂，人心丕变。于是言符瑞者终不敌于言灾异，而仲舒要为开先路之大儒矣。”① 然而，武帝终究还是从这些灾异谴告中嗅到了针砭时弊、挑衅权威给至上皇权带来的危险。于是，被刘向盛赞“有王佐之材，虽伊、吕亡以加，筦晏之属，伯者之佐，殆不及”②“正身以率下，数上疏谏诤”③ 的董仲舒，终以“辽东高庙、长陵高圆殿灾”，“居家推说其意”招来政治灾祸，“遂不敢复言灾异”④。

然而，这并不能彻底消除儒者对政治的深刻忧虑。在武帝去世六年后（前 81 年）的盐铁会议上，以儒生为主的“贤良文学”首次集体抨击政治。在这次纠正武帝政策的会议上，“贤良文学”们频频引用《春秋》表达他们对武帝穷兵黩武、大兴徭役、增加赋税、严刑峻法、财富不均、求仙拜神、不用贤人等问题的批评，这无疑是对武帝政治的彻底否定。抛开儒生们在解决社会现实问题上表现出的某种简单、迂腐和极端化不谈，他们指出的问题的确也是汉武帝急于求成的治国策略带来的社会弊端。此次贤良文学与御史大夫激烈的对弈，宣告了公羊学与政治蜜月期的终结，以及二者关系由契合到背离的转向。

显然，武帝统治是大汉王朝由盛而衰的开始，也是儒生对政治由配合转向批判的开始。这之后，夏侯胜甚至弃用灾异谴告的惯用手段，直接历数武帝败政：

> 武帝虽有攘四夷广土斥境之功，然多杀士众，竭民财力，奢泰亡度，天下虚耗，百姓流离，物故者半。蝗虫大起，赤地数千里，或人民相食，畜积至今未复。亡德泽于民……⑤

此番揭露可谓入木三分。不过，“灾异谴告”本是儒者谏政的一味“缓冲剂”，夏侯胜抛弃这一缓冲剂，也便将自己赤裸裸地置于权威的对立面，如此冒犯天颜，下场自然要比董仲舒糟糕得多——下狱伏诛。

接下来，昭帝元凤三年（前 78 年）眭弘竟借灾异上书“汉帝退位”，公羊学者与统治层的对立达到白热化：

---

① 钱穆. 秦汉史. 北京：生活·读书·新知三联书店，2012：233.

② 班固. 汉书：董仲舒传. 北京：中华书局，1962：2526，2524.

③ 同②2525-2526.

④ 同②2524.

⑤ 班固. 汉书：夏侯胜传. 北京：中华书局，1962：3156.

孝昭元凤三年正月，泰山莱芜山南匈匈有数千人声，民视之，有大石自立，高丈五尺，大四十八围，入地深八尺，三石为足。石立后有白乌数千下集其旁。是时昌邑有枯社木卧复生。又上林苑中大柳树断枯卧地，亦自立生，有虫食树叶成文字，曰："公孙病已立"，孟推《春秋》之意，以为："石柳皆阴类，下民之象，（而）泰山者岱宗之岳，王者易姓告代之处。今大石自立，僵柳复起，非人力所为，此当有从匹夫为天子者。枯社木复生，故废之家公孙氏当复兴者也。"孟意亦不知其所在，即说曰："先师董仲舒有言，虽有继体守文之君，不害圣人之受命。汉家尧后，有传国之运。汉帝宜谁差天下，求索贤人，禅以帝位，而退自封百里，如殷周二王后，以承顺天命。"孟使友人内官长赐上此书。时，昭帝幼，大将军霍光秉政，恶之。下其书廷尉。奏赐、孟妄设妖言惑众，大逆不道，皆伏诛。①

上文中，眭弘说"汉家尧后"源于董仲舒，查无实据。有人以为这是眭弘假董氏之口自己提出的说法②。其实，这一说法很可能是汉代建立后，民间学者按照当时流行的神学观和血统论，为起于闾巷的刘姓王朝制造执政依据，趋附政治以求进身之阶提出的说法。到眭弘时，已为学者普遍共信，因此被眭弘征引③。它的论证路径有两条：一条是《史记·高祖本纪》"赤帝之子""蛟龙""云气"④之说，这是神的统绪；另一条是《汉书·高帝纪》"汉帝本系，出自唐帝，降及于周，在秦作刘"⑤之说，这是人的统绪。神的统绪当然无从也无须考证，人的统绪则必须渊源有自、自圆其说。要论证这一问题，可以利用的文献资料就是《左传》襄公二十四年、昭公二十九年和文公十三年中从帝尧到刘姓血缘传承的追述：

二十四年，春，穆叔如晋，范宣子逆之问焉，曰："古人有言曰，'死而不朽'，何谓也？"穆叔未对。宣子曰："昔匄之祖，自虞以上为

① 班固．汉书：眭弘传．北京：中华书局，1962：3153-3154.

② 吕宗力、王葆玹、冷德熙等都认为"汉家尧后"的说法是眭弘提出的（吕宗力．东汉碑刻与谶纬神学．研究生论文选集：中国历史分册．南京：江苏古籍出版社，1984：77；王葆玹．今古文经学新论．北京：中国社会科学出版社，1997：451；冷德熙．超越神话——纬书政治神话研究．北京：东方出版社，1996：94）。

③ 所以，钱穆《刘向歆父子年谱》说："眭孟言汉为尧后，不述所本，以事属当时共信，无烦引据也。"（钱穆．两汉经学今古文评议．北京：商务印书馆，2001：11）

④ 司马迁．史记：高祖本纪．2版．北京：中华书局，1982：347，341，348.

⑤ 班固．汉书：高帝纪．北京：中华书局，1962：81.

陶唐氏，在夏为御龙氏，在商为豕韦氏，在周为唐杜氏。晋主夏盟为范氏，其是之谓乎？”穆叔曰：“以豹所闻，此之谓世禄，非不朽也。鲁有先大夫曰臧文仲，既没，其言立，其是之谓乎？豹闻之，大上有立德，其次有立功，其次有立言，虽久不废，此之谓不朽。若夫保姓受氏，以守宗祊，世不绝祀，无国无之，禄之大者，不可谓不朽。”①

有陶唐氏既衰，其后有刘累，学扰龙于豢龙氏，以事孔甲，能饮食之。夏后嘉之，赐氏曰御龙，以更豕韦之后。龙一雌死，潜醢以食夏后。夏后飨之，既而使求之，惧而迁于鲁县，范氏其后也。②

晋人患秦之用士会也，夏，六卿相见于诸浮，赵宣子曰：“随会在秦，贾季在狄，难日至矣，若之何？”中行桓子曰：“请复贾季，能外事，且由旧勋。”郤成子曰：“贾季乱，且罪大，不如随会，能贱而有耻，柔而不犯，其知足使也，且无罪。”乃使魏寿余伪以魏叛者，以诱士会。执其帑于晋，使夜逸，请自归于秦。秦伯许之，履士会之足于朝。秦伯师于河西，魏人在东。寿余曰：“请东人之能与夫二三有司言者，吾与之先。”使士会，士会辞曰：“晋人虎狼也，若背其言，臣死，妻子为戮，无益于君，不可悔也。”秦伯曰：“若背其言，所不归尔帑者，有如河。”乃行。绕朝赠之以策，曰：“子无谓秦无人，吾谋适不用也。”既济，魏人噪而还。秦人归其帑，其处者为刘氏。③

将以上三段记载连缀起来，大致可以理清一条刘汉王朝何以成为“帝尧之苗裔”的线索：帝尧陶唐氏衰落后，其后裔刘累向豢龙氏学习并掌握了养龙技术，为夏后氏孔甲养龙，孔甲为嘉奖他赐氏御龙氏。后来御龙氏（刘累）携家族迁往鲁县。其后裔在商朝时改为豕韦氏，商朝末年散居于唐国故地。西周建立后，周公灭了唐国，迁其族于杜邑，建立了杜国，称杜伯。后杜伯被杀，其子士师逃往晋国，士师的玄孙士会（又称士季，死后追谥“武子”，称范武子），于鲁襄公时升为晋大夫，封邑为范（今河南范县）。后来士会逃往秦国，又被诱回晋国，其家属一部分随其回晋，仍以“范”为氏，另一部分继续留在秦国，以刘累后裔之故改为刘氏，这一部分就是后来建立大汉王朝的刘邦的先祖。

① 阮元．十三经注疏．北京：中华书局，1980：1979．
② 同①2123．
③ 同①1852．

如此一来，刘姓就与上古帝尧建立起了血缘联系，这就使得起于草莽的汉朝刘姓与帝尧攀上了血统，一介布衣一跃而为古帝先圣之后。这也是东汉建初元年（76 年）古文学家贾逵“五经家皆无以证图谶明刘氏为尧后者，而《左氏》独有明文”① 的出处。后来，这一“汉代刘姓为帝尧之后”的说法被纬书采纳，精炼为“尧火德，故赤龙应焉”，“卯金刀帝出，复尧之常”，并补充解释了《左传》中尧与刘累之间姓氏变化的缺环：“尧之长子监明蚤死，不得立。监明之子封于刘，朱又不肖，而弗获嗣”②。尧的长孙、监明之子封于刘，故尧后为刘姓。

《左传》的论述理清了“汉为尧后”的线索，使得刘姓获得了合法的圣贤血统，从而找到了汉政权存在的合理性③。但颇为吊诡的是，这一“汉为尧后”的论据，却被眭弘用作了相反的论证：提醒昭帝尧有“传国之运”，即“初尧在位七十载，见丹朱之不肖，不足以嗣天下，乃求贤以巽于位”④，暗示昭帝仿其先祖唐尧传位让贤。

看来，一种理论从创设到应用，其初衷与效果可能背道而驰。上述“汉为尧后”的命题就是如此。它在汉代前期的出现及刘歆的“新五德终始说”，本是为论证汉政权存续的依据，却被眭弘和后来的王莽利用，成为论证汉政权消亡的依据。

政治形势的恶化及其与学术关系的紧张，特别是眭弘的灾异谴告，意味着汉代政权合法性已经受到质疑和挑战，政治层对于政治和学术不得不重新做出调整和选择。这一变化，意味着公羊学的学术独霸地位将因为其与政治的疏离、背反而动摇。

三、宣帝时期的政治风云与《穀梁春秋》的兴盛

武帝末年以来政治对学术的重新选择，以宣帝石渠阁会议（甘露三

① 范晔. 后汉书：贾逵列传. 北京：中华书局，1965：1237；所谓“《左氏》独有明文”，见于《左传》文公十三年“秦人归其帑，其处者为刘氏”（阮元. 十三经注疏. 北京：中华书局，1980：1852）。

② 尚书中侯//安居香山，中村璋八. 纬书集成. 石家庄：河北人民出版社，1994：401，419.

③ 孔颖达疏《左传》文公十三年“秦人归其帑，其处者为刘氏”条为：“盖以为汉室初兴，捐弃古学，左氏不显于世，先儒无以自申，刘氏从秦从魏，其源本出刘累。插注此辞，将以媚于世。明帝时，贾逵上疏云：‘五经皆无证图谶明刘氏为尧后者，而《左氏》独有明文’。窃谓：前世借此以求道通，故后引之以为证耳。”（阮元. 十三经注疏. 北京：中华书局，1980：1852）

④ 尚书中候杂篇//安居香山，中村璋八. 纬书集成. 石家庄：河北人民出版社，1994：455.

年，前51年）上《穀梁春秋》被列入学官为标志最终完成。如果从盐铁会议《公羊春秋》背离政治算起，到石渠阁会议政治对学术的重新选择，共历三十年。对于此番经学轮替，以往学界多以《汉书·儒林传》记载为据，从齐、鲁学之争或宣帝成长背景、个人好恶等方面分析①：

> 宣帝即位，闻卫太子好《穀梁春秋》，以问丞相韦贤、长信少府夏侯胜及侍中乐陵侯史高，皆鲁人也，言穀梁子本鲁学，公羊氏乃齐学也，宜兴《穀梁》。时千秋为郎，召见，与《公羊》家并说，上善《穀梁》说，擢千秋为谏大夫给事中，后有过，左迁平陵令。复求能为《穀梁》者，莫及千秋。上愍其学且绝，乃以千秋为郎中户将，选郎十人从受。汝南尹更始翁君本自事千秋，能说矣，会千秋病死，征江公孙为博士。刘向以故谏大夫通达待诏，受《穀梁》，欲令助之。江博士复死，乃征周庆、丁姓待诏保官，使卒授十人。自元康中始讲，至甘露元年，积十余岁，皆明习。乃召《五经》名儒太子太傅萧望之等大议殿中，平《公羊》《穀梁》同异，各以经处是非。时《公羊》博士严彭祖、侍郎申挽、伊推、宋显，《穀梁》议郎尹更始、待诏刘向、周庆、丁姓并论。《公羊》家多不见从，愿请内侍郎许广，使者亦并内《穀梁》家中郎王亥，各五人，议三十余事。望之等十一人各以经谊对，多从《穀梁》，由是《穀梁》之学大盛。庆、姓皆为博士。②

上文可见，宣帝为扶持《穀梁》的确不遗余力。先是将穀梁学者蔡千秋提拔为谏大夫给事中，甚至在千秋有过错降级期间，又“以千秋为郎中户将，选郎十人从受”。千秋病死后，又征江博士、刘向。江博士死后，又“征周庆、丁姓待诏保官，使卒受十人”。在这些人经过十余年学习，对《穀梁》“皆明习”的情况下，才于甘露三年“召《五经》名儒”“大议殿中”，宣帝还“亲称制临决”③。持续多年有计划的准备，遂使《穀梁》一派一举

① 关于促成宣帝时期《穀梁传》上升的原因，有两种主要观点：一是齐、鲁学之争。持这一观点的如钱穆的《秦汉史》（北京：生活·读书·新知三联书店，2004）和马勇的《汉代〈春秋〉学研究》（成都：四川人民出版社，1992）。二是取决于汉宣帝个人因素，如成长和教育背景以及由此形成的个人好恶。持这一观点的有陈苏镇的教育背景说（陈苏镇. 汉代政治与《春秋》学. 北京：中国广播电视出版社，2001）、沈文倬的宣帝与卫太子祖孙亲情说（沈文倬. 宗周礼乐文明考论. 杭州：浙江大学出版社，1999）和傅隶仆的宣帝个人好恶说（傅隶仆. 春秋三传比义. 北京：国际友谊出版公司，1984）。

② 班固. 汉书：儒林传. 北京：中华书局，1962：3618.

③ 班固. 汉书：宣帝纪. 北京：中华书局，1962：272.

获胜，学者周庆、丁姓皆为博士，与《公羊》博士平分秋色甚至略胜一筹。利益杠杆使学者由《公羊》转向《穀梁》，“由是《穀梁》之学大盛”。

应该承认，宣帝倡导《穀梁》的原因，的确与他的成长经历与主观好尚有关。这也是后来范宁“石渠分争”“废兴由于好恶”① 的话语背景。左右宣帝“好恶”的主要是以下两点：一是出身和政治倾向。宣帝是死于巫蛊之祸的戾太子的孙子。当巫蛊之祸发生时，太子、太子妃史良娣、太子的儿子史皇孙、儿媳王夫人全部遇害。刚降生数月的宣帝，也“坐收系郡邸狱，而邴吉为廷尉监。治巫蛊于郡邸，怜曾孙之亡辜，使女徒复作淮阳赵徵卿、渭城胡组更乳养，私给衣食”②。幸存下来的宣帝躲过追捕，被丙吉秘密送到史良娣娘家。躲过这场灾难的宣帝后来回到宫中，被曾经侍奉戾太子的张贺照顾养育，“以私钱供给教书”③。元平元年（前 74 年）四月，昭帝去世，霍光迎立昌邑王刘贺，旋即以淫乱“请废”④，改立宣帝。可见，作为巫蛊之祸的幸存者，宣帝在血缘与政治上都属于太子一系。巫蛊之祸发生时，宣帝虽尚在襁褓，但其后曲折的成长经历与重情的性格⑤影响了他，决定了他倾向于戾太子的政治好尚与学术选择⑥。二是血缘与地缘。宣帝祖母史良娣的娘家是鲁国。当初，年幼的宣帝幸免于巫蛊之祸，由良娣的母亲贞君抚养。因此，宣帝的童年时期是在鲁国度过的，且在他充满曲折的整个青少年时期，陪伴、辅佐他成长的人也都与鲁学有千丝万缕的联系：丙吉是鲁国人，又是宣帝的救命恩人，也是后来向霍光建议让宣帝即位的人；韦贤、夏侯胜都曾在宣帝即位时“与谋议”；史高是史恭的长子，因史恭旧恩封侯得官。成长于鲁国和一群“喜鲁学《穀梁》”的人之间，自然就成了宣帝“喜《穀梁》”的地缘因素。

但深究下去便会发现，上述分析虽不无道理，却有流于表面之嫌。宣

① 范宁．春秋穀梁传集解：序//阮元．十三经注疏．北京：中华书局，1980：2361.

② 班固．汉书：宣帝纪．北京：中华书局，1962：235.

③ 同②236.

④ 同②238.

⑤ 宣帝的重情，从他的报恩举动可以窥见。亲政诛霍氏家族后，宣帝于元康三年（前 63 年）下诏：“朕微眇时，御史大夫丙吉、中郎将史曾、史玄、长乐卫尉许舜、侍中光禄大夫许延寿皆与朕有旧恩。及故掖庭令张贺辅导朕躬，修文学经术，恩惠卓异，厥功茂焉。《诗》不云乎‘无德不报。’封贺所子弟侍中中郎将彭祖为阳都侯，追赐贺谥曰阳都哀侯。吉、曾、玄、舜、延寿皆为列侯。故人下至郡邸狱复作尝有阿保之功，皆受官禄田宅财物，各以恩深浅报之。”（班固．汉书：宣帝纪．北京：中华书局，1962：257）

⑥ 武帝“尊《公羊》家，诏太子受《公羊春秋》”，但太子却“既通，复私问《穀梁》而善之”（班固．汉书：儒林传．北京：中华书局，1962：3617）。

帝倡《穀梁》，在个人经历与情感因素的背后，其实另有更重要的社会政治动因。就像武帝时《公羊春秋》的兴盛一样，深层复杂的社会政治背景，才是促使政治对学术重新选择的根本要素。

1. 从巫蛊事件到宣帝继位

有学者说："巫蛊事件在西汉历史上绝对是一件大事"①，其事之"大"，不仅因为它重挫了西汉官僚系统，还影响了武帝之后西汉的社会环境、政治政策和意识形态领域的重大转向。

巫蛊事件载于《汉书·武五子传》：

> 武帝末，卫后宠衰，江充用事。充与太子及卫氏有隙，恐上晏驾后为太子所诛，会巫蛊事起，充因此为奸。是时，上春秋高，意多所恶，以为左右皆为蛊道祝诅，穷治其事。丞相公孙贺父子、阳石、诸邑公主，及皇后弟子长平侯卫伉皆坐诛。②

上述简单的记述，容易使人形成如下错觉：其一，江充是巫蛊事件的主谋与罪魁；其二，巫蛊之祸似是因武帝晚年多病多疑而发生的偶然事件。然而，事实远没有这么简单，宋洪迈《容斋随笔》曾敏锐地指出："汉世巫蛊之祸虽起于江充，然事会之来盖有不可晓者。"③ 实际上，在整个巫蛊事件中，江充只不过是浮于表层的鹰犬，而武帝迷信与多病多疑也只不过是表层原因。事件发生的深层原因是武帝征匈奴背景下，不同政治势力与利益集团之间的权力角逐，即：因武帝与太子刘据政治理念不同及其由此形成的以两者为核心的两种政治势力的角逐，并附之以太子、卫氏和以刘屈氂、李氏为中心的两种外戚势力之间的权力争夺④。

春秋战国的战乱导致的民族迁移，使得盛于四夷的民间巫术浸染中原。西汉建立后，中原民间迷信鬼神，祝诅巫术之风极为普遍⑤。随着王

① 吴涛．"术"、"学"纷争背景下的西汉《春秋》学——以《穀梁传》与《公羊传》的升降为例．北京：中国社会科学出版社，2011：89.

② 班固．汉书：武五子传．北京：中华书局，1962：2742.

③ 洪迈．容斋随笔：续笔//四库全书：第851册．上海：上海古籍出版社，1987：418.

④ 班固《汉书》对巫蛊背后的复杂政治缺乏深入的系统性追究，刘攽、司马光写《资治通鉴》对巫蛊之祸与武帝政治加以深入、联系性考察。后学者对此多有关注，如田余庆《论轮台诏》（历史研究，1984（2））就详析了巫蛊之祸与武帝后期政治之间的复杂关系。

⑤ 马王堆汉墓帛书《五十二病方》《杂疗方》涉及祝诅治病，另外还有祝盗、诅敌等。如《汉书》载，息夫躬受董贤陷害，"躬归国，未有第宅，寄居丘亭。奸人以为侯家富，常夜守之。躬邑人河内掾贾惠往过躬，教以祝盗方，以桑东南指枝为匕，画北斗七星其上，躬夜自被发，立中庭，向北斗，持匕招指祝盗"（班固．汉书：蒯伍江息夫传．北京：中华书局，1962：2186）。

朝统一与文化交流，各地巫术与习俗一同汇聚京城长安并传入宫廷。资料显示，这种巫蛊祝诅之术，在权力与邀宠最集中的两汉皇室始终不绝，因而也屡遭宫廷禁止。元光五年（前130年），武帝的第一个皇后陈阿娇就因嫉妒卫子夫得宠，“巫蛊祠祭祝诅，大逆不道”被废黜，“相连及诛者三百余人”①。武帝巫蛊事件以后，因此而遭刑戮的也几乎代各有之。如武帝子广陵厉王刘胥“迎女巫李女须，使下神祝诅”，“自杀”②，国除；宣帝子东平思王宇“使巫傅恭、婢合欢等祠祭诅祝上，为云求为天子”③，云自杀，国除；鸿嘉三年（前18年），成帝许皇后“姊平安刚侯夫人谒等为媚道祝诅后宫有身者王美人及凤等，事发觉，太后大怒，下吏考问，谒等诛死，许后坐废处昭台宫，亲属皆归故郡山阳”④；建平元年（前6年）“哀帝被疾，始即位，而人有告中山孝王太后祝诅上，太后及弟宜乡侯冯参皆自杀”⑤；平帝元寿二年（前1年），宜陵侯息夫躬被告“与巫同祝诅”，“党友谋议相连下狱百余人”⑥。

从常理看，巫蛊祝诅既早已流行于民间，汉室本不必对宫中巫蛊如此深恶痛绝。但西汉宫廷对施行者必加重罪、广泛诛连、大肆屠戮，特别是武帝时兴起的巫蛊之祸，发生在当时大汉及宫中疾疫流行的背景下，而这些疾疫的流行极有可能与武帝征伐匈奴的战争胜负有着直接关系。当信仰与国家政治、军事相纠缠时，武帝便格外加重了对巫蛊的警惕与忧虑。

据武帝《罢轮台诏》回忆：“军侯弘上书言‘匈奴缚马前后足，置城下，驰言“秦人，我匄若马”’，又重合侯（得）虏侯者，言‘闻汉军当来，匈奴使巫埋羊牛所出诸道及水上以诅军（师古注：于军所行之道及水上埋牛羊）。单于遗天子马裘，常使巫祝之。缚马者，诅军事也。’”“匈奴常言：‘汉极大，然不能（耐）饥渴，失一狼，走千羊。’乃者二师败，军士死略离散”⑦。武帝连年征伐，后期，步步败退的匈奴为阻挡汉军，不得不采用萨蛮巫术，将染疫的马、牛、羊等牲畜埋到汉军经过的水源

① 班固．汉书：外戚传．北京：中华书局，1962：3948；另，司马迁《史记·外戚世家》记载与之类同：陈皇后“闻卫子夫大幸，恚，几死者数矣。上愈怒。陈皇后挟妇人媚道，其事颇觉，于是废陈皇后，而立卫子夫为皇后”（司马迁．史记：外戚世家．2版．北京：中华书局，1982：1979）。

② 班固．汉书：武五子传．北京：中华书局，1962：2760-2763.

③ 班固．汉书：宣元六王传．北京：中华书局，1962：3325.

④ 班固．汉书：外戚传．北京：中华书局，1962：3982.

⑤ 班固．汉书：息夫躬传．北京：中华书局，1962：2179-2180.

⑥ 同⑤2187.

⑦ 班固．汉书：西域传．北京：中华书局，1962：3913.

地，或将染有病菌的疫马放到汉军营中，使汉军人畜染疫。而染疫的兵将又将病菌带回长安，造成都城疾疫流行。据张华《博物志》载："汉武帝时，弱水沙土西国有人乘毛车以渡弱水来献香者，帝谓是常香，非中国之所乏，不礼其使。留久之，帝幸上林苑，西使千乘舆闻，并奏其香。帝取之看，大如鸾卵，三枚，与枣相似。帝不悦，以付外库。后长安中大疫，宫中皆疫病，帝不举乐。西使乞见，请烧所贡香一枚，以辟疫气。帝不得已听之，宫中病者即日并差，长安中百里咸闻香气。"① 因此，武帝曾于天汉二年（前99年）下令"止禁巫祠道中者，大搜"②。

巫蛊之祸始于公孙贺巫蛊案。公孙贺之妻为武帝卫皇后的姐姐。公孙贺曾多次追随卫青出击匈奴，"从军数有功"③，为此封侯拜相。但因为其子公孙敬声"以皇后姊子，骄奢不奉法，征和中，擅用北军钱千九百万，发觉，下狱"。为救儿子，公孙贺自请逐捕朝廷通缉的要犯朱安世，"以赎敬声罪"。儿子虽然暂时得救，但却由此引来一场家族大祸：

> 安世遂从狱中上书，告敬声与阳石公主私通，及使人巫祭祠诅上，且上甘泉当驰道埋偶人，祝诅有恶言。下有司案验贺，穷治所犯，遂父子死狱中，家族。④
>
> 阳石、诸邑公主，及皇后弟子长平侯卫伉皆坐诛。⑤

公孙贺案成为巫蛊之祸的导火索：

> 是时，上春秋高，意多所恶，以为左右皆为蛊道祝诅，穷治其事。⑥

长安多年巫蛊不断、疾疫流行，晚年多疑的武帝，决定借铲除巫蛊抑制外戚势力。于是，将穷治巫蛊案交与他信任的酷吏江充。而"知上意"又"与太子及卫氏有隙"⑦ 的江充，便顺水推舟将巫蛊之火引向太子和卫

---

① 张华．博物志：卷二//四库全书：第1047册．上海：上海古籍出版社，1987：583.

② 班固．汉书：武帝纪．北京：中华书局，1962：203.

③ 班固．汉书：公孙贺传．北京：中华书局，1962：2877.

④ 同③2878.

⑤ 班固．汉书：武五子传．北京：中华书局，1962：2742.

⑥ 同⑤.

⑦ 同⑤；所谓"有隙"，指太子使者曾驱车行于驰道，被正在值班的江充撞到。江充将其车马没收。太子求情，正被武帝宠信的江充根本不把太子放到眼里，如实禀报了武帝。武帝认为江充为"忠诚"之臣而愈加信任："充从上甘泉，逢太子家使乘车马行驰道中，充以属吏。太子闻之，使人谢充曰：'非爱车马，诚不欲令上闻之，以教敕亡素者。唯江君宽之！'充不听，遂白奏。上曰：'人臣当如是矣。'大见信用，威震京师。"（班固．汉书：江充传．北京：中华书局，1962：2178）

氏一族：

> 充典治巫蛊，既知上意，白言宫中有蛊气，……遂至太子宫掘蛊……①

江充本为邯郸布衣，凭借其巧言令色、“因变制宜”的伎俩，投机取巧，博得武帝信任，成为罗织、构陷太子，兴起巫蛊之祸的先锋：

> 上幸甘泉，疾病，充见上年老，恐晏驾后为太子所诛，因是为奸，奏言上疾祟在巫蛊。于是上以充为使者治巫蛊。充将胡巫掘地求偶人，捕蛊及夜祠，视鬼，染污令有处，辄收捕验治，烧铁钳灼，强服之。民转相诬以巫蛊，吏辄劾以大逆亡道，坐而死者前后数万人。
>
> 是时，上春秋高，疑左右皆为蛊祝诅，有与亡，莫敢讼其冤者。充既知上意，因言宫中有蛊气，先治后宫希幸夫人，以次及皇后，遂掘蛊于太子宫，得桐木人。太子惧，不能自明，收充，自临斩之。②

公孙贺案血迹未干，巫蛊之火眼看又要蔓延到自己头上，而“上疾在甘泉宫，皇后及家吏请问皆不报”，向皇帝亲自陈情其冤的通道也被堵死，情急之下，太子刘据听从了少傅石德的劝告，“出武库兵，发长乐宫卫，告令百官曰江充反。乃斩充以徇，炙胡巫上林中”③。

江充被斩，胡巫已炙，而太子与“丞相刘屈氂等战”，“兵败，亡”④，“东至湖，臧匿泉鸠里。……吏围捕太子，太子自度不得脱，即入室距户自经。……皇孙二人皆并遇害”⑤，只剩一尚在襁褓的孙子刘病已侥幸漏网。

太子逃跑后，一度盛怒的武帝听了壶关三老为太子辩解而“感悟”，“怜太子无辜，乃作思子宫，为归来望思之台于湖。天下闻而悲之”⑥。

整个巫蛊事件似乎随着太子与卫氏的被诛尘埃落定，但隐于这一事件背后的深层问题仍值得深入挖掘和思考。

起于武帝征和元年（前 92 年）的这场巫蛊之祸，堪称西汉宫廷中持续最久、事态最严重、波及人员最多、对西汉政治影响最大的一次宫廷事

---

① 班固．汉书：武五子传．北京：中华书局，1962：2742.

② 班固．汉书：江充传．北京：中华书局，1962：2178-2179.

③ 同①2743.

④ 同①2743-2744.

⑤ 同①2746-2747.

⑥ 同①2745，2747.

件。事件绵延数年，牵连诛死者包括皇后、太子、丞相、公主、皇孙，及公卿大臣数以万计。作为大汉宫廷上层的一次严重的政治危机，酿成了武帝后期政局的一场巨变。

仔细探究，这次危机和政变实际上起于武帝与太子的政见分歧，而终于李氏和卫氏两个外戚集团利用这一分歧展开的皇位继承权之争。政见分歧的焦点是武帝的霸道政策。这一歧见的形成，源于二者性格及其对政局观察和思考的角度不同。对此，司马光在《资治通鉴》中做过分析：

> 初，上年二十九乃生戾太子，甚爱之。及长，性仁恕温谨，上嫌其材能少，不类己；而所幸王夫人生子闳，李姬生子旦、胥，李夫人生子髆。皇后、太子宠浸衰，常有不自安之意。上觉之，谓大将军青曰："汉家庶事草创，加四夷侵陵中国，朕不变更制度，后世无法；不出师征伐，天下不安；为此者不得不劳民。若后世又如朕所为，是袭亡秦之迹也。太子敦重好静，必能安天下，不使朕忧。欲求守文之主，安有贤于太子者乎！闻皇后与太子有不安之意，岂有之邪？可以意晓之。"大将军顿首谢。皇后闻之，脱簪请罪。太子每谏征伐四夷，上笑曰："吾当其劳，以逸遗汝，不亦可乎！"①

应该承认，面对朝廷大权旁落、边疆危机四伏的复杂局面，雄才大略的汉武帝的确想通过自己的东征西讨，把一个千古太平的盛世交到太子手上。甚至可以进一步猜测，正是因为武帝看到了太子"仁恕温谨"的性格特点，才加大了征伐的力度。而要做到这一切，又不得不暂时付出"劳民"的代价。但是，曾"从瑕丘江公受《穀梁》"②的"仁恕"太子，所见所思却与武帝有所不同。

当时，无休止的征伐与西域屯戍，造成国家财力匮乏，人民负担加重，加之天灾，百姓流离失所，群"盗"蜂起，朝野上下批评之声蜂起。在这种情况下，"仁恕温谨"的太子主张停止征伐暴敛，与民休息③。当

---

① 司马光. 资治通鉴：卷二十二. 北京：中华书局，1997：202.

② 班固. 汉书：武五子传. 北京：中华书局，1962：2741.

③ 其一，武帝征四夷，太子常谏，"太子每谏征伐四夷，上笑曰："吾当其劳，以逸遗汝，不亦可乎！"（司马光. 资治通鉴：卷二十二. 北京：中华书局，1997：202）显示二者政见不同；其二，巫蛊事起，刘据杀江充后，与丞相刘屈氂京城混战，长安市民加入进来："太子引兵去，驱四市人，凡数万众，至长乐西阙下，逢丞相军，合战五日，死者数万人。"（班固. 汉书：刘屈氂传. 北京：中华书局，1962：2881）在此，用"驱"字概与史书的正统性有关。正是因为"数万众"长安市民的参与，才使太子与刘屈氂率领的政府军有"合战五日，死者数万人"的惨烈战况。这一点反映出太子的文治态度赢得民心支持。

然，太子与武帝政治倾向和治国策略的不同，原非构成传位的阻碍。甚至武帝在巡狩期间，还曾诏令太子监国，这显然是政权由父到子、国家由武功到文治的过渡信号。《资治通鉴》载："上每行幸，常以后事付太子，宫内付皇后；有所平决，还，白其最，上亦无异，有时不省也。上用法严，多任深刻吏。太子宽厚，多所平反，虽得百姓心，而用法大臣皆不悦。皇后恐久获罪，每戒太子，宜留取上意，不应擅有所纵舍。上闻之，是太子而非皇后。"① 从武帝"上亦无异""有时不省"可见其不仅赞同太子的做法，力排"用法大臣皆不悦"的阻力并宽慰皇后的担忧。

可见，政见不同并非武帝与太子走向对立的原因。二者之间由矛盾、猜忌、设防走向对立，根本症结在于太子背后的卫氏家族——以卫皇后为核心的卫氏外戚势力构成了对皇权的威胁。

太子生母卫子夫的弟弟卫青，在太子出生前就已任车骑将军，在对匈战争中屡立战功，升任大司马大将军："大将军青凡七出击匈奴，斩捕首虏五万余级。一与单于战，收河南地，置朔方郡。再益封，凡万六千三百户；封三子为侯，侯千三百户，并之二万二百户。其裨将及校尉侯者九人，为特将者十五人。"② 令武帝更忌讳的是，手握重兵、屡建功勋的卫青与卫皇后成为庞大的卫氏集团的核心。围绕这个核心的还有大姐卫君孺的丈夫公孙贺、二姐卫少儿的儿子霍去病，以及卫青的救命恩人公孙敖③。他们也都手握重兵，与卫青或姻亲或生死之交，在对匈战争中曾并肩作战，同生死共患难。在他们的周围又聚集了包括李广、张骞、曹襄、韩朔、苏建、李息、李沮、赵信、张次公、郭昌、荀彘、赵食其、赵破奴等一大批战功卓著的军人、将相或地方郡守，形成了一股遍布朝野，足以左右政局却又与武帝政见不同的军事政治集团。他们与武帝及其身边主张开边、兴利、用法的武力派形成了对立，所谓"及冠就宫，上为立博望苑，使通宾客，从其所好，故多以异端进者"④。

对于上述赞同太子刘据，主张宽和、反对霸政的庞大"异端"势力，武帝早就心有不满。这种不满，表现在征和二年春的制诏御史中："故丞

---

① 司马光．资治通鉴：卷二十二．北京：中华书局，1997：202.

② 班固．汉书：霍去病传．北京：中华书局，1962：2490.

③ "大长公主闻卫子夫幸，有身，妒之，乃使人捕青。青时给事建章，未知名。大长公主执囚青，欲杀之。其友骑郎公孙敖与壮士往篡之，故得不死。"（班固．汉书：卫青传．北京：中华书局，1962：2472）

④ 班固．汉书：武五子传．北京：中华书局，1962：2741.

相贺倚旧故乘高势而为邪，兴美田以利子弟宾客，不顾元元，无益边谷，货赂上流，朕忍之久矣。终不自革，乃以边为援，使内郡自省作车，又令耕者自转，以困农烦扰畜者，重马伤耗，武备衰减；下吏忘赋，百姓流亡；又诈为诏书，以奸传朱安世。狱已正于理。其以涿郡太守屈氂为左丞相，分丞相长史为两府，以待天下远方之选。”① 更有甚者，“群臣宽厚长者皆附太子，而深酷用法者皆毁之；邪臣多党羽，故太子誉少而毁多”②。有“敦重好静”的太子，遂不断地在“邪臣党羽”的歪曲诋毁中被妖魔化而与武帝渐生疏离。

因政见不同而形成帮派势力，并转化为政治对立。对于“尾大不掉”的卫氏家族，精通驭人术的武帝也曾穷智极虑维系权力平衡：一是适当疏离太子与卫氏集团，所谓“上与诸子疏，皇后希得见”③；二是重用江充之类的酷吏作为打压对方的工具，所谓“卫后宠衰，江充用事”，及“充典治巫蛊，既知上意”④；三是寻找能取而代之的另一种力量。但是，霍去病和卫青在世时，武帝的上述手段不便明目张胆地施行。

元狩六年（前 117 年）霍去病去世，“自去病死后，青长子宜春侯伉坐法失侯。后五岁，伉弟二人，阴安侯不疑、发干侯登，皆坐酎失侯。后二岁，冠军侯国绝”⑤。卫氏集团力量削弱，武帝遂开始敲山震虎，对卫氏外戚杀鸡儆猴。

元封五年（前 106 年），卫青又去世，卫氏集团彻底失去支撑。于是，“知上意”的江充立即发动了公孙贺巫蛊案。公孙贺之狱，是武帝借江充吹响的打击卫氏集团的冲锋号，而接下来将巫蛊邪火烧向太子和皇后，则是对卫氏集团的彻底剿灭。

在打击卫氏集团的同时，武帝又树立新的制衡势力，李夫人的受宠与其兄李广利的重用也就顺理成章了。元鼎六年（前 111 年），“方兴天地诸祠，欲造乐”的武帝召见了倡优出身、通晓音乐的李延年，后李延年以一曲“北方有佳人”将其妹引荐给武帝。李夫人生子昌邑王，李氏家族由此鸡犬升天，李延年被封为协律都尉，另一兄李广利成为取代卫青出师匈奴的贰师将军。显然，李氏家族的崛起并非偶然。作为抑制卫氏的理想势

① 班固. 汉书：武五子传. 北京：中华书局，1962：2879.
② 司马光. 资治通鉴：卷二十二. 北京：中华书局，1997：202.
③ 同②.
④ 同①2742.
⑤ 班固. 汉书：霍去病传. 北京：中华书局，1962：2489.

力，李广利与卫太子及卫氏集团不同，他是武帝霸政的支持者，政治上与武帝声气相投。与李氏一起拔擢的还有与其有姻亲关系的刘屈氂。

刘屈氂是武帝庶兄中山靖王刘胜的儿子。作为刘胜众多儿子中的一个，刘屈氂原本只不过是一小小的涿郡太守，但在公孙贺之案后却平步青云，由地方太守直升左丞相。这样的结果，如果没有特殊的原因或政治背景，显然是难以想象的。从刘屈氂在太子巫蛊之祸中扮演的重要角色，足可见其非正常升迁的端倪。

其一，关于太子宫中巫蛊的发现，《汉书·江充传》只提到："先治后宫希幸夫人，以次及皇后，遂掘蛊于太子宫，得桐木人。"① 但在《车千秋传》武帝的反省中却称："曩者，江充先治甘泉宫人，转至未央椒房，以及敬声之畴、李禹之属谋入匈奴，有司无所发，令丞相亲掘兰台蛊验，所明知也。"② 其中"丞相亲掘兰台蛊验"表明太子宫中的巫蛊与刘屈氂有直接关系。

其二，同样在《车千秋传》武帝对巫蛊之祸的反省中，第一句就点出了李广利和刘屈氂是隐于江充背后的真凶："朕自不德，自左丞相与贰师阴谋逆乱，巫蛊之祸流及士大夫。"③

看到这里，我们也就理解了巫蛊之祸事发，戾太子为什么诛杀了江充后，又"发兵入丞相府，屈氂挺身逃"④ 了。

据此推断，正是李广利和刘屈氂为核心的新兴李氏集团，利用了武帝对巫蛊的痛恨与对卫氏权力制衡的需求，伙同江充等酷吏，借胡巫整蛊彻底摧毁了以卫太子为代表的卫氏集团。

而李氏集团整垮卫氏的真正目的同样显而易见：以李广利的外甥、李夫人的儿子昌邑王刘髆取代卫太子，成为皇位继承人。这一目的，在征和三年（前 90 年）李广利出征匈奴前与刘屈氂的告别辞中透露了出来：

> 其明年，贰师将军李广利将兵出击匈奴。丞相为祖道，送至渭桥，与广利辞决。广利曰："愿君侯早请昌邑王为太子。如立为帝，君侯长何忧乎？"屈氂许诺。昌邑王者，贰师将军女弟李夫人子也。贰师女为屈氂子妻，故共欲立焉。是时治巫蛊狱急，内者令郭穰告丞

---

① 班固. 汉书：江充传. 北京：中华书局，1962：2179.

② 班固. 汉书：车千秋传. 北京：中华书局，1962：2885.

③ 同②.

④ 班固. 汉书：公孙贺传. 北京：中华书局，1962：2880.

> 相夫人以丞相数有谴，使巫祠社，祝诅主上，有恶言，及与贰师共祷祠，欲令昌邑王为帝。有司奏请案验，罪至大逆不道。有诏载屈氂厨车以徇，要斩东市，妻子枭首华阳街。贰师将军妻子亦收。贰师闻之，降匈奴，宗族遂灭。①

本段作者字斟句酌，值得深刻玩味，特别是以下两句："君侯长何忧"；"与贰师共祷祠"。若昌邑王不能立为太子，身居丞相高位的刘屈氂会有何"忧"呢？其所"忧"，显然是指合谋陷害卫太子一事败露。所以，此句与二人共"祝诅主上""欲令昌邑王为帝"相联系，进一步印证了前面的推断。而"贰师女为屈氂子妻"，则明白交代了这二人能联手合谋共立昌邑王的原因。

后来，王夫之揭示了二者蓄谋已久的勾结："刘屈氂之攻戾太子也……必出于死战，此其心欲为昌邑王地耳。太子诛，而王以次受天下，路人知之矣。其要结李广利，徇姻亚而树庶孽，屈氂之慝，非一日之积矣。"②

深入考察巫蛊之祸不难发现：这起表面看似由江充弄权引发的偶然事件，实则是以武帝刘彻和太子刘据及卫氏家族为核心的两大政治、军事集团，围绕霸道与王道两种不同政见较量与对抗的结果。而以李广利为核心的李氏集团正是利用了武帝对卫氏的猜忌与打压，顺势而为，借江充之手，掀起巫蛊之祸，消灭了卫氏和太子，以拥戴李夫人所生的昌邑王为帝。所以，表面上的一场巫蛊之祸，背后掩藏的却是不同利益集团围绕皇位继承权展开的血腥厮杀。而在这场皇室争斗中，英雄一世又年老多疾的武帝起于弄权，终于被蒙骗利用，葬送了太子这一理想的接班人，导致了大汉宫廷的权力危机，也因而错失了纠正弊政的良机。所以，王夫之不禁为此慨叹："顾孰使险如屈氂而为相也，则武帝狎宠姬、任广利、而为之左右也。用人假耳目于私昵，而不保其子，悲夫！"③ 班固也曾做过深刻总结："巫蛊之祸，岂不哀哉！此不唯一江充之辜，亦有天时，非人力所致焉。建元六年，蚩尤之旗见，其长竟天。后遂命将出征，略取河南，建置朔方。其春，戾太子生。自是之后，师行三十年，兵所诛屠夷灭死者不可胜数。及巫蛊事起，京师流血，僵尸数万，太子子父皆败。故太子生长

① 班固．汉书：公孙贺传．北京：中华书局，1962：2883．
② 王夫之．读通鉴论．北京：中华书局，1975：71．
③ 同②．

于兵，与之终始，何独一嬖臣哉!”[①] 由于连年军事征战，导致财政经济匮乏，对外矛盾引发内部厮杀，即班固所说的由“将吏外畔，贼臣内发”而致“乱作萧墙”。

武蛊之祸，太子自杀，而刘髆谋立失败，皇室后继乏人[②]。后元二年（前 87 年）二月十二日，武帝病重，只得将年仅八岁的少子刘弗陵立为太子，霍光、金日磾、上官桀、桑弘羊受诏辅政。两日后，武帝病逝，刘弗陵继位为昭帝。元平元年（前 74 年），昭帝驾崩，因无子，刘髆之子刘贺被拥立为帝，但因荒淫无度，仅在位 28 天就被废除。同年七月，霍光又从民间迎立了卫太子刘据的孙子、幸免于巫蛊之祸的刘病已（改名刘询）为宣帝。

巫蛊之祸昭示了武帝与太子围绕权力的激烈矛盾与斗争，对武帝霸政的扭转，也恰已内含于其中。山环水绕，政权还是回归到与其祖父戾太子声气相投的刘询手里。而这为武帝政治政策扭转及其思想的重新调整，提供了大好契机[③]。

2. 宣帝统治与《穀梁》兴盛

任何一种理论都是现实生活的反映，但就具体情况看，它的产生，往往既有其历史性和长效性，又有其现实性和时效性。就如同武帝时《公羊传》的兴盛既有适应君主政治的长效性，也有应对当时局势的时效性一样。董仲舒针对西汉社会现实对《公羊春秋》的改造，随着宣帝时期社会形势的变化，已有被《穀梁传》取代的势头，这由其时效性所致。但《公羊传》其实并没有就此退出政治舞台，这又是其长效性作用的结果。所以，从这两个方面考虑，《穀梁传》在宣帝时的抬升，从长远看，是与适应汉代乃至整个封建社会的本质特征相关联的。而从现实看，又是应对宣帝时期社会现状的结果。对于这次经学调整，后者彰显了更重要的作用。不然，我们将无从解释二传的升降轮替何以发生。

从历史性上看，《穀梁传》自战国末口说定型以后，经汉代流传才

---

① 班固. 汉书：武五子传. 北京：中华书局，1962：2770.

② 武帝六子：太子刘据，死于巫蛊；二子齐王闳虽受武帝“爱幸”，然而先太子而薨；三子燕王旦在太子死后，“自以次第当立，上书求入宿卫”，武帝怒，“恶旦”；四子广陵王胥“好倡乐逸游，力扛鼎，空手搏熊彘猛兽。动作无法度，故终不得为汉嗣”；五子昌邑王髆，也因舅李广利谋立其为帝不成，于武帝后元元年（前 88 年）病死。武帝诸子只剩年幼的少子刘弗陵。

③ 虽然对武帝霸政的纠正，自霍光辅政时的盐铁会议即已开始，但霍氏集团与刘氏皇族的权力争斗缠绕其中，加之昭帝、刘贺权力衔接中横生枝节，政策转变直到宣帝亲政后才真正得以实现。

“著于竹帛”。因此，传文解说中必然包含战国政治变革与汉代一统政治的双重“意义”。虽然要准确厘清相互混融的两种不同时代的“意义”极为困难，但无论如何，君主一统政治的建立，就像一面高悬的旗帜，标志着一个崭新的社会形态的出现。在这一社会巨变下，围绕如何完善和巩固这一新的政治体制，趋时达变的经学家们必然借由《春秋》诠释适时地进行合于时代的理论建构。这一建构，于西汉一朝，以宣帝为界，前期以《公羊传》为主，重在君主政治体制的重建，后期则以《穀梁传》为主，重在推进新体制下仁德礼制思想的再完善。

从现实性上看，《穀梁传》之所以在宣帝时开始兴盛，又与当时具体形势的变化密切相关。汉宣帝继位后，所面对的社会状况相比于武帝继位初已经发生了重大变化。

首先，经过武帝的一番政治、经济和军事努力，君主政治不断完善，《公羊春秋》旨在约束皇权的“天人感应”理论日显多余。其次，鉴于君主政治体制及其机构的确立和完善暂告一段落，《公羊春秋》强调的以新制代旧制的“通三统”理论，越来越与汉政权的长期存续相背离。道理显而易见：一个日趋稳定且希望永远昌盛的王朝，自然厌恶主张朝代不断更替的理论，结果便是将其弃如敝屣。再次，在武帝时期地方诸侯割据势力不断膨胀的政局下，董仲舒《公羊春秋》的“大一统”理论恰逢其时地迎合了武帝削弱地方势力以强化中央集权的政治需要。但是，在武帝通过推恩令、左官律等削藩政策的推行，有效解除了地方对中央的威胁之后，《公羊春秋》的“大一统”理论也便随之失去了时效性。最后，即便《公羊春秋》针对解决民族关系紧张的“大复仇”理论，经历武帝一番艰苦的东征西讨之后，也在董仲舒的新“夷夏观”面前显得多余。

在旧问题渐次消除的同时，一些新问题摆在宣帝面前：一是随着汉代君主政治的巩固，强调君主等级礼制的紧迫性随即突现；二是宣帝皇族身份尴尬及与权臣霍光的复杂关系；三是汉皇室在承平日久中不断积累的矛盾日益尖锐；四是《公羊春秋》自身的缺陷，特别是与宣帝霸王道政策之间产生的新矛盾。要解决这些新问题，需要新的思想理论。而《穀梁春秋》恰好内含了解决以上问题的某些潜在要素，这些要素经过某种切合当下的创造性阐发，尚且可以勉力应对上述问题。

第一，“正”、“义”（或“道”）：新的是非评判标准。

秦汉以来确立的有别于上三代贵族政治的君主政治体制，需要一种新的政治理论来论证其合法性。而这一理论论证的先声，需要首先确立一种新的是非评判标准。与《左传》“礼”“非礼”的传统评判标准相对，我们看到《穀梁传》已经用“正”“非正”作为新的评判标准。许桂林曾用“常”训“正”：“正之为言，常也。言此常理也，常例也。”① 从事实判断看，与《左传》“礼”“非礼”的评判措辞相比，“正”是一个新的判断概念。在内容上，它既有对传统“礼”的继承，又有超越“礼”的创新。二者在内涵上既有共通性，又有差异性。

所谓“共通性”，是指二者在很大程度上含义相同，符合礼的，往往也是正的，《穀梁传》中两个概念同时混用就属此类，如对《春秋》庄公二十四年秋“大夫宗妇觌相见”的解说：“觌，见也。礼，大夫不见夫人。不言及，不正其妇行妇之道。”以及对《春秋》庄公二十四年冬“赤归于曹”的解说：“礼，诸侯无外归之义。外归，非正也。”在这里，礼的规定合乎“义”或“道”，礼禁止的，则不合于“义”或“道”，二者意义于此达成一致。所谓“差异性”，是指二者在内涵上又有重大不同。赵伯雄曾论述二者区别：“‘正’比‘礼’似乎适应的范围更广一些，其作为判断的尺度显得层次更高。一般说来，‘礼’可以包容于‘正’之中，而‘正’却难于完全包容在‘礼’之内。在某些场合，‘正’字也可用‘义’或‘道’字来代替。”② 赵氏的理解有一定道理，“正”扩大、升华了“礼”的内涵，其所蕴含的道德层次和意义要高于“礼”。这一新概念，往往潜含着解说者为适应新形势而超越传统的思想或观念创新。

比如对《春秋》庄公元年秋“筑王姬之馆于外”，三传观点互有出入：《左传》以为筑馆于外是合礼的。《公羊传》认为筑馆是合礼的，筑馆于外则不合理，因为城外不利王姬安危，有辱王命之嫌。而《穀梁传》的解说是：“筑，礼也；于外，非礼也。筑之为礼何也？主王姬者必自公门出，于庙则已尊，于寝则已卑，为之筑，节矣。筑之外，变之正也。筑之外，变之为正，何也？仇雠之人，非所以接婚姻也”。这里，穀梁家在论证筑馆是否合礼并解释缘由后，表达了自己全新的看法：庄公筑馆于外，虽然不合于礼，但却是无奈而又无可厚非的权宜之计（即“变之正”）。因为鲁庄公受周天子之托在鲁国主持嫁女于齐襄，然而庄公与齐襄有杀父之仇，若在小寝就不够尊重王姬，若在庙（路寝）虽足以表达对王姬的尊

---

① 许桂林．春秋穀梁传时月日书法释例：总论//丛书集成初编：第3678册．北京：中华书局，1991：38.

② 赵伯雄．春秋学史．济南：山东教育出版社，2004：61.

重，却不忍使供在庙中的桓公灵位面对迎接王姬的齐襄公（因为桓公死于齐襄之手）。这种解释虽然掺杂了穀梁家的想象成分，但的确道出了穀梁家结合鲁国实际的新理解。《穀梁传》对于"权变"的认同原本不如《公羊传》浓厚，而在这一问题上却肯定庄公的"变之正"。这一方面恰切地反映了穀梁家对鲁国的特殊情感，另一方面也显示了"正"对"礼"的突破。

再比如《春秋》僖公二十二年"宋楚泓之战"，宋襄公在所谓"君子不重伤，不禽二毛""虽亡国之余，不鼓不成列"之类的盲目仁义中惨败身亡，称霸春秋成为黄粱一梦。对此，《公羊传》站在传统立场上，以"故君子大其不鼓不成列，临大事不忘大礼，有君而无臣。以为虽文王之战，亦不过此"来赞赏宋襄公的行为。而《穀梁传》却从国家、民众的立场和高度出发，表达了完全不同的观点："泓之战，以为复雩之耻也。雩之耻，宋襄公有以自取之。伐齐之丧，执滕子围曹，为雩之会，不顾其力之不足。而致楚成王，成王怒而执之。故曰：礼人而不答反其敬；爱人而不亲，则反其仁；治人而不治，则反其知；过而不改，又之，是谓之过。襄公之谓也。古者被甲婴胄，非以兴国也，则以征无道也。岂曰以报其耻哉？宋公与楚人战于泓水之上，司马子反曰：楚众我少，鼓险而击之，胜无幸焉。襄公曰：君子不推人危，不攻人厄，须其出。既出，旌乱于上，阵乱于下，子反曰：楚众我少，击之，胜无幸焉。襄公曰：不鼓不成列。须其成列而后击之，则众败而身伤焉。七月而死。倍则攻，敌则战，少则守，人之所以为人者言也。人而不能言，何以为人？言之所以为言者信也，言而不信，何以为言？信之以为信者道也。信而不道，何以为道？道之贵者时，其行势也。"一般而言，与《公羊》力主权变、趋时务实相比，《穀梁》较注重维护传统礼制，但在对泓之战的认识上，穀梁家却表现出了比公羊家更为现实的一面。以严厉的措辞罗列了宋襄公三大罪状：试图称霸的行为不自量力；为逞一己之能，擅自发动战争；不顾双方战势，一味僵化教条。最后，站在百姓和国家的高度严正指出：正是因为宋襄公种种置国家胜算、百姓安危于不顾的愚蠢举动，不仅把自己送上了不归路，而且给宋国百姓带来了灾难。这还不够，在接下来的《春秋》僖公二十三年夏五月"宋公兹父卒"条下，借僖公的死，再次发表议论："兹父之不葬，何也？失民也。其失民何也？以其不教民战，则是弃其师也。为人君而弃其师，其民孰以为君哉？"在穀梁家看来：弱肉强食、战乱频仍的时代，宋襄公死抱教条、不懂权谋、不用贤才，终致身死国危、百姓遭殃，这样的国君，死有余辜。入木三分的鞭挞将穀梁家作为百姓喉舌的角色意识和关爱百姓利益的高远境界表现得淋漓尽致，而其与《公羊传》对事物评判标准的差异也是显而易见的。

新的君主等级与旧的贵族等级相比较，相同者在于都是以血缘宗法为基础建立尊卑等差的社会秩序，虽然天子衰微，斯政已逝，深藏其中的血缘与等级关系也已今非昔比，但君主等级制与贵族等级制的同质性，为等级礼制的复活提供了足够空间。如此一来，维系等级制的旧礼制部分继续存活，另一部分则可以根据新形势的变化被再造。这一再造的中心点，就是继承又超越传统礼制，从更广大、高远而又与时俱新的角度，重新确立“道”“义”内涵，并以之作为新的是非评判标准。而文化，也就在这种继承与创新的变奏中实现了自身发展。

第二，以“正”、“义”（或“道”）为标准：新等级礼制与君权强化。《穀梁传》中大量使用“正”“不正”的评判标准进行是非评判，如隐公元年、僖公十六年“大夫日卒，正也”；隐公二年“逆女，亲者也。使大夫，非正也”；隐公三年、八年“诸侯日卒，正也”；隐公四年“《春秋》之义，诸侯与正不与贤也”；隐公五年“鱼，卑者之事也。公观之，非正也”；桓公十四年“民者，君之本也，使人以其死，非正也”；庄公元年、闵公元年、僖公元年“继弑君不言即位，正也”；庄公二年、七年、十九年“妇人既嫁不逾竟。逾竟，非正也。妇人不言会，言会，非正也”；宣公十五年“初税亩，非正也”；成公元年“丘作甲，非正也”；襄公元年、昭公元年“继正即位，正也”；哀公十二年“古者公田什一，用田赋，非正也”等等。

从《穀梁传》重复度极高的“正”“不正”的评判词中，可大致概括出其中蕴含的褒贬。

其一，尊王、重礼、爱民的传统礼制思想，仍然是《穀梁》判断是非的基本标准，是“正”与“不正”的依据。在这里，“礼”与“正”在意义内涵上完全一致，体现了《穀梁传》继承传统“重礼”“尚礼”的主流思想。《穀梁》传文中有大量“礼”与“非礼”的是非评判，如《春秋》隐公元年“秋，七月，天王使宰咺来归惠公、仲子之赗”、隐公二年“冬，十月，伯姬归于纪”和桓公三年“九月，齐侯送姜氏于讙”，《穀梁传》释为：“礼，赗人之母则可，赗人之妾则不可”；“礼，妇人谓嫁曰归，反曰来归，从人者也”；“礼，送女，父不下堂，母不出祭门……送女逾竟，非礼也”。类似的释例很多，无疑，“礼”是《穀梁传》遵循的重要原则，释经的主要依据。在这里，合于“礼”的也就是“正”的，“礼”与“正”在意义上是一致的，如对庄公二年“冬，十有二月，夫人姜氏会齐侯于禚”条和庄公十九年“夫人姜氏如莒”条均释为：“妇人既嫁不逾竟。逾竟，非正也。”而对庄公五年“夏，夫人姜氏如齐师”条，《穀梁传》则释为：“妇人既嫁不逾竟。逾竟，非礼也。”显然，这里，“礼”与“正”意义相同，可以互换。甚至依礼为“正”，违礼“不正”出现于同一条释文中，如庄公二十四年“冬，戎侵曹。曹羁出奔陈，赤归于曹”条、文公元年“天王使毛伯来锡公命”条和成公八年“秋，七月，天子使召伯来赐公命”条，《穀梁传》释为：“礼，诸侯无外归之义。外归，非正也”；“礼有受命，无来锡命。锡命，非正也”。在此，《穀梁传》直接以“正”释“礼”，以“礼”作为“正”的依据，表达重礼观，表现了《穀梁》作者对传统观的继承。

但是，在变革的时代，社会进步与新事物的出现，必然挑战和突破旧的传统观念与是非标准。对于这种挑战和突破，《穀梁传》采用了两种不同的表述方式：一种是正面的，即直接以“不正”而善、“不正”而美、“不正”而受命，表达对传统“正”的否定。如对《春秋》隐公元年“春，王正月”、定公二年“冬，十月，新作雉门及两观”和哀公六年“齐阳生入于齐，齐陈乞弑其君荼”的解释。隐公即位、新作雉门，违背了王位继承和节用爱民的礼制规范，但穀梁家却看到了其中的另一面——隐公的善和雉门的美。至于第三条，阳生回国发动政变，谋夺君位，违背了传统臣不弑君、下不犯上的礼制规范，但因为君位原本属于阳生，荼继承君位，不符合嫡长继承的传统礼制，《春秋》经认为阳生发动的这场谋弑行为情有可原，因而以“陈乞弑其君荼”掩盖了阳生弑君的事实。而《穀梁传》却认为：荼继承君位虽然不合礼制，但却是受景公之命，故而阳生发动弑君政变应该受到谴责。《穀梁传》认为，在传统礼制与“君命”之间，后者高于前者。在穀梁家的观念里，对“君命”的服从，超越了传统礼制。显然，社会变革与传统礼制秩序的崩溃，使得《穀梁》作者已经冲出传统礼制窠臼而置身于崭新的道德评判天地。另一种是侧面的，间接地运用偷换概念的形式，以“正”、“义”（或“道”）作为新的道德评判标准，巧妙地将传统礼制的“尊王”思想嫁接到维护新的君主等级秩序上来，借肯定君权至上、君臣有序，表达对秦汉以来新君主等级制的接纳。

先看两个例子：一是对鲁闵公二年（前660年）冬，齐桓公建楚丘复卫一事，《公羊传》曾以“实与文不与”的方式，在表面上保留尊崇周天子的同时，实质上认同了天子衰微的事实。这反映了带有齐学色彩的《公羊传》游离于传统与现实之间的权变选择。但是，颇具鲁学色彩的《穀梁传》对此却断然摒弃了《公羊传》“实与文不与”的“权变”方式，表达了坚决反对诸侯专封的立场：“楚丘者何？卫邑也。国而曰城。此邑也，其曰城，何也？封卫也。则其不言城卫何也？卫未迁也。其不言卫之迁焉，何也？不与齐侯专封也。其言城之者，专辞也。故非天子不得专封诸侯。诸侯不得专封诸侯，虽通其仁，以义而不与也。故曰仁不胜道。”类似的例子还有《春秋》宣公十一年“冬十月，楚人杀陈夏征舒”，对这一楚国专讨事件，《公羊传》也采用了“实与文不与”的态度：对于楚国出面平陈国内乱一事，鉴于天子暗弱的事实，“文不与”而“实与”。然而，《穀梁传》对楚国的僭越行为则予以坚决声讨：“此入而弑也。其不言‘入’何也？外征舒于陈也。其外征舒于陈何也？明楚之讨有罪也。”表示了无条件捍卫等级礼制的坚决态度。显然，穀梁家与公羊家相比，在承认现实的“权变”与维护等级礼制之间，偏向了后者。

这种思想观念上的“倒退”现象，需要引起足够注意。战国以降，周代礼制等级的崩塌已属不争的事实。对此，重视现实、善于权变的《公羊传》也用“文不与而实与”变通传统礼制，《穀梁传》成书晚于《公羊传》，按照这一演进逻辑，后者对礼的否定应该更激进。之所以出现这种反常现象，可以从《穀梁传》的鲁学重礼渊源来解释。但从前述看，《穀梁传》虽然源出鲁学，但已用“正”变革“礼”，并非死抱传统礼制不放。既非此因，那唯一合理的解释就是：成书于西汉的《穀梁传》已用君主等级礼制完成了对传统礼制的移花接木。《穀梁传》所极力维护的等级制，不是复归三代礼制，而是新的等级制的借壳复活。这样的等级制，以“正”、“义”（或“道”）的名义，凌驾于先秦儒家的“仁”之上。至此，原本从儒学中走出的穀梁家用“仁不胜道”抛弃了先秦儒家礼仪等级，投入新的君主等级礼制的怀抱。

沿着这一思路深入追寻，果然可以看到《穀梁传》更露骨的表现，如对《春秋》僖公二十二年冬“宋楚泓之战”和襄公十九年“晋士匄帅师侵齐”的解说，《穀梁传》表现出了比号称善权变的《公羊传》更加趋时、务实的精神，拒绝因循，赞扬因道、重时、遵势。在泓之战中，对于宋襄公不顾宋国弱小的现实，在敌众我寡的情况下，拒绝采纳司马子反的灵活战术，固守“不推人危，不攻人厄”的教条从而导致宋国的惨败，《公羊传》从礼制角度，认为宋襄公的行为是值得赞扬的君子作风、正义之举：

“君子大其不鼓不成列，临大事而不忘大礼，有君而无臣，以为虽文王之战，亦不过此也。”而《穀梁传》对此并不认同，以为：“道之贵者时，其行势也”。对宋襄公不自量力，雩之会被楚拘囚，为报复轻动干戈与楚交战，战场上又无视敌强我弱的现实，一味固守“不擒二毛”之类的道德教条，导致宋国大败，国人因此饱受战乱之苦给予了严厉的谴责。对《春秋》襄公十九年“晋士匄帅师侵齐，至谷，闻齐侯卒，乃还”条，《公羊传》释为：“还者何？善辞也。何善尔？大其不伐丧也。此受命乎君而伐齐，则何大乎其不伐丧？大夫以君命出，进退在大夫也。”《公羊传》以传统的“不伐丧”作为至高无上的“大义”，将之置于“君命”之上。认为大夫以“大义”为上违背君命的自行其是，是灵活行“权”，给予褒扬。而《穀梁传》则相反：“还者，事未毕之辞也。受命而诛，生死无所加其怒。不伐丧，善之也。善之则何为未毕也？君不尸小事，臣不专大名。善则称君，过则称己，则民作让矣。士匄外专君命，故非之也。”显然，《穀梁传》认为士匄“外专君命”以及以“不伐丧”扬己之“善”是收买人心的最大“恶行”，而毫不留情予以“非之”。《史记》载，刘邦曾称道“李斯相秦皇帝，有善归主，有恶自与”①，这里“善则称君，过则称己”显然最符合君主的口味。在这一点上，《穀梁传》对《春秋》宣公十五年“王札子杀召伯、毛伯”的解说更具典型意义：“以王命杀，则何志焉？为天下主者，天也，继天者，君也，君之所存者，命也。为人臣而侵其君之命而用之，是不臣也。为人君而失其命，是不君也。君不君，臣不臣，此天下所以倾也。”② 这哪里还有尊周的意味？俨然是对新的君主权力和等级制的礼赞。

以“时”“势”为“变”的依据，注重因时、因势而变，即所谓“贵时”“顺势”，这就是《穀梁传》的“正”——“变之正”。显然，在上述个例中，“迂谨”的《穀梁传》比“权变”的《公羊传》在趋时求新上走得更远。这种明显的背离，只能用“后期君主政治理念的渗入”来解释。《穀梁传》用旧瓶装新酒，将“尊周”的传统观念顺利偷换为无条件的“尊君”。这种“尊君”理念，在《穀梁传》中还体现在如下几点：一是严格尊卑之别，如昭公四年“《春秋》之义，用贵治贱，用贤治不肖，不以乱治乱也”。二是强调君臣有分，如桓公十一年“死君难，臣道也”、襄公

---

① 司马迁. 史记：萧相国世家. 2版. 北京：中华书局，1982：2018.

② 阮元. 十三经注疏. 北京：中华书局，1980：2415.

十九年“君不尸小事，臣不专大名，善则称君，过则称己，则民作让矣”等。甚至为维护君权至上，严饬后宫干政，如成公十五年“夫人之义，不逾君也，为贤者崇也”。三是重视诸侯进贡，如桓公十五年“古者，诸侯时献于天子以其国之所有，故有辞让而无征求”。《穀梁传》对君主绝对权威的强调无以复加，但通篇却再也找不到任何限制君主的言辞。本田成之说：“秦汉以后，不论如何，莫不喜用穀梁之说”①，原因概在于此。

《穀梁传》对君主等级礼制的论证，除了对君主绝对权力的强调外，还表现在对《公羊传》复仇精神的否定上。

如前所述，“大复仇”是《公羊传》极力主张的观点，它对复仇的推崇在时间和对象上几乎是无条件的。而与之不同的是，《穀梁传》在前述《公羊传》涉及的五处“复仇”论②中，除在庄公四年冬“公及齐人狩于禚”条下对“复仇”一事接续《公羊传》的口吻稍有提及外，其余四处全部避而不谈。兹罗列前述《公羊传》五处论“复仇”时《穀梁传》对相应经文的诠释，以做对比。

一是对《春秋》隐公十一年冬“公薨”的解说：“公薨不地，故也。隐之，不忍地也。其不言葬，何也？君弑，贼不讨，不书葬，以罪也下。隐十年无正，隐不自正也。元年有正，所以正隐也。”此处，《穀梁传》对“不地”“不言葬”“无正”都做了解说，唯独对《公羊传》所说的“不复仇，非子也”绝口不提。

二是对《春秋》庄公四年夏“纪侯大去其国”的解说：“大去者，不遗一人之辞也。言民之从者，四年而后毕也。纪侯贤而齐侯灭之，不言‘灭’而曰‘大去其国’者，不使小人加乎君子。”《公羊传》认为：之所以用“大去”一词叙述，是为了避讳齐灭纪是复仇之举。而《穀梁传》对“复仇”避而不谈，牵强地解说为：用“大去”一词是表示纪国人一个也不剩全逃走了，以表明纪侯的“贤”。

三是对《春秋》庄公四年冬“公及齐人狩于禚”的解说：“齐人者，齐侯也。其曰人何也？卑公之辞，所以卑公也。何为卑公也？不复仇而怨不释，刺释怨也。”此处，《穀梁传》终于追随《公羊传》的解说，涉及了“复仇”一事，认为：庄公非但不为父复仇，还与杀父仇人尽释前嫌、狩

① 本田成之. 春秋穀梁传考//江侠庵. 先秦经籍考. 上海：上海文艺出版社，1990：324-325.

② 详见前文第二章末。

猎嬉戏，实在太过分，所以称齐侯为“齐人”，以降低鲁公身份示贬斥。

四是对于《春秋》庄公九年“及齐师战于乾时，我师败绩”一条，《穀梁传》无解。

五是对《春秋》定公四年冬“蔡侯以吴子及楚人战于柏举，楚师败绩，楚囊瓦出奔郑”的解说：“吴其称子何也？以蔡侯之以之，举其贵者也。蔡侯之以之，则其举贵者何也？吴信中国而攘夷狄，吴进矣。其信中国而攘夷狄奈何？子胥父，诛于楚也。挟弓持矢而干阖庐，阖庐曰：大之甚，勇之甚。为是欲兴师而伐楚。子胥谏曰：‘臣闻之：君不为匹夫兴师。且事君犹事父也。亏君之义，复父之仇，臣弗为也。’于是止。蔡昭公朝于楚，有美裘，正是日，囊瓦求之。昭公不与，为是拘昭公于南郢，数年然后得归。归乃用事乎汉，曰：‘苟诸侯有欲伐楚者，寡人请为前列焉。’楚人闻之而怒，为是兴师而伐蔡。蔡请救于吴，子胥曰：‘蔡非有罪，楚无道也。君若有忧中国之心，则若此时可矣。’为是兴师而伐蔡。何以不言救也？求大也。”上述叙述，《穀梁传》特别夸张地叙述了伍子胥劝吴王不为复仇而出征的话，却将吴出兵说成纯粹因为“楚无道”，有意隐去了子胥复仇的部分。

在以上《公羊传》强调“复仇”的五段经文中，《穀梁传》或顾左右而避之，或直接不予解说，唯独第三段重复了《公羊传》的“复仇”说，而且表明是“刺释怨”，而不是“刺不复仇”。即：穀梁家鄙视的不是庄公不为父复仇，而是与杀父仇人共狩，这种以仇为友、认贼作父的行为实在过分，因此予以鞭挞。《穀梁传》回避复仇的原因自然与汉代统一的君主制政权建立后，个人复仇与国家公权力之间矛盾加重的大环境有关，也是穀梁家们在日渐巩固的君主政治下，有意配合“尊尊”压倒“亲亲”的政治环境的表现。

历史地看，秦汉以降，随着大一统君主政治的建立和稳固，鉴于《公羊传》复仇论可能引发的对个人复仇的滥用和对绝对君权与等级秩序的蔑视，个人与社会公权力（君主绝对权威）之间的矛盾陡然升级。因此我们看到，除上述以《穀梁传》为代表的经典诠释对复仇的有意回避外，整个理论界、舆论界和国家法典文献都日益明显地否定乃至禁绝个人复仇。

当年，伍子胥率吴军入楚后“掘楚平王墓，出其尸，鞭之三百”[①]，

① 司马迁．史记：伍子胥列传．2版．北京：中华书局，1982：2176.

被西汉初的司马迁称赞为“弃小义，雪大耻，名垂于后世”①。在东汉皇帝钦定的《白虎通义》中却对这一复仇之举予以否定：

> 子得为父报仇者，臣子于君父，其义一也。忠臣孝子所以不能已，以恩义不可夺也。……父母以义见杀，子不复仇者，为往来不止也。《春秋》曰：父不受诛，子复仇何，诛犹责也。②

承续这一政治导向，东汉跨越三朝、辅佐四代，号称不任私情、公正执法的张敏上书和帝，抨击复仇：

> 《春秋》之义，子不报仇，非子也。而法令不为之减者，以相杀之路不可开故也。今托义者得减，妄杀者有差，使执宪之吏得设巧诈，非所以导“在丑不争”之义。③

张敏站在国家立场上提出：个人仇杀是社会秩序混乱、滋生法律腐败的重要致因，因此必须加以抑制，保证国家法律的严肃和社会秩序的稳定。

至东汉末，荀悦在其政论性著作《申鉴》中正式提出以法制扼制复仇：

> 或问复仇，古义也。曰：“纵复仇，可乎?”曰：“不可。”曰：“然则如之何?”曰：“有纵有禁，有生有杀。制之以义，断之以法，是谓义法并立。”④

荀悦的“义法并立”，其实就是主张将个人复仇关进法制⑤的笼子。

上述材料显示，随着秦汉君主政治的建立和稳固，原始的个人复仇已经越来越不容于国家权力意志。上述从舆论转向到政治禁绝，清晰地反映了个人意志与帝王权力意志的此消彼长。至于变化的原因：一方面是血亲复仇原本是国家分裂、政治暗弱的特殊社会下的产物；另一方面，血亲复仇虽然具有个人抗击黑暗、抵制不公、追求正义的色彩，但也的确带有血亲偏见和极端意志，与地缘政治下社会进步与社会成员的普遍意志相抵触，具有情绪化泛滥、危及国家意志和社会秩序的负面作用。因而，随着统一强大的君主政治的确立，社会由非常态向常态化的转变，国家意志和权力的代

---

① 司马迁．史记：伍子胥列传．2版．北京：中华书局，1982：2183．

② 班固．白虎通义：卷上//四库全书：第850册．上海：上海古籍出版社，1987：28．

③ 范晔．后汉书：张敏列传．北京：中华书局，1965：1503．

④ 荀悦．申鉴：卷二//四库全书：第696册．上海：上海古籍出版社，1987：444．

⑤ 君主政治下的“法制”并非“社会公权力”，而是帝王的个人意志和绝对权力。

表——帝王权力确立，个人复仇受到挤压并渐次消亡也便成为必然。

第三，以“礼”“义”的名义：宣帝皇位正统性的论证。

宣帝的出身和经历详见《汉书·宣帝纪》：

> 孝宣皇帝，武帝曾孙，戾太子孙也。……生数月，遭巫蛊事，……曾孙虽在襁褓，犹坐收系郡邸狱。而邴吉为廷尉监，治巫蛊于郡邸，怜曾孙之亡辜，使女徒复作淮阳赵征卿、渭城胡组更乳养，……遭大赦，吉乃载曾孙送祖母史良娣家。……既壮，为取暴室啬夫许广汉女，曾孙因依倚广汉兄弟及祖母家史氏。……高材好学，然亦喜游侠，斗鸡走马，具知闾里奸邪，吏治得失。……元平元年四月，昭帝崩，毋嗣。大将军霍光请皇后征昌邑王。……癸巳，光奏王贺淫乱，请废。……秋七月，光奏议曰：“礼，人道亲亲故尊祖，尊祖故敬宗。大宗毋嗣，择支子孙贤者为嗣。孝武皇帝曾孙病已，有诏掖庭养视，至今年十八，师受《诗》《论语》《孝经》，操行节俭，慈仁爱人，可以嗣孝昭皇帝后，奉承祖宗，子万姓。”奏可。……已而群臣奉上玺绶，即皇帝位。①

宣帝虽然是武帝的嫡曾孙，但因巫蛊之祸流落民间，事实上并不具有皇位继承的政治基础和血缘优势。而霍光之所以选择他，大概正是因为他来自民间，自身及外戚力量孱弱，便于操控②。的确，与几个祖父和叔父辈的潜在继承者相比，宣帝的弱势显而易见：来自民间，身份卑微，戾太子尚未平反③，这些都构成了他执掌权力的隐忧④，而《公羊传》显然不

① 班固．汉书：宣帝纪．北京：中华书局，1962：235-238．

② 昭帝与齐怀王无嗣；哀王髆之子贺新废；燕王旦与霍光争权失败自杀，其子自然不在霍光的考虑范围内。最有资格的是武帝之子、年长的广陵厉王，但他早在武帝时就因逾越法度被排除在外，且最重要的是，他若继承大统，不利于霍光操权。如此一来，就只剩下来自民间的武帝曾孙刘病已。所以，吕思勉在《秦汉史》中说：“抑昌邑以亲藩邸旧臣败，光未尝不惩其事。宣帝起匹夫，则无辅之者矣，此其所以始忌之而后卒立之与?”（吕思勉．秦汉史．上海：上海古籍出版社，2005：136）

③ 巫蛊事件次年，时任高寝郎的车千秋就上书渐生悔意的武帝，为太子诉冤开脱：“子弄父兵，罪当笞；天子之子过误杀人，当何罪哉！臣尝梦见一白头翁教臣言。”（班固．汉书：车千秋传．北京：中华书局，1962：2883）后，车千秋因此而拜相。之后，武帝为表伤悼，也曾“作思子宫，为归来望思之台”（班固．汉书：武五子传．北京：中华书局，1962：2747），并找借口诛杀了巫蛊之祸的始作俑者。但他唯一不能做的是为卫太子平反，因为这将意味着承认自己误判误杀和决策失误。

④ 刘胥就曾对宣帝继位表达过强烈的抵触和不满：“‘太子孙何以反得立?’复令女须祝诅如前。”（班固．汉书：武五子传．北京：中华书局，1962：2761）

利于消除这些隐忧。典型的例子是宣帝即位当年（本始元年，前 73 年）要为卫太子平反加谥，受到“有司”振振有词的阻挠：“《礼》：‘为人后者，为之子也。’故降其父母不得祭，尊祖之意也。陛下为孝昭帝后，承祖宗之祀，制礼不逾闲。……故皇太子谥曰戾，置奉邑二百家。史良娣曰戾夫人，置守冢三十家。”① 宣帝的请求，在“有司”援引《公羊》“为人后者，为之子也”的“大义”下得到了一个“窝囊”的结果：卫太子虽得谥，但却得了个“戾”的恶谥，这不仅昭示着朝中实权者依然对卫太子的“反叛”耿耿于怀，更将这一“不光彩”永载史册。宣帝对《公羊传》的厌恶可想而知。

相反，《穀梁传》却有利于消除宣帝的隐忧，打击对手以争夺权力。

首先，与霍氏立异，打压政敌。《公羊春秋》俨然成为霍光树立威权、打压政敌②、压制宣帝的理论武器。宣帝为卫太子平反，受阻于对《公羊春秋》的理论援引，因而提倡《穀梁》、抑制《公羊》。其实，经典的开放性和灵活性，决定了经典解说的多元性。细究《公羊传》的一些论证，未必真的对宣帝执政一无是处。比如霍光死后，张敞上书铲除霍家势力时，就曾援引《公羊传》的“讥世卿”③。但要为卫太子平反、摆脱霍光的控制，必须先扳倒霍光，而扳倒霍光的理论先声当然是否定为霍氏政治服务的理论。如此一来，提倡《穀梁》、抑制《公羊》也就成了二人政治争胜的先决条件。更何况，《穀梁传》中有许多可为宣帝利用的思想资源。

其次，为自己正出身，争正统。仔细体味，《穀梁传》“隐公元年，春王正月”就包含了有利于宣帝争正统的成分：“虽无事，必举正月，谨始也。公何以不言即位？成公志也。焉成之？言君之不取为公也。君之不取为公，何也？将以让桓也。让桓也乎？曰不正。《春秋》成人之美，不成人之恶。隐不正不成之，何也？将以恶桓也。其恶桓，何也？隐将让而桓弑之，则桓恶矣。桓弑而隐让，则隐善矣。善则其不正焉，何也？《春秋》

---

① 班固. 汉书：武五子传. 北京：中华书局，1962：2748.

② 《公羊春秋》成为霍光控御政治的理想武器，废昌邑王刘贺就是从《公羊传》中寻找依据，事见《汉书·霍光传》。京兆尹张敞率群臣上奏皇太后：“《春秋》曰‘天王出居于郑’，繇不孝出之，绝之于天下也。宗庙重于君，陛下未见命高庙，不可以承天序，奉祖宗庙，子万姓，当废。”“皇太后诏曰：‘可。’光令王起拜受诏，王曰：‘闻天子有争臣七人，虽无道不失天下。’光曰：‘皇太后诏废，安得天子！’乃即持其手，解脱其玺组，奉上太后……”（班固. 汉书：霍光传. 北京：中华书局，1962：2945-2946）所引《春秋》见《公羊传》僖公二十四年：“王者无外，此其言出何？不能乎母也。”

③ 班固. 汉书：张敞传. 北京：中华书局，1962：3217.

贵义而不贵惠，信道而不信邪。孝子扬父之美，不扬父之恶。先君之欲与桓，非正也，邪也。虽然，既胜其邪心以与隐矣。已探先君之邪志，而遂以与桓，则是成父之恶也。”① 这里，《穀梁传》提到了宣帝政治迫切需要的两点：一是让桓不正；二是孝子扬父之美而不扬父之恶。这意味着《穀梁传》变相论证了：宗法传统决定了宣帝以嫡长孙继承皇位的正统性；即便当年卫太子有冒犯武帝的行为，作为孝子的宣帝为父隐恶扬善（平反）也是合于传统礼制的。从事实上看，宣帝继位初为卫太子平反的失败，实际上正是受阻于霍氏势力。甚至，刚即位的宣帝以帝王至尊的名义寻找外祖母八年未果，显然与霍光的操控有关。从“时，大将军霍光辅政，上共已正南面，非宗庙之祀不出”②，“光每朝见，上虚己敛容，礼下之已甚”③之类的记述，可见宣帝的傀儡境遇。因此，在这个令自己“若有芒刺在背”④ 的霍光死后，宣帝即刻对霍氏家族下手了：先是许臣下绕开霍氏耳目直接上书“封事”，继而逐渐剥夺霍氏军权：“乃徙光女婿度辽将军未央卫尉平陵侯范明友为光禄勋，次埍诸吏中郎将羽林监任胜出为安定太守。数月，复出光姊婿给事中光禄大夫张朔为蜀郡太守，群孙婿中郎将王汉为武威太守。顷之，复徙光长女婿长乐卫尉邓广汉为少府。更以禹为大司马，冠小冠，亡印绶，罢其右将军屯兵官属，特使禹官名与光俱大司马者。又收范明友度辽将军印绶，但为光禄勋。及光中女婿赵平为散骑骑都尉光禄大夫将屯兵，又收平骑都尉印绶。诸领胡越骑、羽林及两宫卫将屯兵，悉易以所亲信许、史子弟代之。”⑤

宣帝步步紧逼，霍氏子弟在“自见日侵削，数相对啼泣”⑥ 之余，被迫走上谋反之路，而这正中宣帝下怀。霍氏一族及“连坐诛灭者数千家”⑦ 被一网打尽，宣帝隐忍了八年的傀儡日子终于宣告结束。随着宣帝独立秉政时代的到来，为卫太子平反的时机也才真正到来，“后八岁，有司复言：‘《礼》：父为子，子为天子，祭以天子’。悼园宜称尊号曰皇考，立庙，因园为寝，以时荐享焉。益奉园民满千六百家，以为奉明县。尊戾

① 阮元．十三经注疏．北京：中华书局，1980：2365．
② 班固．汉书：郊祀志．北京：中华书局，1962：1248．
③ 班固．汉书：霍光传．北京：中华书局，1962：2948．
④ 同③2958．
⑤ 同③2952－2953．
⑥ 同③2954．
⑦ 同③2956．

夫人曰戾后，置园奉邑，及益戾园各满三百家”[1]。卫太子地位的恢复，意味着宣帝恢复正统地位。由此可见，汉宣帝提倡《穀梁传》绝不仅是表达对祖父的怀念，更是通过给祖父平反而为自己争正统。

第四，“亲亲”与“尊尊”：皇室矛盾的紧张与缓解。

历史地看，秦汉君主政治依然建立在旧的血缘伦理之上，这就需要汉代经学家们通过继续强调血缘宗法情谊完成新一轮的封建等级论证。

现实地看，自西汉建立以来，宗室矛盾始终很激烈，如文帝时的淮南厉王长与济北王兴居事件[2]、景帝时的七国之乱[3]、武帝时的淮南衡山大狱[4]与巫蛊之祸的父子相残、昭帝时的燕刺王旦[5]和盖长公主[6]事件、宣帝时的广陵厉王[7]诅咒事件等等。君权至高无上的魅力，驱使权力争夺日益残酷，这种“残酷”在汉初封国制下尤为凸显。连绵不断的宗室内讧严重影响了西汉统治的稳固。强调宗法血缘的“亲亲”成为抑制权力内耗以稳定统治的不二之选。而带有血腥角逐倾向的《公羊传》对西汉前期的同室操戈只能起到推波助澜的作用[8]。所以，早在武帝“多任深刻吏”的霸政时代，作为太子的宣帝祖父刘据就倾向于秉持“多所平反”的宽厚风格。这种执政风格被“柔仁好儒”的宣帝继承下来。在宗室矛盾愈演愈烈的情况下，大幅度调整统治政策，由武帝时的霸道转向“霸王道杂之”[9]，通过重

---

① 班固. 汉书：武五子传. 北京：中华书局，1962：2749.

② 淮南厉王刘长，汉高祖刘邦少子。公元前174年，与匈奴、闽越首领联络，图谋叛乱，事泄被拘，谪徙蜀郡途中，不食而死，谥号厉王。济北王刘兴居，刘邦孙，齐悼惠王刘肥子。公元前178年，乘匈奴入边举兵叛乱，被俘自杀，国除。

③ 公元前154年，吴王刘濞、楚王刘戊、赵王刘遂、济南王刘辟光、淄川王刘贤、胶西王刘昂、胶东王刘雄渠，七个诸侯王因不满晁错削藩起兵反抗，称“七国之乱”。

④ 淮南王刘安，汉高祖刘邦孙，淮南厉王刘长之子。刘长死后，公元前164年（后元元年），汉文帝将淮南国一分为三，刘安以长子身份仍袭淮南王。公元前122年，以“阴结宾客，拊循百姓，为叛逆事”治以谋反罪，畏罪自杀。淮南国废为九江郡。衡山王刘赐，淮南厉王刘长三子，刘安之弟。因与刘安共谋反，一并于公元前122年畏罪自杀。衡山国废为衡山郡。

⑤ 燕刺王刘旦，汉武帝三子。太子刘据死后，刘旦欲立为太子，武帝大怒，削去其封国的三个县，立幼子刘弗陵为太子。公元前80年（昭帝元凤元年），与上官桀等筹划诛杀霍光，篡位自立。事泄自缢而死。

⑥ 盖长公主，汉武帝之女。公元前80年（昭帝元凤元年），与燕王刘旦、上官桀、上官安及桑弘羊等合谋诛除霍光，事泄自杀。

⑦ 广陵厉王刘胥，武帝四子。觊觎宣帝帝位，使女巫诅咒宣帝。公元前54年（宣帝五凤四年）事泄，自缢而死。

⑧ 如汉武帝发动淮南衡山大狱援引的“人臣无将”（司马迁. 史记：淮南衡山列传. 北京：中华书局，1996：3094）。其中《春秋》引文见《公羊传》对《春秋》庄公三十二年“秋，七月，癸巳，公子牙卒”的解说：“公子牙今将尔，辞曷为与亲弑者同？君亲无将，将而诛焉。”

⑨ 班固. 汉书：元帝纪. 北京：中华书局，1962：277.

视宗法情谊，强调密切血亲关系以稳定皇族秩序。为此，宣帝做了不懈努力：即位第二年（本始元年，前 73 年），“秋七月，诏立燕剌王太子建为广阳王，立广陵王胥少子弘高密王”①；地节元年五月下复宗室属籍诏：“盖闻尧亲九族，以和万国。朕蒙遗德，奉承圣业，惟念宗室属未尽而以罪绝，若有贤材，改行劝善，其复属，使得自新”②；地节三年（前 67 年）“赐广陵王黄金千斤，诸侯王十五人黄金各百斤，列侯在国者八十七人黄金各二十斤”③，又封燕剌王旦的另两个儿子“庆为新昌侯，贤为（安定）侯”④，封“胥四子圣、曾、宝、昌皆为列侯”⑤，以缓和与诸王、侯的矛盾；地节四年（前 66 年）五月下诏：“父子之亲，夫妇之道，天性也。虽有患祸，犹蒙死而存之。诚爱结于心，仁厚之至也，岂能违之哉！自今子首匿父母，妻匿夫，孙匿大父母，皆勿坐”⑥，废除了武帝时期推行的使“骨肉之恩废，而刑罪多”⑦ 的首匿相坐之法；元康三年（前 63 年）诏：“盖闻象有罪，舜封之。骨肉之亲粲而不殊。其封故昌邑王贺为海昏侯”⑧。

《穀梁传》强调顾及宗法情谊的“亲亲”，有助于缓和宗室矛盾，以更好地树立“尊尊”的宗法等级、稳定政治统治⑨。现列举两例：

先看《穀梁传》于隐公元年借“郑伯克段于鄢”一事表达了对宗法情谊的重视：“克者何？能也。何能也？能杀也。何以不言杀？见段之有徒众也。段，郑伯弟也。何以知其为弟也？杀世子母弟目君。以其目君，知其为弟也。段，弟也。而弗谓弟，公子也。而弗谓公子，贬之也。段失子弟之道矣。贱段而甚郑伯也。何甚乎郑伯？甚郑伯之处心积虑，成于杀也。于鄢，远也。犹曰取之其母之怀中而杀之云尔，甚之也。然则为郑伯者宜奈何？缓追逸贼，亲亲之道也。”⑩ 郑庄公的弟弟共叔段在母亲武姜

---

① 班固．汉书：宣帝纪．北京：中华书局，1962：242.

② 同①246.

③ 同①249.

④ 班固．汉书：武五子传．北京：中华书局，1962：2759.

⑤ 同④2760.

⑥ 同①251.

⑦ “自首匿相坐之法立，骨肉之恩废而刑罪多。”（桓宽．盐铁论：卷十二//四库全书：第 695 册．上海：上海古籍出版社，1987：653）

⑧ 同①257.

⑨ “穀梁学十分重视礼义教化，重视宗法情感，把礼的观念提到了突出的地位，而这具有缓和统治阶级矛盾，稳定政治统治，保护统治阶级长远利益的作用。”（周桂钿．中国学术通史：秦汉卷．北京：人民出版社，2004：165）

⑩ 阮元．十三经注疏．北京：中华书局，1980：2365-2366.

的偏爱下飞扬跋扈，对此庄公用多予封地的策略促成其自大而谋反，再借机将其消灭。对于郑国的这场兄弟阋墙事件，穀梁家认为兄弟二人都有错，弟弟错在“失弟之道”，谋反篡位；哥哥错在背离“缓追逸贼”的“亲亲之道”，不顾兄弟情谊“处心积虑，成其杀”，有意导演了这场杀戮。所以对两者都提出批评：“贱段而甚郑伯”，段自然有违“尊尊”之道，而郑伯也背离了“亲亲”之道。

再看《穀梁传》对《春秋》宣公十七年冬“公弟叔肸卒”的解说：“其曰公弟叔肸，贤之也。其贤之，何也？宣弑而非之也。非之则胡为不去也？曰：兄弟也，何去而之？与之财，则曰：我足矣。织屦而食，终身不食宣公之食。君子以是为通恩也，以取贵乎《春秋》。”①公元前609年，鲁文公去世，文公宠姬敬嬴与鲁庄公之子公子遂（“东门襄仲”）勾结杀死哀姜所生的公子恶与公子视，强行扶立自己生的庶公子俀为储君，即后来的鲁宣公。叔肸作为宣公的同母弟，不食宣公之禄以抵制宣公杀嫡立庶的悖乱行为。对此，穀梁家认为：《春秋》之所以称叔肸的名字，是褒扬他的“贤”，因为“宣公弑逆，故其禄不可受；兄弟无绝道，故虽非而不去。论情可以明亲亲，言义足以厉不轨”②。叔肸不食宣公之禄、又不弃宣公而去的行为兼顾了“亲”与“义”，所以被穀梁家赞为“贤”。

必须强调的是，宣帝对“亲亲”的倡导和对宗法情谊的重视，是以“尊尊”为前提的，“尊尊”凌驾于宗法“亲亲”之上。这既是君主绝对权力的彰显，也是宣帝特殊出身的需要。因为按照宗法伦理，宣帝在皇室中的辈分较低，若一味讲求宗法情谊，宣帝的权威便会处于刘氏皇族前辈（如祖父辈的广陵厉王刘胥）的制约之下，这不利于宣帝独尊地位的树立。而《穀梁传》在重视宗法情谊的同时对“尊尊”的强调，恰好满足了宣帝强化政治基础、树立帝王权威的需求。比如，在上述隐公元年的例子中，穀梁家首先贬斥的是共叔段的“贱”（即篡位），顺带才批评郑庄公“处心积虑成其杀”的阴谋太“甚”（即过分）。再比如，对《春秋》昭公八年春“陈侯之弟招杀陈世子偃师”的解说：“诸侯之尊，兄弟不得以属通。其弟云者，亲之也。亲而杀之，恶也。”《穀梁传》认为，陈哀公儿子公子招与公子过相勾结，杀世子偃师立公子留的行为，既不顾“亲亲”，更违背“尊尊”，应当受到贬斥。

---

① 阮元. 十三经注疏. 北京：中华书局，1980：2415.

② 同①.

在“亲亲”与“尊尊”、家族伦理与政治关系的处理上，《穀梁传》特别强调后者的首要性。这一点，在上述“诸侯之尊，兄弟不得以属通”和《穀梁传》文公二年八月“君子不以亲亲害尊尊，此《春秋》之义”① 中表达得极为清晰。“亲亲”，是血缘宗法之规；“尊尊”，是帝王政治之道。“亲亲”为基，“尊尊”为上。“亲亲”是维系“尊尊”的手段，“尊尊”是“亲亲”达致的目的。《穀梁传》对“亲亲”与“尊尊”关系的界定也是它受到宣帝重视的原因之一。

第五，“礼乐教化”与“仁德之治”：宣帝对霸道政策的纠正与调整。

与《公羊传》相比，《穀梁传》特别强调礼乐教化和仁德之治。对“礼”“仁”的强调是《穀梁传》借儒家仁政理论维护等级制的策略，也是宣帝平衡霸道政策，缓和社会矛盾，稳定西汉统治的手段。

仁义和礼制作为维系等级秩序的外在形式，是孔子找到的救治礼崩乐坏的社会良方。《春秋》三传继承了原儒的礼制思想，而其中具有鲁学特征的《穀梁》重“礼”特色更为突出。对宣帝而言，发扬这些思想，至少有三点益处：一是借此模塑思想、再造行为以服务于新的等级制；二是借此突出“尊尊”，树立帝王威严，淡化其在皇族中辈分卑微的窘境；三是借礼乐教化推行“仁德之治”，纠偏武帝，推行霸王道政治。

《穀梁传》对仁德的强调，以重拾“民本”为切入点。《穀梁传》在对《春秋》隐、庄、僖、成公等多处解说中，都一以贯之地表达了对民生的关切和对耽误农时、不恤民情的深恶痛绝②。

武帝执政以来，为实现一统、强化政权而穷兵黩武造成的徭役繁重、财政拮据，导致了社会困窘、矛盾激化。武帝死后，随着战争机制的解除，人民要求安居乐业的呼声高涨，与《公羊》关系密切的刑名法术之士遭到朝野上下的普遍排斥。对此，昭帝曾在霍光的辅助下，顺应形势，议盐铁、罢榷酤，轻徭薄赋，与民休息。

宣帝即位后，君主政治体制的创建和完善已基本结束。在社会治理手段上，也必然面临由霸道向霸王道杂之、法治向德法兼治的常态化社会治理转向。在这种情况下，“稽古礼文”，推行礼乐教化和仁德之治，成为当

---

① 阮元. 十三经注疏. 北京：中华书局，1980：2405.

② 如对《春秋》隐公七年“夏，城中丘”和庄公二十九年“春，新延厩”、庄公三十一年“春，筑台于郎”“夏，筑台于薛”“秋，筑台于秦”等频繁筑台，《穀梁传》在《左传》和《公羊传》类似“书不时”“凶年不修”之类无关痛痒的评论之余，都表达了特别的愤慨（阮元. 十三经注疏. 北京：中华书局，1980：2370，2388，2389）。

时社会政治的需要。吴雁南等曾对此做过总结：“景武时期所宣扬的《公羊春秋》的宗旨是大一统学说，为加强中央集权专制和‘外事四夷，内兴功业’的有为政治服务。因此，公羊学在实际运用中突出了法制，而儒家的礼教和德治精神则被遮掩了。这样一来，温情脉脉的宗法伦常荡然无存，骨肉恩情扫地以尽，封建等级制度的关系趋于紧张。这种情况显然不利于封建等级秩序的稳定和巩固，也不符合封建统治长远利益的需要。所以，从昭帝以后，随着王朝将政策从对外开拓转向对内守成，统治阶级感到需要加强礼义教化，重视宗法情谊，以协调各个集团的利益，缓和冲突。”①

事实上，宣帝对于武帝辟土广地、一统海内的文治武功始终钦慕有加：“朕以眇身奉承祖宗，夙夜惟念孝武皇帝躬履仁义，选明将，讨不服，匈奴远遁，平氐、羌、昆明、南越，百蛮乡风，款塞来享”②。“修武帝故事”③ 也是宣帝强烈的政治诉求。但在当时，从国家层面上看，战争机制业已消除，百姓渴望安居乐业；从宣帝个人层面上看，“繇仄陋而登至尊，兴于闾阎，知民事之艰难”④ 的现实，迫使其调整武帝的霸道政策，所谓“汉家自有制度，本以霸王道杂之，奈何纯任德教，用周政乎？且俗儒不达时宜，好是古非今，使人眩于名实，不知所守，何足委任”。这种“霸王道杂之”是将“颇修武帝故事”的霸道，与“述旧礼，明王制”⑤ 的王道结合，礼法兼行、恩威并施，即：一面强化皇权至上、等级秩序和不容置疑的予夺威权、革除弊政、平理刑狱；另一面怀德重民、宣扬礼乐、重视教化、轻徭薄赋、与民休息。从现实效果上看，强调“礼乐教化”、力主“仁德之治”的德治调整，在宣帝一朝的确发挥了应有的政治辅助和社会控制作用。班固的所谓“海内兴于礼让”⑥，其实未必仅是媚于政治的廉价颂扬之辞。宣帝的这些“操行节俭，慈仁爱人”的表现，显然应该是《穀梁传》趋于时势的思想在政治实践上的反映。

第六，“从道”还是“从君”：《公羊传》的批判意识与《穀梁传》的现实转向。

① 吴雁南，秦学颀，李禹阶．中国经学史．北京：人民出版社，2010：88-89．
② 班固．汉书：宣帝纪．北京：中华书局，1962：243．
③ 班固．汉书：王吉传．北京：中华书局，1962：3062．
④ 班固．汉书：循吏传．北京：中华书局，1962：3624．
⑤ 班固．汉书：王贡传．北京：中华书局，1962：3063．
⑥ 班固．汉书：魏相丙吉传．北京：中华书局，1962：3151．

东周以降，在哲学觉醒的大背景下，早期儒家接续原始民主观念，形成了浓厚的民本意识和抗志精神。但历史地看，这种否定权威的抗志精神仅适用于“社稷无常奉，君臣无常位”（《左传》昭公三十二年）的社会变革或王权弱化的春秋战国时期，如日本学者本田成之称公羊家“急进于理想，有一种打破现状、刷新革命亦所不辞的踔厉奋发的学风。为此，这学派是乱世或国家濒于危险的时候，特别辉其光焰，可以说是创业或处变时的一种学问，然在太平时代却不免有无风起浪之弊”①。君主政治一旦建立，这种抗志精神便会因为与君权的对抗而失去存在的合法性。

经过武帝一朝君主政治体系的完善和军事上的全面出击，西汉统治已由初创期转入稳定期，汉宣帝时期需要一种维稳理论以消弭反叛意志。因此，重视礼制、强化君臣等级关系和君主至上权威成为当务之急。

《公羊传》在君臣关系上强调“义和”，如《公羊春秋》庄公二十四年冬“戎侵曹，曹羁出奔陈，赤归于曹”条下释文：“曹无大夫，何以书？贤也。何贤乎曹羁？戎将侵曹，曹羁谏曰：‘戎众以无义，请君勿自敌也。’曹伯曰：‘不可。’三谏不从，遂去之。故君子以为得君臣之义也。”② 北狄侵曹，曹羁多次谏阻曹君避免与狄人直接交战无果，弃君而去，出奔陈国。后来曹国果然战败，曹君战死。公羊家认为，面对曹君的固执己见，曹羁已经尽到了“君有过则谏，反复之不听，则去”（《孟子·万章下》）的君臣之义，堪称贤臣。对此，《穀梁传》却表现出了区别于《公羊传》的隐讳态度。本条下，《穀梁传》顾左右而言他，弃本文主旨于不顾，一味讨论“赤归于曹”是否合“礼”的问题，其重视“礼制”、维护“尊尊”③ 的目的显而易见。无疑，在君臣关系上，《公羊传》强调了尊君的条件。如果国君行为不合于“义”则臣可弃君，这显然是对抗志精神的继承和对绝对君权的背离。而《穀梁传》却将《公羊传》臣对君的有条件服从引向无条件服从。皮锡瑞说：“《公羊》兼传大义微言，《穀梁》不传微言，但传大义”④。《穀梁》“大义”的核心，就是对君主至尊的强调与膜拜。这是《穀梁传》适应不断完善的西汉君主政治的结果。

---

① 本田成之．中国经学史．桂林：漓江出版社，2013：106．

② 阮元．十三经注疏．北京：中华书局，1980：2238．

③ 《穀梁传》庄公二十四年冬：“赤盖郭公也。何为名也？礼，诸侯无外归之义。外归，非正也？”（阮元．十三经注疏．北京：中华书局，1980：2387）

④ 皮锡瑞．经学通论：卷四．北京：中华书局，1964：19．

四、汉哀帝时期的政治衰败与《左传》的提倡

班固《汉书》称:“建始以来，王氏始执国命，哀、平短祚，莽遂篡位，盖其威福所由来者渐矣!”① 这段叙述高度概括了成帝以降西汉政治的衰败历程。

1. 政治衰败与公羊学的废而不亡

在君主政治之下，学术难逃政治附庸的角色。不过，学术一旦融入政治，也会不可避免地对政治产生深刻影响。自董仲舒兴立太学以后，儒学成为官吏仕进的阶梯，大批官吏，通过施政实践实现儒学对政治的影响。

如前所述，宣帝时西汉政治的稳定和帝王权力的强化使《穀梁传》顺时而兴。然而，对于集权的约束、警示和针砭，是自儒家创建以来，儒者积极入世、匡衡政治始终不变的宗旨。这一宗旨在政治衰败、王权濒危的时候会进一步凸显。汉元帝以后，《公羊春秋》的再度活跃，就属于这种情况。元帝以降，一方面大批儒生通过仕进参与政治；另一方面外戚宦官专权又使这些儒生的参政理想受到压制。大批儒生的现实焦虑和反叛意志被进一步激发，而《公羊春秋》以其特有的“灾异谴告”功能和谏政精神再现勃勃生机。

2. 哀帝的政治挽救与《左传》抬头

绥和二年（前7年），四十五岁的成帝刘骜在荒淫中暴毙，无嗣，侄子刘欣继位为哀帝。

事实上，自元帝开始，西汉土地兼并、奴婢问题等各种社会矛盾已经在腐败中逐渐显露，“百姓饥馑，流离道路”②。走投无路的百姓铤而走险，反抗不断。哀帝继位后，曾为收拾人心、挽救衰政而诏告天下“制节谨度以防奢淫”③，并整顿吏制、限田限农、抑制兼并。但这场自救，因哀帝的孱弱、短命与贵族的抵制而破产，病入膏肓的西汉统治已无药可救。不过，这场自救在学术领域引发了绵延两千年的今、古文之争，春秋学也因此再掀波澜。

建平元年（前6年），刘向去世，刘歆代父校理宫中藏书，上书哀帝，将民间献给宫廷的《左传》《毛诗》《逸礼》《古文尚书》等古文经立于学

---

① 班固. 汉书：成帝纪. 北京：中华书局，1962：330.
② 班固. 汉书：薛宣传. 北京：中华书局，1962：3393.
③ 班固. 汉书：哀帝纪. 北京：中华书局，1962：336.

官。哀帝“令歆与五经博士讲论其义”[①]，遭到今文博士的激烈反对。刘歆为此愤而作《移让太常博士书》。《书》的大意有三：一是历数今、古文经典的产生和流传，说明经典对国家政治的重要性，特别是以古文经或出于孔壁或传于民间的来历，证其可信性与立于学官的必要性；二是抨击今文学者或“因陋就寡，分文析字，烦言碎辞”，“信口说而背传记，是末师而非往古”，“专己守残，党同门，妒道真”，或“挟恐见破之私意，而无从善服义之公心，或怀妒嫉，不考情实，雷同相从，随声是非”，出于一己狭隘私利，阻碍经典的广立与流传；三是明确宣示此次倡立古文经典原出于哀帝旨意：“今圣上德通神明，继统扬业，亦闵文学错乱，学士若兹，虽昭其情，犹依违谦让，乐与士君子同之。故下明诏，试《左氏》可立不，遣近臣奉指衔命，将以辅弱扶微，与二三君子比意同力，冀得废遗”[②]，因而，抵制古文立于学官便等同于“违明诏，失圣意”[③]。

按《移让太常博士书》的说法，倡立古文的目的似乎纯粹是一介儒者为“思废绝之阙”[④]，“罔罗遗失，兼而存之”[⑤] 所做的努力，是为了保存儒家经典、挽救儒经流散，以免“国家将有大事，若立辟雍封禅巡狩之仪，则幽冥而莫知其原”[⑥]。因为，通过文化传承拯救国家政治命运，通常是学者最擅长、也是最能有所作为的地方。但倘或把刘歆“大好之”且“引传文以解经，转相发明”的《左传》倡立，放到西汉三传轮替的大背景下考量，便会发现事情似乎并没有那么简单。

中国两千年经典诠释实践不断证明着一个事实，即：经典诠释虽然一直以回归原义为宗旨，但无可避免地会随着时代变化而有不同的诠释，这就是经典诠释的时代性。那么，在刘歆上书的背后所隐藏的倡立古文《左氏》真正的目的又究竟是什么呢？要回答这个问题，需要结合清末以来“刘歆倡立古文是否为助莽篡汉”的问题一并考察。

关于刘歆倡立《左传》的目的，清末民初以来持“刘歆伪造古文《左传》”说的学者认为：伪造《左传》的目的是“助莽篡汉”。先有刘逢禄

---

① 班固. 汉书：楚元王传. 北京：中华书局，1962：1967.
② 同①1970.
③ 同①1971.
④ 同①1970.
⑤ 班固. 汉书：儒林传. 北京：中华书局，1962：3621.
⑥ 同①1970.

《左氏春秋考证》“比附春秋年月改窜左氏”[①]一说，后有康氏《伪经考》“莽文居摄名义亦由歆。即此一言（《春秋》：隐公不言即位，摄也），歆之伪作《左氏春秋》书法，以证成莽篡，彰彰明矣”[②]的结论。崔适《春秋复始》接康氏之踵，以为：刘歆伪造《左》《榖》二传，是为了“破坏《春秋》，为莽饰非”[③]。崔适的弟子钱玄同也在《新学伪经考·序》中重申师说。自此以后，刘歆“伪造群经、媚莽助篡”的说法弥漫学术界。对此，钱穆撰《刘向歆父子年谱》力驳此说。以钱穆的考证为借鉴，结合当时的政治环境、刘歆出身及与王莽的关系等情况综合分析不难发现，所谓“刘歆造伪以助莽篡汉”的说法其实难以成立。

首先，古文《左传》非刘歆伪造，这一点钱穆已有详论[④]，而《左传》见载于刘歆之前的文献，无疑是驳“刘歆伪造”说最有力的证据。观西汉以前古籍可频见对《左传》的引用[⑤]，说明这期间《左传》一直在民间流传，不待刘歆造伪而成。

明显的几例如：《战国策·楚策四》的《客说春申君》篇荀子曰：“《春秋》戒之曰：‘楚王子围聘于郑，未出竟，闻王病，反问疾，遂以冠缨绞王，杀之，因自立也。齐崔杼之妻美，庄公通之。崔杼帅其君党而攻。庄公请与分国，崔杼不许；欲自刃于庙，崔杼不许。庄公走出，逾于外墙，射中其股，遂杀之，而立其弟景公’”[⑥]。《虞卿谓春申君》篇也有：“虞卿谓春申君曰：‘臣闻之《春秋》，于安思危，危则虑安’”[⑦]。上

① 刘逢禄．左氏春秋考证：卷二//续修四库全书：第125册．上海：上海古籍出版社，2002：253.

② 康有为．新学伪经考．北京：中国人民大学出版社，2010：142.

③ 崔适．春秋复始：卷一//续修四库全书：第131册．上海：上海古籍出版社，2002：383.

④ 钱穆．刘向歆父子年谱//顾颉刚．古史辨：第五册．上海：上海古籍出版社，1982：101-106.

⑤ 刘师培．周季诸子述左传考//刘师培全集：第三册．北京：中共中央党校出版社，1997.

⑥ 刘向．战国策：楚策四．上海：上海古籍出版社，1985：567. 又见《韩非子·奸劫弑臣》：“《春秋》记之曰：楚王子围将聘于郑，未出境，闻王病而反。因入问病，以其冠缨绞王而杀之，遂自立也。齐崔杼，其妻美，而庄公通之，数如崔氏之室。及公往，崔子之徒贾举，率崔子之徒而攻公。公入室，请与之分国，崔子不许。公请自刃于庙，崔子又不听。公乃走逾于北墙。贾举射公，中其股，公坠。崔子之徒以戈斫公而死之，而立其弟景公。”（诸子集成（五）．上海：上海书店，1986：76）

⑦ 刘向．战国策：楚策四．上海：上海古籍出版社，1985：582. 鲍本认为第二例中的“《春秋》”二字是衍文，不确切。因为从引文看，《战国策》引《春秋》并非一处，且“于安思危”的确见于《左传》襄公十一年。

述两段所引三事，分见于《左传》昭公元年①、襄公二十五年②和襄公十一年③，而今之《春秋》无载。可见，上文均引于《左传》，所谓“《春秋》”即《左氏春秋》简称。另，《吕氏春秋·求人》也有：“观于《春秋》，自鲁隐公以至哀公十有二世，其所以得之所以失之，其术一也。得贤人，国无不安，名无不荣；失贤之，国无不危，名无不辱。先王之索贤人，无不以也，极卑极贱，极远极劳。虞用宫之奇，吴用伍子胥之言。此二国者，虽至于今存可也。”④ 上述“宫之奇谏虞公”一事，分见于《左传》僖公二年、五年；“伍子胥谏吴王”一事，分见于《左传》哀公元年、十一年，全不见于今之《春秋》。除此而外，其余如马王堆汉墓帛书《春秋事语》和近年公布的清华简《系年》，均证实“至少在战国末期，《左传》已流传甚广”⑤。再者，许慎《说文解字·叙》说：“北平侯张苍献《春秋左氏传》”，而其《说文解字》的著成，就吸纳了包括“《礼》《周官》《春秋》《左氏》”在内的“古文”⑥。《史记·吴太伯世家》有：“太史公曰：余读《春秋》古文，乃知中国之虞与荆蛮之句吴兄弟也。”⑦《汉书·梅福传》也有成帝绥和元年“推迹古文，以《左氏》《穀梁》《世本》《礼记》相明”⑧ 的记载。司马迁说的“《春秋》古文”和《梅福传》提到的“《左氏》”即是指《左传》，这是《左传》在西汉武帝到成帝时流行于世的明证。《汉书·儒林传》更是探本溯源，条分缕析，系统记载了《左传》在西汉的传播：“汉兴，北平侯张苍及梁太傅贾谊、京兆尹张敞、太中大夫刘公子皆修《春秋左氏传》。谊为《左氏传》训诂，授赵人贯公，

---

① 《左传》昭公元年：“春，楚公子围聘于郑，且娶于公孙段氏，伍举为介。”（阮元. 十三经注疏. 北京：中华书局，1980：2019）

② 《左传》襄公二十五年春：“齐棠公之妻，东郭偃之姊也。东郭偃臣崔武子。棠公死，偃御武子以吊焉，见棠姜而美之。使偃取之。偃曰：‘男女辨姓。今君出自丁，臣出自桓，不可。’武子筮之，遇困之大过。……崔子曰：‘嫠也何害？先夫当之矣。’遂取之。庄公通焉。”（阮元. 十三经注疏. 北京：中华书局，1980：1983）

③ 《左传》襄公十一年十二月：“《书》曰：‘居安思危，思则有备，有备无患’。”（阮元. 十三经注疏. 北京：中华书局，1980：1951）

④ 吕氏春秋：求人//诸子集成（六）. 上海：上海书店，1986：292.

⑤ 陈鸿超.《左传》先秦传授世系再议. 中国典籍与文化，2016（2）.

⑥ 许慎. 说文解字：叙. 北京：社会科学文献出版社，2006：842-843.

⑦ 司马迁. 史记：吴太伯世家. 2版. 北京：中华书局，1982：1475. 事见《左传》僖公五年。此年冬，晋假虞伐虢，欲先灭虢而后灭虞。虞国大夫宫之奇力谏虞公拒绝假道，称：“大伯、虞仲，大王之昭也”（阮元. 十三经注疏. 北京：中华书局，1980：1795），意为：吴始祖大伯和虞始祖虞仲都是古公亶父之子，所以，吴国与虞国原本是兄弟国。

⑧ 班固. 汉书：梅福传. 北京：中华书局，1962：2927.

为河间献王博士，子长卿为荡阴令，授清河张禹长子。禹与萧望之同时为御史，数为望之言《左氏》，望之善之，上书数以称说。后望之为太子太傅，荐禹于宣帝，征禹待诏，未及问，会疾死。授尹更始，更始传子咸及翟方进、胡常。常授黎阳贾护季君，哀帝时待诏为郎，授苍梧陈钦子佚，以《左氏》授王莽，至将军。而刘歆从尹咸及翟方进受。由是言《左氏》者本之贾护、刘歆"①。可见，《左氏》流传自成体系，刘师培说"今之论古文学者，以为古学所以得名，由诸经出于孔壁，写以古文。孔壁既虚，则古文亦伪。夫孔壁而外得古文者，尚有河间献王。献王得书在景武之间，然学者之治古文学，则在景武以前。足证秦汉之间，古文之学虽残佚失传，然未尝一日绝也"②，此言不虚。

众多文献记载既已表明《左传》自战国至汉初一直流传不辍，足证其存世于刘歆之前，非待刘歆伪造而成。至于"歆治《左氏》，引传文以解经，转相发明，由是章句义理备焉"③ 的说法，除了证明这一点外，还说明刘歆在汉末政治衰败的特定环境下，试图借解说《左氏》为匡扶汉室做一番努力。

其次，接下来的问题是，刘歆倡立古文是否为助莽篡汉呢？综合各种材料分析，这一观点仍难以成立。

其一，从刘歆倡立《左传》的时间看，如钱穆分析，正处于王莽政治起步和失意期，此时刘歆倡立古文与助莽篡汉难以扯上关系。王莽于成帝绥和元年（前 8 年）代叔父王根任大司马，次年（前 7 年）成帝去世，哀帝继位。其时，哀帝外戚傅太后及丁皇后家族得势受宠，王莽卸职离任，隐居于新都，韬光养晦，闭门不出。元寿元年（前 2 年），哀帝为舆论所迫，召王莽回京侍奉王太后，但并没有恢复官职。直到元寿二年（前 1 年）哀帝去世，王氏家族才重新掌权。王莽官复原职，拥立汉平帝登基。其后，他的政治野心才逐渐暴露。刘歆倡立《左传》是在哀帝即位次年，即建平元年（前 6 年），而在整个哀帝一朝，王莽及其政治后盾——以王政君为代表的王氏家族，一直处于哀帝外戚的排挤之下，王莽能否官复大司马之职、重掌朝中大权还未可知，与篡汉之想更是相距万里。刘歆又岂有效力王莽、助其篡汉之想呢？

① 班固．汉书：儒林传．北京：中华书局，1962：3620.

② 刘师培．汉古文学辨诬：论西汉初年学者多治古文学//刘师培全集：第三册．北京：中共中央党校出版，1997：186.

③ 班固．汉书：楚元王传．北京：中华书局，1962：1967.

其二，从刘歆的出身、经历看，刘向、歆父子出身刘氏皇族，又是当时的名儒、经学家。在西汉衰落的大背景下，作为汉皇室后裔的刘向、歆父子焦虑于刘氏政权的存废。从家风渊源看，刘歆的父亲铮铮铁骨，一心向汉，曾屡谏元、成二帝①，又屡遭宦官弘恭、石显谗害②。其《列女传》的写作，正是直接针对元帝时期外戚宦官专权和成帝淫乱③，希望通过“列古女善恶所以致兴亡者以戒天子”④，以古为鉴，讽谏政治，以保江山永固⑤。史载：“向每召见，数言……今方同姓疏远，母党专政，禄去公室，权在外家，非所以强汉宗，卑私门，保守社稷，安固后嗣也”，“其言多痛切，发于至诚”⑥。

刘歆生活于西汉政权江河日下的元、成、哀时期，其命运跌宕和政治焦虑更甚于其父。因《移让太常博士书》受诸儒排挤被迫辞职，北上途中的一首《遂初赋》“枝叶落而不省兮，公族阒其无人。日不爨而俞甚兮，政委弃于家门”⑦，体现了其对刘氏皇族政权存续的忧虑。刘歆对汉政权的衷心从以下几件事可以窥见：一是在武帝庙议上借歌颂武帝功劳寄希望

① 元帝初元六年上书，借《春秋》灾异警示政治：“窃见灾异并起，天地失常，征表为国，欲终不言，念忠臣虽在甽亩，犹不忘君，惓惓之义也。况重以骨肉之亲，又加以旧恩未报乎！欲竭愚诚，又恐越职，然惟二恩未报，忠臣之义，一杼愚意，退就农亩，死无所恨。”“初元以来六年矣，案《春秋》六年之中，灾异未有稠如今者也。夫有《春秋》之异，无孔子之救，犹不能解纷，况甚于《春秋》乎?”“臣幸得托肺附，诚见阴阳不调，不敢不通所闻。窃推《春秋》灾异，以今事一二。”“成帝即位，显等伏辜，更生乃复进用，……是时，帝元舅阳平侯王凤为大将军秉政，倚太后，专国权，兄弟七人皆封为列侯。时数有大异，向以为外戚贵盛，凤兄弟用事之咎。……向乃集合上古以来历春秋六国至秦汉符瑞灾异之记，推迹行事，连传祸福，著其占验，比类相从，各有条目，凡十一篇，号曰《洪范五行传论》，奏之。天子心知向忠精，故为凤兄弟起此论也，然终不能夺王氏权。”（班固．汉书：楚元王传．北京：中华书局，1962：1932-1933，1942，1947，1949-1950）

② 元帝时，刘向（本名更生）与太傅萧望之、少傅周堪、侍中金敞“四人同心辅政，患苦外戚许、史在位放纵，而中书宦官弘恭、石显弄权。望之、堪、更生议，欲白罢退之。未白而语泄，……堪、更生下狱，及望之皆免官”（班固．汉书：楚元王传．北京：中华书局，1962：1929-1930)。

③ “向睹俗弥奢淫，而赵、卫之属起微贱，逾礼制。向以为王教由内及外，自近者始。故采取《诗》《书》所载贤妃贞妇，兴国显家可法则，及孽嬖乱亡者，序次为《列女传》，凡八篇，以戒天子。”（班固．汉书：楚元王传．北京：中华书局，1962：1957-1958）

④ 曾巩．列女传目录序//曾巩集：卷十一．北京：中华书局，1984：179.

⑤ 成帝时，因为“营起昌陵，数年不成，复还归延陵，制度泰奢”，刘向又上奏：“臣闻《易》曰：‘安不忘危，存不忘亡，是以身安而国家可保也。’故贤圣之君，博观终始，穷极事情，而是非分明。王者必通三统，明天命所授者博，非独一姓也。……自古至今，未有不亡之国也。”（班固．汉书：楚元王传．北京：中华书局，1962：1950-1951）

⑥ 班固．汉书：楚元王传．北京：中华书局，1962：1966.

⑦ 严可均．全上古三代秦汉三国六朝文：全汉文卷六十．北京：中华书局，1958：345.

于汉政权有“万世之基”[①]；二是平帝元始年间撰《世经》，重拾五德相生以证刘氏火德，以及建明堂、立辟雍的举措，这一举措非但不是如顾颉刚所说“为王莽代汉制造依据”，相反，恰恰是在预感西汉行将就木的情况下，“令汉与文王灵台、周公作洛同符”[②]，为刘氏政权合法性的延续做最后努力；三是对平帝时“再受命”的极力反对。鉴于以上表现，所谓其“伪造古经以助莽篡汉”实在难以说通。

其三，从刘歆的性格取向及其与王莽的关系看，一个人的性格表现受制于先天出身与后天经历。出身皇家又蒙受经学熏陶的刘歆，自然免不了兼具皇族、学者的风骨。这一点，我们从“歆数以难向，向不能非间也”[③] 可以看出。东汉贾逵也曾有“轻移太常，恃其义长，诋挫诸儒”，致使“诸儒内怀不服，相与排之”，“从是攻击《左氏》，遂为重仇”[④] 的评价。以如此高傲的秉性，岂是为感恩王莽举荐为官，便肯轻易背弃皇族荣耀与刘氏政权，摒弃耿直忠贞的家风而趋炎附势、助莽篡汉的利禄之徒和蝇苟之辈。

刘歆与王莽的关系，最早始于汉成帝阳朔三年（前 22 年），二人同任黄门郎官。但这次相处时隔不久便人各异途：王莽以外戚身份迁官射声校尉，自此命运随政治变动而跌宕起伏，直至绥和元年（前 8 年）任大司马；而刘歆一直辅助父亲校理群书。不过，二人之间的纠葛也并未中断。此后，刘歆受到王莽两次举荐：第一次是成帝绥和二年（前 7 年）王莽首任大司马不久。当时，王莽为诛灭政敌、拔擢党羽，“举歆宗室有材行，为侍中太中大夫，迁骑都尉、奉车光禄大夫”[⑤]。但当年，成帝去世，哀帝继位，王莽受哀帝外戚排挤离职。而次年（前 6 年），刘歆倡立古文经于学官，遭到今文学者反对，愤而写下《移让太常博士书》，掀起今、古文之争的轩然大波，遭贬。第二次是元寿二年（前 1 年）哀帝去世，王莽重掌大权后，刘歆再受举荐，从右曹太中大夫、京兆尹受封红休侯。此期随着官位一路高升，刘歆的确成为王莽麾下重要的参政者：“刘歆典文章，孙建为爪牙”，包括歆子棻“皆以材能幸于莽”[⑥]，但不可据此推测确定刘

---

① 班固. 汉书：韦贤传. 北京：中华书局，1962：3126.
② 班固. 汉书：平帝纪. 北京：中华书局，1962：359.
③ 班固. 汉书：楚元王传. 北京：中华书局，1962：1967.
④ 范晔. 后汉书：贾逵列传. 北京：中华书局，1965：1237.
⑤ 同③.
⑥ 班固. 汉书：王莽传. 北京：中华书局，1962：4046.

歆一定会在情感和行为上折节依附王莽，为其篡逆效力。一方面，用动态眼光看，从揽权到篡权，王莽篡汉的欲望是随着政治形势的变化逐步升级的，而非一开始就以篡汉为明确目的。而此时的王莽虽已大权在握，并不断致力于消除异己、收买人心，但揽权与篡逆尚有天壤之别。另一方面，此时的王莽凭借沽名钓誉的政治手段，以谦恭俭让、礼贤下士的假象几乎骗过了所有朝野大臣，乃至被称为“周公再世”，又怎能奢望出身皇族的一介儒者刘歆能看穿王莽的伪诈伎俩？哀帝昏庸无能，刘歆拥戴王莽，寄希望于其倾心辅佐汉室，挽救刘氏危局也是情理之举。毕竟，大汉王朝曾有霍光辅政的先例①，王莽若能成为霍光第二，虽无奈汉朝大权旁落，但终究好于政权覆亡。

从王莽的发迹史看，其篡逆之心是在不断接近权力中心的过程中渐次萌生的。虽然从后来者和局外人的角度，一定要找到王莽心生篡逆的明确标志是极其困难的，但元始五年（5年）毒死平帝成为“摄皇帝”，应是王莽篡逆野心昭彰的一个重要节点。但即便如此，天真的刘歆在居摄三年（8年）——距王莽真正篡位三个月——还借奏议王莽母亲功显君去世礼仪之机，试图通过“诏安汉公居摄践祚，将以成对汉之业”，“受太后之诏居摄践祚，奉汉大宗之后”之类的劝诫，提醒王莽谨遵“奉汉大宗”的“居摄”之位。这也是刘歆认清王莽篡政野心，从而由支持、辅政到谏止篡政的转折。伴随王莽从居摄到篡政，刘歆从倾力辅佐到“内惧”的心理变化，恰反映了其面对刘氏政权大厦将倾的内心苦痛。班固其实已经洞察了这一微妙的心理变化：“初，甄丰、刘歆、王舜为莽腹心，倡导在位，褒扬功德；……而丰、舜、歆亦受其赐，并富贵矣，非复欲令莽居摄也。……莽羽翼已成，意欲称摄。丰等承顺其意，……丰等爵位已盛，心意既满，又实畏汉宗室、天下豪杰。而疏远欲进者，并作符命，莽遂据以即真，舜、歆内惧而已。”②“内惧”二字恰当地反映了刘歆作为一介书生在认识到王莽篡逆意图后内心的恐惧。结果，随着王莽篡汉行为的昭彰，刘歆由内心恐惧而至行为抗拒，于地皇四年（23年）借更始崛起，在王涉“星孛扫宫室，刘氏当复兴”的鼓动下，谋划劫持王莽。然而，却因其书生迂腐而贻误时机，事泄，被迫自杀。

① 如王刚所说：“由于霍光‘故事’在前，当王莽以周公自居时，几乎没有谁有理由怀疑他的政治野心。”（王刚．学与政：汉代知识与政治互动关系之考察．上海：华东师范大学博士学位论文，2004）

② 班固．汉书：王莽传．北京：中华书局，1962：4123.

应该承认，刘歆倡立古文客观上的确对王莽新政起到推波助澜的作用，《汉书·儒林传》载："平帝时，又立《左氏春秋》、《毛诗》、逸《礼》、古文《尚书》，所以罔罗遗失，兼而存之，是在其中矣。"① 显然，当时倡导古文经学已经丧失了学术意义，成为王莽篡政的助力。然而，同时也应看到，这并不是刘歆倡导古文经学的主观目的。从上述刘歆对刘氏政权哀其不幸、怒其不争而其忠心历久不衰的表现可以看出，刘歆对王莽的配合，是以王莽辅助刘汉政权为前提的。王莽篡政，并非刘歆的主观愿望。这一点，班固已经看得很明白："初，甄丰、刘歆、王舜为莽腹心，倡导在位，褒扬功德；'安汉'、'宰衡'之号及封莽母、两子、兄子，皆丰等所共谋，而丰、舜、歆亦受其赐，并富贵矣，非复欲令莽居摄也。"② 钱穆也指出："歆在当时，名位尚非甚显。同时在朝出歆右者多矣，谓莽尊信歆，推行其伪学，若其时惟歆与莽沆瀣一气，同谋篡业，此非史实。"③ 所以，需要明确的是，即便刘歆倡立古文客观上助推了王莽篡汉，但"安汉"始终是刘歆的主观本意，这从刘歆觉察到王莽篡汉而"内惧"并从辅莽转向反莽的表现可以看出④，所以钱穆总结说："莽之篡汉，歆、舜之徒以革新政考相翼，而愚人争言符命，则甘、夏之流也。"⑤ 而主观上"助其篡逆"与客观上为支持王莽辅佐汉室而"助推了其篡逆"，是有着"故意"与"非故意"的本质区别的。

其四，从哀帝对刘歆倡立古文的态度看，《移让太常博士书》中类似"今圣上……下明诏，试《左氏》可立不"之类的表述表明刘歆倡导古文并非仅凭一己主观意愿。正如吴涛分析的："在当时的条件下"，刘歆绝不敢"公然伪造皇帝的旨意"⑥。无疑，刘歆倡导古文是得到了哀帝的首肯。《移让太常博士书》的激烈言辞引起太常博士共愤，大司空师丹将一顶"奏歆改乱旧章，非毁先帝所立"的大帽子扣到刘歆头上时，哀帝一句

---

① 班固. 汉书：儒林传. 北京：中华书局，1962：3621.

② 班固. 汉书：王莽传. 北京：中华书局，1962：4123.

③ 钱穆. 刘向歆父子年谱//顾颉刚. 古史辨：第五册. 上海：上海古籍出版社，1982：187.

④ 不仅刘歆在王莽篡逆后从支持走向对立，曾是王莽座上宾并因辅佐其成为"安汉公"被称为"四辅"之一的甄丰，也在"莽篡位后，丰意不平，卒以诛死"（范晔. 后汉书：彭宠列传. 北京：中华书局，1965：503）。

⑤ 钱穆. 刘向歆父子年谱//顾颉刚. 古史辨：第五册. 上海：上海古籍出版社，1982：171.

⑥ 吴涛. "术"、"学"纷争下的西汉《春秋》学. 北京：中国社会科学出版社，2011：221.

“歆欲广道术，亦何以为非毁哉”[1] 的祖护可以证实这一点。

那么，哀帝支持刘歆倡立《左传》的意图又是什么呢？随着西汉政权的衰落，《公羊春秋》重新抬头，它的许多如通三统、当新王等曾经论证西汉政权合法性的理论，现在却转向对西汉政权的否定。特别是《公羊春秋》的灾异谴告与谶纬结合提出的汉运中衰、传国让贤的“更受命”，对西汉政治的延续构成了直接的舆论威胁。而《左传》虽也有大量巫祝及“社稷无常奉”（《左传》昭公三十二年）之类的警示，但也不乏“天道远，人道迩”（《左传》昭公十七、十八年）之类的言论。这些言论和《左传》中大量的史事叙述，可以通过真相还原的方式适当冲淡时人对《公羊》的迷信和对汉政权的绝望，压制“更受命”的声音，转移社会舆论对刘氏皇族的攻击[2]，消减政权颠覆的危险。这一结论，可以从刘向、歆父子既与一般儒者一起警示汉帝，又反对“更受命”的矛盾做法中得到证实[3]。这一原因实在不足为外人道，因而无法堂而皇之地写入《移让太常博士书》中。

显然，哀帝和刘歆倡立古文《左氏》的真正目的是抑制《公羊》，转移舆论视线，扭转“汉将灭亡”的舆论导向，拯救西汉政治危局。只是这一努力因为哀帝的懦弱、久病和早夭，也因为缺乏长期谋划，更因为西汉统治积重难返而最终归于失败。

至此，西汉政权的覆亡，是无论如何都难以避免的了。

---

① 班固. 汉书：楚元王传. 北京：中华书局，1962：1972.

② 又如对于《春秋》成公十六年“正月，雨，木冰”，刘向、刘歆的解释是：“刘歆以为上阳施不下通，下阴施不上达，故雨，而木为之冰，雰气寒，木不曲直也。刘向以为冰者阴之盛而水滞者也，木者少阳，贵臣卿大夫之象也。此人将有害，则阴气（协）木，木先寒，故得雨而冰也。”（班固. 汉书：五行志上. 北京：中华书局，1962：1319-1320）刘向、刘歆的解说，将天降灾异有意从对最高统治者的惩戒转移到臣子身上，以此降低对最高统治者的谴责，从而尽全力维护刘姓帝王的权威。

③ 精于星象灾异的刘向也用灾异抨击政治：“成帝河平三年二月丙戌，犍为柏江山崩，捐江山崩，皆壅江水，江水逆流坏城，杀十三人，地震积二十一日，百二十四动。元延三年正月丙寅，蜀郡岷山崩，壅江，江水逆流，三日乃通。刘向以为周时岐山崩，三川竭，而幽王亡。岐山者，周所兴也。汉家本起于蜀汉，今所起之地山崩川竭，星孛又及摄提、大角，从参至辰，殆必亡矣。”（班固. 汉书：五行志. 北京：中华书局，1962：1457）但却“奏忠可假鬼神罔上惑众”，刘歆也以为忠可书“不可施行”（班固. 汉书：李寻传. 北京：中华书局，1962：3192）。

第四章　君主政治动荡与《春秋》诠释的神秘化

朝代的兴亡更替，往往既有特殊性，也有共通性。同样，一种理论或学说，往往同时内含了服务于特定时代的个性和服务于不同时代的共性。后者是理论或思想开放性的表现，不同时代的不同诠释便由此形成。《春秋》原本顺应武帝政治鼎盛而兴，但神奇的是，在这个政权行将灭亡的时刻又以神秘化、谶纬化的形式再度兴盛。

“谶”是用诡秘的隐语、预言作为神的启示，预测吉凶祸福、治乱兴衰，因其常以符、图的形式呈现，又称“图谶”，主要流行于民间，其源头或是由史前原始宗教崇拜发展而来的民间巫祝。刘师培《谶纬论》说：“奥在上古，民神杂糅。祝史之职，特崇地天之通，未绝合符受命。……盖史官失职，方技踵兴，故说杂阴阳，仍出羲和之职守。而家为巫史，犹存苗俗之遗风。是为方士家言，实与儒书异轨。及武皇践位，表彰六经，方士之流，欲售其术，乃援饰遗经之语，别立谶纬之名，淆杂今文，号称齐学。……乃世之论谶纬者，或谓溯源于孔氏，或谓创始于哀平。吾谓谶纬之言，起源太古，然以经淆纬，始于西京；以纬俪经，基于东汉。”①

起于史前的“谶”于社会转型、政局动荡的战国秦汉之间勃兴。陈延杰《谶纬考》说：“谶纬说成立，始于战国方士。盖齐人好怪迂，秦人信神仙。故燕齐海上方士之失职者，皆得逞其术以迷惑人主，于是谶纬起矣。……世儒言谶纬起于哀平之末，是不然。纬候之书，伪起哀平；若图谶，则战国末年已风行矣。”②在动荡、战乱与游移迁徙中，“谶”从信巫之风盛行的燕、齐、楚等国迅速波及西秦。《史记》记载，秦穆公曾告诉公孙支自己做了一个梦，梦见上天告诉他“晋国将大乱，五世不安，其后

① 刘师培．左盦外集：卷三//刘师培全集：第三册．北京：中共中央党校出版社，1997：175．

② 陈延杰．谶纬考．东方杂志，1924（6）．

将霸"，公孙支将这一预言"书而藏之，秦谶于是出"①。可见，谶语在秦穆公时已在秦国流行，又随着秦的统一流布全国。秦始皇时，民间出现的"亡秦者胡也""始皇帝死而地分""今年祖龙死"② 等均属此类。至西汉末，政治危机再度为谶的风行提供了适宜土壤，王莽在接连不断的谶语先兆中一步步登上皇帝宝座，颠覆了西汉政权。然而，这个兴于谶语的"新"朝，仅历十五年便在农民起义中覆亡。继之而起的刘秀又借谶语建立了东汉王朝。"谶"的兴衰起伏，既是思想观念流变的规律使然，也是不同政治需求的结果。而"谶语"盛行的社会环境竟逐渐发展、运化出了专门的谶书③。

"纬"是假托孔子，对经书所做的神学化解释④，因与"经"相对而称为"纬"。与"谶"的表现形式不同，它从一开始就是以"书"的形式呈现的。所以，我们通常所说的"纬"，实指"纬书"。纬书作为一种神学化解经著作，以《春秋》的灾异记录和孔子以灾异论政为基因⑤，从《左传》重鬼尚巫和齐地阴阳五行，到董仲舒的《春秋繁露》，重组成为系统的灾异谴告理论⑥。其后，董仲舒的再传弟子眭弘，在汉代政治由辉煌步入衰落的昭帝时期，借大石自立、枯木复生等灾异现象，炮制出汉德已衰、将更受命的神学化解说，将神秘主义解经路线再推进一步。在此基础上，至哀、平危机日深之际，化生出以谶解经的神学化诠释作品——纬书。

因为谶与纬都有假借天神、巫术、符箓的神秘化特征，历史上常联称为"谶纬"。

谶纬，代表经学的神学化思潮，起于汉末哀、平政权危机，又经光武

① 司马迁. 史记：赵世家. 2版. 北京：中华书局，1982：1787.

② 司马迁. 史记：秦始皇本纪. 2版. 北京：中华书局，1982：252，259，259.

③ 有学者以为：《吕氏春秋》中提到的"绿图幡薄"就是谶记的一种（张广保. 纬书对经书的阐释//姜广辉. 经学今诠初编. 沈阳：辽宁教育出版社，2000：388）。

④ "经显，圣训也；纬隐，神教也。"（刘勰. 文心雕龙：卷一//四库全书：第1478册. 上海：上海古籍出版社，1987：8）

⑤ 因此有人说"纬"起于孔子，如刘勰《文心雕龙·正纬》："有命自天，乃称符谶，而八十一篇皆托于孔子。"（刘勰. 文心雕龙：正纬//四库全书：第1478册. 上海：上海古籍出版社，1987：8）金鹗《纬候不起于哀平辨》："纬书之书，说者皆谓起于哀平之世，非也。纬候所言多近理，可以翼经，本古圣遗书，而后人以怪诞之说篡入其中，遂令人不可信耳。其醇者盖始于孔氏，故郑康成以为孔子所作。"（阮元. 诂经精舍文集：卷十二//丛书集成初编：第1838册. 北京：中华书局，1985：350-351）

⑥ 唐徐彦说："汉景帝时，寿乃其弟子齐人胡毋子都著于竹帛，与董仲舒皆见于图谶是也。"（徐彦. 春秋公羊传注疏：序//阮元. 十三经注疏. 北京：中华书局，1980：2190）

帝提倡达到鼎盛。它的兴盛，有其历史性和现实性双重原因。

从历史性上看，它是西汉董仲舒《春秋》神学化逻辑发展的结果。经过七十年的休养生息，西汉统治稳定下来。但同时，经济、政治形势的变化和内忧外患的积累，又为统治政策的调整和封建政治的完善提出新要求。武帝继位以后，董仲舒为纠正汉初无为政策导致的社会弊端，并彻底解决秦以来君主政治体制完善的问题，借阐发《公羊春秋》，用“天人感应”“符瑞灾异”等神学理论，神化和针砭皇权。董仲舒的理论建构，固然满足了汉王朝完善政治统治的需要，但同时也将经学引向神学，酿成伪造孔子微言大义的谶纬思潮，并最终将西汉王朝送上覆亡的道路。哀、平之际，灾异论在西汉政权摇摇欲坠的当口再次活跃，成为士人假借天意批评时政的理论武器。而王莽和光武帝如法炮制，借用同样的神学理论颠覆了前朝，取得了政权。就像《后汉书·方术列传》总结的：“汉自武帝颇好方术，天下怀协道艺之士，莫不负策抵掌，顺风而届焉。后王莽矫用符命，及光武尤信谶言，士之赴趣时宜者，皆驰骋穿凿，争谈之也。”①

从现实性上看，它是汉末、新莽乃至东汉政权交替之际各种矛盾纠结汇聚的产物。一方面是汉末矛盾激化下，传统儒学借神化自身维系政治的需求。随着汉末政治危机，作为官方意识形态的儒学也随之受到怀疑和挑战。怎样通过强化儒学信仰延伸其政治维护力，谶纬提供了一个大有作为的空间——依靠神的力量提升经的权威，再以经的权威维系皇权政治。另一方面，各阶层及不同政治势力之间的较量、斗争异常激烈。长期的思想渗透和积淀成就了谶纬的权威性和广泛性，自然而然地成为社会各阶层和政治势力理解现实、表达诉求的理想渠道。从上层看，无论是刘氏皇族还是王氏外戚，都将本集团的政治意图和利益假托孔子和天神，利用谶纬符命神化自身，打击政敌。而底层大众也利用谶纬迷信对抗腐朽政治、宣泄怨愤情绪，表达自身愿望。如哀帝建平四年（前 3 年）大旱，关东饥民啸聚京城“聚祠西王母，或夜持火上屋，击鼓号呼”②。就像吕宗力说的：“民间造谶，革天命者和野心家也造谶，有的自己造谶以扩大政治影响，有的则迁就谶语以天命自许，还有阴谋小人以造谶或附会谶语来达到陷害忠良的目的。用谣谶作政治斗争的工具，这实在是中国政治的传统特

① 范晔．后汉书：方术列传．北京：中华书局，1965：2705．

② 班固．汉书：哀帝纪．北京：中华书局，1962：342．

色……研究中国的政治史，似乎不应该忽略这一点。"①

当然，从长远看，作为特殊社会产物的谶纬，终究无法取代正统经学地位。这一点，任继愈在《中国哲学发展史》中有透彻分析："如果说正统的神学经学主要是适应建立和巩固封建统治秩序的需要而产生的，那么谶纬完全是社会危机的产物，反映了统治集团企图挽救危机的努力。在社会危机时代，统治集团起了分化，各派政治力量相互斗争，都要援引经义，把自己的实际的政治利益转化为虚幻的上帝和孔子的意旨。谶纬这种形式比正统的神学经学更为自由简便，可以不受经典的约束，能够起到正统的神学经学所不能起的作用，因而风靡一时，迅速发展成为思想领域里的一股强大的势力。但是一当危机过去，巩固封建统治秩序的要求提上日程，谶纬这种形式就变成了一种不安定的破坏性的因素，所以它始终不能取代正统的神学经学的地位，上升为长期的统治思想。"②

第一节　汉末政治危机与谶纬兴起

汉末哀、平之际，在政治腐败、社会危机的大背景下，谶纬兴起。

一、西汉成、哀之际的政治危机与谶纬初兴

如前所述，君主政治的特性，决定了其必然为满足统治者的贪欲而弄权。然而，君主政治又建立在小农经济之上，巧取豪夺造成的小农破产必然动摇国本。这一伴随君主政治始终的先天性"死结"，在西汉统治中率先表现出来。

横征暴敛与土地兼并造成的自耕农破产，早在所谓"西汉统治最辉煌"的武帝时期就已非常严重。史载，元封四年（前 107 年）关东流民曾达二百万。尤其是元帝以后，武帝时期旨在抑制豪强的迁豪政策和常平仓的废止，使得官僚地主和富商巨贾为主干的兼并势力迅速崛起，再加上统治上层日益严重的贪婪腐朽，大批农民失去土地，流离失所，"百姓财竭力尽，……流散冗食，馁死于道，以百万数"，"上下俱匮，无以相救"③，

---

① 安居香山，中村璋八. 纬书集成：序. 石家庄：河北人民出版社，1994：6.

② 任继愈. 中国哲学发展史：秦汉卷. 北京：人民出版社，1985：416.

③ 班固. 汉书：谷永杜邺传. 北京：中华书局，1962：3462.

或沦为奴婢，或饿死荒野。以至于有些官僚也不得不上书严正指出“豪强大姓蚕食亡厌”，百姓“有七死而无一得”①。陷入绝境的农民只得起而反抗，从成帝建始年间开始，这种反抗就一直连绵不断②。

对此，政治上层也曾绞尽脑汁寻觅拯救药方。如元帝时，翼奉就上书建议迁都③，然而这种迁都把戏除了徒增政府财政负担外丝毫无益于危机消除，就连“易欺而难悟”④的元帝也看出了其中的荒唐：“书奏，天子异其意，答曰：‘问奉：今园庙有七，云东徙，状何如?’”⑤因而，最终不了了之。

哀帝继位后，大臣师丹、孔光等又积极推动哀帝下诏限田限奴：

> 诸侯王、列侯皆得名田国中。列侯在长安，公主名田县道，及关内侯、吏民名田皆毋过三十顷。诸侯王奴婢二百人，列侯、公主百人，关内侯、吏民三十人。……贾人皆不得名田、为吏，犯者以律论。诸名田畜奴婢过品，皆没入县官。⑥

与迂腐的迁都之计相比，限田限奴倒真是切中西汉统治要害，这也是后来王莽改革“王田私属”的范本。但这一旨在缓和矛盾、收拾人心的政策遭到外戚丁氏、傅氏和宠臣董贤等既得利益者的强烈抵制，结果又在哀帝“且须后”⑦的无奈中搁置下来。

西汉统治上层的政治自救运动至此破产。

正所谓：“国将兴，听于民；将亡，听于神。”⑧西汉统治危机加重，各种社会矛盾汹涌激荡，谶纬迷信作为不同阶层和集团表达各自愿望的理想方式兴盛起来。掌握舆论核心的两股势力是熟谙经学的知识分子和社会

---

① 班固．汉书：鲍宣传．北京：中华书局，1962：3088.

② 《汉书·成帝纪》记有阳朔三年（前22年）颍川铁官徒申屠圣起义；鸿嘉三年（前18年）广汉郑躬起义；永始三年（前14年）尉氏樊并、山阳铁官徒苏令起义（班固．汉书：成帝纪．北京：中华书局，1962：314，318，323）。

③ 班固．汉书：翼奉传．北京：中华书局，1962：3176.

④ 司马光．资治通鉴：卷二十八．北京：中华书局，1997：246.

⑤ 同③3178.

⑥ 班固．汉书：哀帝纪．北京：中华书局，1962：336.

⑦ 班固．汉书：食货志．北京：中华书局，1962：1143.

⑧ 《左传》庄公三十二年：“秋，七月，有神降于莘。惠王问诸内史过曰：‘是何故也?’对曰：‘国之将兴，明神降之，监其德也；将亡，神又降之，观其恶也。故有得神以兴，亦有以亡，虞、夏、商、周皆有之。”“神居莘六月。虢公使祝应、宗区、史嚚享焉。神赐之土田。史嚚曰：‘虢其亡乎！吾闻之：“国将兴，听于民；将亡，听于神。”神，聪明正直而一者也，依人而行。虢多凉德，其何土之能得！’”（阮元．十三经注疏．北京：中华书局，1980：1783）

上层。

以经学起家的知识分子（包括刘向、刘歆在内的少数刘氏皇族后裔）纠结于民生疾苦与国家政权安危，既悲悯苍生、痛恨腐朽，又不愿看到刘氏政权走向覆亡。元帝以后，在社会矛盾日深、政权危机日重的情况下，他们中的一部分，拿起了神学“批判的武器”，承续董仲舒以来《公羊春秋》的传统，借灾异抨击时政，希望执政者猛醒，纠正时弊，挽汉朝大厦于将倾。

继眭弘借灾异劝昭帝让贤之后，宣帝神爵二年（前60年），司隶校尉盖宽饶又针对宣帝重刑法、用宦官，引《韩氏易传》奏封事谓：“五帝官天下，三王家天下。家以传子，官以传贤，若四时之运，功成者去，不得其人则不居其位。”一个臣子，竟敢让宣帝退位让贤，如此挑战帝王权威，真是狂妄至极。被激怒的宣帝不顾大臣“国有忠臣，奸邪为之不起。司隶校尉宽饶居不求安，食不求饱，进有忧国之心，退有死节之义”的求情，“遂下宽饶吏”。“为人刚直高节，志在奉公”的盖宽饶于是“引佩刀自到北阙下，众莫不怜之”①。

然自盖宽饶直言自杀，汉儒灾异谏政之风不衰反盛。

元帝时，除了公羊学家贡禹以“天生圣人，盖为万民，非独使自娱乐而已”② 抨击时政外，京房的质问更是咄咄逼人：“古帝王以功举贤，则万化成，瑞应著；末世以毁誉取人，故功业废而致灾异。”“‘《春秋》纪二百四十二年灾异，以视万世之君。今陛下即位已来，日月失明，星辰逆行，山崩泉涌，地震石陨，夏霜冬雷，春凋秋荣，陨霜不杀，水旱螟虫，民人饥疫，盗贼不禁，刑人满市，《春秋》所记灾异尽备。陛下视今为治邪，乱邪？’上曰：‘亦极乱耳，尚何道！’”③ 京房师从“长于灾变”的焦延庆，精于《易》学，这里以《公羊春秋》的灾异谴告警示元帝“优游不断，谗佞用权”④ 之大患。

到成帝时，儒者对于统治上层的政治自救开始由希望转入绝望。于是，由昭、宣时“汉为尧后”、传国让贤延伸而来的“汉家天命将终”言论甚嚣尘上，精于京氏《易》并针对成帝荒淫好色屡次进谏的北地太守谷永，便以“去无道，开有德，不私一姓，明天下乃天下之天下，非一人之

① 班固．汉书：盖宽饶传．北京：中华书局，1962：3247，3247，3248，3245，3248．

② 班固．汉书：贡禹传．北京：中华书局，1962：3072．

③ 班固．汉书：京房传．北京：中华书局，1962：3160，3162．

④ 司马光．资治通鉴：卷二十八．北京：中华书局，1997：245．

天下”警告成帝：若再不醒悟，“内则为深宫后庭将有骄臣悍妾醉酒狂悖卒起之败，北宫苑囿街巷之中臣妾之家幽闲之处徵舒、崔杼之乱；外则为诸夏下土将有樊并、苏令、陈胜、项梁奋臂之祸”①。而他为成帝找到的解决办法竟是“白气起东方，贱人将兴之表也；黄浊冒京师，王道微绝之应也。夫贱人当起而京师道微，二者已丑”，“推法言之，陛下得继嗣于微贱之间，乃反为福”②，与眭、盖二人无异。

原本偏好《穀梁》的汉宗室刘向，面对成帝的荒淫，也无奈祭起了《公羊传》“通三统”的大旗，上疏大兴土木、制度泰奢的元帝：

> 臣闻《易》曰：“安不忘危，存不忘亡，是以身安而国家可保也。”故贤圣之君，博观终始，穷极事情，而是非分明。王者必通三统，明天命所授者博，非独一姓也。孔子论诗，至于“殷士肤敏，裸将于京”，喟然叹曰：“大哉天命，善不可不传于子孙！是以富贵无常；不如是，则王公其何以戒慎，民萌何以劝勉？”盖伤微子之事周，而痛殷之亡也。……自古及今，未有不亡之国也。③

刘向借孔子之口警示王公，防止汉朝统治如殷商灭亡，忧虑自己如微子般“事周而痛殷之亡”。虽然言辞激烈，但作为皇族，其延续汉朝统治的目的性是明显的。从现实情况看，刘向的告诫显然并未奏效。

于是，面对日益严重的局面，甘忠可和夏贺良又搞起了“改元易号”的闹剧：

> 成帝时，齐人甘忠可诈造《天官历》《包元太平经》十二卷，以言“汉家逢天地之大终，当更受命于天，天帝使真人赤精子，下教我此道”。忠可以教重平夏贺良、容丘丁广世、东郡郭昌等，中垒校尉刘向奏忠可假鬼神罔上惑众，下狱治服，未断病死。贺良等坐挟学忠可书以不敬论，后贺良等复私以相教。④

刘向虽然恨汉帝之不争，但也深恐这样的闹剧不慎弄假成真，丢了刘姓政权。何况当时，作为皇族一分子的他，已经真切地感受到了来自外戚王氏的威胁：

---

① 班固．汉书：谷永传．北京：中华书局，1962：3467-3468.

② 同①3452-3453.

③ 班固．汉书：楚元王传．北京：中华书局，1962：1950-1951.

④ 班固．汉书：李寻传．北京：中华书局，1962：3192.

今王氏一姓乘朱轮华毂者二十三人，……大将军秉事用权，五侯骄奢僭盛，……尚书九卿州牧郡守皆出其门，……历上古至秦、汉，外戚僭贵未有如王氏者也。

物盛必有非常之变先见，为其人微象。孝昭帝时，冠石立于泰山，仆柳起于上林。而孝宣帝即位，今王氏先祖坟墓在济南者，其梓柱生枝叶，扶疏上出屋，根垂地中，虽立石起柳，无以过此之明也。事势不两大，王氏与刘氏亦且不并立，……陛下为人子孙，守持宗庙，而令国祚移于外亲，降为皁隶，纵不为身，奈宗庙何！①

"陛下为人子孙，守持宗庙，而令国祚移于外亲"，无疑已经明白地表达了刘向维护刘姓政权的政治立场。

虽然甘忠可被处置了，但是政治衰败的问题并没有解决。哀帝建平二年（前5年），"更受命"的闹剧又在甘忠可的弟子夏贺良的操纵下再次上演：

哀帝初立，司隶校尉解光亦以明经通灾异得幸，白贺良等所挟忠可书。事下奉车都尉刘歆，歆以为不合《五经》，不可施行。而李寻亦好之。光曰："前歆父向奏忠可下狱，歆安肯通此道?"时郭昌为长安令，劝寻宜助贺良等。②

哀帝久寝疾，几其有益③，遂从贺良等议。于是诏制丞相御史："盖闻《尚书》'五曰考终命'，言大运壹终，更纪天元人元，考文正理，推历定纪，数如甲子也。朕以眇身入继太祖，承皇天，总百僚，子元元，未有应天心之效。即位出入三年，灾变数降，日月失度，星辰错谬，高下贸易，大异连仍，盗贼并起。朕甚惧焉，战战兢兢，唯恐陵夷。惟汉兴至今二百载，历纪开元，皇天降非材之右，汉国再获受命之符，朕之不德，曷敢不通夫受天之元命，必与天下自新。其大赦天下，以建平二年为太初元年，号曰陈圣刘太平皇帝。"④

---

① 班固．汉书：楚元王传．北京：中华书局，1962：1960-1961.

② 班固．汉书：李寻传．北京：中华书局，1962：3192.

③ 《资治通鉴》原文为"上久寝疾，冀其有益"（司马光．资治通鉴：卷三十四．北京：中华书局，1997：293)。

④ 同②3193；另，《汉书·哀帝纪》：建平二年夏六月"待诏夏贺良等言赤精子之谶，汉家历运中衰，当再受命，宜改元易号。诏曰：'汉兴二百载，历数开元。皇天降非材之佑，汉国再获受命之符，朕之不德，曷敢不通！夫基事之元命，必与天下自新，其大赦天下。以建平二年为太初元将元年。号曰陈圣刘太平皇帝"（班固．汉书：哀帝纪．北京：中华书局，1962：340)。

自欺欺人的“更受命”当然不可能收到预期效果：“卒无嘉应，久旱为灾。以问贺良等，对当复改制度”①。况且，哀帝大概也从这种“更受命”中嗅到了“改朝换代”的危险信号。于是，一个月后，夏贺良等以“背经谊，违圣制，不合时宜”“反道惑众”“倾覆国家，诬罔主上，不道”的罪名“下狱”“伏诛”②。

儒者因焦虑时政不惜前赴后继、以死犯上，甚至因频频挑战君主权威而屡涉下狱、伏诛险境。但从其出发点看，可以肯定，无论是夏贺良等的“更受命”，还是刘向、刘歆对甘忠可“更受命”的压制，他们的目的是相同的，即维系政权延续。

在缺乏对皇权有效制约的君主政治下，通过对经典的神学化诠释，借神权约束皇权，以灾异谴告警示统治，这是自孔子、董仲舒以来士人谏政的重要路径。就像吕宗力等所说的：“用超自然的力量限制现世君主的极权，这是中国人的一种聪明。”③ 其实，在经历了春秋战国的哲学启蒙之后，知识分子早已挣脱了神的樊笼，学会了理智地认知世界。但现实中皇权约束机制的缺位又对政治谏诤提出了特别需求。因此，他们除了不断运用这一早已千疮百孔的神学武器外，别无他选。对神学的迷恋，其实透着知识分子的无奈。对此，吕宗力等也有过分析：“秦汉大帝国建立以后，中央集权特别是皇权不断得到强化，先秦士人的‘良臣择主而事’以及‘民为贵，社稷次之，君为轻’的理念受到严重的挑战。理性主义的儒家官僚，转而求助于巫术理性主义，与阴阳五行家、占星术士及民间信仰合流，企图以新形式维护天人合一。汉儒之大谈天人感应、天谴灾异，就是用以警告、限制君主违反人道的行为。到了君主对感应、天谴无动于衷而为所欲为的时候，革天命、改朝换代的谶言便应运而生了。君主究竟只是天子而不是天，正如君主可以废立太子，天也是可以废立天子的。所以，两汉的灾异、谶纬之学成为压倒性主流思潮，实有其深刻的社会、思想和文化背景，这是一种虽然谬误但却合理的思潮。”④

另一部分是王氏外戚势力。在元帝以后的长期弊政下，有识官僚和经学家们从抨击时政到天象警告，历经积极到消极、希望到失望以至于绝望的复杂心路。而这也从反面累积着王莽篡汉的民意资本，如王夫之所说：

① 班固. 汉书：李寻传. 北京：中华书局，1962：3193.
② 同①.
③ 安居香山，中村璋八. 纬书集成：前言. 石家庄：河北人民出版社，1994：9.
④ 同③.

“莽之篡如是其速者，合天下奉之以篡。”① 王氏外戚借了民众和知识分子对汉朝统治的绝望情绪，借了他们对谶纬灾异的迷信，利用谶纬加重“汉家历运中衰，当再受命”② 的舆论砝码。不过，在今天看来，虽然起初他们的意图只是争权，但最终还是走上了与上述知识分子截然不同的道路，即：不是为了纠弊匡偏、谋求消除危机以延续汉朝统治，而是为了实现真正的易姓受命，彻底终结刘姓统治。班固对这两者之间的本质差异早有察觉，他在《路温舒传》结尾处曾总结指出：“温舒从祖父受历数天文，以为汉厄三七之间，上封事以豫戒。成帝时，谷永亦言如此。及王莽篡位，欲章代汉之符，著其语焉。”③

操纵“更受命”的夏贺良被“下有司”，但“易姓受命”的呼声不仅没有停止，反而泛滥于朝野。但与前期知识分子“易姓受命”的警告闹剧相比，此时的舆论方向显然已经发生了逆转——由对刘姓王权的警示转向颠覆：

> 哀帝建平三年十月，汝南西平遂阳乡柱仆地，生支如人形，身青黄色，面白，头有髭发，稍长大，凡长六寸一分。京房《易传》曰：“王德衰，下人将起，则有木生为人状。”④

二、王莽篡汉与谶纬盛行

从大司马、安汉公到摄皇帝、假皇帝，再到真皇帝，王莽奔向权力之巅的每一步，都是利用政治手腕和谶纬迷信实现的。

元寿二年（前 1 年），痿痹纵情、疾病缠身的哀帝在遍地起义的燎原烽火中死去，元帝外戚王氏一族摆脱哀帝外戚丁氏、傅氏的压制重新掌权。王莽再次出任大司马，在哀帝绝嗣的情况下，拥戴 9 岁的中山王刘衎为平帝。

王莽一上台，本着“附顺者拔擢，忤恨者诛灭”⑤ 的政治宗旨，为消灭政敌不择手段：一方面用打、拉两手打击、剪除丁、傅和王氏外戚势力，拉拢上层官僚地主；另一方面，又用献田献钱的伎俩骗取了官僚、士

① 王夫之．读通鉴论：卷五．北京：中华书局，1975：115.
② 班固．汉书：哀帝纪．北京：中华书局，1962：340.
③ 班固．汉书：路温舒传．北京：中华书局，1962：2372.
④ 班固．汉书：五行志．北京：中华书局，1962：1413.
⑤ 班固．汉书：王莽传．北京：中华书局，1962：4045.

人和百姓对其辅政、天下昌明的幻想。

伴随王莽加快奔向权力中心的步伐，各种谶纬符瑞也纷出杂陈：

> 始，风益州令塞外蛮夷献白雉，元始元年正月，莽白太后下诏，以白雉荐宗庙。群臣因奏言太后："委任大司马莽定策安宗庙。故大司马霍光有安宗庙之功，益封三万户，畴其爵邑，比萧相国。莽宜如光故事。"①

王莽以"白雉荐宗庙"，轻松获取了"安汉公"的封号②。接下来，一场"祥瑞"与政治野心之间的互动拉开帷幕。

平帝元始五年（5 年），借羌人之口，汇聚了自王莽以大司马辅政五年来数百次祥瑞：

> 安汉公至仁，天下太平，五谷成熟，或禾长丈余，或一粟三米，或不种自生，或茧不蚕自成，甘露从天下，醴泉自地出，凤皇来仪，神爵降集。③

不过，平帝却在不断的祥光乍现中，于当年十二月一命归天④。这对王莽而言倒不啻为一次真正的"祥瑞"。材料显示，当时具备继位资格的有"宣帝曾孙有见王五人，列侯广戚侯显等四十八人"，但因"莽恶其长大"，以"兄弟不得相为后"为借口，"选玄孙中最幼广戚侯子婴，年二岁，托以为卜相最吉"⑤，定为继承人。

接下来，王莽借小皇帝少不更事之机，向权力中心再迈一步。这一步，依旧以"祥瑞"开路：

> 是月，前辉光谢嚣奏武功长孟通浚井得白石，上圆下方，有丹书著石，文曰："告安汉公莽为皇帝"。⑥

王莽命群公告知太后，太后见其野心昭彰不禁斥责道："此诬罔天下，不可施行！"但还是在大臣们"事已如此，无可奈何，沮之力不能止。又

---

① 班固. 汉书：王莽传. 北京：中华书局，1962：4046.

② 同①.

③ 同①4077.

④ 关于平帝之死，历来有两种说法：一种认为患疾而亡，见于《汉书·平帝纪》；另一种认为被王莽"鸩杀"，见于《汉书·翟义传》。两种说法各有后继者。

⑤ 同①4078.

⑥ 同①4078-4079.

莽非敢有它，但欲称摄以重其权，填服天下"① 的威胁与安抚下，无可奈何又略抱幻想地让王莽"居摄践祚"，摄行皇帝事，"民臣谓之'摄皇帝'"②。

第二年（6 年）正月，王莽如期就任"摄皇帝"。他上台后首先做了三件事：改元为居摄元年、祭祀天帝和尊其女儿平帝皇后为皇太后，以孺子刘婴为皇太子。这三件事，原本是新登基的皇帝应该做的，现在都被王莽摄代了。

不过，符瑞掩盖下的政治野心其实也并非完全一帆风顺，来自刘氏皇族和正直大臣的抵抗一度从朝廷延及边地：

> 居摄元年四月，安众侯刘崇与相张绍谋曰："安汉公莽专制朝政，必危刘氏。天下非之者，乃莫敢先举，此宗室耻也。吾帅宗族为先，海内必和。"绍等从者百余人，遂进攻宛，不得入而败。③

相对于朝廷内部的反对，地方的抵触更为激烈，甚至一度令善于弄权、手段多端的王莽尝到了恐惧的滋味：

> 居摄二年，九月，东郡太守翟义都试，勒车骑，因发犇命，立严乡侯刘信为天子，移檄郡国，言莽"毒杀平帝，摄天子位，欲绝汉室，今共行天罚诛莽"。郡国疑惑，众十余万。莽惶惧不能食，昼夜抱孺子告祷郊庙，放《大诰》作策，遣谏大夫桓谭等班于天下，谕以摄位当反政孺子之意。遣王邑、孙建等八将军击义，分屯诸关，守厄塞。槐里男子赵明、霍鸿等起兵，以和翟义，相与谋曰："诸将精兵悉东，京师空，可攻长安。"众稍多，至且十万人，莽恐，遣将军王奇、王级将兵拒之。以太保甄邯为大将军，受钺高庙，领天下兵，左杖节，右把钺，屯城外。王舜、甄丰昼夜循行殿中。④
>
> "居摄四年，期门郎张充等六人谋共劫莽，立楚王。发觉，诛死。"⑤

然而，这些抵抗，对于积弊已久的西汉王朝已回天乏力，这场王氏外戚与刘氏皇族之间的权力角逐已成定局。

---

① 班固．汉书：王莽传．北京：中华书局，1962：4079.

② 同①4079，4081.

③ 同①4082.

④ 同①4087-4088.

⑤ 同①4095.

不过，即便事情到了这个地步，作为皇族一员的刘歆依然没有放弃努力，趁居摄三年王莽母亲去世之机，规劝其“居摄践祚，将以成盛汉之业”“居摄践祚，奉汉大宗”①。

但糟糕的是，此时，就连刘氏皇族中的人也开始为王莽登基摇旗呐喊：

是岁广饶侯刘京，车骑将军千人扈云、太保属臧鸿奏符命。京言齐郡新井，云言巴郡石牛，鸿言扶风雍石，莽皆迎受。②

汉文帝五世孙、广饶侯刘京所言的“齐郡新井”是这样的：

七月中，齐郡临淄县昌兴亭长辛当一暮数梦，曰：“吾，天公使也。天公使我告亭长曰：‘摄皇帝当为真。’即不信我，此亭中当有新井。”亭长晨起视亭中，诚有新井，入地且百尺。③

“摄皇帝当为真”的符命出自刘氏皇族之口，更加意味非凡。于是，王莽开始公然不满于“摄皇帝”的称号。他向太后“如实禀报”了这些符瑞，并不失时机地援引《春秋》表达自己的下一步野心：

《春秋》隐公不言即位，摄也。此二经周公、孔子所定，盖为后法。孔子曰：“畏天命，畏大人，畏圣人之言。”臣莽敢不承用！臣请共事神祇宗庙，奏言太皇太后、孝平皇后，皆称假皇帝。其号令天下，天下奏言事，毋言“摄”。以居摄三年为初始元年，漏刻以百二十为度，用应天命。④

由“摄皇帝”而“假皇帝”，王莽要做真皇帝的意图越来越明显：“众庶知其奉符命，指意群臣博议别奏，以视即真之渐矣。”⑤ 于是，符命再次从天而降：

梓潼人哀章学问长安，素无行，好为大言。见莽居摄，即作铜匮，为两检，署其一曰“天帝行玺金匮图’，其一署曰“赤帝行玺某传予黄帝金策书”。某者，高皇帝名也。⑥

① 班固. 汉书：王莽传. 北京：中华书局，1962：4091.
② 同①4093.
③ 同①4093.
④ 同①4094.
⑤ 同①4094.
⑥ 同①4095.

这个品行不端、以吹牛拍马为好尚的哀章听到齐井、石牛的传闻后，以为王莽称帝时机成熟，自己飞黄腾达的机会就在眼前，于是亲手做了两个铜匮，并附两道名为“天帝行玺金匮图”和“赤帝行玺某传予黄帝金策书”的封书题签。大意是：天帝和刘氏高皇帝都迫切嘱意于王莽取代刘氏王朝建立新朝。刘氏政权气数已尽，上天频频降下符命，建新代汉势在必行。于是：

> 戊辰，莽至高庙拜受金匮神嬗。御王冠，谒太后，还坐未央宫前殿，下书曰：“予以不德，托于皇初祖考黄帝之后，皇始祖考虞帝之苗裔，而太皇太后之末属。皇天上帝隆显大佑，成命统序，符契图文，金匮策书，神明诏告，属予以天下兆民。赤帝汉氏高皇帝之灵，承天命，传国金策之书，予甚祇畏，敢不钦受！以戊辰直定，御王冠，即真天子位，定有天下之号曰新。”①

初始元年（8年），王莽“顺符命，去汉号”，正式夺取了大汉天下。与此同时，还没有忘记处理西汉的这个孺子小皇帝：

> 莽乃策命孺子曰：“咨尔婴，昔皇天右乃太祖，历世十二，享国二百一十载，历数在于予躬。《诗》不云乎？‘侯服于周，天命靡常。’封尔为定安公，永为新室宾。”②

读策毕，莽又“亲执孺子手，流涕歔欷，曰：‘昔周公摄位，终得复子明辟，今予独迫皇天威命，不得如意！’哀叹良久”③。

看这情势，仿佛真的应该相信：王莽篡汉实乃秉承上天旨意，万般无奈之举。

就这样，西汉外戚王莽，乘汉末统治日微、外戚专权之势，以谶纬符命的惯用手法开路，不择手段从大司马、安汉公到摄皇帝、假皇帝，最后终结了中国君主政治史上第一个稳定繁盛的大汉政权。就像事后王莽总结的：

> 予前在大麓，至于摄假，深惟汉氏三七之厄，赤德气尽，思索广求，所以辅刘延期之（术），靡所不用，以故作金刀之利，几以济之。然自孔子作《春秋》以为后王法，至于哀之十四而一代毕，协之于

① 班固. 汉书：王莽传. 北京：中华书局，1962：4095.
② 同①4099.
③ 同①4100.

今，亦哀之十四也。赤世计尽，终不可强济。皇天明威，黄德当兴，隆显大命，属予以天下。①

其间，谶纬符命以先兆的形式，为王莽登基起到了铺路石、遮羞布的作用。在它的掩护下，王莽终于堂而皇之地完成了登上权力巅峰的最后一步：

> 武功丹石出于汉氏平帝末年，火德销尽，土德当代，皇天眷然，去汉与新，以丹石始命于皇帝。皇帝谦让，以摄居之，未当天意，故其秋七月，天重以三能文马。皇帝复谦让，未即位，故三以铁契，四以石龟，五以虞符，六以文圭，七以玄印，八以茂陵石书，九以玄龙石，十以神井，十一以大神石，十二以铜符帛图。申命之瑞，浸以显著，至于十二，以昭告新皇帝。皇帝深惟上天之威不可不畏，故去摄号，犹尚称假，改元为初始，欲以承塞天命，克厌上帝之心。然非皇天所以郑重降符命之意，故是日天复决以勉书。……至丙寅暮，汉氏高庙有金匮图策："高帝承天命，以国传新皇帝。"②

真可谓"皇帝谦谦，既备固让，十二符应迫著，命不可辞"③。一路走来，王莽自然深谙谶纬符命通往权力之巅的功用所在。因此，于即位当年秋，即"遣五威将王奇等十二人班《符命》四十二篇于天下"④。谶纬，乘着王莽登基的"东风"大盛。

汉末新莽篡政，是自秦君主政治建立以来的第二次政治危机。在这一特殊时期，学术的调整与政治的选择竟以如此畸形的方式达成一致。这是时代的产物，也是学术与政治的共同不幸。

第二节 《春秋》的谶纬化与《春秋纬》

在图谶风行的时代，作为思想学术最高端的经学的谶纬化势所难免。

---

① 班固．汉书：王莽传．北京：中华书局，1962：4108－4109．

② 同①4113．

③ 同①4113．

④ 同①4112．

一、纬书的起源与《春秋纬》的缘起

1. 纬书的起源

纬书究竟源于何时，因为后世所见谶语多托于神的预言，而纬书又多不署撰者姓名，自两汉以来学界一直众说纷纭。东汉张衡上书顺帝请求禁绝谶纬时，曾经辨析纬书的起源："谶书始出，盖知之者寡。自汉取秦，用兵力战，功成业遂，可谓大事，当此之时，莫或称谶。若夏侯胜、眭孟之徒，以道术立名，其所述著，无谶一言。刘向父子领校秘书，阅定九流，亦无谶录。成、哀之后，乃始闻之。"① 这段叙述说明有关谶纬起源的争论早在东汉就已开始。钟肇鹏的《谶纬论略》曾经总结了十二类对这一问题的不同看法②，可大致概括为两大类：一类是反谶纬者，为证谶纬荒诞不经，力主谶纬为西汉末儒生所造；一类是主谶纬者，往往力证谶纬起于先秦，试图以其古而证其实。

"纬"既与经相对而称，则必起于"经"之后。郑玄说："孔子虽有圣德，不敢显然改先王之法，以教授于世。若其所欲改，其阴书于纬，藏之以传后王。"③ 郑玄以为，纬书源于孔子。然而，孔子的努力只不过是"经"的源头，所谓"以纬释经"只不过是郑玄的猜测。从历史演变背景上分析，汉末以前诸儒，虽以灾异解经，但由此认为以谶解经的纬书已经形成还为时尚早。武帝以降，日益激化的社会矛盾和政治危机使得儒家经学因为失去曾经的政治依托和思想功能，寄希望于重新包装以维系自身辉煌。因而，纬书的起源，必是武帝以后社会矛盾激化、统治危机加深的产物。

在这一前提下，关于纬书的起源时间问题，学界依照对《汉书·李寻传》中"五经六纬"的不同理解，大致形成了成帝以前与哀、平之际两种观点。

认为纬书成于成帝前的立论根据是：将《汉书·李寻传》中"五经六纬"理解成五种经书和六种纬书。按照这一逻辑推论，既然成帝时就有六种纬书出现，也便自然得出纬书成于成帝之前的结论。

《汉书·李寻传》关于"五经六纬"的记载，见于李寻警示王根的一

---

① 范晔. 后汉书：张衡列传. 北京：中华书局，1965：1912.

② 钟肇鹏. 谶纬论略. 沈阳：辽宁教育出版社，1991：11-23.

③ 阮元. 十三经注疏. 北京：中华书局，1980：1333.

段话：

> 《书》云“天聪明”，盖言紫宫极枢，通位帝纪，太微四门，广开大道，五经六纬，尊术显士，翼张舒布，烛临四海，少微处士，为比为辅，故次帝廷，女宫在后。圣人承天，贤贤易色，取法于此。①

其下颜师古注引孟康的说法称：“六纬者，《五经》之纬及乐纬也。孟说是也。”②

清代考据兴起，大批学者如徐养原、汪继培、周治平、金鹗、李富孙都赞同颜师古的说法。现代学者李学勤也承续其说，以为：“紫宫极枢”四句从北宫紫微到南宫太微，通论天象，一气贯通。南北宫四门既已广开大道，而“圣人承天”则应“五经六纬，尊术显士”，尊显通五经六纬的儒学之士③。据此理解，并引出土文献佐证得出结论：“成帝时已有整齐的六纬，同五经相提并论，足证纬书有更早的起源”，“近年发现的长沙马王堆帛书，埋藏于文帝前期，有的内容已有与纬书相似处。哀、平之际，不过是纬书大盛的时期而已”④。

但是清代学者王先谦在《汉书补注》中，依据《史记·天官书》《汉书·天文志》中“太微廷掖门内六星，诸侯；其内五星，五帝坐”及《晋书·天文志》“黄帝坐在太微中……四帝星夹黄帝坐”的记载，以为五帝坐“盖既五经；六纬者，六诸侯”，从而得出结论：上述《汉书·李寻传》中的“五经六纬”是指天象中的“五帝坐”和“六诸侯”⑤，否定了将“五经六纬”理解为经书和纬书的看法。现代学者如牟世金⑥、陈苏镇⑦、徐栋梁等赞同他的这一说法，以为：《李寻传》中提到的“六纬”既是天象，即与纬书无关，不能作为“成帝时期已有纬书出现”⑧的证据，也同时否定了纬书出现于成帝前的说法。

关于纬书起源于哀、平之际的说法，始于《后汉书·张衡列传》。张衡为禁绝谶纬上书称：

---

① 班固．汉书：李寻传．北京：中华书局，1962：3179.

② 同①3179-3180.

③ 李学勤．《汉书·李寻传》与纬学的兴起．杭州师范学院学报（社会科学版），1996（2）.

④ 安居香山，中村璋八．纬书集成：序．石家庄：河北人民出版社，1994：3.

⑤ 王先谦．汉书补注．北京：中华书局，1983：1381.

⑥ 牟世金．文心雕龙研究．北京：人民文学出版社，1995：118.

⑦ 陈苏镇．两汉之际的谶纬与《公羊》学//文史：第三辑．北京：中华书局，2006.

⑧ 徐栋梁．《春秋纬》与汉代春秋学．长春：吉林大学出版社，2013：18.

> 刘向父子领校秘书，阅定九流，亦无谶录。成、哀之后，乃始闻之。……至于图中讫于成帝。一卷之书，互异数事，圣人之言，势无若是，殆必虚伪之徒，以要世取资。往者侍中贾逵摘谶互异三十余事，诸言谶者皆不能说。至于王莽篡位，汉世大祸，八十篇何为不戒？则知图谶①成于哀平之际也。②

“纬书起于汉末”的结论对后世有较大影响。从汉代荀悦、宋代晁公武到近现代以来的顾颉刚和上述反对讳书成于成帝前的一批学者都同意这一说法。荀悦在《申鉴·俗嫌》篇中说：“世称纬书仲尼之作也，臣悦叔父故司空爽辨之，盖发其伪也。有起于中兴③之前，终张之徒之作乎！”④晁公武站在批评谶纬的立场上总述谶纬兴起：“昔通儒谓纬书伪起哀、平，光武既以谶立，故笃信之。陋儒阿世，学者甚众。郑玄、何休以之通经，曹褒以之定礼。历代革命之际，莫不引谶为符瑞，故桓谭、张衡之徒皆深疾之。”⑤ 顾颉刚在论证谶、纬起源的不同时也指出：“零碎的谶固然早已有了，但其具有纬的形式，以书籍的体制发表它的，决不能早于王莽柄政的时代。”⑥

郑学韬专撰《谶纬起源及其学说之兴替》总结谶纬源流：“盖纬之初起，本杏坛讲说之辞，孔子之教人务尽，空空如也，执其两端而竭焉。故因六艺之文，旁及天文地理，古史旧闻，无所不包，门弟子退而记之，所谓圣人作经，贤者纬之也。……是知纬书之起，在孔子既没之后，非一人一时之作。即一书之中，其说亦不必出于一人。夫既非圣人之典则递相增益，斯亦谶纬厄已。而说者以增益者尽出方士，亦属武断。然纬之名不见两汉之籍，故后世竟言起于哀平，良有以也。”⑦ 看到纬书从思想积淀到最终形成经历了一个累积过程，是本书的卓见。

按照这一思路，上述两种观点本质上并不矛盾。因为用联系的观点看，一种文化现象的发生，不仅有其所由的历史或现实根源，往往也有其自身从发生到发展的过程。纬书的兴起，经学灾异谴告的神学化自然是内

---

① 张衡文中所说的“谶”“谶录”“图谶”，均专指纬书。

② 范晔．后汉书：张衡列传．北京：中华书局，1965：1912.

③ 指刘秀建立东汉。刘秀以建东汉为光复汉业，故称“中兴”。

④ 荀悦．申鉴：卷三//四库全书：第696册．北京：中华书局，1987：452.

⑤ 晁公武．郡斋读书志：卷一//四库全书：第674册．上海：上海古籍出版社，1987：159.

⑥ 顾颉刚．秦汉的方士与儒生．上海：上海古籍出版社，2005：93.

⑦ 郑学韬．谶纬起源及其学说之兴替．国专月刊，1937（5）.

在起因。但在何时成熟、爆发，还要依赖当下时代外因的催化。武帝以降政治衰弊和社会矛盾的不断激化，就是纬书成熟、爆发的催化剂。换句话说，纬书，是在西汉后期特定社会环境的催化下，在以往正统经学不足以继续维系原有社会政治的稳定，社会急需一种新的文化观念或思想意识的情况下，向经学渗透并发展深化的。它取代了以往的正统经学，借神的力量，担负起拯救或更新政治的重大使命。就像钟肇鹏所说的："谶纬这种社会思潮是和两汉之际的社会政治危机紧密相连的。如果说正统的神学经学主要是适应建立和巩固封建统治秩序的需要而产生的，那么谶纬完全是社会危机的产物，反映了统治集团企图挽救危机的努力。"①

简而言之，自武帝尊儒，经学兴起，到汉末以谶解经，谶纬兴起。促使这一变化的社会现实机缘，就是西汉后期的政治危机及与之相伴的经学危机。所以，李中华说："汉代'经''纬'合流，一方面是先秦文化在新的历史条件下的综合运动；另一方面它又是汉代大一统的封建政治的需要。"② 从社会发生学的角度考察，非要区别纬书究竟成于成、哀以前，还是哀、平之际，其实意义不大。因为无论是成、哀还是哀、平，均可囊括于"汉末政治危机"这一共同的时代大背景之下。

在这一视野下考察《春秋纬》的缘起及其内涵，便豁然开朗了。

2.《春秋纬》的缘起

《春秋纬》的成书时间应与纬书大致相同。不过关于《春秋纬》的具体成书时间，学界以其中提到的"新五德终始说"的出现时间为界，也有成于成帝和哀帝两种不同观点：一种以"新五德终始说"非沿袭刘歆《三统历谱》(《世经》)为论证前提，认为《春秋纬》成书于成帝时。如刘明援引徐兴无"《春秋纬》中的'五德终始'与刘歆《世经》中的'五德终始'虽然相同，但二者并行"的观点，否定前者沿袭后者。如此，也便否定了"《春秋纬》必出于刘歆新'五德终始'后"的说法，以为大致成于成帝时③。另一种恰恰相反，以《春秋纬》中的"新五德终始说"源自刘歆《世经》所创为论证前提，推断《春秋纬》成书于哀帝末、王莽执政时期。如学者徐栋梁的《〈春秋纬〉与汉代春秋学》④。

---

① 任继愈．中国哲学发展史：秦汉卷．北京：人民出版社，1985：416.

② 李中华．谶纬与神秘文化．北京：中央编译出版社，2008：18.

③ 刘明．汉代《春秋纬》研究．石家庄：河北师范大学博士学位论文，2012：47.

④ 徐栋梁．《春秋纬》与汉代春秋学．长春：吉林大学出版社，2013：21-27；徐栋梁，曹胜高．《春秋纬》成书考．济南大学学报（社会科学版），2009（4）.

既然"五德终始说"成为《春秋纬》缘起的关键，就有必要看看其演变及本质内涵。

自邹衍"五德终始"与政治关联后，德运成了论证政权合法性的依据。汉代从高祖、文帝初立到武帝兴盛，再到哀、平衰落，关于政权合法性的论证从文帝时"五德终始"的争论，到董仲舒的"三统论"，再到汉末刘歆的"新五德终始说"，从未中断，汉代"德运"也经历了土德尚黄、水德尚黑和火德尚红的几番起落轮替。

按照邹衍的"五德终始说"，从黄帝到夏、商、周依次为土德、木德、金德、火德，在这一轮转次序下，代周而起的朝代是水德。秦始皇就采纳邹衍"五德终始"理论，以水为德，色尚黑①。

汉朝初建，诸事草创，百废待兴，忙于拯救汉初凋零经济的大臣们无暇顾及朝代更替、五德终始的事情，对于德运问题便与其他经济、政治制度一同袭取秦朝②，为水德，尚黑。但这里有一个问题无法解决，即：若承认秦为水德，按照五行相克理论，汉代秦而立，应是土德。果然，文帝时期朝廷围绕这一问题展开了争论：一种以贾谊和公孙臣为代表，认为汉既代秦，秦为水德，按照五行土克水，汉应为土德③，尚黄；另一种以丞相张苍为代表，坚持高祖主张，以"高祖初起，杀大蛇，有物曰'蛇，白帝子，而杀者赤帝子也。'……因以十月为年首，色上赤"④ 和"汉乃水

---

① 《史记·秦始皇本纪》："始皇推终始五德之传，以为周得火德，秦代周德，从所不胜。方今水德之始，改年始，朝贺皆自十月朔。衣服旄旌节旗皆上黑。数以六为纪，符、法冠皆六寸，而舆六尺，六尺为步，乘六马。更名河曰德水，以为水德之始。刚毅戾深，事皆决于法，刻削毋仁恩和义，然后合五德之数。于是急法，久者不赦。"（司马迁．史记：秦始皇本纪．2版．北京：中华书局，1982：237-238）另，《史记·封禅书》："秦始皇既并天下而帝，或曰：'黄帝得土德，黄龙地螾见。夏得木德，青龙止于郊，草木畅茂。殷得金德，银自山溢。周得火德，有赤鸟之符。今秦变周，水德之时。昔秦文公出猎，获黑龙，此其水德之瑞。'于是秦更命河曰'德水'，以冬十月为年首，色上黑"；"自齐威、宣之时，驺子之徒论著终始五德之运，及秦帝而齐人奏之，故始皇采用之"（司马迁．史记：封禅书．2版．北京：中华书局，1982：1366，1368）。

② 《史记·历书》说："汉兴，高祖曰：'北畤待我而起'，亦自以为获水德之瑞。虽明习历及张苍等，咸以为然。是时天下初定，方纲纪大基，高后女主，皆未遑，故袭秦正朔服色。"（司马迁．史记：历书．2版．北京：中华书局，1982：1260）班固《汉书·律历志》也有："汉兴，方纲纪大基，庶事草创，袭秦正朔。"（班固．汉书：律历志．北京：中华书局，1962：974）

③ 《史记·贾生列传》："贾生以为汉兴至孝文二十余年，天下和洽，而固当改正朔，易服色，法制度，定官名，兴礼乐。乃悉草具其事仪法，色尚黄，数用五，为官名，悉更秦之法。"（司马迁．史记：屈原贾生列传．2版．北京：中华书局，1982：2492）之后，"鲁人公孙臣上书曰：'始秦得水德，今汉受之，推终始传，则汉当土德，土德之应黄龙见。宜改正朔，易服色，色上黄'"（司马迁．史记：封禅书．2版．北京：中华书局，1982：1381）。班固《汉书·郊祀志》与之相同（班固．汉书：郊祀志．北京：中华书局，1962：1212）。

④ 班固．汉书：郊祀志．北京：中华书局，1962：1210．

德之时，河决金堤，其符也”为依据，将尚赤和尚黑结合，“年始冬十月，色外黑内赤，与德相应”[①]。因为张苍时任丞相，他的说法不仅继承了高祖的意见，且以汉为水德又多少有些蔑视秦之存在、高扬汉政权的意味，因此得到文帝赞同，以“公孙臣言非是，罢之”[②]。但是，第二年却因为出现“黄龙见成纪”[③]的祥瑞，文帝以为上天之符，于是又改变态度，“召公孙臣，拜为博士，与诸生申明土德，草改历服色事”[④]，认同了公孙臣“汉当土德，色尚黄”[⑤]的说法，“张丞相由此自绌，谢病称老”[⑥]。但是，后来又因赵人新垣平以“长安东北有神气，成五采”“使人持玉杯，上书阙下献之”[⑦]欺诈文帝，引起文帝联想，怀疑公孙臣的“黄龙见成纪”也是欺诈，最终放弃了公孙臣改正朔的建议。

到汉武帝时，经过前期七十年的休养生息，政治制度的完善重新被提上议事日程。《史记·封禅书》记载：“今天子初即位，尤敬鬼神之祀。元年，汉兴已六十余岁矣，天下艾安，搢绅之属皆望天子封禅改正度也，而上乡儒术，招贤良，赵绾、王臧等以文学为公卿，欲议古立明堂城南，以朝诸侯。草巡狩封禅改历服色事未就。会窦太后治黄老言，不好儒术，使人微伺得赵绾等奸利事，召案绾、臧，绾、臧自杀，诸所兴为皆废。”[⑧]儒者察言观色、审时度势，急武帝所需，提出了改正朔的事。但因窦太后作梗暂时受挫。到武帝亲政，在董仲舒一番“王者必受命而后王。王者必改正朔，易服色，制礼乐，一统于天下，所以明易姓非继仁，通以已受之于天”[⑨]的论证下，改邹衍“五德终始”为“三统说”，以夏、商、周分别为黑、白、赤统。三统循环往复，秦朝忽略不计，至汉重为黑统[⑩]。汉武帝采纳了三统正朔，又袭用了贾谊和公孙臣的五行土德论的服色：太初

---

① 班固．汉书：郊祀志．北京：中华书局，1962：1212.

② 同①.

③ 《史记·孝文本纪》：“十五年，黄龙见成纪，天子乃复召鲁公孙臣，以为博士，申明土德事。”（司马迁．史记：孝文本纪．2版．北京：中华书局，1982：430）

④ 同①1213.

⑤ 同①.

⑥ 司马迁．史记：张丞相列传．2版．北京：中华书局，1982：2682.

⑦ 司马迁．史记：封禅书．2版．北京：中华书局，1982：1382-1383.

⑧ 同⑦1384.

⑨ 董仲舒．春秋繁露：卷七．北京：中华书局，1975：232.

⑩ “春秋作新王之事，变周之制，当正黑统。”（同⑨247）

元年“夏五月，正历，以正月为岁首。色上黄。数用五”①。武帝竟通过强行扭合两种本不相融的学说，完成了太初改制。

平帝元始四年（4 年），王莽“征天下通一艺教授十一人以上，及有逸《礼》、古《书》、《毛诗》、《周官》、《尔雅》、天文、图谶、钟律、月令、兵法、《史篇》文字，通知其意者，皆诣公车。网罗天下异能之士，至者前后千数，皆令记说廷中，将令正乖缪，一异说云”②。时正受器重的刘歆当在“异能之士”范围。因为《汉书·王莽传》元始五年（5 年）五月有“太后留歆为右曹太中大夫，迁中垒校尉，羲和，京兆尹，使治明堂辟雍，封红休侯。典儒林史卜之官，考定律历，著《三统历谱》”③ 的记载。

刘歆在《三统历谱》中提到了“新五德终始说”，原文见于《汉书》记载：“刘向父子以为帝出于震，故包羲氏始受木德，其后以母传子，终而复始，自神农、黄帝下历唐虞三代而汉得火焉。故高祖始起，神母夜号，著赤帝之符，旗章遂赤，自得天统矣。昔共工氏以水德间于木火，与秦同运，非其次序，故皆不永。由是言之，祖宗之制盖有自然之应，顺时宜矣。”④ 从上述记载可以梳理出以下几点：其一，“新五德终始说”从邹衍“旧五德终始说”，强调五行相胜转向强调五行相生；其二，与邹衍的“旧五德终始说”以黄帝开始不同，“新五德终始说”以伏羲（而非黄帝）为开端，伏羲之下依次是共工、神农、黄帝、少昊、颛顼、帝喾、帝挚、帝尧、帝舜、伯禹、成汤、周武王、秦、汉，其中共工因“任力而不任德”，帝挚因“立而不知世数”，秦因“任知刑以强”，被刘歆作为闰统排除在正统德运轮转次序之外，剩下的从伏羲为木德开始，以下按照五行相生的次序依次是神农（火）、黄帝（土）、少昊（金）、颛顼（水）、帝喾（木）、帝尧（火）、帝舜（土）、伯禹（金）、成汤（水）、周武王（木）、汉（火）⑤；

① 班固. 汉书：武帝纪. 北京：中华书局，1962：199.

② 班固. 汉书：王莽传. 北京：中华书局，1962：4069；《汉书·平帝纪》记载此事是在平帝元始五年（5 年）：“征天下通知逸经、古记、天文、历算、钟律、史篇、方术、本草及以五经、《论语》、《孝经》、《尔雅》教授者，在所为驾一封轺传，遣诣京师。至者数千人。”（班固. 汉书：平帝纪. 北京：中华书局，1962：359）对于两次记载时间不同，顾颉刚猜测：“大约此事非一时可办，四年征遣，五年数千人集京师，乃令记说廷中耳。”（顾颉刚. 五德终始说下的政治和历史//顾颉刚. 古史辨：第五册. 上海：上海古籍出版社，1982：532）

③ 班固. 汉书：楚元王传. 北京：中华书局，1962：1972.

④ 班固. 汉书：郊祀志. 北京：中华书局，1962：1270-1271.

⑤ 《汉书·律历志》也载：“至孝成世，刘向总六历，列是非，作《五纪论》。向子歆究其微眇，作《三统历》及《谱》以说《春秋》，推法密要，故述焉。”（班固. 汉书：律历志. 北京：中华书局，1962：979）

其三，班固从“故高祖始起”的行文推测，刘向父子“新五德终始说”中“汉为火德，尚赤”一说，源于张苍当年坚持的“高祖斩白蛇”的故事；其四，从文后“祖宗之制盖有自然之庆，顺时宜矣”的表述看，刘向父子倡导“新五德终始说”的目的是论证汉代火德合于五行大统，即所谓“有自然之庆，顺时宜”。这正是要为汉政权的永续进行论证，而不是像有些学者所说的“为王莽的代汉立新进行合法性论证”①。

这里有一个问题需要回答，那就是：自高祖、文帝的德运之争到董仲舒的“三统论”，汉代德运问题似已尘埃落定，为什么到汉末刘歆还要另辟蹊径，倡导“新五德终始说”呢？

首先，历史地看，这是君主政治确立的结果。邹衍的“五德终始”和董仲舒的“三统论”诞生于战国秦汉君主政治体制的确立期。战国时期君主政治作为一种全新的政治体制只是在某些国家零星出现，秦始皇一统天下也只是匆忙搭建起了大致框架，真正的建设和完善期在两汉。西汉武帝以前，新体制刚刚确立，思想理论自然要围绕新体制对旧体制的否定立论。因而，理论与政治相一致，德运论证充满着否定旧体制的革命性。邹衍的“五德终始”和董仲舒的“三统论”正体现了这样的否定性、革命性特点。然而，到西汉末，君主政治体制已然确立并得以初步完善，政权合法性论证便相应地由起初的革命性趋于保守性。刘向父子的“新五德终始说”就是疏离、淡化了邹衍和董仲舒理论中以新代旧的激进性，以“汉为尧后”为依据，从神农-尧-汉德运的循环相生，论证汉政权存在的合理性和永续性。

其次，现实地看，这是汉末政治衰落的结果。前已有述，武帝以后，西汉统治转入中衰，特别是元、成、哀、平之世，由于外戚专权、政治腐败，“改元易号”的呼声甚嚣尘上。在这样的背景下，重新论证汉代德运的任务变得紧迫起来，作为汉宗室的刘歆，在压制甘忠可等“更受命”闹剧的同时，不得不在理论上有所建树：运用“新五德终始说”，将汉初政权合法性论证转向汉政权永续性论证，以压制甚至扭转“汉运已衰”的社会舆论。这就是刘歆倡导“新五德终始说”的政治目的。之所以这样做，由他的皇族出身决定，也与他一贯维护刘姓政权的思想倾向相一致。至于

① 一部分学者认为刘歆创“新五德终始说”是为王莽篡汉提供理论支持。持这一观点的有顾颉刚《五德终始说下的政治和历史》（顾颉刚. 古史辨：第五册. 上海：上海古籍出版社，1982）、杨权《新五德理论与两汉政治——“尧后火德”说考论》（北京：中华书局，2006）、曹婉丰《“五德终始说”之理论逻辑与现实困境——以王莽代汉立新为中心的讨论》（中州学刊，2017（2））等。

这一理论初衷后被王莽、公孙述等与谶纬结合，偷天换日改造为论证汉代德运已尽的依据，则是另外一回事①。

关于“新五德终始说”是刘歆首创，还是袭用《春秋纬》，史学界有争论②。的确，《春秋纬》中存在大量合于“新五德终始说”的内容，如：“尧火精，故庆都感赤龙而生”（《春秋纬·元命苞》③）、“尧游于河渚，赤龙负图以出”（《春秋纬·元命苞》）、“舜之将兴，黄云升于堂”（《春秋纬·演孔图》）、“舜兴，黄云升屋”（《春秋纬·演孔图》）以及“夏，白帝之子；殷，黑帝之子；周，仓帝④之子”（《春秋纬·元命苞》）等，均与“新五德终始说”相合，而不合于邹衍“旧五德终始说”和董仲舒的“三统说”。但两者究竟谁袭用谁，还是两者并行，已很难搞清楚。不过可以肯定的是，这一学说的出现一定是在汉末，无论是刘歆还是《春秋纬》，也无论是成、哀还是哀、平，都涵盖于汉末政治衰落这一大的背景之下。

汉末政治的衰落，催生了“新五德终始说”，也促成了《春秋纬》的缘起。

二、《春秋纬》对《春秋》的谶纬化诠释

李学勤说：“汉代的纬学实际是经学的一部分，在考察汉代经学的时候，如果摒弃纬学，便无法窥见经学的全貌。今人讲汉代经学史，每每于董仲舒以下没有多少实质性的话可说，就是这个缘故”，“汉代经学许多重要内涵是保存在纬书里面的，经学、纬学密不可分”⑤。纬学是汉末特殊社会政局下经学畸变的结果。纬学之于汉末，犹如经学之于西汉盛世。就

---

① 包括《汉书·王莽传》的“武功丹石出于汉氏平帝末年，火德销尽，土德当代，皇天眷然，去汉与新，以丹石始命于皇帝”（班固．汉书：王莽传．北京：中华书局，1962：4113），公孙述有“孔子作《春秋》。为赤制而断十二公，明汉至平帝十二代，历数尽也，一姓不得再受命”（范晔．后汉书：公孙述列传．北京：中华书局，1965：538），要由他取而代之。

② 如徐栋梁认为《春秋纬》的“新五德终始说”是由刘歆《三统历谱》始创，而陈苏镇则认为《世经》的“五德终始说”不是刘歆首创，而是“沿袭谶纬之说”（陈苏镇．《春秋》与“汉道”——两汉政治与政治文化研究．北京：中华书局，2011：444），也有学者提出折中看法，认为是两者并行，不存在谁抄袭谁的问题（徐兴无．谶纬文献与汉代文化构建．北京：中华书局，2003）。

③ 以下《春秋纬》各条均引自：安居香山，中村璋八．纬书集成．石家庄：河北人民出版社，1994。

④ 古代“仓”“苍”相通。苍，青色。《说文》：“苍，草色也。”《广雅》：“苍，青也。”按照“新五德终始说”，夏、商、周分别为金、水、木德，色尚白、黑、青。此处“周，仓帝之子”即周为木德，合于“新五德终始说”。

⑤ 安居香山，中村璋八．纬书集成．石家庄：河北人民出版社，1994：2.

如透过董仲舒的经学诠释可以窥探武帝的时代精神一样，透过纬书“神秘荒诞”的经义阐发，同样可以体会汉末特有的时代信息。因此要重视研究讳书，“不能因其荒诞而忽视它所包含的时代内容”①。

在经学谶纬化的趋势下，《诗》《书》《礼》《易》《乐》《春秋》《孝经》七经的谶纬化解说在西汉危机全面暴露的哀、平之际形成，这就是史书所谓的“七纬”。“七纬”三十五篇②，《春秋纬》占了三分之一，成为时人神学化解经的重点。

1. 神化孔子与《春秋》

正统经学随着汉末政治的衰败而失去原本的效力，要挽救汉末政治危机，必须通过神化经学增加它的可信度，纬书由此诞生。而要增加纬书的可信度，需要先神化纬书的假托作者——孔子。

史家笔下的孔子即便在其弟子眼里德比天高、贤如日月③，也只是一个伟大的“凡人”。然而，经过纬书的神化，肉身凡胎的孔子成为具有感生、异相、受命、告天、先知等超凡功能的神坛教主。

神化孔子从神化其出生开始。《史记·孔子世家》记有：“纥与颜氏女野合而生孔子”④。虽然“野合”一说史学界理解不同⑤，但孔子由父母所

---

① 李中华. 谶纬与神秘文化. 北京：中央编译出版社，2008：14.

② “七纬”内容见范晔《后汉书·樊英列传》“《河洛》七纬，推步灾异”条下李贤注（北京：中华书局，1965：2721-2722）和安居香山、中村璋八《纬书集成》（石家庄：河北人民出版社，1994），二者所载略有区别，概民间流传统计不同所致。

③ 《论语·阳货》：“叔孙武叔毁仲尼，子贡曰：‘无以为也。仲尼不可毁也。他人之贤者，丘陵也，犹可逾也。仲尼，日月也，无得而逾焉。人虽欲自绝，其何伤于日月乎？多见其不知量也。’”“陈子禽谓子贡曰：‘子为恭也，仲尼岂贤于子乎？’子贡曰：‘君子一言以为知，一言以为不知，言不可不慎也。夫子之不可及也，犹天之不可阶而升也。夫子之得邦家者，所谓立之斯立，道之斯行，绥之斯来，动之斯和。其生也荣，其死也哀。如之何其可及也？’”《孟子·公孙丑上》：“可以仕则仕，可以止则止，可以久则久，可以速则速，孔子也。皆古圣人也，吾未能有行焉；乃所愿，则学孔子也。”“宰我曰：‘以予观于夫子，贤于尧舜远矣。’子贡曰：‘见其礼而知其政，闻其乐而知其德。由百世之后，等百世之王，莫之能违也。自生民以来，未有夫子也。’”

④ 司马迁. 史记：孔子世家. 2版. 北京：中华书局，1982：1905.

⑤ 唐代司马贞《史记索隐》：“今此云‘野合’者，盖谓梁纥老而徵在少，非当壮室初笄之礼，故云野合，谓不合礼仪。”（司马迁. 史记：孔子世家. 2版. 北京：中华书局，1982：1906）唐代张守节（《史记正义》）、元代王恽（《玉堂嘉话》）、清代高士奇（《天禄识余》）、桂馥（《札朴》），及蔡尚思（孔子思想体系. 上海：上海人民出版社，1982）、匡亚明（孔子评传. 济南：齐鲁书社，1985）、孙开太（关于孔子生身问题辨析. 历史教学，1985（6））、吴国柱（“野合而生孔子”辩析. 济宁师专学报，2001（5））、杨军（从先秦恋俗看孔子的婚姻. 孔子研究，2002（6））、陈以凤（“野合而生孔子”再解读. 兰台世界，2012（3））等都聚焦“野合”一词，主要观点有三：一是，老夫少妻，不合礼仪；二是，野外交合；三是，承袭传统高禖祭祀风习。

生却无异议。而纬书却将孔子出生神化为：

> 孔子母徵在，游大泽之陂，睡梦黑帝使，请已往梦交，语："女乳必于空桑之中。觉而若感，生丘于空桑之中。"（《春秋纬·演孔图》①）

> 孔子母徵在，梦感黑帝而生，故曰玄圣。(《春秋纬·演孔图》)

按照"新五德终始"中"夏，白帝之子。殷，黑帝之子。周，仓帝之子"② 的说法，商是黑帝的后裔，而孔子是商朝后裔宋国贵族，因而《春秋纬·演孔图》中演义出"徵在与黑帝梦交"而生孔子的神话。就像印度佛教中摩耶夫人梦六牙白象入怀而生释迦牟尼、中国道教中天神之女梦流星入口而生老子一样，孔子也有了一个非同凡人的神秘出身。

感天帝而生的孔子，相貌自然非同凡人：

> 孔子长十尺，海口尼首、方面、月角日准，河目龙颡，斗唇昌颜，均颐辅喉，骈齿龙形，龟脊虎掌，胼协修肱，参膺圩顶，山脐林背，翼臂注头，阜脥堤眉，地定谷窍，雷声泽腹，修上趋下，末偻后耳，面如蒙倛，手垂过膝，耳垂珠庭，眉十二采，目六十四理，立如风峙，坐如龙蹲，手握天文，足履度字，望之如朴，就之如升，视若营四海，躬履谦让。腰大十围，胸应矩，舌理七重，钧文在掌，胸文曰：制作定世符运。(《春秋纬·演孔图》③)

对孔子的神学塑造，为进一步神化"孔子作《春秋（纬）》"奠定了基础。因为按照"世必有非常之人，然后有非常之事"④ 的思维逻辑，只有非凡的孔子才能创作非凡的《春秋（纬）》。于是，我们看到纬书中神化了的"孔子作《春秋（纬）》"：

> 得麟之后，天下血书鲁端门曰：趍作法，孔圣没。周姬亡，彗东出。秦政起，胡破术。书纪散，孔不绝。子夏明日往视之，血书飞为赤

① 纬书《论语·撰考谶》："叔梁纥与徵在祷尼丘山，感黑龙之精以生仲尼"与之类同，可能二者间存在因袭关系。

② 春秋纬：元命苞//安居香山，中村璋八．纬书集成．石家庄：河北人民出版社，1994：595.

③ 关于孔子异貌，以此段记述最详，《春秋纬·演孔图》并有"孔子反宇，是谓尼父，立德泽世，开万世路"的记载。另，其余纬书并有类似记载，如《礼纬·含文嘉》："孔子反宇，是谓尼甫，德泽所兴，藏元通流。"彼此之间可能有因袭关系。

④ 司马迁．史记：司马相如列传．2版．北京：中华书局，1982：3050.

乌，化为白书，署曰演孔图，中有作图制法之状。(《春秋纬·演孔图》)

孔子受端门之命，制春秋之义，使子夏等十四人求周史记，得百二十国宝书，九月经立。(《春秋纬·感精符》)

孔子秉受天命而作《春秋（纬）》的目的是什么呢？

伏羲作八卦，丘合而演其文，渎而出其神，作《春秋》，以改乱制。(《春秋纬·说题辞》)

丘揽史记，援引古图，推集天变，为汉帝制法，陈叙图录。(《春秋纬·演孔图》)

至此，纬书创作的意图终于昭然：非凡的孔子秉承上天旨意作《春秋（纬）》乃是“为汉制法”。从神化孔子到神化《春秋纬》，再到神化汉政权，心思之缜密、用心之良苦可见一斑。而从作纬的目的也可以间接推断出：纬书必成于汉末；造纬的目的是神化经典以论证汉政权的永续。

2. 强化“天人感应”

《春秋纬》以警示政治为目的，全面继承和发展了《春秋》的“灾异谴告”和董仲舒的“天人感应”理论。

董仲舒《天人三策》和《春秋繁露》关于“天人感应”“谴告符命”的神学构建成为汉末谶纬经学的理论纲领。如：

《春秋》之中，视前世已行之事，以观天人相与之际，甚可畏也。国家将有失道之败，而天乃先出灾害以谴告之；不知自省，又出怪异以警惧之；尚不知变，而伤败乃至。①

在《春秋》各《纬》中，我们也看到类似的影子。如：

天之与人，昭昭著明，甚可畏也。(《春秋纬》)

王者上感皇天，则鸾凤至，景星见。德下洽于地，则嘉禾兴，醴泉出，朱草生，食之令人不老。德化旁流四表，则麒麟游其囿。(《春秋纬·感精符》)

人主自恣，不循古，逆天暴物，祸起，则日蚀。(《春秋纬·运斗枢》)

凡日蚀之败成，地呕血，或天雨，蝗鸟旁蜚龙群斗。长人入宫，虎嚣雉巢，列宿灭。皆祸败显之征也。(《春秋纬·潜潭巴》)

---

① 班固. 汉书：董仲舒传. 北京：中华书局，1962：2498.

以此为总纲，《春秋纬》对《春秋》诸如“三世”“三统”“三正”“三纲”“三等”“三科”的解释，全面继承和发展了董仲舒《春秋繁露》的思想。

首先，《春秋纬》对政治的警示，大多由天象发论。自鲁史《春秋》对星象灾异[1]的记载被孔子引向“灾异遣告”开始，董仲舒的“天人感应”进一步强化了星象灾异与政治之间的关联。再加上整个西汉天文学和占星术的兴盛，以及汉末政治危机下士人对于政治的焦虑，《春秋纬》以天象解说政治甚于三传。如：

《春秋》鲁哀公十二年冬“十二月，螽”。

《左传》：“冬，十二月。螽，季孙问诸仲尼。仲尼曰：‘某闻之，火伏而后蛰者毕。今火犹西流，司历过也。’”

《公羊传》：“何以书？记异也。何异尔？不时也。”

《穀梁传》无解。

《春秋纬》：“陈氏篡齐三年，千人合葬，故螽虫冬踊。”

以上记载表明，最重灾异谴告的《公羊传》仍然延续鲁史《春秋》的记“灾”记“异”传统。《穀梁传》认为只是史官通常的灾异记录，不必重复解说。《左传》从“传事”的角度，记录了季孙与孔子的一段话。孔子也只不过从天象常识角度分析认为：蝗虫一般在大火星隐没之后才进入冬蛰，而该年十二月大火星还在西方，所以蝗虫出现没有什么奇怪可言。至于为何大火星还没有隐没就已进入周历十二月，孔子认为出现这种天象与季节的混乱，是历法发生了错乱，应归咎于司历怠于职责，没有及时调整历法。而《春秋纬》却将灾异与齐国内乱相联系，认为此次螽灾发生的原因是陈氏代齐。《春秋》各《纬》中类似这样将天象灾异与现实政治直接挂钩的例子比比皆是。《春秋纬》则几乎每一句都将天象与人事牵合，如“荧惑入箕，主失位”“壬子日食，女谋主”“丙申日食，诸侯相攻”“地动摇，臣下谋上”“地裂，下分威势，曰臣不臣”“地忽生光，小人进，贤人灭”“山有长光，臣下不良”“地出光如火照，国亡”等等。这种以天象灾异作为政治预言的解说，显然已经将关注点由天象记录转向政治警示，不仅大大超出了孔子《春秋》的灾异谴告，也把董仲舒的天人感应发挥到极致，由此引领《春秋》经学走上了神秘主义道路。

---

① 据徐栋梁统计，《春秋》记星象有日食 36 次、星变 5 次，记灾异有地震 5 次、山崩 2 次、大水 9 次、大雨雪 3 次、虫灾 14 次、雹灾 3 次、火灾 10 次（徐栋梁.《春秋纬》与汉代春秋学.长春：吉林大学出版社，2013：67）。

3. 神化与警示汉政权

《春秋纬》神化孔子和《春秋》的目的是神化和警示政治。

神化皇权是稳定人心和政权的必然选择。以孔子秉受天命为汉制法，强调汉政权的建立是秉承上天旨意。继续假借所谓“天意不可违”的神话，通过君权神授的再强化来强化皇权。

其人日角龙颜，姓卯金刀，含仁义，……戴玉英，光中再，仁雄出，日角用。(《春秋纬·演孔图》)

有人卯金刀，握天镜。(《春秋纬·演孔图》《春秋纬·孔录法》)

“卯金刀”指的是谁?

卯金刀，名为刘，中国东南出荆州，赤帝后次代周。(《春秋纬·演孔图》)

刘四百岁之际，褒汉王，辅皇王以期，有名不就。(《春秋纬·演孔图》)

原来这个“卯金刀”是刘的繁体字“劉”的部首拆分。那这个秉受天命的刘姓又究竟是谁呢?

刘季握卯金刀，在轸北，字季，天下服。(《春秋纬·汉含孳》[①])

这个秉天受命、代周而起的王朝就是刘邦建立的汉朝。《春秋纬》如此层层递进的解释，目的很明确，就是告诉人们：汉朝，作为一个秉受天命而立的王朝，不是随便什么人可以取代的。即便社会衰敝、上天示警，只要天命不改，刘姓王朝存续的根本就不会动摇。

辩证地看，上天示警表明汉代政治现状已经千疮百孔，“上天”已经透露出了对现有政权的不满，但反过来也表明“上天”还没有彻底放弃这个政权。不放弃就有拯救的希望，《春秋纬》的作者一方面对下通过强化大汉政权秉天而立再树天威，延续人们对大汉政权的信心；另一方面对上则不得不直面政治衰落的现实，再借天象警示政治，所谓“凡天象之变异，皆本于人事之所感，故逆气成象，而妖星见焉”，“天人同度，正法相授。天垂文象，人行其事，谓之教”[②]。下表清楚地反映了《春秋纬》的谏政言论直指汉末弊政[③]：

---

① 安居香山，中村璋八. 纬书集成. 石家庄：河北人民出版社，1994：812.

② 春秋：元命苞//安居香山，中村璋八. 纬书集成. 石家庄：河北人民出版社，1994：654，620.

③ 以下资料全部引自：安居香山，中村璋八. 纬书集成. 石家庄：河北人民出版社，1994：573-943。

种类	言论	纬书来源
警示后妃干政	九刃之鱼出，占言：阳位失制，阴类争名。	《演孔图》
	填星光明，人主德性厚重，政刑和平。若变为天罚、天翟之属，皆为恶星，奸臣肆毒，女主宣淫，刑罚失当，天下不宁。	《元命苞》
	荧惑守营室，专于妻妃。	《文曜钩》
	荧惑入守犯营室，以内淫近色及夭殃，皆不以命终，王者恶之。	《文曜钩》
	荧惑入舆鬼，主以内乱淫佚。	《文曜钩》
	荧藿入轩辕，主以后妃党之过亡。一曰：用事女当惑之。	《文曜钩》
	专于妻妃，则荧惑辗转轩辕中。	《文曜钩》
	荧惑守贵房侧，主乱于色。	《文曜钩》
	荧惑逆行，守轩辕，大星逆绕之，若成钩已，天下大乱，后妃当诛，害败主亡，易其王，期百八十日，远一年。	《文曜钩》
	荧惑入诸王星，主以妃党纵恣。	《文曜钩》
	彗星出织女，后党为乱……	《文曜钩》
	后族擅权，月生足芒。主势夺于后族，群妃之党横僭，则月盈并出，小月承大月，群奸在宫，主若赘旒，大承小，近人起，谗人横，陪臣执命，三公望气。	《运斗枢》
	势集于后族，群妃之党僭，黄云四合，女讹警邦。	《运斗枢》
	土跃沙城，后党盛。	《运斗枢》
	后族擅权，月生足芒。主势夺于后族，群妃之党横僭，则月盈并出，小月承大月。群奸在宫，主若赘旒，大承小，近臣起，谗人横，陪臣执命，三公望气。	《运斗枢》
	后妃恣，则泽为海。	《运斗枢》
	彗星出织女，女主之党反。	《运斗枢》
	后族专权，虹贯太微。	《运斗枢》
	后族专权，地动摇宫。	《运斗枢》
	后族擅权，月生芒。	《运斗枢》
	主势夺于后族，群妃之党，横僭为害，则月盈。	《运斗枢》
	妃色惑主，蛙累入邦门。	《运斗枢》
	后妃专，则日与月并照。	《感精符》
	妻党翔，群臣恣横，则日黄无光。	《感精符》
	后族专则土踊。	《考异邮》
	女主盛，臣执命，则地动坼，畔震起，山崩沦。	《汉含孳》
	妃党纵横，佞人赞世，则蜮生。	《汉含孳》
	地鸣有声，天子不知国政，任妇人。	《潜潭巴》

续表

种类	言论	纬书来源
警示帝王失德	王者德政，海内富昌，则镇星入阙。	《演孔图》
	八政不中，则天雨刀。	《演孔图》
	虹蜺，斗之乱精也。斗失度则虹蜺见。人主失德，乱臣贼子窃发，虹蜺亦出而应之。	《演孔图》
	凤，鹑火之禽，阳之精，惟德能致神乌也。	《演孔图》
	君过满七九，则天雨血。	《演孔图》
	天子举贤，则景星放于天。	《演孔图》
	君失德，则地吐泉，鱼衔兔。	《元命苞》
	人主政治休明，贤良悉用，阴阳以和，风雨以时，则黄云缤纷于列宿之间。	《元命苞》
	春政乱者，夺民时，猎野兽，则岁星逆行。	《文曜钩》
	奸害盛德，则岁星逆行。	《文曜钩》
	人主刚阳太过，杀戮无辜，不救，则小而失地，大而失国。救之，行政宽，下赦令，轻徭役，薄赋敛，乃止。	《文曜钩》
	荧惑守箕，天下分离，臣下谋，咎在人主自恣。	《文曜钩》
	荧惑守箕，天下枌击，臣子谋，天下藏兵，人民相食糟糠，更政易。	《文曜钩》
	夺民时，荧惑入左角。	《文曜钩》
	填星主德，德失则宫室高，台榭繁，故填星缩，火烧门，动则水决，江河破，凶。	《文曜钩》
	残百姓，诛名臣，则太白入柳。	《文曜钩》
	人君政乱，朝臣谗多，则荧惑吐舌。	《运斗枢》
	人主自恣，不循古，逆天暴物，祸起，则日蚀。	《运斗枢》
	君不聪明无智德，为臣下所侵，则日光青、赤，复大旱，地摇动。	《感精符》
	日蚀有三法，一曰：妃党恣，邪臣任侧，日黄无泽……二曰：偏任权柄，大臣擅法，则日青黑……三曰：宗党犯命，威权害国……	《感精符》
	人主淫乱，尊卑无伦，则彗出形如帚，天下大饥。	《考异邮》
	荧惑守天纪，幸臣执权，有兵起，王者有忧。	《文曜钩》

续表

种类	言论	纬书来源
警示戚党专权	岁星犯守天牛，大臣谋其主，大人有戮死者。	《文曜钩》
	岁星犯守天纪，幸臣执权，有兵起，王者有忧。	《文曜钩》
	荧惑逆行守翼，邪臣为乱，忠臣不立。不出其年，兵大起，王者忧也。	《文曜钩》
	填星犯心，臣有逆谋，天下不利。	《文曜钩》
	太白犯守天衔，徘徊乱行，主弱臣强……	《文曜钩》
	大臣擅命，妻专恣，戚党女妃虐，赋敛残贼，则日为青、黄。	《感精符》
	强臣擅命，夷狄内污，后妃专恣，刑杀无辜，则天雨雹。	《考异邮》
	臣恣，地裂坼。	《考异邮》
	臣之恣，地动星孛。	《考异邮》
	臣子谋，日乃蚀。	《汉含孳》
	大夫专权，兵陵地坼。	《汉含孳》
	大夫专权，则丘陵地坼，少微织昧。	《春秋纬》
警示谋叛兵乱	老人星见则主安；不见则兵起。	《文曜钩》
	荧惑犯房宿，将军为乱，王者恶之。	《文曜钩》
	荧惑入伐，有兵战。	《文曜钩》
	荧惑入轸中，兵大起。	《文曜钩》
	太白入天津，兵起大乱，以其所近四方中央，死而不葬，易政立王。	《文曜钩》
	太白守参旗，九游骚动，天下皆兵……	《文曜钩》
	辰星之虚，兵起，大水出。	《文曜钩》
	流星入昴，四夷交兵……	《文曜钩》
	客星犯常陈，边兵四起……	《文曜钩》
	星孛东方，将军谋王。星孛西方，羌胡叛中国。星孛南方，天下兵起。星孛北方，夷狄内侵。	《运斗枢》
	孛贼入北斗中者，大国结谋伐天子。	《感精符》
	星孛入北斗，兵大起，将有以外制权，以兵为政者。	《感精符》
	诸侯谋叛，则月生爪。后族专政，则日月并照。	《考异邮》
	日赤足，有兴兵者。日白足，杀诸侯王。	《考异邮》
	诸侯谋叛，则黑云犯亢。后妃专政，则赤云犯牛、女。	《考异邮》
	太白入轸，兵大起。	《佐助期》
	使星出入羽林，兵起。	《春秋纬》
	辰星之参，兵大起。	《春秋图》

上表围绕帝王失德、后妃干政、大臣专权、地方叛乱等几个方面的“示警”直指汉末弊政。

传统农业经济与天人合一观念，使得中国先祖形成了重视天象的传统习惯，也一并催生了司天机构①。“授人时”“见吉凶”② 的星象占验是司天机构的主要职责，也成了古代天象学的重要内容和国家经济、政治、军事措施实施的重要参照③。中国古代天象学特别是占星术长盛不衰，在《春秋》《左传》《淮南子·兵略训》等传世文献，特别是正史中的《天官书》《天文志》《五行志》中，都有丰富、精确的彗星观测记录。

春秋战国以降，人神关系的颠倒冲击了早期宗教神学思想，子产、荀子相继提出天人相分的主张。不过，他们的言论虽然代表了先知哲学思想的觉醒，却没有彻底颠覆中国传统的天人合一观念。《左传》《国语》《晏子春秋》等文献中大量的天象问答和占星记载足见时人对天象的重视④。有学者研究表明：这一时期的天象观测不仅没有趋弱，反而明显从以往以“治历明时”为目的的天象学转向以“占星祈禳”为目的的占星术⑤。之所以发生这样的转变，其实正是缘于新兴君主政治的确立。与这一政治转向相配合，天象学的目的和任务也由经济转向政治。所以我们看到，秦汉以后，特别是董仲舒重新论证“天人感应”之后，关于天象对人事的影响，特别是彗星对军政的影响越来越多地为人们所接受。翻看《史记》《汉书》《后汉书》等文献，类似以天象喻军政的言论可谓司空见惯，就连号称有朴素唯物倾向的司马迁也概莫能外⑥。

对于君主政治而言，腐败、外戚宦官专权、大臣谋叛与地方战乱是导致政权灭亡的几大主因。而这些现象，在占星家看来，常常会反映到日

① 史玉民，魏则云. 中国古代天象机构沿革考略. 安徽史学，2000 (4).

② 陈美东. 中国古代天文学思想. 北京：中国科学技术出版社，2007：1，16.

③ “天文者，序二十八宿，步五星日月，以纪吉凶之象，圣王所以参政也。”（班固. 汉书：艺文志. 北京：中华书局，1962：1765）

④ 如《左传》昭公二十六年冬十二月：“齐有彗星，齐侯使禳之。晏子曰：‘无益也，祇取诬焉。天道不谄，不贰其命。若之何禳之！且天之有彗也，以除秽也。君无秽德，又何禳焉？若德之秽，禳之何损？’”（阮元. 十三经注疏. 北京：中华书局，1980：2115）《晏子春秋》：“景公之时，荧惑守于虚，期年不去，公异之，召晏子而问曰：‘吾闻之，人行善者天赏之；行不善者天殃之。荧惑，天罚也。今留虚，其孰当之？’晏子曰：‘齐当之。’”（晏子春秋：卷一//四库全书：第446册. 上海：上海古籍出版社，1987：104）《左传》《国语》也有“天事恒象”（《左传》昭公十七年、《国语·周语上》）、“天事必象”（《国语·晋语四》）的总结式结论。

⑤ 章启群提出：“大约从春秋末战国初开始，中国天文学发生了一个根本转折，即从‘治历明时’转向‘占星祈禳’。”（章启群. 论中国古代天象学向占星学的转折. 云南大学学报（社会科学版），2010 (6) ）

⑥ 《史记》中有大量相关记载，如《天官书》：“秦始皇之时，十五年彗星四见，久者八十日，长或竟天。其后秦遂以兵灭六王，并中国，外攘四夷，死人如乱麻，因以张楚并起，三十年之间，兵相骀藉，不可胜数。”（司马迁. 史记：天官书. 2版. 北京：中华书局，1982：1348）

食、彗星等天象上来。以下略举几例，如：

主失政者：

《汉书·五行志》："高帝三年七月，有星孛于大角[①]，旬余乃入。刘向以为是时项羽为楚王，伯诸侯，而汉已定三秦，与羽相距荥阳，天下归心于汉，楚将灭，故彗除王位也。一曰：项羽坑秦卒，烧宫室，弑义帝，乱王位，故彗加之也。"[②]

《汉书·天文志》："西汉哀帝建平二年二月，彗星出牵牛七十余日。……其六月甲子，夏贺良等建言当改元易号，增漏刻。诏书改建平二年为太初元年，号曰陈圣刘太平皇帝，刻漏以百二十为度。八月丁巳，悉复蠲除之，贺良及党与皆伏诛流放。其后卒有王莽篡国之祸。"[③]

主兵事（包括军事征伐与地方叛乱）者：

《汉书·天文志》：武帝"建元三年三月，有星孛于注、张，历太微，干紫宫，至于天汉。……其后济东、胶西、江都王皆坐法削黜自杀，淮阳、衡山谋反而诛"。[④]"元封中，星孛于河戍。占曰：'南戍为越门，北戍为胡门。'其后汉兵击拔朝鲜，以为乐浪、玄菟郡。朝鲜在海中，越之象也；居北方，胡之域也。"[⑤]"太初中，星孛于招摇。……其后汉兵击大宛，斩其王。招摇，远夷之分也。"[⑥]昭帝"始元中，汉宦者梁成恢及燕王候星者吴莫如见蓬星出西方天市东门，行过河鼓，入营室中。……其后左将军桀、骠骑将军安与长公主、燕刺王谋乱，咸伏其辜"。[⑦]"元帝初元五年四月，彗星出西北，赤黄色，长八尺所，后数日长丈余，东北指，在参分。后二岁余，西羌反。"[⑧]

《后汉书·天文上》："王莽地皇三年十一月，有星孛于张，……张为周地。星孛于张，东南行即翼、轸之分。翼、轸为楚，是周、楚地将有兵乱。后一年正月，光武起兵舂陵……"[⑨]

---

① "大角者，天王帝坐廷。"（班固．汉书：天文志．北京：中华书局，1962：1276）
② 班固．汉书：五行志．北京：中华书局，1962：1516．
③ 班固．汉书：天文志．北京：中华书局，1962：1312．
④ 同③1305．
⑤ 同③1306．
⑥ 同③1306．
⑦ 同③1306-1307．
⑧ 同③1309．
⑨ 范晔．后汉书：天文上．北京：中华书局，1965：3218．

《后汉书·天文上》:“(建武)十五年正月丁未,彗星见昴,稍西北行入营室,犯离宫,三月乙未,至东壁灭,见四十九日。彗星为兵入除秽,昴为边兵,彗星出之为有兵至。十一月,定襄都尉阴承反,太守随诛之。卢芳从匈奴入居高柳,至十六年十月降,上玺绶。一曰,昴星为狱事,是时大司徒欧阳歙以事系狱,逾岁死。营室,天子之常宫;离宫,妃后之所居。彗星入营室,犯离宫,是除宫室也。是时郭皇后已疏,至十七年十月,遂废为中山太后,立阴贵人为皇后,除宫之象也。”①

《后汉书·天文中》:安帝永初三年“十二月,彗星起天菀南,东北指,长六七尺……天菀为外军,彗星出其南为外兵。是后使羌、氐贼李贵,又使乌桓击鲜卑,又使中郎将任尚、护羌校尉马贤击羌,皆降”②。

不仅如此,从现有材料看,两汉占星家似乎还进一步将彗星出现或运动方位与叛乱的性质或地域建立起了更加精确的对应关系,如:

彗星出东方:

《黄帝占》曰:彗星出东方,诸侯有起霸者,皆有兵饥。(按韦昭《洞纪》曰:汉武元狩三年春,有星孛于东方,匈奴入右北平、定襄,煞掠数千人。后元二年七月,有星孛于东方,冬,匈奴入朔方,煞掠人民……)

彗星出北方:

《黄帝占》曰:彗星出北方,将军有谋,欲代其主,若臣行不顺而致。(《洪范天文星辰变占》曰:汉武建元六年六月,有彗孛于北方,及淮南王安反,服诛。)

《春秋纬》曰:彗扫星出北方,诸侯起伯。

彗星出西方:

《洪范天文星辰变占》曰:汉宣帝地节元年正月,有星孛于西方,去太白二丈所,占曰:太白为大将军,彗孛加之,扫灭象也。明年,大将军霍光薨。后二年,光家夷灭。

① 范晔. 后汉书:天文上. 北京:中华书局,1965:3222.
② 范晔. 后汉书:天文中. 北京:中华书局,1965:3239.

彗星出南方：

《黄帝占》曰：彗扫星出南方，天下大乱，无有君上，兵饥并起。①

将两汉彗星记录与重大事件用列表展示，可以更清晰地反映两者之间的一致性：

时间			彗星动向	事件
西汉	武帝	建元六年	彗星孛于北方	六月，淮南王安反
			彗星孛于东方	八月，越王反
		元狩三年	彗星孛于东方	匈奴入右北平、平襄、朔方
		元封中	星孛于河戍	出兵朝鲜
		太初时	星孛于招摇	出兵大宛
	昭帝	始元时	蓬星出天市，入营室	左将军桀、骠骑将军安与长公主、燕刺王谋乱
	宣帝	地节元年	彗星孛于西方	诛灭霍光一族
	元帝	初元五年	彗星出参	西羌反
	成帝	建始元年	彗星孛于营室	后宫（赵飞燕）之祸
		元延三年	彗星出参	亡世嗣，王莽篡
	哀帝	建平二年	彗星出牵牛	夏贺良改元易号闹剧
新莽	王莽	地皇三年	星孛于张	光武起兵，东汉建立，更始政权灭亡
东汉	光武帝	建武十五年	彗星见昴	定襄都尉阴承反，卢芳从匈奴入 卢芳与匈奴反
	章帝	建初元年	彗犯牵牛	南蛮吴越反；征西羌
	安帝	永初三年	彗星起天菀南，东北指	鲜卑、氐、羌反
	灵帝	光和三年	彗星出弧星	黄巾起义
	献帝	建安九年	彗星出紫宫 彗星入北斗	东汉灭亡

从西汉武帝时的消除诸侯势力和征服匈奴、宣帝时的霍光事件、元帝时周边局势的再度紧张、成帝时的后宫之乱、哀帝时夏贺良的改元闹剧，到东汉光武中兴、安帝以后四夷再起、灵帝时的黄巾起义和献帝时东汉政权的彻底覆灭，两汉几乎所有重大的军、政事件在天象记录中均

① 以上资料均见：瞿坛悉达. 唐开元占经：卷八十八//四库全书：第 807 册. 上海：上海古籍出版社，1987：821-822。

有反映。

在今天看来，“天”并非有意志的人格神，它与人之间并不存在神秘主义的联系①。因而，并非人间的政治、军事真的与上天相通，从而出现如彗星、日月食之类所谓“上天垂象”②。上述文献中，占星家之所以要努力建立起天象与人事的对应关系，除了传统天人合一观念的作用外，更重要的还在于对现实政治的焦虑。他们想通过天象与人事之间的联系，达到借天象警示人事的目的。如同哀帝丞相王嘉上疏所说：“天之见异，所以敕戒人君，欲令觉悟反正，推诚行善。民心悦而天意得矣”③。这种政治焦虑与董仲舒相似，只不过两者所处的时代背景已大不相同，因而目的也各有侧重——前者重在如何确立、巩固政权，后者则重在如何摆脱危机、延续政权。

回顾历史，君主政治自初立后，经过西汉武帝的调整渐趋完善。同时，作为君主政治的根源性弱点——监督缺位的问题也更加严重。正是君主政治的这一痼疾，使西汉政权在昭、宣之后随着上层的腐败而快速衰落。但面对危机，士人们可以使用的唯一办法，仍然不过是当年董仲舒举起的那柄“天人感应”的双刃剑④。只是因为情形不同，所以效果迥异。

4. 总结“三科九旨”

思想理论的发展是一个由浅入深、由片面到全面、从零星到系统的完善过程。这是事物发展的一般逻辑，《春秋纬》也一样。到《春秋纬》出现时，客观上《春秋》经已经到了对前期《春秋》学理论进行总结的阶段。从存世的《春秋纬》各篇看，其中诸如“三科九旨”“五始”⑤

---

① “天”的自然属性所呈现出的环境与人之间的关系另当别论。

② 《易·系辞上》：“天垂象，见吉凶，圣人象之。”（孔颖达. 周易正义//阮元. 十三经注疏. 北京：中华书局，1980：82）《春秋纬·元命苞》：“天人同度，正法相授。天垂文象，人行其事。”（安居香山，中村璋八. 纬书集成. 石家庄：河北人民出版社，1994：620）

③ 班固. 汉书：息夫躬传. 北京：中华书局，1962：2184.

④ 朱松美. 国君与庶民同遣 制度与教化并行——董仲舒安民稳政思想要义. 聊城师范大学学报（社会科学版），2000（5）.

⑤ “五始”说在《春秋》各纬书中多次被提及，如《合诚图》有：“黄帝立五始，制以天道古今。”《保乾图》说得更加详细和神秘：“黄帝从于扈阁，凤皇衔书至帝前，其中得五始之文。”（安居香山，中村璋八. 纬书集成. 石家庄：河北人民出版社，1994：762，805）且《元命苞》开始尝试具体解释什么是“五始”：“元者气之始，春者四时之始，王者受命之始，正月者政教之始，公即位者一国之始。”可见，所谓“五始”说，只不过是对《春秋》隐公元年“春王正月，公即位”的一个总结性提法而已。

"七等"① "七缺"② 等，显然都是归纳、总结前期公羊家和董仲舒理论的结果。

《春秋纬》首次将《春秋》大义总结为"三科九旨"："《春秋》设三科九旨"，不过对于"三科九旨"的具体内涵，却没有详细论述。宋均③注称："三科者：一曰张三世，二曰存三统，三曰异外内，是三科也；九旨者，一曰时，二曰月，三曰日，四曰王，五曰天王，六曰天子，七曰讥，八曰贬，九曰绝。时与日、月详略之旨也；王与天王、天子，是录远近亲疏之旨也；讥与贬绝，则轻重之旨也。"④ 从上述"三科九旨"的内容看，显然是对前期公羊家和董仲舒观点的系统化归纳总结。这说明，《春秋》诠释到两汉之际开始进入阶段性总结。需要注意的是，理论或者思想通常是随着社会实践的成熟而成熟，是社会政治形态的稳定在意识形态领域的反映。

《春秋纬》对《春秋》意义的初步总结，既是君主政治在两汉之交基本达到稳定的表现，也预示着实践和理论在东汉时期的最终完成。从现实角度考察，东汉君主政治经过光武帝政治实践上的最后努力，再度调整并已臻于成熟。而与此同时，《春秋》诠释的总结之作——何休的《春秋公羊解诂》也同步出现。这种理论和政治发展的同步契合实非偶然。

---

① "七等"之文见于《春秋纬·运斗枢》："《春秋》设七等之文，以贬绝录行，应斗屈伸。"（安居香山，中村璋八．纬书集成．石家庄：河北人民出版社，1994：723）《春秋纬·孝异邮》中简单解释了"七等"的来源："北斗七星有政，春秋亦以七等宣化。"（安居香山，中村璋八．纬书集成．石家庄：河北人民出版社，1994：784）这一说法，也仅是初步框架。这一框架，到东汉何休那里才进一步得到完善，提出了"七等"的具体内容为"州、国、氏、人、名、字、子"称呼上由低到高的七个等级。

② 《春秋纬》："《春秋》书有七缺、八缺之义。"（安居香山，中村璋八．纬书集成．石家庄：河北人民出版社，1994：904）

③ 《春秋纬·演孔图》称"宋氏注"，《春秋纬》称是"宋均注"。另，《孝经纬·援神契》则将注文与原文合并为："《春秋》设三科九旨。三科者，一曰张三世，二曰存三统，三曰异外内，是三科也；九旨者，一曰时，二曰月，三曰日，四曰王，五曰天王，六曰天子，七曰讥，八曰贬，九曰绝。"

④ 安居香山，中村璋八．纬书集成．石家庄：河北人民出版社，1994：579，903．

第五章　君主政治再完善[①]与《春秋》诠释的总结

东汉建立后，光武帝着手进一步完善君主政治体制。经过两汉的努力，中国社会从贵族政治向君主政治的过渡基本完成，进入阶级社会以来的首次转型也基本告一段落。

随着政治体制的完善，与之相匹配的思想文化，特别是代表国家意识形态的儒学也进入总结性阶段。与政治密切相关的《春秋》表现为形式和内容的融合，代表作是郑玄的遍注群经与何休的《春秋公羊解诂》。

皮锡瑞有一段对东汉经学的总结性评论："后汉经学盛于前汉者，有二事。一则前汉多专一经，罕能兼通。经学初兴，藏书始出，且有或为《雅》、或为《颂》，不能尽一经者。若申公兼通《诗》、《春秋》，韩婴兼通《诗》、《易》，孟卿兼通《礼》、《春秋》，已为难能可贵。夏侯始昌通五经，更绝无仅有矣。后汉则尹敏习欧阳《尚书》，兼善《毛诗》、《穀梁》、《左氏春秋》；景鸾能理《齐诗》、《施氏易》，兼受《河》、《洛》图纬，又撰《礼内外说》。何休精研六经，许慎五经无双，蔡玄学通五经。此其盛于前汉者一也。一则前汉笃守遗经，罕有撰述。章句略备，文采未彰。《艺文志》所载者，说各止一二篇，惟《灾异孟氏京房》六十六篇为最夥。董子《春秋繁露》，《志》不载。韩婴作《内外传》数万言，今存《外传》。后仓说《礼》数万言，号曰《后氏曲台记》，今无传者。后汉则周防撰《尚书杂记》三十二篇、四十万言。景鸾作《易说》及《诗解》，又撰《礼略》，及作《月令章句》，著述五十余万言。赵晔著《吴越春秋》、《诗细》、《历神渊》。程曾著书百余篇，皆五经通难，又作《孟子章句》。何休作《公羊解诂》，又训注《孝经》、《论语》，以《春秋》驳汉事六百余条，作《公羊墨守》、《左氏膏肓》、《穀梁废疾》。许慎撰《五经异义》，又作《说文解

① 这里所说的"再完善"是基于汉武帝对秦代君主政治统治框架的首次完善而言的。

字》十四篇。贾逵集《古文尚书同异》三卷，撰《齐、鲁、韩诗与毛氏异同》，并作《周官解故》。马融著《三传异同说》，注《孝经》、《论语》、《诗》、《易》、三《礼》、《尚书》。此其盛于前汉者二也。风气益开，性灵渐启；其过于前人之质朴而更加恢张者在此，其不及前人之质朴而未免杂糅者亦在此。至郑君出而遍注诸经，立言百万，集汉学之大成。"① 皮氏这番话，既是对郑玄集成经学的褒扬，也是对东汉经学发展特征的总结。正因如此，他将西汉经学称为"昌明时代"，而称东汉经学为"极盛时代"。经师的兼通，经学的统一，经义的恢张，都以经学集大成之作的诞生为标志。而经学的集大成，又恰与政治体制的完善相表里。

第一节　《春秋》今古文之争与郑玄遍注群经

自战国三传分立，汉初师法、家法之争到宣、成以降的今、古文之争，以《公羊》和《穀梁》为代表的今文《春秋》与以《左传》为代表的古文《春秋》之间，围绕《春秋》是政治经典还是历史资料、对其诠释是回归"原义"还是发掘"大义"等问题展开了一轮又一轮的激烈争论，而隐于学术争议背后的则是政治的分立与轮替。因此，这里所谓的"争"是指今、古文围绕学术与政治展开的分化与争立。

从西汉武帝确立儒学独尊到哀帝以前，作为今文经的《公羊传》和《穀梁传》交替占据了国家政治和学术舞台，直到西汉平帝以后和新莽时期，由刘歆、王莽推动，作为古文经的《左传》地位上升。至此，《春秋》今、古文完成了一轮完整的升降轮替。刘秀建立东汉后，作为对西汉意识形态的继承，立《春秋》公羊学的两个分支严、颜二家于学官，今文学再度兴起②。但不久，在古文经逐渐走向烦琐低迷的同时，今文经也无可奈

① 皮锡瑞．经学历史．北京：中华书局，1959：126-127.

② 值得注意的是，同属今文经的《穀梁春秋》并没有受到同样的重视，甚至在白虎观会议后的《白虎通义》中，兼收《公》《左》，而《穀》却被排除在外。至于其中原因，皮锡瑞曾经以三传对比的方式做过分析："《穀梁》虽暂盛于宣帝之时，而汉以前盛行《公羊》，汉以后盛行《左氏》。盖《穀梁》之义不及《公羊》之大，事不及《左氏》之详，故虽监省《左氏》、《公羊》立说，较二家为平正，卒不能与二家鼎立。郑樵曰：'《儒林传》学《公羊》者凡九家，而以《穀梁》名家，独无其人。此所谓师说久微也。'"（皮锡瑞．经学通论：卷四．北京：中华书局，1954：19）除此而外，东汉穀梁学的湮废不振，还有另外两个具体原因：一是如贾逵所说，光武信谶，而《左氏》《穀梁》"二家先师不晓图谶"（范晔．后汉书：贾逵列传．北京：中华书局，

何地堕入谶纬化泥淖。到东汉末期，以何休、郑玄为代表的经学家们兼采今、古诠释学，才使两汉长期聚讼不已的《春秋》今、古文之争渐入尾声。纵观两汉《春秋》乃至两千年今、古文之争，我们发现：在表面经典争立的背后，“政治”作为一只看不见的手，始终左右着经典废立和学术纷争。换句话说：经典废立的背后，是政治对学术的需求和选择。

然而，单从学术争立的角度看，“争”的背后，其实也还存在着诠释方法的“不争”。这里的“不争”是指无论今、古文经学的意义纷争多么激烈，在传“事”与传“义”上始终存在着内在一致性。当然，这里并不否认诠释方法上各有侧重。古文经重传“事”，而今文经重传“义”，这是不争的事实。但从长期纷争的规律看，二者在诠释实践中还是保持了内在统一性，即：古文经在传“事”中有传“义”，在讲求故训中也有意义发挥；而今文经在传“义”中也兼具传“事”，意义的发挥始终以文字训诂为基础。这一内在统一性，是《春秋》诠释由今、古文分立最终走向混融的学理基础。学理性和现实性的双重规定总体上决定了《春秋》今、古文由分立到混融。

一、今、古文经与西汉末年《春秋》今、古文争端

皮锡瑞总结两汉今、古文经由纷争到统一的过程说：“余尝言：自汉以来，传孔子之道者有四学。四学者，今文学、古文学、郑氏学、朱子学也。秦火之厄，汉初诸儒壁藏口授，萌芽渐著于竹帛。当时读者以隶书释之，谓之今文。今文者，对古文而立名也。自后古文之学别为大宗。门户纷争，互相攻驳。至有父子异学，同师相非，如刘歆之于刘向、梁邱贺之于孟喜，甚可笑也。故终汉之世，师说愈盛而经学愈衰，至郑氏康成出，始一扫而空之，于是集今古文之大成，破经生之拘陋。”[①]

1965：1237)；二是穀梁家多违逆师法、家法，兼治《左传》，从而使穀梁学自我削弱。以至于在白虎观会议后四年，即章帝建初八年（83年）冬下诏：“五经剖判，去圣弥远，章句传说，难以正义，恐先师道丧，微言遂绝，非所稽古求道也。其令诸儒学《古文尚书》、《毛诗》、《穀梁》、《左氏传》，以扶明学教，网罗圣旨。”（袁弘．后汉纪：卷十一//张烈．两汉纪．北京：中华书局，2002：229）可见《穀梁》沦落到“扶微学”的边缘化地位。而章帝的扶微学，其意也并不在发扬《穀梁》，仅在于“博存众家”而已。至安帝延光二年（123年）春，又“诏选三署郎及吏人能通《古文尚书》、《毛诗》、《穀梁春秋》各一人”（范晔．后汉书：孝安帝纪．北京：中华书局，1965：237)，但穀梁学衰落的命运已无可挽回。在东汉末何休的《穀梁废疾》中，虽有郑玄《起废疾》，然而真意又恐不在“起”废疾，而在于与何氏争今、古，更何况《穀梁》“废疾”已久，其实难以复“起”。

① 皮锡瑞．六艺论疏证：序//续修四库全书：第171册．上海：上海古籍出版社，2002：269．

中国原始经典特别是一些儒家经典，遭秦火后下落不明。西汉建立后，政局稳定，学术兴立，一些学者将私藏残本用汉代隶书重抄并用于教学，这些经典称“今文经”；同时，自汉初文、景迄于成帝，朝廷“改秦之败，大收篇籍”，广“求遗书于天下”①，大量民间典籍献予朝廷，这些典籍由秦以前古籀文写成，故称“古文经”，如下表所列：

时间	献者	来源	经典	载于
汉初	张苍	荀卿	《春秋左氏传》	《汉书·儒林传》《说文解字·叙》
景帝	孔安国	孔壁	《古文尚书》《礼记》《论语》《孝经》等	《史记·儒林传》、《汉书·艺文志》（及鲁恭王余传、刘歆传）、《论衡·案书》、《说文解字·叙》
武帝	刘德	民间	《周官》《尚书》《礼》《礼记》《孟子》	《汉书·河间献王德传》
昭帝	鲁三老	孔壁②	《孝经》	《说文解字·叙》
成帝	刘向、刘歆	中秘	《古文尚书》《左传》《逸礼》《易》《毛诗》等	《史记·萧相国世家》《汉书·艺文志》

西汉建立后，今文经最先抄写流传，因而最先被朝廷列入学官，成为国家承认的官方教材。而古文经出现后，就呈现以下两种情况：不同的发源与传播地域，形成了不同系统的今文经典家派；随着朝廷多次下令访求天下遗书，古文经典不断被发现，研究者也越来越多，造成了儒家经典的今、古之别。贾谊、萧望之、尹咸、孔安国、司马迁等就曾对《诗》《书》《左氏》等古文经有过深入研究。不过古文经没有立学官、设博士，不涉及利禄，所以研究者大多只是属于纯学术的字词训诂考证。

起初，区别只在于文字及篇目、章节等形式的不同，如下表所示：

① 班固. 汉书：艺文志. 北京：中华书局，1962：1701.

② 段玉裁《说文解字·注》认为，此三老所献古文《孝经》与孔安国所献古文《尚书》同出孔壁中，当时孔安国将《尚书》献于朝廷，《孝经》至昭帝时才由鲁国三老献于朝廷。可备一说。

经典名称	今文经	古文经
《诗》	齐、鲁、韩《诗》	《毛诗》
《书》	伏胜、大夏侯（胜）、小夏侯（建）	《古文尚书》
《礼》	大戴（德）、小戴（圣）、庆氏（普）《礼记》	《逸礼》《周官》
《易》	施仇、孟喜、梁丘贺、京房《易》	费氏、高氏《易》
《春秋》	严氏（彭祖）《公羊春秋》、颜氏（安乐）《公羊春秋》和《穀梁春秋》①	《春秋左氏传》

随着古文经整理和研究的深入，区别也开始由形式到内容逐步深化。有学者认为今文经乃秦火残简，古文经才是免于秦火的完整原典，由此强烈要求西汉朝廷将古文经列入学官，享受与今文经相同的官方待遇。这一举动因为危及了今文学者的传统信念和利禄地位，遭到其强烈反对。最激烈一例莫过于成帝时，刘歆“欲建立《左氏春秋》及《毛诗》、《逸礼》、《古文尚书》皆立于学官”，而遭到“诸博士或不肯置对”② 的抵触，致使刘歆上书“移书太常博士”，对今文学家“专己守残，党同门，妒道真”“绝灭微学”③ 痛加指责。刘歆对今文经的指责，遭到今文经学家的激烈反扑：名儒光禄大夫龚胜用“乞骸骨”，以退为进，要挟哀帝；大司空师丹以刘歆“改乱旧章，非毁先帝所立”为由，上书哀帝，请求治其罪。结果，刘歆因遭“众儒所讪，惧诛，求出补吏，为河内太守”④。

此后，与政治变化同步，今、古文经的争论由表面上文字、篇章的不同，演变为更深入的诸如经师源流、传授方法，以及对经义理解和解释的差异⑤，并进一步延伸为深藏于其背后的经济利益和社会地位的尖锐学派之争和政治对垒。

刘歆在哀帝时恢张古文经学的努力虽然一时搁浅，但至平帝时终于借着王莽篡位之机得以实现。古文经如《左氏春秋》《毛诗》《逸礼》《古文尚书》等终列于学官，得到政治认可，从而初步奠立了其与今文经学相抗

---

① 《穀梁传》为今文经，学术界大体无异议。但也有少数经学家（如清末崔适）开其源，古史辨学者（如钱玄同、刘西堂）引起流，他们借论证《穀梁》为刘歆伪造一说，一并论证《穀梁》为古文经。这一观点同样不为学界认同。吴涛《“术”、“学”纷争下的西汉〈春秋〉学》设专门一节“论崔适《穀梁传》为古文说”予以反驳。所以，对崔氏《穀梁传》为古文说，不予采用（吴涛．“术”、“学”纷争下的西汉《春秋》学．北京：中国社会科学出版社，2011：188-195）。

② 班固．汉书：楚元王传．北京：中华书局，1962：1967.

③ 同②1971.

④ 同②1970-1972.

⑤ 朱维铮．周予同经学史论著选读．上海：上海人民出版社，1983：1-9.

衡的地位。

总的来看，今、古文经的差异自西汉初就已形成。只不过在刘歆要求将古文经立于学官之前，因为今文经独立于学官，古文经仅流行于民间，古文经暗弱，又不涉及利禄之争，二者也自然没有针锋相对、一较高下的必要。自从刘歆向哀帝陈请列古文经于学官，今文经才真切感受到威胁，今、古文衅端从此开启。二者在名称、立场、观念和流传派系上，形成两军激烈对垒的局势。

始于西汉末年的今、古文之争，至东汉，在新的政治形势推动下达至巅峰。

二、东汉的谶纬、反谶纬与经今、古文之争

东汉的经今、古文之争是与谶纬、反谶纬思想斗争交织进行的。而东汉谶纬的盛行，则是西汉末谶纬延续和深化的表现。

1. 光武信谶与儒林分化

以“火德销尽，土德当代，皇天眷然，去汉与新”① 而兴的王莽“新”朝仅仅经历了十五年便像秦王朝一样迅速覆亡，由于托古改制的折腾，上下官吏的“递相求赂”“贪残日甚”②，以及诸如“陨霜”“雨雹”“黄雾四塞”“大风拔树”“地震”③ 等自然灾害，“连年久旱，百姓饥穷”④ 至“关东人相食”、“三边尽反”⑤、“盗贼麻起”⑥、“黄龙堕死黄山宫中”⑦ 的灾异警告更加速了这一进程。

新莽天凤四年、五年（公元 17、18 年），反抗烽火由“饥馑相聚”汇成“众皆万余人”⑧ 的绿林、赤眉起义。与此同时，各地不满王莽政权的刘氏宗室、地主豪强也各怀目的加入起义队伍。这些力量的加入，在壮大了农民起义的同时，也导致了队伍成分的复杂化。

公元 23 年，刘玄骗取农民军的信任，在淯阳称帝，建立了“更始”

---

① 班固．汉书：王莽传．北京：中华书局，1962：4113.

② 同①4140.

③ 同①4136，4141.

④ 同①4152.

⑤ 同①4138-4139.

⑥ 同①4167.

⑦ 天凤二年“讹言黄龙堕死黄山宫中，百姓犇走往观者有万数。莽恶之，捕系问语所从起，不能得”（同①4139）。因为王莽曾以土德自称，应“火德销尽，土德当代”以代汉建新，因而“黄龙堕死”，显然意味着民间对土德新莽政权覆灭的希冀。

⑧ 同①4154，4164.

政权。10月3日，曾在“符契图文，金匮策书，神明诏告”[1]的瑞兆中登基的王莽为更始军所杀，新莽覆亡。

公元24年春，迁都长安的刘玄，虽取得阶段性成功，但仇视农民军的地主本色也逐渐暴露。

公元25年9月，赤眉军攻入长安。刘玄投降被绞，更始政权灭亡。

而在此前三个月（公元25年6月），以“复高祖之业”[2]为旗号起兵反莽的刘秀，在历经三年苦战控制了河北地区后，也在鄗正式称帝，建立了东汉政权。10月，定都洛阳。

公元26年1月，驻扎长安的二十万赤眉军，因纪律涣散，“入掠酒肉，互相杀伤”[3]，内讧不断，兼周围地主武装保壁固守，被迫撤出长安。在后撤途中，被刘秀军打败。最终持续十年之久的绿林、赤眉起义彻底归于失败。

美国汉学家毕汉斯总结了刘秀的发迹：“这场内战是用刀、枪、弓弩和宣传进行的。当时流行的一般心理学手法被用来争取民众的支持，这些手法有预言、图谶、五德始终论”[4]。的确，刘秀从反莽到称帝的整个过程，始终不离左右的两大武器就是武力征伐和符录图谶。

起兵就是受到宛人李通的图谶游说：

> 地皇三年，南阳荒饥，诸家宾客多为小盗。光武避吏新野，因卖谷于宛。宛人李通等以图谶说光武云：“刘氏复起，李氏为辅。”光武初不敢当，然独念兄伯升素结轻客，必举大事，且王莽败亡已兆，天下方乱，遂与定谋，于是乃市兵弩。十月，与李通从弟轶等起于宛，时年二十八。[5]

到建武元年（25年），刘秀虽已拥有一定势力。但环顾四周，能与自己抗衡的割据势力蜂起：“长安政乱，四方背叛。梁王刘永擅命睢阳，公孙述称王巴蜀，李宪自立为淮南王，秦丰自号楚黎王，张步起琅邪，董宪

① 班固．汉书：王莽传．北京：中华书局，1962：4095.

② 范晔．后汉书：齐武王缜列传．北京：中华书局，1965：549.

③ 范晔．后汉书：刘盆子列传．北京：中华书局，1965：482.

④ 崔瑞德，鲁惟一．剑桥中国秦汉史．北京：中国社会科学出版社，1992：234，232.

⑤ 范晔．后汉书：光武帝纪．北京：中华书局，1965：2. 关于光武初遇图谶，在《后汉书》其余传记如《李通列传》《邓晨传》《窦融列传》（北京：中华书局，1965：574，582，798）中也有记载。这些记载可见：其一，两汉交替之际图谶在民间的确十分盛行；其二，刘秀对图谶的态度经历了一个由不信到笃信的演变过程。

起东海，延岑起汉中，田戎起夷陵”①。于是，为了壮大声势，刘秀的手下将领们轮番劝进：

马武先进曰：“天下无主。如有圣人承敝而起，虽仲尼为相，孙子为将，犹恐无能有益。反水不收，后悔无及。大王虽执谦退，奈宗庙社稷何！宜且还蓟即尊位，乃议征伐。今此谁贼而驰骛击之乎？”②

刘秀拒绝了上尊号的提议。但在这年四月，公孙述却在四川自称天子。于是，诸将再三劝进：

诸将复上奏曰：“汉遭王莽，宗庙废绝，豪杰愤怒，兆人涂炭。王与伯升首举义兵，更始因其资以据帝位，而不能奉承大统，败乱纲纪，盗贼日多，群生危蹙。大王初征昆阳，王莽自溃；后拔邯郸，北州弭定；参分天下而有其二，跨州据土，带甲百万。言武力则莫之敢抗，论文德则无所与辞。臣闻帝王不可以久旷，天命不可以谦拒，惟大王以社稷为计，万姓为心。”③

行到南平棘，诸将复固请之。光武曰：“寇贼未平，四面受敌，何遽欲正号位乎？诸将且出。”耿纯进曰：“天下士大夫捐亲戚，弃土壤，从大王于矢石之间者，其计固望其攀龙鳞，附凤翼，以成其所志耳。今功业即定，天人亦应，而大王留时逆众，不正号位，纯恐士大夫望绝计穷，则有去归之思，无为久自苦也。大众一散，难可复合。时不可留，众不可逆。”④

一再犹豫，并非意味着刘秀不想称帝，而只是不想在“寇贼未平，四面受敌”的局面下做“出头之鸟”，成为众矢之的。而众将领之所以“复固请之”，也有他们自己的想法，如后来耿纯劝说的：众将领之所以抛妻别子，响应起兵，血战疆场，目的就是有朝一日获取功名，享受富贵。倘若这一愿望落空，众将便不免会生出“去归之思”，而“大众一散，难可复合”。对刘秀而言，这倒真是一个严峻问题。在一番“思之”后，他决定听从众将领的规劝。而恰在此时，符瑞又“及时”出现了：

① 范晔．后汉书：光武帝纪．北京：中华书局，1965：16.
② 同①20.
③ 同①20-21.
④ 同①21.

行至鄗，光武先在长安时同舍生彊华自关中奉赤伏符，曰“刘秀发兵捕不道，四夷云集龙斗野，四七之际火为主①”。群臣因复奏曰：“受命之符，人应为大，万里合信，不议同情，周之白鱼，曷足比焉？今上无天子，海内淆乱，符瑞之应，昭然著闻，宜答天神，以塞群望。”光武于是命有司设坛场于鄗南千秋亭五成陌。六月己未，即皇帝位。②

与此同时，民间“刘秀发兵捕不道，卯金修德为天子”③ 的谶语也应运而生。“犹固辞，至于再，至于三”④ 的一番忸怩后，终于在群臣“皇天大命，不可稽留”的“逼迫”下，伴着“乘赤龙上天”⑤ 的夜梦，正式“建元为建武，大赦天下”⑥。

建武六年（30年），羽翼丰满的刘秀与最后一个劲敌公孙述之间的较量，仍以弓弩加图谶的方式展开。

《后汉书》记载，早在公元25年李熊劝公孙述称帝时，公孙述就曾梦见有人对他说“八厶子系，十二为期”并伴有龙出于府殿。公孙述醒后很惶惑，问妻子：“虽然贵极，但祚短，如何？”其妻引用孔子的话为他打气：“朝闻道，夕死尚可，况十二乎？”⑦ 这段对话表明，公孙述对梦中“十二”的理解是：自己掌权十二年。但是，这个梦后来却被解释成了“孔子作《春秋（纬）》，为赤制而断十二公”。“十二”被偷换成了西汉统治的十二帝。如此一来，谶语的意思就变成了：汉政权自高祖至平帝已过十二代，历数已尽，一姓不得再受命，并且还援引纬书如《录运法》“废昌帝，立公孙”、《括地象》“帝轩辕受命，公孙氏握”及《援神契》“西太

---

① 李贤注：“四七，二十八也。自高祖至光武初起，合二百二十八年，即四七之际也。汉火德，故火为主也。”（范晔．后汉书：光武帝纪．北京：中华书局，1965：22）

② 范晔．后汉书：光武帝纪．北京：中华书局，1965：21-22.

③ 《汉书·王莽传》有：“夫‘刘’之为字，卯、金、刀也。”（班固．汉书：王莽传．北京：中华书局，1962：4109）《后汉书·光武帝纪上》“卯金修德为天子”条下李贤注曰：“卯金，刘字也。《春秋演孔图》曰：‘卯金刀，名为（刘），赤帝后，次代周。’”（同②23）

④ 同②22.

⑤ 《后汉书·冯异列传》：“诸将皆入贺，并劝光武即帝位。光武乃召（冯）异诣鄗，问四方动静。异曰：‘三王反畔，更始败亡，天下无主，宗庙之忧，在于大王。宜从众议。上为社稷，下为百姓。’光武曰：‘我昨夜梦乘赤龙上天，觉悟，心中动悸。’异因下席再拜贺曰：‘此天命发于精神。心中动悸，大王重慎之性也。’异遂与诸将定议上尊号。”（范晔．后汉书：冯异引传．北京：中华书局，1965：644-645）

⑥ 同②22.

⑦ 范晔．后汉书：公孙述列传．北京：中华书局，1965：535.

守，乙卯金”作为汉代历数已尽，孙氏将代莽掌权的佐证。这一解释为公孙述称帝做了“恰当其时”的舆论宣传。刘秀听说后，如芒刺在背，即刻回信公孙述，让他明白：图谶中的“公孙”是指汉宣帝，天子之位，不是随便什么人都能强争得来的。

自汉末以来，图谶在民间已有相当的普及率和号召力。借谶纬造势，是刘秀与公孙述决战必不可少的前奏。于是，蜀中民间即流传起了“黄牛白腹，五铢当复”① 的童谣，意思是：公孙述要步王莽后尘，天下仍归刘氏。

公元 37 年 11 月，亦即刘秀和公孙述同时称帝的第十二年，在得到“虏死城下”② 的卜辞后，刘秀亲率万人大军攻进成都，迅速消灭了阻挡刘汉复兴的最后一位劲敌。

从平民到称帝，再到消灭所有割据势力统一全国，刘秀的发迹一路与谶纬相伴，他本人对谶纬的态度也从起初的半信半疑到渐生情愫，再到最后笃信不疑。皮锡瑞对其中变化曾做过一番总结：“汉儒言灾异，实有征验。如昌邑王时，夏侯胜以为久阴不雨，臣下有谋上者，而应在霍光。昭帝时，眭孟以为有匹夫为天子者，而应在宣帝。成帝时，夏贺良以为汉有再受命之祥，而应在光武。王莽时谶云：‘刘秀当为天子’，尤为显证。故光武以赤伏符受命，深信谶纬。五经之义，皆以谶决。贾逵以此兴《左氏》，曹褒以此定汉礼。于是五经为外学，七纬为内学，遂成一代风气。光武非愚暗妄信者，实以身试有验之故。”③ 于是，自建武以降，无论是制定法令、发布诏命还是施政用人，举凡国家大事，无不决之于谶。所谓“光武之世，笃信斯术，风化所靡，学者比肩”④“帝方信谶，多以决定嫌疑”⑤。皮氏的总结，的确恰当地概括了光武帝刘秀信谶的心路历程与用谶的执政特色，也大致勾画出了光武信谶与东汉谶纬盛行的内在

① “会有龙出其府殿中，夜有光耀，述以为符瑞，因刻其掌，文曰‘公孙帝’。建武元年四月，遂立为天子，号成家。色尚白。”“述废铜钱，置铁官钱，百姓货币不行。蜀中童谣言曰：‘黄牛白腹，五铢当复。’好事者窃言王莽称‘黄’，述自号‘白’，五铢钱，汉货也，言天下当并还刘氏。”（范晔. 后汉书：公孙述列传. 北京：中华书局，1965：535，537－538）

② “十一月，臧宫军至咸门。述视占书，云‘虏死城下’，大喜，谓汉等当之。乃自将数万人攻汉，使延岑拒宫。大战，岑三合三胜。自旦及日中，军士不得食，并疲，汉因令壮士突之，述兵大乱，被刺洞胸，堕马。左右舆入城。述以兵属延岑，其夜死。”（范晔. 后汉书：公孙述列传. 北京：中华书局，1965：543）

③ 皮锡瑞. 经学历史. 北京：中华书局，1959：108－109.

④ 刘勰. 文心雕龙：卷一//四库全书：第 1478 册. 上海：上海古籍出版社，1987：8.

⑤ 范晔. 后汉书：桓谭列传. 北京：中华书局，1965：959.

关联。

光武用谶的政治表现可大致罗列如下：

一是以谶纬定三公。谶纬成为刘秀任官用人的理论指引，包括：据谶文任孙咸为大司马[①]、以谶拜王梁为大司空[②]等。

二是以谶纬立祖庙。建武二年（26 年）根据“四七之际火为主”的受命之符，“起高庙，建社稷于洛阳，立郊兆于城南，始正火德，色尚赤”[③]。

三是以谶纬议郊祀。郊祀礼是天子连接上天以证明其统治合法性的重要礼制，刘秀即位之初，即着手筹划祭天典礼：“明年（建武七年），大议郊祀制，多以为周郊后稷，汉当祀尧。诏复下公卿议，议者佥同，帝亦然之。”[④]“帝尝问兴郊祀事，曰：‘吾欲以谶断之，何如？’”[⑤]虽遭郑兴抵触，初心不改。

四是以谶纬封禅泰山。中元元年（56 年），刘秀效法古帝先王，封泰山，祭天地。泰山封禅，以功劳告祭于天[⑥]，是自史前传说时代部族首领或古帝先王以来确立个人威权的惯用方式。《史记·封禅书》借管仲之口叙述了自无怀氏、伏羲氏以来封禅泰山的大致历史[⑦]。秦始皇统一六国后，于二十八年（前 219 年）巡行东方，召齐、鲁儒生稽考封禅礼仪，因众口不一，遂自定礼制，整修山道，封泰山而禅梁父[⑧]。其后，汉武帝自元封元年（前 110 年）始，前后六次封禅泰山。刘秀起初对此似乎并无兴

---

① “世祖即位，以谶文用平狄将军孙咸行大司马，众咸不悦。”（范晔. 后汉书：景丹列传. 北京：中华书局，1965：773）

② “及即位，议选大司空，而《赤伏符》曰：‘王梁主卫作玄武。’帝以野王卫之所徙，玄武水神之名，司空水土之官也，于是擢拜梁为大司空，封武强侯。”（范晔. 后汉书：王梁列传. 北京：中华书局，1965：774）

③ 范晔. 后汉书：光武帝纪. 北京：中华书局，1965：27.

④ 范晔. 后汉书：杜林列传. 北京：中华书局，1965：937.

⑤ 范晔. 后汉书：郑兴列传. 北京：中华书局，1965：1223.

⑥ 《白虎通义》：“王者易姓而起，必升封泰山，何？报告之义也。始受命之日，改制应天，天下太平功成，封禅以告太平也。”（班固. 白虎通义：卷下//四库全书：第 850 册. 上海：上海古籍出版社，1987：36）刘向《五经通义》：“天命以为王，使理群生，告太平于天，报群神之功。”（马国翰. 玉函山房辑佚书//续修四库全书：第 1203 册. 上海：上海古籍出版社，2002：298）

⑦ 司马迁. 史记：封禅书. 2 版. 北京：中华书局，1982：1361.

⑧ 《白虎通义》：“升封者，增高也；下禅梁甫之山，基广厚也；刻石纪号者，著己之功绩也以自效放也。天以高为尊，地以厚为德，故增泰山之高以放天，附梁甫之基以报地。明天地之所命，功成事遂，有益于天地。若高者加高，厚者加厚矣。”（班固. 白虎通义：卷下//四库全书：第 850 册. 上海：上海古籍出版社，1987：36）

趣。建武三十年（54年）十月，赴鲁，群臣劝其封禅，刘秀还答以："当今日月薄蚀，灾异并臻，吏失其职，百姓怨䜩。吾谁欺，欺天乎？"① 群臣当即不敢再言。不过两年后的中元元年（56年）② 正月，刘秀于《河图会昌符》中读到"赤刘之九，会命岱宗"③ 的谶语后，便听从梁松劝谏，于当年二月"封于太山"，"禅于梁父"④。

五是以谶纬建灵台。灵台是古代观测天文星象、妖祥灾异的地方。《诗·大雅·灵台》有"灵台，民始附也。文王受命，而民乐其有灵德，以及鸟兽昆虫焉。经始灵台，经之营之，庶民攻之，不日成之"⑤ 的记录。可见，自周文王始即有营建灵台的先例。两汉重视天象星占，自然更重视灵台建造。刘秀自建武中期就已开始议建灵台，只因时局不稳，一直拖延至中元元年（56年）。灵台与天象有关，建灵台更要以谶决之。《后汉书·桓谭列传》有："其后有诏会议灵台所处，帝谓谭曰：'吾欲（以）谶决之，何如？'" 桓谭的一句"臣不读谶"⑥的回答，除了给自己惹了麻烦——在降职六安郡丞的途中郁闷而死——外，丝毫没有挡住光武帝信谶用谶、以谶决事的脚步。在中元元年夏"京师醴泉涌出，饮之者痼疾皆愈……又有赤草生于水崖。郡国频上甘露"⑦ 的一系列祥瑞中，刘秀"起明堂、灵台、辟雍"，"宣布图谶于天下"⑧。

六是集结谶纬，法定文本。从谶纬出现、流行到文本结集，经历了一个复杂的过程。当年，在王莽的支持下，刘歆曾主持完成了第一次谶纬文本的集结，事见《汉书·王莽传》。但只不过是宫中藏书的一次大规模整理，是王莽新政的组成部分。但是，以此次谶纬集结整理为契机，在王莽失政、群雄逐鹿、争言图谶的大环境下，得益于谶纬而步步取胜的刘秀，

① 袁宏．后汉纪：卷八//张烈．两汉纪．北京：中华书局，2002：152.

② 刘秀于建武三十二年二月"二十二日辛卯晨，燎祭天于泰山南方"，"二十五日甲午，禅祭地于梁阴"，之后，于"四月己卯，大赦天下，以建武三十二年为建武中元元年"。故此年有两种称呼，或称"建武三十二年"，或称"中元元年"（范晔．后汉书：祭祀上．北京：中华书局，1965：3169-3170）。

③ "三十二年正月，上斋，夜读《河图会昌符》，曰：'赤刘之九，会命岱宗。不慎克用，何益于承。诚善用之，奸伪不萌。'感此文，乃诏松等复案索《河》、《洛》谶文言九世封禅事者。松等列奏，乃许焉。"（范晔．后汉书：祭祀上．北京：中华书局，1965：3163）

④ 同①153.

⑤ 阮元．十三经注疏．北京：中华书局，1980：524.

⑥ 范晔．后汉书：桓谭列传．北京：中华书局，1965：961.

⑦ 范晔．后汉书：光武帝纪．北京：中华书局，1965：82.

⑧ 同⑦84.

自然要在图谶整理上下一番功夫。建武二年（26 年），开始命学者校订整理图谶。当时许多参与其中的学者都在传记中记载了此事，如《后汉书·儒林列传》："汉少传父业，尤善说灾异谶纬，教授常数百人。建武初，为博士，受诏校订图谶。"① "帝以敏博通经记，令校图谶，使蠲去崔发所为王莽著录次比。"② 此次校定是东汉政府针对图谶的专项整理，整个过程从建武二年（26 年）到中元元年（56 年）"宣布图谶于天下"，历经三十年之久。最终"取天地之成数"③，定《河洛》《七经纬》共八十一篇，宣布于天下，从而确立了谶纬在政治和学术领域的权威地位。这是纬书继王莽之后历时最长、规模最大的一次官方集结。

光武信谶用谶，以至于在痴迷读谶时中风而死。《东观汉记·光武》有：建武"十七年，上以日食避正殿，读图谶多，御坐庑下浅露，中风发疾，苦眩甚。左右有白大司马史，疾苦如此，不能动摇。自强从公，出乘，以车行数里，病差。四月二日，车驾宿偃师。病差数日，入南阳界……二十年夏六月，上风眴黄瘅病发甚，以卫尉关内侯阴兴为侍中"④。光武帝因读谶染病，在宣布图谶于天下的次年（即中元二年，57 年）死于洛阳南宫。

光武信谶是汉末以来谶纬盛行的延续，其流波延至明、章二世，如张衡所说："初，光武善谶，及显宗、肃宗因祖述焉。"⑤ 从现有材料看，明、章二帝对谶纬的尊信程度虽不如刘秀，但流风所至，谶纬对政治和学术的影响力进一步强化，具体表现是：明帝时的正五经郊祀⑥和章帝时的

---

① 范晔. 后汉书：儒林列传. 北京：中华书局，1965：2573.

② 同①2558.

③ 徐兴无. 谶纬文献与汉代文化构建. 北京：中华书局，2003：20.

④ 刘珍，等. 东观汉记//吴树平. 东观汉记校注. 北京：中华书局，2008：11-12；"（建武十七年）二月乙（亥）[未] 晦，日有食之"条下有李贤注："《东观记》曰：'上以日食避正殿，读图谶多，御坐庑下浅露，中风发疾，苦眩甚。左右有白大司马史，病苦如此，不能动摇。'"（范晔. 后汉书：光武帝纪. 北京：中华书局，1965：68）

⑤ 范晔. 后汉书：张衡列传. 北京：中华书局，1965：1911.

⑥ "永平元年，拜长水校尉，与公卿杂定郊祀礼仪，以谶记正五经异说。"（范晔. 后汉书：樊鯈传. 北京：中华书局，1965：1122）"显宗即位，充上言：'汉再受命，仍有封禅之事，而礼乐崩阙，不可为后嗣法。五帝不相沿乐，三王不相袭礼，大汉（当）自制礼，以示百世。'帝问：'制礼乐云何？'充对曰：'《河图括地象》曰："有汉世礼乐文雅出。"《尚书璇机钤》："有帝汉出，德洽作乐，名予。"帝善之，下诏曰：'今且改太乐官曰太予乐，歌诗曲操，以俟君子。'"（范晔. 后汉书：曹褒列传. 北京：中华书局，1965：1201）"自永平中，以《礼谶》及《月令》有五郊迎气服色，因采元始中故事，兆五郊于洛阳四方。"（范晔. 后汉书：祭祀中. 北京：中华书局，1965：3181）"汉时，又诏东平王苍正五经章句，皆命从谶。"（魏征，等. 隋书：经籍志//四库全书：第 264 册. 上海：上海古籍出版社，1987：602）

定礼乐律历[①]都是以谶纬作为唯一的标准和依据。

经东汉光武、明、章三朝的倡导，谶纬借助权威力量成为与经学比肩的政治和学术时尚。流风所被，导致儒林经、纬分化。

谶纬笼罩学术，学者便难免趋炎附势，如《隋书·经籍志》所说："俗儒趋时，益为其学，篇卷第目，转加增广。言五经者，皆凭谶为说。"[②] 在"中兴之后，儒者争学图纬，兼复附以妖言"[③] 的学术环境下，儒林以赞同或否定谶纬的不同态度分为两大阵营：前者如薛汉、曹充、刘辅、贾逵等，多为今文学者；后者如桓谭、郑兴、尹敏、李育等，多为古文学者。因谶纬而导致的儒林阵营的分化，又与经今、古文的畛域划分相互掺和，谶纬、反谶纬与经今、古文之争相互纠缠，使得东汉的经学演变起伏跌宕、十分复杂。

2. 白虎观会议与古文经崛起

刘秀以中兴汉政权自居，学术上自然也以继承西汉儒学为尚。为倡导儒学，刘秀曾"数引公卿、郎、将讲论经理，夜分乃寐"[④]。鉴于"王莽、更始之际，天下散乱，礼乐分崩，典文残落"的凋敝状况，不遗余力地扶植经学。主要表现在两个方面：一是用行动表达对经学之士的器重，所谓"未及下车，而先访儒雅，采求阙文，补缀漏逸"，使先前"怀协图书，遁逃林薮"的四方学士，"自是莫不抱负坟策，云会京师，范升、陈元、郑兴、杜林、卫宏、刘昆、桓荣之徒，继踵而集"[⑤]。二是重新确立经学的官方地位，"立《五经》博士，各以家法教授，《易》有施、孟、梁丘、京氏，《尚书》欧阳、大小夏侯，《诗》齐、鲁、韩，《礼》大小戴，《春秋》严、颜，凡十四博士，太常差次总领焉"[⑥]。从光武帝所立的十四博士全部为今文经学，可见东汉建国伊始学术思想上对西汉今文经学的继承。这

---

① "章帝……下诏曰：'朕闻古先圣王，先天而天不违，后天而奉天时。《河图》曰："赤九会昌，十世以光，十一以兴。"又曰："九名之世，帝行德，封刻政。"……今改行《四分》，以遵于尧，以顺孔圣奉天之文。"（范晔. 后汉书：律历中. 北京：中华书局，1965：3026）"会肃宗欲制定礼乐，元和二年下诏曰：'《河图》称："赤九会昌，十世以光，十一以兴。"《尚书璇机钤》曰："述尧理世，平制礼乐，放唐之文。"……《帝命验》曰："顺尧考德，题期立象。"且三五步骤，优劣殊轨，况予顽陋，无以克堪，虽欲从之，末由也已。每见图书，中心恧焉。'"（范晔. 后汉书：曹褒列传. 北京：中华书局，1965：1202）

② 魏征，等. 隋书：经籍志//四库全书：第264册. 上海：上海古籍出版社，1987：602.

③ 范晔. 后汉书：张衡列传. 北京：中华书局，1965：1911.

④ 范晔. 后汉书：光武帝纪. 北京：中华书局，1965：85.

⑤ 范晔. 后汉书：儒林列传. 北京：中华书局，1965：2545.

⑥ 同⑤.

也从一个侧面反映了其对新莽政权的否定，亦即通过学术上否定王莽倡导的古文经，显示东汉政治对新莽政权的拨乱反正。

明、章二帝也承续光武政策，重视和倡导儒学。明帝常于飨射礼毕“正坐自讲，诸儒执经问难于前，冠带缙绅之人，圜桥门而观听者盖亿万计”①。“好儒术”② 的章帝于建初四年（79 年）亲自执掌了白虎观会议③，将儒学发展推向高峰。

东汉三代帝王对儒学的倡导，在朝野上下形成了一股讲经诘义的风尚。西汉末年一度废弛的儒学有复兴之势，《后汉书·儒林列传》和宋徐天麟《东汉会要》都曾记述过当时儒学中兴的盛况：

> 昔王莽、更始之际，天下散乱，礼乐分崩，典文残落。及光武中兴，爱好经术，未及下车，而先访儒雅，采求阙文，补缀漏逸。先是四方学士多怀协图书，遁逃林薮。自是莫不抱负坟策，云会京师，范升、陈元、郑兴、杜林、卫宏、刘昆、桓荣之徒，继踵而集。于是立《五经》博士，各以家法教授，《易》有施、孟、梁丘、京氏，《尚书》欧阳、大小夏侯，《诗》齐、鲁、韩，《礼》大小戴，《春秋》严、颜，凡十四博士，太常差次总领焉。④

> 自光武中年以后，干戈稍戢，专事经学，自是其风世笃焉。其服儒衣，称先王，游庠序，聚横塾者，盖布之于邦域矣。若乃经生所处，不远万里之路，精庐暂建，赢粮动有千百，其耆名高义，开门受徒者，编牒不下万人；皆专相传祖，莫或讹杂。⑤

然而，谶纬的兴盛，意味着经学特别是今文经学已步入穷途末路。章帝建初四年（79 年）的白虎观会议，在将经学推向巅峰的同时，也在谶纬与反谶纬的较量中，实现了今、古文经学势位的大逆转——庙堂之上的今文经学渐趋暗淡，久在民间的古文经学却渐入佳境。

白虎观会议的召开，始于杨终上书：“宣帝博征群儒，论定《五经》于石渠阁。方今天下少事，学者得成其业，而章句之徒，破坏大体。宜如

① 范晔. 后汉书：儒林列传. 北京：中华书局，1965：2545.

② 范晔. 后汉书：肃宗孝章帝纪. 北京：中华书局，1965：129.

③ “建初中，大会诸儒于白虎观，考详同异，连月乃罢。肃宗亲临称制，如石渠故事，顾命史臣，著为通义。”（同①2546）

④ 同①.

⑤ 徐天麟. 东汉会要：卷十二//四库全书：第 609 册. 上海：上海古籍出版社，1987：554.

石渠故事，永为后世则。"①

章句之学是西汉今文经学烦琐化的表现。自汉武帝推崇儒术，今文经学在政治的提倡下迅猛发展。然而，经学的发展除了受外在政治因素的影响，也受其自身规律性的制约。伴随今文经学的兴盛，出现了经义解说的烦琐化和学派分化，从而影响了其政治功能的正常发挥。因而，在西汉宣帝时曾召开石渠阁会议，以"论定五经"统一异说。哀、平、新莽以来，今文经学又在政治批评的客观需求中走向神学化极端，背离了儒学关怀人文、罕言乱神的现实主义初衷，这就是杨终批评的"章句之徒，破坏大体"②。

光武帝倡立今文经学，看似为已沦为烦琐章句的今文经学打了一剂强心针，实则学术自身的发展进路使现实结果并非完全契合政治愿望。自王莽立古文经、设博士以来，今文经学日趋堕落，而不曾受利禄牵绊的古文经学在与今文章句的对抗中日益显出自身优势，在短短十多年时间里迅速发展起来。面对这一学术变化趋势，光武以后政治层再度出手。于是，政治规范和统领学术的大幕再次拉开，这就是白虎观会议。

汉章帝听取了杨终的意见，于建初四年（79 年）十一月下诏整饬经学："盖三代导人，教学为本。汉承暴秦，褒显儒术，建立《五经》，为置博士。其后学者精进，虽曰承师，亦别名家。孝宣皇帝以为去圣久远，学不厌博，故遂立大、小夏侯《尚书》，后又立京氏《易》。至建武中，复置颜氏、严氏《春秋》，大、小戴《礼》博士。此皆所以扶进微学，尊广道艺也。中元元年诏书，《五经》章句烦多，议欲减省。至永平元年，长水校尉鯈奏言，先帝大业，当以时施行。欲使诸儒共正经义，颇令学者得以自助。""于是下太常，将、大夫、博士、议郎、郎官及诸生、诸儒会白虎观，讲议《五经》同异，使五官中郎将魏应承制问，侍中淳于恭奏，帝亲称制临决"③。会后，班固受章帝之命，将会议核准的经义撰集《白虎

① 范晔. 后汉书：杨终列传. 北京：中华书局，1965：1599.

② 所谓章句之学，是方法上的拘守与内容上的谶纬神化。传经注重家法师承，章有章旨，句有句解，称为"章句"。弟子牢记先师章旨句解，反复记诵，恪守师训，不敢逾越。而内容上的谶纬化，是指沉溺纬书谶记，以谶解经，神学迷信，充斥学坛。所谓"章句之徒，破坏大体"，就是经学方法僵死与内容虚诞背离了儒学关注社会、与时俱进、开拓进取的学术初衷。

③ 范晔. 后汉书：肃宗孝章帝纪. 北京：中华书局，1965：137-138.

通》，又名《白虎通义》或《白虎通德论》[1]。

从诏书的内容看，白虎观会议解决的中心议题有两个：一是简化五经章句的烦琐；二是改变经学家派歧出、门户相讯的状况，“共正经义”，统一经学。

从经学发展趋势看，自武帝尊儒以来，今文经一路畅行，虽有汉末刘歆、王莽倡导古文经，但今文经学作为官方意识形态的官学地位始终难以撼动。这种情况到东汉章帝时开始有所改观，原因有两个：一是今文经学一直致力于适应不同政治需求。这些以师法家法为基础的意义发挥，遵从疏不破注的诠释规则，门派隔绝，经义烦琐支离，所谓“秦近君[2]能说《尧典》，篇目两字之说，至十余万言，但说‘曰若稽古’三万言”[3]。二是古文经学经过民间长期努力，实力不断提升。特别是经过王莽的大力倡导，《毛诗》《逸礼》《古文尚书》《周礼》等立学官、设博士，古文经学初登庙堂。东汉光武帝虽倡立今文，但古文经学已势不可遏。前述东汉初“云会京师”的七位经学大师中，古文学家占了四位[4]。可见到东汉，古文经学已有了长足发展。今、古文经学从一枝独秀到旗鼓相当，实力的趋衡决定了地位的趋近。

从政治需求角度看，帝王对于今、古文经的偏好事实上取决于当下政治需求和经学所具有的政治功用。而西汉末年以来今文经学的烦琐化，早已降低或丧失了其辅翼政治的社会功能。刘歆就曾批评章句烦琐：“往者缀学之士不思废绝之阙，苟因陋就寡，分文析字，烦言碎辞，学者罢老且不能究其一艺。信口说而背传记，是末师而非往古。”[5]“古之学者耕且养，三年而通一艺，存其大体，玩经文而已，是故用日少而畜德多，三十而五经立也。后世经传既已乖离，博学者又不思多闻阙疑之义，而务碎义逃难，便辞巧说，破坏形体；说五字之文，至于二三万言。后进弥以驰逐，故幼童而守一艺，白首而后能言；安其所习，毁所不见，终以自蔽。

---

① “天子会诸儒讲论《五经》，作《白虎通德论》，令固撰集其事”（范晔. 后汉书：班彪列传. 北京：中华书局，1965：1373）。宋王尧臣《崇文总目》卷一《论语类》：“《白虎通德论》十卷，后汉班固撰。章帝建初四年诏诸儒会白虎观，讲议《五经》同异，诏集其事，凡四十四篇。”（范晔. 后汉书：班固列传//续修四库全书：第916册. 上海：上海古籍出版社，2002：630）

② 疑此“秦近君”概为《汉书·儒林传》中的“秦延君”。

③ 桓谭. 新论：卷九//朱谦之. 新辑本桓谭新论. 北京：中华书局，2009：38.

④ 治《左传》的陈元、郑兴，治《古文尚书》的杜林，治《毛诗》的卫宏。

⑤ 班固. 汉书：楚元王传. 北京：中华书局，1962：1970.

此学者之大患也。”[①] 要求简化经学、求真务实，打破门户之见，广征博纳、融会今古，繁荣学术。刘歆的指责针对的却并非局限于今文经学，在更大范围内反映了汉末经学乃至政治领域以复古求革新的倾向。因而，东汉立国后，光武帝就开始纠正今文经学烦琐的学术偏向，令精通《严氏春秋》的钟兴“定《春秋》章句，去其复重，以授皇太子”[②]。明帝老师桓荣也将《欧阳尚书》删减为二十三万言以“授显宗”，其子桓郁再减至十二万言[③]。在老师删繁减琐的影响下，汉明帝还曾“自制《五家要说章句》”[④]。其余如公羊学者樊鯈也鉴于经学繁复，“删定《公羊严氏春秋》章句”[⑤]。其弟子张霸，“以樊鯈删《严氏春秋》犹多繁辞，乃减定为二十万言”[⑥]。杨终“著《春秋外传》十二篇，改定章句十五万言”[⑦]，并建议由政府出面删正经义，简省经注，使今文经学摆脱狭隘与烦琐，重获开放与求新。

白虎观会议的“共正经义”，至少促成了以下几种结果。

一是政治对学术的统领与主导。按照章帝诏书和杨终建议，白虎观会议的宗旨是仿效西汉宣帝石渠阁会议，以帝王权威协调各派学术，混同今、古经学，以“扶进微学，尊广道艺”。这一精神可从两方面领会。一方面，从会议撰集文献《白虎通义》的作者安排看，会议由五官中郎将魏应秉承皇帝旨意提出议题，诸儒讨论、发表见解，由侍中淳于越上奏，章帝亲加裁决，会议结果最后交由班固撰成《白虎通义》。与会人员中，有今、古文知名学者数十人，其中不乏较高学术造诣和名望的经学家（如今文经学家丁鸿、古文经学家贾逵等），但章帝却将总结会议成果的任务交给了史臣班固，其用意正在于超拔经学各家，体现官方学术指导的最高权威。另一方面，从《白虎通义》的内容设计与解说风格看，《白虎通义》是按爵、号、谥、三纲六纪、宗族、天地等专题安排，围绕君臣等级这一焦点，依次进行概念和大义阐释。比如：从天地阴阳引出男女君臣尊卑[⑧]，赋

---

① 班固. 汉书：艺文志. 北京：中华书局，1962：1723.

② 范晔. 后汉书：儒林列传. 北京：中华书局，1965：2579.

③ “桓荣……少学长安，习《欧阳尚书》，事博士九江朱普”，“初，荣受朱普学章句四十万言，浮辞繁长，多过其实。及荣入授显宗，减为二十三万言。郁复删省定成十二万言。由是有《桓君大小太常章句》”（范晔. 后汉书：桓荣列传. 北京：中华书局，1965：1249，1256）。

④ 范晔. 后汉书：桓荣列传. 北京：中华书局，1965：1254.

⑤ 范晔. 后汉书：樊宏列传. 北京：中华书局，1965：1125.

⑥ 范晔. 后汉书：张霸列传. 北京：中华书局，1965：1242.

⑦ 范晔. 后汉书：杨终列传. 北京：中华书局，1965：1601.

⑧ 如：“地之承天，犹妻之事夫，臣之事君也。”（班固. 白虎通义：卷下//四库全书：第850册. 上海：上海古籍出版社，1987：57）

予社会等级以自然属性；对董仲舒的三统做“本于天”的详尽发挥①，指出“三统”循环只是形式上正朔、服色改易，“三纲”“五常”等级伦理的实质不变，论证朝代改易而君主等级不变；发挥灾异理论，规诫统治；援引三代，强调教化②；牵合五经、五性与五常，通过五常本于人性自然的论证，阐明学习五经的必要；等等。总之，通过天、地、人相联通，今、古、谶纬相结合，论证君主宗法等级制度的合理性、神圣性和永恒性。显然，它不是以文释经，而是以经术“缘饰吏事”③、阐发政治。

二是谶纬在政治的变相支持下达到高峰。《白虎通义》引用谶纬阐发思想，这无疑提高了谶纬在政治中的地位。《白虎通义》卷上《爵》开篇即大量引用谶纬：

> 天子者，爵称也。爵所以称天子者何？王者父天母地，为天之子也。故《援神契》曰：“天覆地载，谓之天子，上法斗极。”《钩命决》曰：“天子，爵称也。”帝王之德有优劣，所以俱称天子者何？以其俱命于天，而王治五千里内也。《尚书》曰：“天子作民父母，以为天下王。”何以知帝亦称天子也，以法天下也。《中候》曰：“天子臣放勋。”《书·无逸篇》曰：“厥兆天子爵。”何以言皇亦称天子也？以其言天覆地载，俱王天下也。故《易》曰：“伏羲氏之王天下也。”④

以儒经与谶纬并引，论证天子爵号，并且在两者之中首引谶纬⑤，充分体现了谶纬的特殊地位。类似上述的引用情况贯通《白虎通义》全篇，如下表所列：

---

① “正朔有三，何本？天有三统，谓三微之月也。明王者当奉顺而成之，故受命各统一正也。”（班固．白虎通义：卷下//四库全书：第850册．上海：上海古籍出版社，1987：48）

② “王者设三教者何？承衰救弊，欲民反正道也。三正之有失，故立三教，以相指受。夏人之王教以忠，其失野，救野之失莫如敬；殷人之王教以敬，其失鬼，救鬼之失莫如文；周人之王教以文，其失薄，救薄之失莫如忠。”（班固．白虎通义：卷下//四库全书：第850册．上海：上海古籍出版社，1987：49）

③ 司马迁：“习文法吏事，而又缘饰以儒术。”（司马迁．史记：平津侯主父列传．2版．北京：中华书局，1982：2950）班固：“孝武之世，外攘四夷，内改法度，民用凋敝，奸轨不禁。时少能以化治称者，惟江都相董仲舒、内史公孙弘、兒宽，居官可纪。三人皆儒者，通于世务，明习文法，以经术润饰吏事，天子器之。”（班固．汉书：循吏传．北京：中华书局，1962：3623-3624）

④ 班固．白虎通义：卷上//四库全书：第850册．上海：上海古籍出版社，1987：3.

⑤ 以下均见：班固．白虎通义//四库全书：第850册．上海：上海古籍出版社，1987。

卷数	条目	引用谶纬
卷上	爵	《援神契》曰："天覆地载谓之天子，上法斗极。" 《钩命决》曰："天子，爵称也。" 《中候》曰："天子臣放勋。" 《含文嘉》曰："殷爵三等，周爵五等，各有宜也。"
	号	《钩命决》曰："三皇步，五帝趋，三王驰，五伯骛。"
	五行	《元命苞》曰："土之为位而道在，故大，不预化人，主不任部职。"
	乡射	《含文嘉》曰："天子射熊，诸侯射麋，大夫射虎豹，士射鹿豕。"
	灾变	《援神契》曰："行有玷缺，气逆于天，情感变出，以戒人也。" 《潜潭巴》曰："灾之言伤也，随事而诛；异之言怪也，先发感动之也。" 《乐稽耀嘉》曰："禹将受位，天意大变，迅风靡木，雷雨昼冥。"
卷下	三教	《乐稽耀嘉》曰："颜回尚三教变，虞夏何如?"
	情性	《钩命决》曰："情生于阴，欲以时念也；性生于阳，以理也。阳气者仁，阴气者贪，故情有利欲，性有仁也。" 《元命苞》曰："目者肝之使，肝者木之精，苍龙之位也。鼻者肺之使，肺者金之精，制割立断。耳者心之候，心者火之精，上为张星。阴者肾之写，肾者水之精，上为虚危。口者脾之门户，脾者土之精，上为北斗，主变化者也。"
	天地	《乾凿度》云："太初者，气之始也。太始者，形兆之始也。太素者，质之始也。阳唱阴和，男行女随也。"
	日月	《含文嘉》曰："计日月，右行也。" 《感精符》曰："三纲之义，日为君，月为臣也。" 《援神契》曰："月三日成魄也。" 《谶》曰："闰者阳之余。"
	崩薨	《稽命征》曰："天子舟车殡何？为避水火灾也。故棺在车上，车在舟中。" 《含文嘉》曰："天子坟高三仞，树以松。诸侯半之，树以柏。大夫八尺，树以栾。士四尺，树以槐。庶人无坟，树以杨柳。"

《白虎通义》对谶记、纬书的大量引用，以国家权威的形式肯定了谶纬在国家政治中的地位，促使图谶符录堂而皇之地跻身正统经典之列。帝王的支持倡导与俗儒的穿凿附会相表里，将谶纬推向巅峰。

三是为古文经崛起提供了契机。《白虎通义》在熔今、古于一炉的阐释和论述中，推动谶纬达到高峰，也推动了今、古文经的兴衰逆转。白虎观会议后，谶纬的极盛一方面引起了更激烈的反谶纬思潮，另一方面，部分古文经学家通过依附谶纬抬升古文经。因而，古文经借反谶纬或附庸谶纬而崛起。

东汉光武、明、章三代信谶，特别是白虎观会议谶纬的官方化，使得一些知识分子因趋利而好尚，所谓“上意所好，下争趣之。由是，东京之士，波流风靡，虽贾逵、曹褒之伦，亦且溺其习而不自觉”①。

不过，也并不是所有学者都甘于随波逐流。早在东汉建立伊始，以尹敏、杨雄、桓谭、郑兴、王充为代表的古文经学家就发起过持续的反谶纬论战。

建武二年（26年），刘秀命博士薛汉②、郎中尹敏校定图谶，尹敏以“谶书圣人所作，然其中多近语别字，颇类俗人之辞，虚实难识，恐误后生”为由反对，并借在谶书空缺处自造谶语“君无口，为汉辅”讽刺前人的造经恶习和刘秀信谶。结果，原本前途无量以“才学深通”③知名于世的尹敏被疏远，仕途“虽竟不罪，而亦此沉滞”④。

扬雄也是建武初抵制谶纬“不为章句”⑤的古文家。他“见诸子各以其知舛驰，大氐诋訾圣人”⑥，于是效《论语》作《法言》，仿《周易》成《太玄》，以此抵制灾异谴告符瑞图谶，廓清世俗谬误，捍卫正统儒学。他揭露今文经学固守师法门户，指出用谶纬解说儒家经典是儒学的堕落，被王充盛赞为堪与司马迁比肩的脱俗之论⑦。

博学多通的桓谭倾其一生学“《春秋》褒贬”，“兴古今，亦欲兴治”，所撰《新论》屡屡批判谶纬，以为：“谶出《河图》、《洛书》，但有兆朕而不可知。后人妄复加增依托，称是孔丘，误之甚也”⑧，又屡次上书极言谶纬妖妄，以为：“凡人情忽于见事而贵于异闻，观先王之所记述，咸以仁义正道为本，非有奇怪虚诞之事。盖天道性命，圣人所难言也。自子贡以下，不得而闻，况后世浅儒，能通之乎！今诸巧慧小才伎数之人，增益图书，矫称谶记，以欺惑贪邪，诖误人主，焉可不抑远之哉！臣谭伏闻陛下穷折方士黄白之术，甚为明矣；而乃欲听纳谶记，

---

① 徐天麟. 东汉会要：卷十三. 上海：上海古籍出版社，1978：192.

② “薛汉……少传父业，尤善说灾异谶纬……建武初，为博士，受诏校定图谶。”（范晔. 后汉书：儒林列传. 北京：中华书局，1965：2573）

③ 袁宏. 后汉纪：光武皇帝纪//张烈. 两汉纪. 北京：中华书局，2002：156.

④ 范晔. 后汉书：儒林列传. 北京：中华书局，1965：2558.

⑤ 班固. 汉书：扬雄传. 北京：中华书局，1962：3514.

⑥ 扬雄. 扬子法言：卷一//四库全书：第696册. 上海：上海古籍出版社，1987：274.

⑦ “汉作书者多，司马子长、扬子云，河、汉也，其余泾、渭也。然而子长少臆中之说，子云无世俗之论。”（王充. 论衡：卷二十九//四库全书：第862册. 上海：上海古籍出版社，1987：334）

⑧ 桓谭. 新论：见征//朱谦之. 新辑本桓谭新论. 北京：中华书局，2009：18.

又何误也！其事虽有时合，譬犹卜数只偶之类。陛下宜垂明听，发圣意，屏群小之曲说，述《五经》之正义，略雷同之俗语，详通人之雅谋。"① 中元元年（56年），议灵台位，桓谭答光武询问，"复极言谶之非经"，惹得光武帝大怒，最终"以屡不合旨，出为六安太守丞"，"忽忽不乐，道病卒"②。

郑兴"少学《公羊春秋》，晚善《左氏传》"，今古兼通。王莽天凤年间，率门人问学刘歆，撰写《左传》条例、章句、传诂，并参与校核《三统历》。东汉建立后，以学问渊博受光武帝器重，征太中大夫，但终因不信谶而受冷遇③。

白虎观会议后，谶纬达到巅峰，以王充、张衡为代表的古文经学家，掀起了又一轮更激烈的反谶纬论战。

率先站出来批判"天人感应"，否定谶纬神学的是王充。王充师事"通儒"④ 班彪，学识渊博，"著《论衡》八十五篇"⑤，围绕否定灾异谴告、鬼神禁忌，破除圣贤迷信，批判谶纬神学，为儒经正本清源；揭露后世俗儒狭隘相承，为名利仕进趋附政治、制造符瑞、宣扬谶纬，导致原儒经典失实、真儒精神丧失。当然，与主流意识作对使其"涉世落魄，仕数黜斥"，以至"贫无一亩庇身""贱无斗石之秩"⑥，终生穷困潦倒。

张衡的反谶纬主要从以下两件事上体现出来：一是历法之争。东汉章帝元和二年（85年）因《四分历》与天象不合，曾有改历争论。延光二年（123年），又有部分人非难《四分历》不合图谶，欲以《甲寅元历》取而代之，另一部分人则主张重新用武帝时的《太初历》。尚书郎张衡与周兴从科学角度批驳上述两种意见，主张崇尚科学，用贾逵的

---

① 范晔. 后汉书：桓谭列传. 北京：中华书局，1965：959-960.

② 袁宏. 后汉纪：光武皇帝纪//张烈. 两汉纪. 北京：中华书局，2002：155-156；范晔. 后汉书：桓谭列传. 北京：中华书局，1965：961.

③ "帝尝问兴郊祀事，曰：'吾欲以谶断之，何如？'兴对曰：'臣不为谶。'帝怒曰：'卿之不为谶，非之邪？'兴惶恐曰：'臣于书有所未学，而无所非也。'帝意乃解。兴数言政事，依经守义，文章温雅，然以不善谶故不能任。"（范晔. 后汉书：郑兴列传. 北京：中华书局，1965：1223）

④ 范晔. 后汉书：班彪列传. 北京：中华书局，1965：1329.

⑤ 范晔. 后汉书：王充列传. 北京：中华书局，1965：1629.

⑥ 王充. 论衡：卷三十//四库全书：第862册. 上海：上海古籍出版社，1987：344，340.

“九道法”① 修改《四分历》。这一依据最新科学观测的合理建议②遭到保守派和谶纬迷信者的反对，双方的争论因安帝的昏懦不了了之。二是著《驳图谶疏》。顺帝永建元年（126 年），借扩建太学增加谶纬图箓，以《七经纬》为“内学”，儒家“五经”为“外学”。谶纬置于儒经之上，意味着士子能否顺利踏入仕途取决于是否精通谶纬。张衡激愤于儒者争学虚妄图谶、依附妖言以沽名钓誉，于阳嘉二年（133 年）向顺帝呈奏《驳图谶疏》：

臣闻圣人明审律历以定吉凶，重之以卜筮，杂之以九宫，经天验道，本尽于此。或观星辰逆顺，寒燠所由，或察龟策之占，巫觋之言，其所因者，非一术也。立言于前，有征于后，故智者贵焉，谓之谶书。谶书始出，盖知之者寡，自汉取秦，用兵力战，功成业遂，可谓大事，当此之时，莫或称谶。若夏侯胜、眭孟之徒，以道术立名，其所述著，无谶一言。刘向父子领校秘书，阅定九流，亦无谶录。成、哀之后，乃始闻之。……往者侍中贾逵摘谶互异三十余事，诸言谶者皆不能说。至于王莽篡位，汉世大祸，八十篇何为不戒？则知图谶成于哀平之际也。且《河洛》《六艺》，篇录已定，后人皮傅，无所容篡。永元中，清河宋景遂以历纪推言水灾，而伪称洞视玉版。或者至于弃家业，入山林。后皆无效，而复采前世成事，以为证验。至于永建复统，则不能知。此皆欺世罔俗，以昧势位，情伪较然，莫之纠禁。且律历、卦候、九宫、风角，数有征效，世莫肯学，而竞称不占之书。譬犹画工，恶图犬马而好作鬼魅，诚以实事难形，而虚伪不穷也。宜收藏图谶，一禁绝之，则朱紫无所眩，典籍无瑕玷矣。③

这篇激昂慷慨的陈奏，从总结图谶史入手，以刘邦建汉、刘向校书、王莽篡政及和帝永元年间宋景以谶预测大水失验为依据，论说谶纬虚妄。要求安帝，“收藏图谶，一禁绝之”，使“朱紫无所眩，典籍无瑕玷”，恢复儒家经学的正宗地位。

① “九道法”是贾逵和李梵等参与《四分历》制订时提出的一种关于月亮运行速度的计算方法。在此之前，人们以为月亮的运行是匀速的，因而在制历时采用平朔（即每个朔望月的数值都是相同的）。但最新观测结果显示：月亮的运行并不是匀速的。因此，制历时应采用定朔，即每个朔望月的数值是有差异的。这个观点符合月亮实际运行规律，是科学的，但当时未被采用。

② 东汉末，因为历法推算常出现日食预报错误，刘洪制订《乾象历》就采纳了“九道法”，运用月行不均匀性计算，使历法臻于完善。

③ 范晔. 后汉书：张衡列传. 北京：中华书局，1965：1911-1912.

显然，白虎观会议后，古文经学借反谶纬浪潮，摆脱了今文经学的压制，走向政治前台，而今文经学在谶纬和古文经学的双重挤压下，不得不屈尊让位。谶纬虽然在光武、明、章三朝帝王的倡导下一度风行天下，但它本质上终究属于思想骗术，不唯谙熟科学的张衡，稍有头脑的学者也知晓“其文辞浅俗，颠倒舛谬，不类圣人之旨”，甚至政治上层也意识到利用谶纬操纵废立充满危险。因而，作为汉末政治危机下的思想畸变，谶纬只能是政治上层的权宜之计，不可能从根本上取代经学的正统地位。事实上，也正是在白虎观会议之后，谶纬迅速从巅峰跌落。与之相应，古文经学在与谶纬的反复较量中，实现了对今文经学的颠覆。

推进完成这一转变的是号称通儒的古文学家贾逵。贾逵“虽为古学，兼通五家《穀梁》之说”①。他分析古文经学失利的原因是：“建平中，侍中刘歆欲立《左氏》，不先暴论大义，而轻移太常，恃其义长，诋挫诸儒，诸儒内怀不服，相与排之。孝哀皇帝重逆众心，故出歆为河内太守。从是攻击《左氏》，遂为重仇。至光武皇帝，奋独见之明，兴立《左氏》、《穀梁》，会二家先师不晓图谶，故令中道而废。凡所以存先王之道者，要在安上理民也。”② 文中明确了：政治决定经学废立的依据为是否有利于“安上理民”。既如此，古文经学要改变久在朝野的地位，就不能一味与谶纬、政治对抗，要在手段方法上另辟蹊径——利用政治对谶纬的偏爱，达到超越今文经学的目的。

于是，贾逵采用了论证《左氏》古文经与谶纬的紧密关系以彰显古文经优长、迎合政治喜好的策略：于明帝永平年间上书“言《左氏》与图谶合者”，引起明帝兴趣，命他“写其传诂，藏之秘书”③；接纳今文经的说法，认同孔子的“素王”身份，称孔子作《春秋》是“立素王”④，并于章帝建初元年（76 年），上书以《左传》明文证“刘氏为尧后”⑤，用古文经与谶纬联姻的方式取媚章帝；借受诏“入讲北宫白虎观、南宫云台”之

① 范晔．后汉书：贾逵列传．北京：中华书局，1965：1235.

② 同①1237.

③ 同①1237.

④ 孔颖达．春秋左传正义：序//阮元．十三经注疏．北京：中华书局，1980：1708.

⑤ 建初元年，贾逵上疏称：“《五经》家皆无以证图谶明刘氏为尧后者，而《左氏》独有明文。《五经》家皆言颛顼代黄帝，而尧不得为火德。《左氏》以为少昊代黄帝，即图谶所谓帝宣也。如令尧不得为火，则汉不得为赤。其所发明，补益实多。”（同①1237）其中的“《左氏》独有明文”指的是《左传》文公十三年的“其处者为刘氏”一句。但此句屡遭后学者怀疑。孔颖达则直接指出：“盖以为汉室初兴，捐弃古学，《左氏》不显于世，先儒无以自申。刘氏从秦徙魏，其源本出刘累，插注此辞，将以媚于世。”（同④1852）

机，应章帝之邀“发出《左氏传》大义长于二传者”，总结“《左氏》三十七事尤著明者，斯皆君臣之正义，父子之纪纲”等“义深于君父”① 的优长，又通过论证“《左氏》崇君父，卑臣子，强干弱枝，劝善戒恶，至明至切，至直至顺”② 等有益于君臣等级政治的言论，博得章帝对古文经学的支持；追溯历史，论证今、古各有优长，用变化观引导章帝根据当下政治需求兼容并蓄，古、今并立：“且三代异物，损益随时，故先帝博观异家，各有所采。《易》有施、孟，复立梁丘；《尚书》有欧阳，复有大小夏侯。今三传之异亦犹是也。”③

贾逵的行为看似有违先儒人格精神，但不得不承认，这一策略对于古文经的崛起卓有成效：贾逵以古文家身份参与了章帝建初四年（79 年）的白虎观会议，博得了与今文经学家李育反复辩难④的机会，这对于扩大古文经的影响至关重要。它使倾向谶纬的章帝开始关注和支持古文经：一方面，古文经学家和经典撰集受到政府重视，“书奏，帝嘉之，赐布五百匹，衣一袭，令逵自选《公羊》严、颜诸生高才者二十人，教以《左氏》，与简纸经传各一通”⑤，“诏令撰《欧阳、大小夏侯〈尚书〉〈古文〉同异》。逵集为三卷，帝善之。复令撰齐、鲁、韩《诗》与《毛氏》异同。并作《周官解故》。迁逵为卫士令”⑥；另一方面，章帝亲自关照古文经的存续和发展问题。建初八年（83 年）章帝下诏：“《五经》剖判，去圣弥远，章句遗辞，乖疑难正，恐先师微言将遂废绝，非所以重稽古，求道真也。其令群儒选高才生，受学《左氏》《穀梁春秋》《古文尚书》《毛诗》，以扶微学，广异义焉”⑦，“由是四经遂行于世。皆拜逵所选弟子及门生为千乘王国郎，朝夕受业黄门署，学者皆欣欣羡慕焉”⑧。经过这番努力，今、古文地位发生逆转。当然，因“不修小节”而“当世以此颇讥”的贾逵也借此名利双收。官职一路上升，学术地位巩固，著述受到朝廷和学者

① 范晔. 后汉书：贾逵列传. 北京：中华书局，1965：1236.

② 同①1237.

③ 同①1237.

④ “四年，诏与诸儒论《五经》于白虎观，育以《公羊》义难贾逵，往返皆有理证，最为通儒。”（范晔. 后汉书：儒林列传. 北京：中华书局，1965：2582.）

⑤ 同①1239.《后汉书·儒林传》也记载了章帝在白虎观会议后，“诏高才生受《古文尚书》《毛诗》《穀梁》《左氏春秋》，虽不立学官，然皆擢高第为讲郎，给事近署，所以网罗遗逸，博存众家”（范晔. 后汉书：儒林列传. 北京：中华书局，1965：2546）。

⑥ 同①1239.

⑦ 范晔. 后汉书：章帝纪. 北京：中华书局，1965：145.

⑧ 同①1239.

的普遍推崇，“逵所著经传义诂及论难百余万言，又作诗、颂、诔、书、连珠、酒令凡九篇，学者宗之，后世称为通儒”①。就连向朝廷推荐的人也一并得到重用，“逵荐东莱司马均、陈国汝郁，帝即征之，并蒙优礼”，无怪乎“学者皆欣欣羡慕”了。

贾逵以曲线救国的圆滑手段，使古文经学在与今文经学的较量中取得了决定性胜利。范晔曾对此做过总结：“汉自武帝颇好方术，天下怀协道艺之士，莫不负策抵掌，顺风而届焉。后王莽矫用符命，及光武尤信谶言，士之赴趣时宜者，皆骋驰穿凿，争谈之也。故王梁、孙咸名应图录，越登槐鼎之任，郑兴、贾逵以附同称显，桓谭、尹敏以乖忤沦败，自是习为内学，尚奇文，贵异数，不乏于时矣。是以通儒硕生，忿其奸妄不经，奏议慷慨，以为宜见藏摈。”② 但不得不承认，贾逵在使古文经历尽曲折取得合法地位的同时，也使东汉古文研究超越名物训诂而多了趋附政治的“意义”解说，付出了背离学术本旨、依附谶纬的沉重代价。因而，秉性耿直的范晔一度针对贾逵曲解《左传》、趋附谶纬发出慨叹：“郑、贾之学，行乎数百年中，遂为诸儒宗，亦徒有以焉尔。桓谭以不善谶流亡，郑兴以逊辞仅免，贾逵能附会文致，最差贵显。世主以此论学，悲矣哉！”③ 由此看来，在援引谶纬、趋附政治上，今、古文经其实不分伯仲。这既是谶纬流风使然，也是经典诠释时代性的又一明证。

事实上，借反谶纬争立学官，只不过是今、古之争的侧面战场，短兵相接的廷争对垒才是主战场。

建武二年（26 年），针对光武帝立五经十四博士皆为今文经学，尚书令韩歆上疏立《费氏易》《左氏春秋》博士，光武帝将意见下发群臣讨论。建武四年（28 年）正月，光武帝首次大会公卿、大夫、博士于宫中云台，并亲临现场主持讨论。

今文博士范升首先以“《左氏》不祖孔子，而出于丘明，师徒相传，又无其人，且非先帝所存，无因得立”④ 提出反对。当即遭到尚书令韩歆和太中大夫许淑等古文家的反驳，双方反复辩难。会后，范升又向光武帝上了一道奏疏，系统阐述反对理由：其一，“如令《左氏》《费氏》得置博士，《高氏》《驺》《夹》，《五经》奇异，并复求立，各有所执，乖戾分争。

① 范晔. 后汉书：贾逵列传. 北京：中华书局，1965：1240.
② 范晔. 后汉书：方术列传. 北京：中华书局，1965：2705.
③ 同①1241.
④ 范晔. 后汉书：范升列传. 北京：中华书局，1965：1228.

从之则失道，不从则失人，将恐陛下必有厌倦之听”。指出：如立《左氏》博士，其余各家争相求立，必然造成经学混乱。其二，“《费》《左》二学，无有本师，而多反异”。《左氏》师出无门，不可因此大开异端竞进之路。其三，“今陛下草创天下，纪纲未定，虽设学官，无有弟子，《诗》《书》不讲，礼乐不修，奏立《左》《费》，非政急务”①。

范升的奏议被下发群臣讨论。陈元上疏指责其“沉溺所习，玩守旧闻，固执虚言传受之辞，以非亲见实事之道”，并针对其“先帝不以《左氏》为经，故不置博士，后主所宜因袭”的观点进行驳难，以为：“若先帝所行而后主必行者，则盘庚不当迁于殷，周公不当营洛邑，陛下不当都山东也。往者，孝武皇帝好《公羊》，卫太子好《穀梁》，有诏诏太子受《公羊》，不得受《穀梁》，孝宣皇帝在人间时，闻卫太子好《穀梁》，于是独学之。及即位，为石渠论而《穀梁氏》兴，至今与《公羊》并存。此先帝后帝各有所立，不必其相因也。”指出：“方今干戈少弭，戎事略戢，留思圣艺，眷顾儒雅，采孔子拜下之义，卒渊圣独见之旨，分明白黑，建立《左氏》，解释先圣之积结，洮汰学者之累惑，使基业垂于万世，后进无复狐疑。”②

光武帝又将陈元奏疏下发群臣，如此往来十余次。今、古文双方围绕是否立《费氏易》《左氏春秋》博士的问题反复辩难，结果“帝卒立《左氏》学，太常选博士四人，元为第一”。然而，这一结果又引发了今文经学家的强烈反对，“诸儒以《左氏》之立，论议讙哗，自公卿以下，数廷争之”，最终还是以“《左氏》复废”③ 结束了这场对峙。古文经在光武时的立而旋废，当然与今文经抵触势力的强大有关，但也不能不说与古文经学家的不信谶、不投皇帝所好有关。郑兴、桓谭等古文经学家正是因为不信谶，不仅仕途受影响，而且他们在上层政治圈子中的话语权也被削弱，从而最终导致《左氏》被立的短命，如贾逵所说：“至光武皇帝，奋独见之明，兴立《左氏》《穀梁》，会二家先师不晓图谶，故令中道而废。”④

今、古文经学正面战场上旷日持久的交锋，表面看似乎以今文经的胜利告终，实际上却使原本在野的古文经地位得到提升。这对古文经而言其

① 范晔. 后汉书：范升列传. 北京：中华书局，1965：1228.

② 范晔. 后汉书：陈元列传. 北京：中华书局，1965：1231-1232.

③ 同②1233.

④ 范晔. 后汉书：贾逵列传. 北京：中华书局，1965：1237.

实是不胜而胜。在《左氏》旋立的背后，除了光武帝本人对古文经并无打压恶意外，也从大将冯异精通《左传》[①]、深研古文中看到了当时朝廷上下热衷古文经学的浓厚气氛。

光武帝去世后，“十岁能通《春秋》”[②] 的明帝，不仅接受贾逵上书“言《左氏》与图谶合者”，又命其撰写《左传》的传诂，藏于秘府[③]。章帝对古文经的兴趣更加浓厚：“肃宗立，降意儒术，特好《古文尚书》、《左氏传》。建初元年，诏逵入讲北宫白虎观、南宫云台。”[④]在这样的背景下，好《左氏》的贾逵方才有机会凭借其迂回策略使古文经受到政治层青睐，推动了古文经实现由微至显、由在野到庙堂的飞跃。

促使今、古文经实力对比发生变化的动因有两个：一是内在的，即今文经自身的烦琐化和谶纬化。这一痼疾早在西汉后期就已凸显出来，比如“秦近君[⑤]能说《尧典》，篇目两字之说至十余万言”“王莽之时，省五经章句，皆为二十万”[⑥]，甚至博士弟子郭路“夜定旧说，死于烛下”[⑦] 等等。因此，东汉自光武帝开始就减省五经章句。而古文经重训诂名物的自然属性，对其烦琐化和谶纬化倾向都有着天然的限制作用。二是外在的，不同的政治境遇，引导了今、古文经的不同归宿。关于这一点，刘师培曾有一段总结性结论：“东汉之后，凡两汉博士之家法悉湮没不传，其传者转在古文，其故何哉？盖博士之学，利禄之学也，上者奉之以进身，下者持之以糊口，与后世科举之学略同。故治其学者，只期利禄之及身，如桓荣夸稽古之荣是也，岂果有发明经义之心哉！通经致用，不过自欺之词，故其学愈趋而愈陋。若古文之学，兴于举世不为之日，治其学者，不以显晦易其心，故研精殚思，实事求是，其故一。且汉代说经之儒，心之所希，不过以得立学官而止。今文之书，既立博士，治其学者，一若所求已获，遂生自懈之心，故传者愈多，精者愈鲜；若古文之学，自西汉至于东汉，争立博士，未克施行，或甫立而旋废，治其学者，希其得立于学官，

① “冯异字公孙，颍川父城人也。好读书，通《左氏春秋》、《孙子兵法》。”（范晔．后汉书：冯异列传．北京：中华书局，1965：639）

② 范晔．后汉书：光武帝纪．北京：中华书局，1965：95.

③ 贾逵“尤明《左氏传》、《国语》，为之《解诂》五十一篇，永平中，上疏献之。显宗重其书，写藏秘馆”（范晔．后汉书：贾逵列传．北京：中华书局，1965：1235）。

④ 范晔．后汉书：贾逵列传．北京：中华书局，1965：1236.

⑤ 疑此“秦近君”概为《汉书·儒林传》中的“秦延君”。他学小夏侯（夏侯建）《尚书》以“章句小儒，破碎大道”，颇受时人诟病。

⑥ 桓谭．新论：卷九//朱谦之．新辑本桓谭新论．北京：中华书局，2009：38.

⑦ 王充．论衡：卷十三//四库全书：第862册．上海：上海古籍出版社，1987：160.

而争竞之心以起，故其说愈降而愈精，其故二。有此二故，由是而古文之学昌，由是而今文之学衰。”①

说“从事今文学的全是毫无发明经义的利禄之徒”，这话显然有些绝对。因为：一方面，从事今文学的并非全是利禄之徒。在整个两汉社会发展过程中，特别是围绕社会变迁与政治变化而调整理论、创新立制方面，今文学毫无疑问做出了重大贡献。其中渗透了士人用诠释经典经世致用、服务社会的历史使命感和责任担当。也正因此，今文学才在汉代政治调整中跃身为官方学术。另一方面，古文学也并非仅是在野者的执着奋斗。特别到了东汉，从光武帝及其侍立左右的大臣到明帝和章帝，都曾有意提挈古文。以古文学通经入仕者不乏其人，朝廷议事时古文经也多次被引用。特别是东汉今、古文日渐混融的情况下，研究古文者也并非完全无关功利。不过，刘氏也的确揭示了今、古文盛衰的主要根源。今文学自汉武帝立于学官以来，整个两汉的大部分时间都高居庙堂，学者贪图利禄而渐疏钻研之心，加之长期优越与缺乏危机感，自然难免骄惰与暮气。再者，伴随君主政治体制而形成的自满、停滞与自我腐败，与之联为一体的官学的衰落自是难以避免。《后汉书·儒林列传》描述了东汉中期今文学作为官方学术的衰落景象：“自安帝览政，薄于艺文，博士倚席不讲，朋徒相视怠散，学舍颓敝，鞠为园蔬，牧儿荛竖，至于薪刈其下。”到了后期灵帝时，今文经学更是“章句渐疏，而多以浮华相尚，儒者之风盖衰矣”②。而与之相反，古文经学长期生存于民间。从外部看，长期在野的艰难生存状态反而使古文学者能够始终保持一种“争竞之心”，这有利于古文学的持续性发展；从内部看，出于纯粹专业爱好的非功利性目的也使得古文学研究始终具有良好的内源性动力。

总之，白虎观会议后，在今文经学烦琐化、谶纬化之下，古文经学凭借不断努力和长期积淀，与政治制度的再完善相配合，侧面战场的以退为进和正面战场的针锋相对互为表里，终与今文经学平分秋色，为二者混融提供了条件，如有的学者所看到的：“《白虎通德论》就是今古文经学走向统一的初步成果。”“这一学风的发展，就为后来郑玄融合今、古文，最后统一经学创造了条件”③。所以，从这个角度讲，白虎观会议又是今、古

① 刘师培．汉代古文学辩巫：辨魏氏之说不可从//刘师培全集：第三册．北京：中共中央党校出版社，1997：191．

② 范晔．后汉书：儒林列传．北京：中华书局，1965：2547．

③ 吴雁南，秦学硕，李禹阶．中国经学史．北京：人民出版社，2010：121．

文经学从纷争走向统一的转折点。

三、今、古文经的混融与郑玄遍注群经

1.《春秋》今、古文混融的内在学理

《春秋》今、古文经从分立到混融，除了受外在政治环境变迁及今、古文研究不同目的和表现的影响，还天然地受到经学诠释内在学理的制约。后者是指经典诠释学自身具有的追求“原义”与发明“用心”的内在一致性。它规定了经学诠释无论由谁、在什么时代，都要保持追求经义原始意义与时代意义的统一，既不可随意信马由缰，也不可一味拘泥呆滞。

首先，从一般的诠释学理论看，所谓经典诠释是后人对前代经典的解说，它通常由经典作者、经典文本和诠释者三要素组成。

关于经典作者。每一个作者都生活于特定时空之中，作品是思想的反映，而思想又受其特定生活时空的影响。孟子“颂其诗，读其书，不知其人，可乎？是以论其世也”（《孟子·万章下》）的“知人论世”观，就是看到了经典诠释者与经典作者之间因时空差异造成的理解困难。如王国维说的：“是故由其世以知其人，由其人以逆其志，则古诗虽有不能解者寡矣。”① 可以肯定，经典作者的观念不可能脱离社会影响，这也就是我们通常所说的人的历史局限性。经典文本被打上深深的时代“印记”。当然，我们并不否认少数先知先觉者具有预见未来的超时代意识，但这也必然以其生活的实践经验为前提，完全脱离现实社会高悬于空中的“先知先觉”是不存在的。

关于经典文本。对经典文本的诠释，包含了三种情况：字义、句义、篇义。就三者的关系看，前者是基础，后两者是延伸。中国传统阐释学意义上篇义的解说比较少见，且常被当作字义和句义解说的背景。通常的诠释主要是字义（又叫训诂）和句义的解说，并以前者为基础。对句义的理解必然建立在对字的形、音、义的准确理解之上，离开后者也就无所谓前者。所以，重视训诂的基础性，在我国的经典诠释实践中具有悠久的传统，就连被后人指责为“以己意附会往训，立为成说”② 的朱熹，也一再

---

① 王国维．王国维遗书：卷二十三．上海：上海书店，1983：577.

② 陆九渊．象山集：与彭子寿//四库全书：第1156册．上海：上海古籍出版社，1987：316.

强调“看文字须是虚心，莫先立已意”①。清代经学家戴震曾严申：“我辈读书，原非与后儒竞立说，宜平心体会经文，有一字非其解，则于所言之意必差，而道从此失”②。训诂的特性是追求原始意义，即文本的客观性③；而对句义的理解虽然建立在字义的客观性或还原性基础上，却有着相对较大的主观参与度。诠释者对句义的解说在客观理解经典字义的前提下，常常掺杂个人的主观因素，这也是伽达默尔所说的“前见”④。这些“前见”，是诠释者所处当下社会环境为背景的经验和观念的积淀。

关于诠释者。经典诠释实际上常常是后代诠释者对前代作品的理解和解说。如此一来，在诠释者与作者或作品之间便形成了一条巨大的时空鸿沟，阻隔诠释者“客观”理解作品。只有跨越这一时空阻隔，经典诠释才能够成立，这正是诠释学重点探讨的问题。

沿着西方诠释学理论，从施莱尔马赫追求对文本的“纯客观”诠释到伽达默尔强调文本诠释的时代性、创造性，也经历了从追求文本“原义”到发明作者“用心”的发展历程。前者主张：文本只能有一种真正的“意义”，那就是客观原义。因此，最好的理解就如同复制原文本的“原样理解”。施莱尔马赫有一句名言：“我们必须比作者理解他自己更好地理解作者”⑤，这说明，他看到了文本与作者之间的时空阻隔，但却仍然在努力实现理解的纯客观性，不承认诠释者在时空的另一头可以对作品加以具有时代意义的新理解即“不同的理解”，拒绝承认诠释者基于时代的创新性发挥。与之不同，伽达默尔承认了“不同的理解”，他说：理解“不只是一种复制行为，而始终是一种创造性的行为。……只消说：如果我们一般有所理解，那么我们总是以不同的方式在理解，这就够了”⑥。伽达默尔摒弃了施莱尔马赫纯粹客观的诠释理念，承认了文本与诠释者之间的时空阻隔，并强调了在这一阻隔面前文本意义的开放性、多义性和诠释者的主动性与创造性，即文本诠释的与时俱新性。将诠释建立在基于社会现实的创造性上，这是伽达默尔对诠释学的重大贡献。后来，贝蒂曾从诠释的

① 朱熹．朱子语类：卷十一//四库全书：第700册．上海：上海古籍出版社，1987：163.

② 戴震．戴东原集：与某书//续修四库全书：第1434册．上海：上海古籍出版社，2002：522.

③ “训诂的意义在于还原。”（许雪涛．公羊学解经方法——从《公羊传》到董仲舒春秋学．广州：广东人民出版社，2006：31）

④ 加达默尔．真理与方法：哲学诠释学的基本特征．上海：上海译文出版社，1992：347.

⑤ 同④248.

⑥ 同④383.

“客观性”出发，指责伽达默尔犯了主观主义和相对主义的错误①。事实上，这一指责并不成立。因为伽达默尔对“复制式”诠释的否定，并不意味着他对影响诠释者的“前有”“前见”的肆意纵容。他提出的诠释的时代性和创造性以海德格尔诠释的客观性理论为前提，即：“解释领会到它的首要的、不断的和最终的任务始终是不让向来就有的先行具有、先行看见与先行把握以偶发奇想和流俗之见的方式出现，它的任务始终是从事情本身出来清理先有、先见与先行把握，从而保证课题的科学性。”② 显然，伽达默尔抛弃的“只是那种绝对主义的客观性，而不是事物本身而来的客观性”③。他在努力寻求诠释的主观性与客观性即经典原义与创新意义之间的一种“合适”与平衡。也就是说，他在努力探索如何在文本与诠释者之间架设一道“理解”的桥梁，从而实现诠释客观性与创造性二者之间的统一。

总之，任何个体的人都是历史性与现实性的统一，正如杜维明说的：“一个人不是与他或她历史的根基相分离的一个自足的实在，而是来源于过去但继续与现在有联系的关系网的中心。”④ 人的历史性与现实性的双重存在，是诠释客观性与创造性双重存在的基础。任何诠释者都是也只能是特定时代的人，他的诠释只能是特定时代的诠释。就像黄俊杰所看到的：“中国思想史上的经典的诠释者……都是在一个不同于经典成书时代的另一时空条件下，重新诠释经典。这些经典的诠释者实际上是在他们所处的时代背景、思想氛围，以及他们自己的经验之中，来解释经典的意义”，因而“强烈的历史性与现实取向”是“中国诠释学的重大特征”⑤。对于经典而言，这种历史性与现实性所内含的正是诠释内容的本原性与时代性。一种有效的诠释就是这两者的统一。伽达默尔称这种“统一”为诠

① 贝蒂指责说：“它显然受当代生存论哲学的影响并势必把解释与意义推论加以混淆，以及以一种对一切人文科学（精神科学）解释程序结果的客观性加以怀疑的结论排除对象的自主性规则。”（加达默尔. 真理与方法：哲学诠释学的基本特征. 上海：上海译文出版社，1992：148）从而再次强调对作品原意的追寻：“解释的前提是，我们必须自觉地脱离自己的意识而进入作者的意识。”（埃尔里奥·贝蒂. 作为精神科学一般方法论的诠释学//洪汉鼎. 理解与解释——诠释学经典文选. 北京：东方出版社，2001：23）

② 海德格尔. 理解和解释//洪汉鼎. 理解与解释——诠释学经典文选. 北京：东方出版社，2001：123.

③ 洪汉鼎. 诠释学——它的历史和当代发展：前言. 北京：人民出版社，2001.

④ 杜维明. 人性与自我修养. 北京：中国和平出版社，1988：216.

⑤ 黄俊杰. 孟学思想史论：卷 2. 台北：“中央研究院中国文哲研究所”，1997：55-56.

释者与文本之间的“对话”或“视域融合”①。

将西方的诠释理论与中国的诠释实践相比照，不难发现：在中国悠久的经典诠释实践中，也存在着追求“原义”与发明“用心”两种不同的诠释路径，其具体表现就是“古文”与“今文”或“汉学”与“宋学”的纷争②。从汉武帝尊儒学、设博士开始，今文经登上政治前台，成为官方学术。今文家的特点是根据当下政治需要对儒家经典进行训释，阐发其中适合当下社会需求的“微言大义”③。其优点是使经典具有与时俱新的永恒性和生命力；当然，缺点也显而易见，那就是常常在追求经典意义创新的过程中，忽略经典意义的客观性或本原性，犯穿凿附会和过度诠释的毛病。作为对今文经的反动，古文家倾向对经典严格的字词考证，强调紧贴字义解说经文，不加臆说、不做发挥，以追求经典文本的原义为尚。这种经典诠释方式的优点是“笃实谨严”，贴近或靠拢经典原义，扼制了过度诠释；但缺点同样也很明显，那就是受后人非议的拘泥字词，凡古必真，

① 加达默尔. 真理与方法：哲学诠释学的基本特征. 上海：上海译文出版社，1992：394.

② 学者林义正从诠释目的角度，将这两种诠释路径归纳为“通本义”的诠释和“致其用”的诠释（林义正. 论中国诠释的目的与方法——以《春秋》的诠释为例. 东亚文明研究学刊，2004（6））。袁保新则详述了两种诠释路径的特点。前者是“针对古今语言的差异、断裂，运用训诂、考据或相关文化史知识，以现代语体文重新书写，尽可能克服经典阅读的障碍”；后者则是“回应诠释者或现代读者关怀的各式问题（无论这些问题是来自中、西文化的激荡，或现代人在社会急剧变迁中自我探索与定位的关怀），试图撑开一个跨越古文差异的思考脉络，发掘出经典的现代意义”（黄俊杰. 中国经典诠释传统. 上海：华东师范大学出版社，2008：343）。

③ 全文多处提及的所谓“微言大义”，在诠释方法上属于一种经典文本隐微与显白的表述技巧。所谓“显白”，是指文本语言的表层意义；所谓“隐微”，是指文本语词表述之下作者所要真正表达的意义。《春秋》是孔子在“言之不用，道之不行”的局势下，以一介布衣的无奈做着“贬天子，退诸侯，讨大夫，以达王事”（司马迁. 史记：太史公自序. 北京：中华书局，1959：3297）的天子之事。从以布衣孔子的“罪我者其惟《春秋》”（《孟子·滕文公下》）和《公羊传》“定、哀多微辞，主人习其读而问其传，则未知己之有罪焉尔”（定公元年“春王”条），在等级制政治环境下，《春秋》的刊正与表述是冒政治和等级礼制之大不违，因而要将其真实的思想和意图隐藏于字里行间，以隐微的书写方法，达到实现理想、明哲保身的目的。如董仲舒所说：“义不讪上，智不危身，故远者以义讳，近者以智畏。畏与义兼，则世愈近而言愈谨矣。”（董仲舒. 春秋繁露：卷一. 北京：中华书局，1975：14）如此，显白的文字表述之下潜含着隐微的作者真义。施特劳斯将这种书写方法归结为“隐微书写”和“显白书写”（列奥·施特劳斯. 迫害与写作艺术//刘小枫. 西方传统：经典与解释·施特劳斯集. 北京：华夏出版社，2012：16-30）。这些隐微的意义才是作者真正表达的“意义”，中国经典诠释史将这种“意义”称作“微言大义”。孔子以“微言”开启了曲笔述史的先例，就“忠于”史事而言，这种隐含式的发挥，无论如何都因“意义”的创新而有曲意解说、过度诠释的嫌疑，亦即：这样的“微言”及其惯用的表述方式“《春秋》笔法”，其中的影射、隐喻和委婉行文，存在隐恶扬善、借题发挥或小题大做的成分。但从另一个角度看，这样的主观“加工”，都是基于对基本史料的取舍，是借史明义而非无中生有。这正合于伽达默尔的“创造性”诠释理论。

纠结于琐碎饾饤的文字训诂而缺乏义理上的发挥创造，扼杀了经典鲜活的时代性和生命力。

不过需要注意的是，今、古文两种不同的诠释方式在现实中其实都很难达到诠释的绝对化或纯粹化①。也就是说，诠释者的历史性和现实性决定了其经典解说必然是由训诂以明理义，既不可能完全脱离经典原义而肆意发挥，也不可能丝毫不掺杂个人“前见”地完全“复制”。我国诠释实践史上，所谓“汉学”的“惟知章句训诂”和“宋学”的“脱略章句，陵籍训诂”，总的来看均有绝对化成分。因为，追求原义、重视训诂的“汉学”也会有契合时代的发挥。汉学代表赵岐就赞赏孟子的“说诗者，不以文害辞，不以辞害志。以意逆志，是为得之”，主张以诗作者的本意为根本，与说诗者心意契合，即“以己意己志推作诗之志”②。赵岐的《孟子章句》就是以解喻结合方式创造性解释《孟子》的典范③。从诠释学角度看，文字创作当然是为了达意，但作品的文辞又常有“辞不达意”“言不尽意”的情况，“以意逆志”就是以诠释者当下体验去理解作者文字表述背后的意犹未尽。这种“未尽之意”，实际上已经是诠释者的“自得之意”。这是伽达默尔所主张的诠释的“创造性”成分，陈澧正是从这个意义上说“汉儒善言义理，无异于宋儒”④；追求创新、注重发挥的“宋学”也必然是首先重视训诂。以偏重心性义理发挥被推为“宋学”代表的朱熹，曾批评汉学“专己守残”“唯传注之是遵，莫章句之敢违”⑤，主张“大抵圣贤之言，多是略发箇萌芽，更在后人推究，演而伸，触而长”，若“一向只就书册上理会，不曾体认着自家身己，也不济事”⑥。但他又反复

---

① 后人用陆九渊“我注六经”和“六经注我”作为汉学与宋学诠释纷争的极端化表述。原文见于陆九渊《语录》：“或问先生：何不著书？对曰：六经注我，我注六经。”“我”代表了自己的观点，“我注六经”就是诠释者尽量回归六经本义；而“六经注我”则是六经为我所用，诠释者通过对经文加以引申、发挥，表述自己的学术观点，建立新的思想体系，甚至不排除故意误读。上述理解是错误的。陆九渊《语录》还有一句话是：“学苟知本，六经皆我注脚。”意思是学问若能返本，则我对六经的注解与六经本义无不合处。显然，陆九渊的“六经注我”“我注六经”是强调从经典原义出发，则“我”与“六经”之间就能实现意义理解上的圆融和统一，而并非指向“六经”与“我”之间的分歧和对立。

② 董洪利．孟子研究．苏州：江苏古籍出版社，1997：109.

③ 朱松美．赵岐《孟子章句》的诠释学意义．山东大学学报（哲学社会科学版），2005（3）.

④ 陈澧．东塾读书记：自述．上海：上海古籍出版社，2012：2.

⑤ 朱熹．中庸集解序//郭齐，尹波．朱熹集：卷75．成都：四川教育出版社，1996：3957.

⑥ 朱熹．朱子语类：卷十一//四库全书：第700册．上海：上海古籍出版社，1987：165.

强调其中的“引而伸”“触而长”（即诠释者的发挥），必须以“得圣贤本意”为基础，主张“然亦须得圣贤本意，不得其意，则从哪处推得出来”①，“凡看书，须虚心看，不要先立说”②。这里的“虚心”，就是尽量摒弃诠释者的“前见”，通过字词训诂，尽力发掘作者原义。显然，朱熹追求的正是诠释者（今人）与作者（古人）的对话，追本“原义”与意义“创新”的统一。他的《四书集注》就是以扎实的文字训诂为基础，实现“原义”与“创新”相统一的典范之作。

到清代，主张义理发挥的戴震受惠栋“纯粹的汉学”的影响，终于确立了“原义”与“创新”相结合的诠释原则，找到了一条“由故训以明理义”——适合诠释经典的路径。他说：“经之至者道也，所以明道者其词也，所以成词者未有能外小学文字者也。由文字以通乎语言，由语言以通乎古圣贤之心志，譬之适堂坛之必循其阶，而不可以躐等。”③ 在诠释实践上，戴震作为乾嘉考据的旗帜，其《孟子字义疏证》正应和终结封建的启蒙时代，以文字、训诂为基础，致力“借儒家典籍，发挥自己的哲学思想”④ 以“正人心之要”⑤，实现了由故训求理义，原义与创新的统一。

从总的情况看，中国的诠释实践无论是古文经学还是今文经学，都在努力践行“追求原义”与“意义创新”的统一。一方面，意义创新内含于经典本义之中，而不是信马由缰听凭主观臆断；另一方面，不拘泥于对原典语义的简单重复，而是着意于以原义为基础的时代性发挥。唯其如此，文本诠释才能实现真实性与有效性的完美统一。《春秋》今文《公羊传》《穀梁传》和古文《左传》之间“传事”与“传义”的统一，就为这一诠释学理论做了最好的注脚。

如前述，西汉景帝和宣帝时《公羊传》和《穀梁传》分别设为博士，登上官方政治舞台。而《左传》长期流行于民间，直到汉末平帝时才在刘歆的力促和执政者王莽的支持下设为博士，立为学官。也正因为刘歆的请求，开始改变了今文《春秋》独霸政坛的局面，威胁了今文学者的利益，由此导致了《春秋》今、古文之间的第一次激烈交锋。

---

① 朱熹．朱子语类：卷六十二//四库全书：第701册．上海：上海古籍出版社，1987：239.

② 朱熹．朱子语类：卷十一//四库全书：第700册．上海：上海古籍出版社，1987：162.

③ 戴震．戴东原集：卷十//续修四库全书：第1434册．上海：上海古籍出版社，2002：525-526.

④ 张舜徽．清儒学记．济南：齐鲁书社，1991：142.

⑤ 戴震．与段若膺书//戴震全集．北京：清华大学出版社，1991：228.

东汉建立后，《春秋》博士仍然只设今文《公羊》严、颜两家，作为古文的《左传》再受排斥。于是，《春秋》今、古文之间展开了第二次交锋。这次交锋自尚书令韩歆请立《左传》博士开始，其间韩歆与今文博士范升等展开了十多次辩论。光武帝逐渐倾向《春秋》古文，并一度采纳韩歆建议，立李封为《左传》博士，结果计划因李封病死而搁浅。虽然《左传》终究没有被设为博士，但从论战的激烈程度和光武帝态度的动摇来看，双方力量发生了消长。

从章帝到东汉末，发生了今、古文的第三次交锋。这次交锋，以章帝时贾逵和李育的辩难开始，而以东汉末郑玄与何休的对抗结束。这次交锋，表面上看旷日持久、水火不容，实际上已经显示出《春秋》今、古文经之间势不可当的合流趋势：贾逵的古文经学大量吸纳今文经元素，表现出向今文经学靠拢的趋势；郑玄的遍注群经和何休《春秋公羊解诂》中扎实的训诂方式和综合的经学思想表现出二者交融的趋势。二者的统一与混融，既是诠释学内在统一的逻辑使然，也是政治一统在经典诠释中的体现。

戴震强调故训与理义的一致性时说："言者辄曰：有汉儒经学，有宋儒经学。一主于故训，一主于理义，此诚震之大不解也者。夫所谓理义，苟可以舍经而空凭胸臆，将人人凿空得之，奚有于经学之云乎哉？惟空凭胸臆之卒，无当于贤人圣人之理义，然后求之古经；求之古经而遗文垂绝、今古县隔也，然后求之故训。故训明则古经明，古经明则贤人圣人之理义明，而我心之所同然者，乃因之而明。"① 因而，硬要将故训与理义、传事与传义分为两橛是不合理的。赵伯雄《春秋学史》分析说："《左传》与《公羊》、《穀梁》解经的方式是很不相同的。《左传》着重解说《春秋经》中所记的或与《春秋》经文相关的历史事实，但也并不是说没有一点'义'。考察《左传》中的义，会发现有一部分是与《公》《穀》相同或者十分相似的。"②

首先，《左传》"传事"中有"传义"。

《左传》以事解经的诠释模式，突破了中国诠释史上单纯围绕经典字、音、义的解说模式。这一点，后代学者多给予充分肯定。汉人桓谭就说：

---

① 戴震．戴东原集：题惠定宇先生授经图//续修四库全书：第1434册．上海：上海古籍出版社，2002：537．

② 赵伯雄．春秋学史．济南：山东教育出版社，2004：69．

“《左氏传》于经，犹衣之表里，相持而成。经而无传，使圣人闭门思之，十年不能知也。”① 宋代虽然是一个崇尚传“义”的时代，但依然有许多学者对此投以赞赏的眼光。如胡广说：“左氏释经虽简，而博通诸史，叙事尤详，能令百世之下颇见本末，其有功于《春秋》为多。”② 叶適也称赞《左传》以事传经的开拓之功：“所以有贵于左氏之书者，以其足以质传闻之谬，订转易之讹，循本以知末，因事以明意而已，彼《公》《穀》之妄为区区，乌在乎较是非而角胜负哉！”③ 家铉翁也从“事”与“义”的关系肯定了《左传》传事的奠基之功：“经著其略，传纪其详；经举其初，传述其终。虽未能尽得圣人褒贬之意，而《春秋》二百四十二年之行事，恃之以传，何可废也！吁，使左氏不为此书，后之人何所考据以知当时事乎？不知当时事，何以知圣人意乎？”④ 明代罗钦顺也表述了同样的观点：“《春秋》事迹莫详于《左传》。左氏于圣人笔削意义虽无甚发明，然后之学《春秋》者，得其事迹为据，而圣经意义所在，因可测识，其功亦不少矣。”⑤

上述学者在肯定《左传》“传事之功”的同时，也多批评其“不传义”，比如家铉翁曾说《左传》“未能尽得圣人褒贬之意”，罗钦顺也说《左氏》于圣人笔削意义“无甚发明”。其实，《左传》在注重“传事”的同时，也并非完全“不传义”。《左传》的“意义”诠释已见前述，这里从诠释创新的角度再做一番论议。

经典之所以成为经典，恰在于其意义的与时俱新性，而“意义创新”的源泉，即诠释者究竟赋予文本（或经典）怎样的“义”，其“参照系”是诠释者所处社会的“现在”以及所预设的“未来”⑥，所谓《春秋》“为万世立法”也正是从这一角度立论。如前所述，历史文本的诠释总是立足于当下，因应时代要求，以实证为手段，借助对经典“原义”的理解和诠释，将“意义”指向当下社会。这就是经典诠释特有的时代性意蕴。在这一点上，注重“意义创新”的今文经学代表《公羊》《穀梁》当然毋庸置

---

① 桓谭．新论：卷九//朱谦之．新辑本桓谭新论．北京：中华书局，2009：39.

② 李廉．春秋会通：读春秋纲领//四库全书：第 162 册．上海：上海古籍出版社，1987：178.

③ 叶適．习学记言：卷十一//四库全书：第 849 册．上海：上海古籍出版社，1987：427.

④ 朱彝尊．经义考：卷一百六十九//四库全书：第 679 册．上海：上海古籍出版社，1987：313.

⑤ 同④315.

⑥ 王学典．史学引论．北京：北京大学出版社，2008：251.

疑，而追求“经典原义”的古文经学代表《左传》显然也并非“不丝毫参以自己的意见”①。

从宏观上看，《左传》的意义创新主要体现在以下三点：

一是致力于从尊王过渡到尊君，满足君主政治之需。在周代宗法政治体系中，诸侯国君为周王所封，上统周王，下统诸卿，是周代等级礼制秩序存续的政治根基。春秋后期，在诸侯式微、强卿政治的环境下，尊君意味着对政治根基的维护。但到战国时期，随着周代等级秩序的彻底崩塌，人们的观念已普遍脱离传统“尊君”的是非标准。在这种情况下，《左传》甚至借阐发《春秋》经义直接提出了“凡弑君称君，君无道也；称臣，臣之罪也”（《左传》宣公四年）的无君观念。然而，血缘伦理的强固、“亲亲”“尊尊”的心理遗存使得“尊君”又以概念借用的形式在新的君主制政治体制中重新确立。只不过，前后两个“君”的内涵已迥然有别。

二是努力复归“民本”，制约君主极端权力。贵族政治下三种外在的权力约束——贵族谏诤、天神威严和礼制等级——随着政治统治的崩溃和哲学的挺立而削弱。然而，君主集权政治下生杀予夺的极端权力，又为权力约束提出了超越前代的要求。在这种情况下，知识精英们在重建天威的同时，只得借民本强化君主道德自觉。《左传》民本观念的复归，就是这一意识强化的重要体现。在春秋战国新旧交替的转型期，儒者在哲学辩证的先觉中，从“尊王”转向“民本”，否定迷信“天子”，为新的君主政治提供制度和观念预设。这一转向，架起了新、旧制度转换的桥梁。

三是假借重鬼尚巫，重建权力约束。春秋以降，随着人格天神倒塌，灾异谴告失却了信仰根基。在这种情况下，《左传》在重建礼制等级与民本约束的同时，被迫将眼光投向远古，希望通过回归史前尚巫之风找回神灵信仰，重建权力约束。这就是董仲舒重建天人感应的目的之一，也是司马迁、杜佑、朱熹等人在上三代神灵信仰久已倒塌之后，仍然在有神与无神之间进退矛盾、抉择两难的真正原因。

毫无疑问，《左传》正是在寓“传义”于“传事”的诠释路径中，通过意义创新，实现了社会转型下思想、观念与文化的转承和创新。

从微观上看，《左传》屡屡以“礼”与“非礼”、“正”与“非正”的意义诠释，创造地表述对《春秋》“大义”的理解。这种相似的经义阐发，

---

① 梁启超. 中国现代学术经典：梁启超卷. 石家庄：河北教育出版社，1996：372.

除了与三传传“义”的同源性[①]相关，也必与三传相同的时代性有关。三传站在同一时代潮头，对历史、现实乃至未来的社会问题自然免不了有相同或相近的看法，这正是诠释的时代性体现。

当然，处于新旧交替的转型时代，不同地域的经学后继者对经义的理解和解说当然会有较大分歧。正是这些分歧，促成了“师”门“家”派的今、古文分化。

反之，重在传“义”的《公》《榖》二传，在诠释方法和内容上也重视训诂，在“传义”中也有“传事”。

胡朴安以为，西汉是今文学“虽有训诂而无需训诂”[②] 的时代，理由有二：西汉今文学是通经致用之学；口耳相传及墨守一家之法，二者都无需训诂。“有训诂而无需训诂”表明汉代今文经学是“有训诂”的，之所以又说“无需训诂”，不过是为了强调其意义创新。

《公羊传》是《春秋》今文经的代表，胡氏明确声称它有“训诂”，说明《春秋》今文经不乏训诂[③]。许雪涛《公羊传解经方法》甚至分专名、语文词和文化词三个义项进行了专门探讨[④]，并揭示了《公羊传》的诠释特点：在训诂中传事；在训诂中传义；训诂是理义的基础，理义是训诂的延伸。翁银陶还进一步将《公羊传》补充的史实分为三类[⑤]：一类与《左传》基本相同；一类略有差异或各有侧重；一类补《左传》所无。

《榖梁传》与《公羊传》一样，在重“大义”阐发的同时，对史事的补充有时甚至优于《左传》。比如成公元年“鞌之战”前晋郤克使齐的情节，《左传》在宣公十七年六月“己未，公会晋侯卫侯曹伯邾子，同盟于断道”条下，以严肃的语调补充说：

> 春，晋侯使郤克徵会于齐。齐顷公帷妇人使观之。郤子登，妇人

---

① “三传阐发经义相同，或者三传对《春秋》所记一些史实基本态度一致，或者虽然释义各不相同，但三传解经的切入点都一样。这些现象提示我们，三传应该是同源的。”（赵伯雄．春秋学史．济南：山东教育出版社，2004：74）

② 胡朴安．中国训诂学史．北京：商务印书馆，1998：2.

③ 翁银陶研究以为“《公羊传》的训诂分文字训诂和礼仪训诂两种”，并举例说明（翁银陶．公羊传开讲．上海：华东师范大学出版社，2013：25）。

④ 许雪涛．公羊学解经方法——从《公羊传》到董仲舒春秋学．广州：广东人民出版社，2006：40-48.

⑤ 翁银陶．公羊传开讲．上海：华东师范大学出版社，2013：22-23.

笑于房。献子怒，出而誓曰："所不此报，无能涉河！"①

妇人之所以"笑于房"显然有其原因，至于原因是什么，《左传》并没有交代。对此，《穀梁传》在成公元年"冬十月"条下，用生动诙谐的语言做了详细交代：

> 季孙行父秃，晋郤克眇，卫孙良夫跛，曹公子手偻，同时而聘于齐。齐使秃者御秃者，使眇者御眇者，使跛者御跛者，使偻者御偻者。萧同侄子处台上而笑之。闻于客，客不说而去，相与立胥闾而语，移日不解。齐人有知之者，曰："齐之患，必自此始矣！"②

从总的看，在史事补充的多寡上，《公羊传》和《穀梁传》无疑逊于《左传》。但这并不能否认，在有些史事的补充上，《公》《穀》又略胜于《左传》。特别是那些对《左传》缺漏加以补充的内容，更大限度地体现了二传的"传事"特征。

赵伯雄总结三传对《春秋》的继承与分化时说："世代师弟相传，第一代的传述都有可能与师说产生偏离，也都有可能加进经师自己的一些理解，因此，同样一部经典，对它的解说就有可能形成不同的派别。"③每一代传述者对于师说的"偏离"，是源于他们加进了"自己的一些理解"。然而，他们为什么会加进自己的"理解"，加进了"怎样"的理解，又依据什么加进"这样"而不是"那样"的理解？决定这些问题的关键要素无疑是当下"时代"，即每一代经师（也是经典诠释者）所处的当下和将要面对的未来。"知远之近，知风之自，知微之显"（《中庸》）是中国文化的一贯旨向，从现在出发探求本源，了解本源是为预知未来。面向当下和未来始终是中国文化探索者最真切的目标和动力。了解了这一点，也就明白了一代代学者既苦心孤诣追索经典本义，又不断解说经典的真实目的。三传对《春秋》解说的趋同，说明了经典的同源性和时代的相似性；而其差异，则是儒学后继者基于不同地域文化环境而产生的。可见，共同的时代性，决定了经典诠释的趋同；不同的地域性，又左右了经典诠释的趋异，这就是决定经典诠释的时空要素。

今古文经学在学科属性上本就统一于"由古训以明理义"，分化与时

---

① 阮元. 十三经注疏. 北京：中华书局，1980：1889.

② 同①2417.

③ 赵伯雄. 春秋学史. 济南：山东教育出版社，2004：74.

代剧变、地域分裂有关。所以，三传对于《春秋》的诠释，虽在内涵上各有侧重，但彰显了方法上的统一。当促使分化的时代和地域要素都不复存在时，这种内在本质的一致性便凸显出来，主导经典诠释的今、古文之争走向混融。汉末以来，随着君主制趋于稳定，思想分化也随之走向一统。郑玄的遍注群经就是这一“统一”在诠释实践上的体现。

2.《春秋》今古文兼综与郑玄遍注群经

为了在白虎观会议上知己知彼、战胜对方，今、古文家都主动学习和研究对方的诠释。如今文经学家李育为驳古文经而涉猎古学，研习《左传》著《难左氏义》①，又在会议上“以《公羊》义难贾逵，往返皆有理证，最为通儒”②。同时，桓谭、尹敏、郑兴、贾逵等古文家也都主动学习今文，以便达到今古兼通。从这一点看，白虎观会议在提升古文经的同时，也在客观上推进了今、古文经的混融。

白虎观会议后，古文经政治和社会地位的提高，又促使经学家们进一步打破壁垒，实现今古兼综。如今、古兼习的古文大家马融的弟子卢植，“能通古今学，好研精而不守章句”③，撰《三传异同说》。从《后汉书·儒林列传》看，东汉儒学今、古文各经（包括《春秋》三传）的授受，师门家法已相当模糊。陆德明《经典释文·序录》所记三传授受源流，《公羊》《穀梁》仅到西汉末④。《左传》虽然从左丘明一直叙述到郑玄，但其脉络至汉末陈钦（“以《左氏》授王莽，至将军”）后中断。东汉以后，在经典的师徒传承上，除了可看到类似“刘歆从尹咸、翟方进授《左氏》”，“歆授扶风贾徽。徽传子逵。逵受诏列《公羊》《穀梁》不如《左氏》四十事，奏之，名曰《左氏长义》，章帝善之”等缺乏连续性的记载外，到东汉后期的何休、郑玄，整个传授已难有“系统”可言⑤。三传授受文献记载中的脉络不清，反映了现实中传授体系的混乱及相应师门家派的模糊。和帝永元十四年（102 年）司空徐防感慨：“伏见太学试博士弟子，皆以意说，不修家法，私相容隐，开生奸路。每有策试，辄兴诤讼，

① “尝读《左氏传》，虽乐文采，然谓不得圣人深意，以为前世陈元、范升之徒更相非折，而多引图谶，不据理体，于是作《难左氏义》四十一事。”（范晔．后汉书：儒林列传．北京：中华书局，1965：2582）

② 范晔．后汉书：儒林列传．北京：中华书局，1965：2582.

③ 范晔．后汉书：卢植列传．北京：中华书局，1965：2113.

④ 《公羊传》述及颜安乐，西汉宣帝时人；《穀梁传》述及萧秉，“王莽时为讲学大夫”（吴承仕．经典释文序录疏证．北京：中华书局，1984：118，120）。

⑤ 以上均见：吴承仕．经典释文序录疏证．北京：中华书局，1984：117-124。

论议纷错，互相是非……今不依章句，妄生穿凿，以遵师为非义，意说为得理，轻侮道术，浸以成俗”① 也说明了这一点。所以，赵伯雄才说东汉社会已经形成一股“崇尚兼综的风气”②。郑玄遍注群经，就是这股风气绵延积淀的结果。

郑玄生活于“桓、灵之间，党祸两见，志士仁人多填牢户，文人学士亦扞文网，固已士气颓丧而儒风寂寥”③ 的东汉末，希望用学术拯救时局的他，先到太学“师事京兆第五元先，始通《京氏易》《公羊春秋》《三统历》《九章算术》。又从东郡张恭祖受《周官》《礼记》《左氏春秋》《韩诗》《古文尚书》。以山东无足问者，乃西入关。因涿郡卢植④，事扶风马融”⑤。在号称“才高博洽，为世通儒”⑥ 的马融门下苦学三年，“日夜寻诵，未尝怠倦。会融集诸生考论图纬，闻玄善算，乃召见于楼上，玄因从质诸疑义，问毕辞归。融喟然谓门人曰：‘郑生今去，吾道东矣。’”⑦ 之后，游学归里，客耕东莱，聚徒讲学，一度弟子数千。后遭党锢之祸，闭门不出，以“述先圣之元意，思整百家之不齐”⑧ 为治学目的，倾毕生精力搜求各家学说，考订异同，遍注群经⑨，终成一代儒宗。《后汉书》本传称赞“郑玄括囊大典，网罗众家，删裁繁诬，刊改漏失，自是学者略知所归”⑩，这一结论不失公允。

传世文献不见郑玄研究《春秋》的成果，不过《世说新语》中记载了一则他“曾为《春秋》作注而未成”的故事：“郑玄欲注《春秋传》，尚未成，时行与服子慎遇，宿客舍。先未相识，服在外车上与人说己注传意，玄听之良久，多与己同。玄就车与语曰：‘吾久欲注，尚未了；听君向言，

① 范晔. 后汉书：徐防列传. 北京：中华书局，1965：1500-1501.

② 赵伯雄. 春秋学史. 济南：山东教育出版社，2004：263.

③ 皮锡瑞. 经学历史. 北京：中华书局，1959：141.

④ “少与郑玄俱事马融”的卢植，也是“能通古今学，好研精而不守章句”的今、古兼综的古学大家（范晔. 后汉书：卢植列传. 北京：中华书局，1965：2113）。

⑤ 范晔. 后汉书：郑玄列传. 北京：中华书局，1965：1207.

⑥ 范晔. 后汉书：马融列传. 北京：中华书局，1965：1972.

⑦ 同⑤.

⑧ 同⑤1209.

⑨ 著“《周易》《尚书》《毛诗》《仪礼》《礼记》《论语》《孝经》《尚书大传》《中候》《乾象历》，又著《天文七政论》《鲁礼禘祫义》《六艺论》《毛诗谱》《驳许慎五经异义》《答临孝存周礼难》，凡百余万言”（同⑤1212）。据清郑珍考证，郑玄著述约近六十种（郑珍. 郑学录：卷二//续修四库全书：第515册. 上海：上海古籍出版社，2002：35-48）。

⑩ 同⑤1213.

多与吾同。今当尽以所注与君。’遂为服氏注。”① 《世说新语》虽属“笔记小说”，但后世学者多相信这段记载的真实性②。可见，郑玄曾注《春秋》，只是未完成而赠服虔，从而成就了服虔的《左传服氏注》。我们从郑玄研究《春秋》的其他成果，特别是针对何休的《公羊墨守》《左氏膏肓》《穀梁废疾》所写的《发〈墨守〉》《针〈膏肓〉》《起〈废疾〉》，亦足见他对《春秋》揣摩之透、研究之深③。

在解经思想上，郑玄在东汉政治衰敝、谶纬盛行的大背景下，继承今文经学，以天人感应、阴阳五行比附政治，目的仍然是维护和制约王权。如释《周易·损卦》谓：“艮为山，兑为泽，互体坤，坤为地。山在地上，泽在地下，泽以自损增山之高也，犹诸侯损其国之富，以贡献于天子，故谓之损矣”④；释《周易·震卦》谓：“震为雷，雷，动物之气也。雷之发声，犹人君出政教，以动中国之人也，故谓之震”⑤；释《诗·周颂·思文》谓：“白鱼入舟，天之瑞也。鱼无手足，象纣无助。白者，殷正也。天意若曰：以殷予武王，当待无助。今尚仁人在位，未可伐也。得白鱼之瑞，即变称王，应天命定号也。……有火为乌，天报武王以此瑞”⑥，曲民伸君、曲君伸天的政治意味明显。然而，就像皮锡瑞所说：“郑君康成，以博闻强记之才，兼高节卓行之美，著书满家，从学盈万。当时莫不仰望，称伊、洛以东，淮、汉以北，康成一人而已。咸言先儒多阙，郑氏道备。自来经师，未有若郑君之盛者也。然而木铎行教，卒入河海而逃；兰

① 刘义庆. 世说新语：卷上//四库全书：第1035册. 上海：上海古籍出版社，1987：67.

② 《世说新语》虽然总体上属笔记小说，而非严肃史书，但取材多是前代史料。鲁迅说：“《世说新语》……乃纂集旧文，非由自造。”（鲁迅. 中国小说史略. 北京：中华书局，2014：47）因而，“皇家撰晋史，多取此书”（刘知幾. 史通：杂说//浦起龙. 史通通释：卷十七. 上海：上海古籍出版社，1978：482）。唐修《晋书》主要取材于此。萧虹《世说新语整体研究》指出：《晋书》共有474条轶事与《世说新语》相似，占其总数1 131条的41.9%，这意味着“《世说新语》有近半数的内容被唐代史家认定为确凿无疑的史实”（萧虹. 世说新语整体研究. 上海：上海古籍出版社，2011：231）。因此，历来学者多肯定《世说新语》的真实性。如刘叶秋称：“《世说新语》未可直以小说视之，其于魏晋社会政治、哲学、宗教、文学以及士人之生活风貌、心理状态莫不有真实记录。”（刘叶秋. 古典小说笔记论丛. 天津：南开大学出版社，1985：60）

③ “时任城何休好公羊学，遂著《公羊墨守》《左氏膏肓》《穀梁废疾》。玄乃发《墨守》，针《膏肓》，起《废疾》。休见而叹曰：‘康成入吾室，操吾矛，以伐我乎！’”（范晔. 后汉书：郑玄列传. 北京：中华书局，1965：1207-1208）

④ 郑玄. 周易注//从书集成初编：第383册. 北京：中华书局，1985：31.

⑤ 同④38.

⑥ 孔颖达《毛诗正义·周颂·思文》引郑玄《毛诗注》（阮元. 十三经注疏. 北京：中华书局，1980：590）。

陵传经，无救焚坑之祸。郑学虽盛，而汉学终衰。”① 郑玄的努力无法拯救汉学，更无法拯救汉政。原因在于，汉学终衰根本在于汉政终衰，而汉政的终衰早已无可逆转。

不过，从另一方面看，郑玄兼采众说、遍注群经，其意义不在于诠释思想的阐扬与政治拯救的实现，而在于对汇总百家、校雠训诂的诠释方法的总结。张舜徽曾将郑玄的训诂校雠方法和成就总结为辨章六艺、注述旧典、条理礼书、叙次篇目、广罗异本、择善而从、博综众说、求同存异、考辨遗编、校正错简、补脱订伪、审音定字②十二个部分。其重要者在于“思整百家之不齐”，打破师法界限，综汇百家的经学训诂。郑玄的经学训诂集古文经之大成，熔今、古于一炉：《易》学兼通《京氏易》和《费氏易》；《诗》学先学《韩诗》，再通《毛诗》；《礼》学贯通三《礼》古今经传；春秋学先学《公羊》，后习《左传》，再通《穀梁》，因三传兼通而有“《左氏》善于礼，《公羊》善于谶，《穀梁》善于经”③ 的比较性结论。所以，皮锡瑞有如下评议：

> 郑注诸经，皆兼采今古文。注《易》用费氏古文，……注《尚书》用古文，而多异马融；或马从今而郑从古，或马从古而郑从今，是郑注《书》兼采今古文也。笺《诗》以毛为主，而间易毛字。自云：“若有不同，便下已意。”所谓“已意”，实本三家。是郑笺《诗》兼采今古文也。注《仪礼》并存今古文；从今文则注内叠出古文，从古文则注内叠出今文，是郑注《仪礼》兼采今古文也。……注《论语》，就《鲁论》篇章，参之《齐》《古》，为之注，云：“《鲁》读某为某，今从《古》。”是郑注《论语》兼采今古文也。④

循着皮氏的说法，以所见完整的郑注《仪礼》为例，可见郑玄兼采古今的特点。

周代繁缛的礼制至春秋战国，随着政治的崩溃而衰败。汉代，在新君主等级制的重建和完善过程中，武帝听取公孙弘的建言，重整礼仪，“汉兴，然后诸儒始得修其经艺，讲习大射、乡饮之礼”⑤。冠、婚、丧祭、

---

① 皮锡瑞. 经学历史. 北京：中华书局，1959：141.
② 张舜徽. 郑氏校雠学发微//郑学丛书. 济南：齐鲁书社，1984.
③ 皮锡瑞. 六艺论疏证//续修四库全书：第171册. 上海：上海古籍出版社，2002：287.
④ 同①142.
⑤ 司马迁. 史记：儒林列传. 2版. 北京：中华书局，1982：3117.

朝聘、射乡五项十七篇，由高堂生传下①，纳入儒家《五经》。至宣帝时，有戴德、戴圣、庆谱三家所传《礼经》经今文立于学官，后“鲁恭王坏孔子宅，得亡《仪礼》五十六篇，其字皆以篆书之，谓之古文”②。今文《礼》传至汉末，有戴德、戴圣和刘向三种传本。东汉末，郑玄就是以刘向本《仪礼》为本，兼采《礼古经》作注③。所谓“从今文则注内叠出古文”，如释《士冠礼》“赞者洗于房中，侧酌醴，加柶，覆之，面叶”谓：“洗，盥而洗爵者。昏礼曰：‘房中之洗在北堂直室东隅，篚在洗东，北面盥。’侧酌者，言无为之荐者。面，前也。叶，柶大端。赞，酌者。宾尊不入房。古文‘叶’为‘擖’。”④《礼记·内则》有男子“二十而加冠，始学礼”⑤。古礼一般男子二十要行加冠礼，意味着男子成年，强调了家庭与社会的责任担当。正因为其意义重大，在吉、凶、军、宾、嘉五礼中属嘉礼，在大、小戴及刘向本《仪礼》中均位居第一。此句解释了辅佐加冠者洗爵之前复杂的盥洗过程。最后一句：“古文‘叶’为‘擖’”，意为《礼古经》“叶”字写作“擖”。再如释《士昏礼》“宾执雁，请问名，主人许。宾入授，如初礼”谓：“问名者，将归卜其吉凶。古文‘礼’为‘醴’”⑥。自东周至两汉，配合礼制的再完善，形成了一整套婚姻程序，即所谓“六礼”，包括纳采、问名、纳吉、纳征、请期和亲迎，在完成了这六个程序之后，才最后进入婚礼仪式。此段解释的就是“问名”这一环节。郑注解释了男子一方之所以要“问名”，是为了回去占卜生辰，看二人生辰是否相合。以上释文显示了郑注今、古《礼经》相互参考，以今文

---

① “及今上（汉武帝）即位，赵绾、王臧之属明儒学，而上亦乡之，于是招方正贤良文学之士……言《礼》自鲁高堂生。”（司马迁. 史记：儒林传. 2版. 北京：中华书局，1982：3118）

② 贾公彦《仪礼注疏·士冠礼》“布席于门中，闑西阈外，西面”条下：“《汉书》云：鲁人高堂生为汉博士，传《仪礼》十七篇，是今文也。至武帝之末，鲁恭王坏孔子宅，得古《仪礼》五十六篇，其字皆以篆书，是为古文也。古文十七篇与高堂生所传者同，而字多不同，其余三十九篇绝无师说，秘在于馆。郑注《礼》之时，以今、古二字并之。”（阮元. 十三经注疏. 北京：中华书局，1980：946）

③ “玄本习《小戴礼》，后以古经校之，取其义长者，故为郑氏学。”（范晔. 后汉书：儒林列传. 北京：中华书局，1965：2577）即为今本郑注《仪礼》。《四库》馆臣也以为：“元注参用二本（注：二本指高堂生所传今本与孔鲁恭王坏孔子宅所得古本），其从今文而不从古文者，则今文大书，古文附注……从古文而不从今文者，则古文大书，今文附注。”（纪昀，等. 钦定四库全书总目：卷二十. 北京：中华书局，1965：158）后南宋将郑注、贾疏合刊为《仪礼注疏》，收入阮元《十三经注疏》。

④ 郑玄. 仪礼注//阮元. 十三经注疏. 北京：中华书局，1980：952.

⑤ 阮元. 十三经注疏. 北京：中华书局，1980：1471.

⑥ 同④962.

为主，同时标出古文异字。所谓“从古文则注内叠出今文”，如注《士冠礼》“加皮弁如初仪，再醮摄酒，其他皆如初”谓：“摄，犹整也。整酒，谓挠之。今文‘摄’为‘聂’。”再如释《士昏礼》“尊于室中北墉下，有禁，玄酒在西，绤幂，加勺，皆南枋”谓：“墉，墙也。禁，所以庪甒者。玄酒，不忘古也。绤，麄葛。今文‘枋’作‘柄’。”上述释文显然是以古文为主，而注明今文异字。所以，贾公彦也评论说：“《仪礼》之内，或从今，或从古，皆逐义强者从之。若二字俱合义者，则互换见之”①。陈澧借此进一步论说：“郑注《周礼》，并存故书、今书；注《仪礼》，并存古文、今文，此后来校书之法也。《仪礼》，从今文，则注内叠出古文；从古文，则注内叠出今文。”② 不唯《仪礼》，郑注三礼均体现出博采今、古的特点。正是郑玄兼综古今、汇通集成的注经特点使得以往苦于烦琐章句与门户之见的经生们能一经在手即汇总百家，因而受到学界广泛推崇，所谓“盖汉时经有数家，家有数说，学者莫知所从。郑君兼通今古文，沟合为一，于是经生旨从郑氏，不必更求各家。郑学之盛在此，汉学之衰亦在此”③。

皮锡瑞曾将隋唐实现政治统一后的经学时代称为“统一时代”，而这正肇始于郑玄的融汇古今、遍注群经。自此以后，经学从以往长期的师门家派、今古纷争走向统一与混融。皮氏一再述及的所谓“郑学盛而汉学衰”，在惋惜于“两汉家法亡不可考”的同时，也正从固守门户的汉学的消亡立论。这样的所谓“汉学”是“今学守今学门户，古学守古学门户，今学以古学为变乱师法，古学以今学为党同妒真，相攻若仇，不相混合”④。郑学结束了固守门户的经学分裂时代，以其“闳通博大”开启了经学今、古统一的时代：“郑君博学多师，今古文道通为一，见当时两家相攻击，意欲参合其学，自成一家之言，虽以古学为宗，亦兼采今学以附益其义。学者苦其时家法繁杂，见郑学闳通博大，无所不包，众论翕然归之，不复舍此趋彼。于是郑《易注》行而施、孟、梁丘、京氏《易》不行矣；郑《书注》行而欧阳、大小夏侯之《书》不行矣；郑《诗笺》行而鲁、齐、韩之《诗》不行矣；郑《礼注》行而大、小戴之《礼》不行矣；

---

① 贾公彦《仪礼注疏·士冠礼》“布席于门中，闑西阈外，西面”条下（阮元. 十三经注疏. 北京：中华书局，1980：946）。

② 陈澧. 东塾读书记：卷十五. 上海：上海古籍出版社，2012：258.

③ 皮锡瑞. 经学历史. 北京：中华书局，1959：142.

④ 同③149.

郑《论语注》行而齐、鲁《论语》不行矣。”[①] 因此，所谓“郑学盛而汉学衰”，准确说应该是“郑学盛而章句繁琐、固守门户的汉学衰”。学者王鸣盛深得其中三昧：“学者若能识得康成深处，方知程伊川、朱晦庵义理之学，汉儒已见及。因时未至，含蕴未发。程、朱之时，训诂失传，经无家法，故轻汉儒，而其研精义理，仍即汉儒意趣，两家本一家，如主伯亚旅，宜通力以治田，醯醢盐梅，必和剂以成味也。”[②]

用皮锡瑞的话说，郑玄遍注群经推进经学进入了一个“小统一时代”[③]，这是经学史上的一次重大转折。从现实层面看，这事实上是汉代政治统一的伴生物。皮氏以为：隋唐经学“统一时代”[④] 的背后，是魏晋政治分裂的结束和隋唐政治的统一。同样，由郑玄开启的经学诠释的“小统一”时代，既是学术层面上经学诠释从分裂到整合的内在发展趋势的结果，也是现实层面上秦汉以来政治一统的必然结果。

第二节　君主政治再完善与何休《春秋公羊解诂》

一、君主政治体制再完善与学术一统

光武帝刘秀经过八年（17—25 年）艰苦卓绝的征战终于重建政权，又经历了十二年（25—37 年）最终消灭了割据势力，稳定了东汉统治。当战火尘埃落定，总结经验、完善政治体制以稳固政权的任务便提上了议事日程。

吕思勉总结东汉之兴说：“凡旧劳于外之主，率能洞达民情，况兴于草泽者乎？”[⑤] 这一感慨源自《后汉书·循吏列传》对东汉光武政治的赞许：“光武长于民间，颇达情伪。见稼穑艰难，百姓病害，至天下已定，务用安静。解王莽之繁密，还汉世之轻法。身衣大练，色无重采。耳不听郑、卫之音，手不持珠玉之玩。宫房无私爱，左右无偏恩。……损上林池御之官，废骋望弋猎之事……勤约之风，行于上下。数引公卿郎将，列于

① 皮锡瑞. 经学历史. 北京：中华书局，1959：149.

② 王鸣盛. 十七史商榷：卷六四//续修四库全书：第 452 册. 上海：上海古籍出版社，2002：557.

③ 同①151.

④ 同①193.

⑤ 吕思勉. 秦汉史. 南京：江苏人民出版社，2014：198.

禁坐，广求民瘼，观纳风谣。故能内外匪懈，百姓宽息。”①

借农民战争之势，又在镇压农民军的刀光剑影中建立起来的东汉王朝，在光武、明、章三帝统治时期，深刻汲取了西汉政权倾覆的教训，针对前朝政治建制的缺陷，围绕政治体制再完善的目标，对中央三公与地方郡国机构设置及职能做了深度调整。

一是退功臣、进文吏与抑制外戚。刘秀把西汉王朝灭亡的原因归于地方权重、外戚擅权，因而在政权建立伊始，就多方采取措施防范功臣、宗室和外戚。

东汉王朝的建立是大地主武装的胜利。随着由战时转入经济发展，社会对人才的需求发生变化，从过去对军事人才的需求转变为对政治人才的需求；在政权建立过程中立下汗马功劳的武将，极有可能在政权稳定之后因居功对皇权构成威胁，如贾复所说：“复知帝欲偃干戈，修文德，不欲功臣拥众京师，乃与高密侯邓禹并剽甲兵，敦儒学。”② 对此，刘秀推行了“退功臣进文吏”的政治政策：首先以封侯、封功臣和奉朝请的方式，用土地、食邑和虚衔“友好”地剥夺了功臣的实权③；其次，为满足人才需求，用重启察举④等方式征召天下文人“俊贤”充任吏职；最后，在大封宗室为王、子弟为公的同时，重视限制实权。建武二十四年（48 年）重申汉武帝的“阿党附益法”，严禁王子、诸王互相串通，交通宾客。建武二十八年（52 年），朝廷就搜捕诛杀王侯宾客数千人。明帝更是屡兴大狱。这一高压态势，有效保障了皇权稳固。

二是调整中央和地方权力机构。中央削弱三公，加强尚书台权力。汉武帝以来的尚书台成为常设的实际决策机构，所谓“虽置三公，事归台阁”⑤，传统的三公九卿沦为被动的执行机构。全国政务通过尚书台总揽于皇帝。地方设定州、郡、县三级行政机构。州刺史作为地方最高官吏，

① 范晔. 后汉书：循吏列传. 北京：中华书局，1965：2457.

② 范晔. 后汉书：贾复列传. 北京：中华书局，1965：667.

③ 建武元年（25 年），刘秀封功臣三十余人为列侯，赐食邑；建武二年（26 年），又封二十余人为列侯；建武十三年（37 年），又大封功臣三百六十五人。

④ 如建武六年（30 年），诏“举贤良方正各一人”，建武十三年三公举茂才各一人，监察御史司隶州牧岁举茂才一人等。

⑤ 语出马端临《文献通考·职官》：“自后汉时，虽置三公而事归台阁，尚书始为机衡之任。然当时尚书不过预闻国政，未尝尽夺三公之权也。至魏晋以来，中书、尚书之官始真为宰相，而三公遂为具员……盖是时凡任中书者，皆运筹帷幄佐命移祚之人；凡任三公者，皆备员高位、畏权远势之人。而三公之失权任，中书之秉机要，自此判矣。”（马端临. 文献通考：卷四十九//四库全书：第 611 册. 上海：上海古籍出版社，1987：163)

负责地方行政和监察。地方政务不通过三公，可直接上奏皇帝，郡、县通过州刺史直接归皇帝控制。

三是加强监察和军事。行政机构的调整，似乎依然不足以使刘秀高枕无忧。因而，在秦、西汉监察制的基础上，他又着力组建了包括御史中丞、司隶校尉和州刺史在内从中央到地方的一整套监察机构。这是一套自上而下的多元监察系统：中央设御史台（长官称御史中丞）和司隶校尉，位仅在尚书台之下，负责监察百官；地方的选举劾奏之权一律归刺史。光武帝不仅加强政治集权，还强化军事。陆续撤销了地方各郡都尉和兵种，同时扩充中央军。一有战争，由皇帝亲自派将军统帅作战，强化了皇帝对军权的直接控制。

上述经调整的政治机构，配合相应的经济优抚政策和弘扬儒学的文化政策，维系了东汉光武、明、章前三代统治的稳定。但暂时的稳定局面下潜藏着深刻的经济、政治危机：一方面，强大的集权显然不可持续。皇权的进一步集中与约束的进一步趋弱，给政权埋下了不安的种子。皇权越是集中，政治统治的稳定越是更多依赖于皇帝自身的执政能力和道德素质。一旦这一条件丧失，政权便处于无可逃避的危险之中。另一方面，土地是国家经济的核心支撑，刘秀许多旨在恢复和稳定经济的政策，诸如释放奴婢、减轻赋税、精简机构、安辑流民、假民公田等，都只不过是暂时性或辅助性措施，无益于统治的长期稳定。土地和小农的稳定才是农耕社会政权长期稳定的根本，然而，旨在扼制土地集中的度田恰恰是失败的，这便为东汉政权埋下了祸根。

四是文化统一。权力的统一必然要求思想文化的统一。汉末以来学派分野、经学分歧的状况不可避免地要被政治统一规范。这种规范，集中反映在章帝建初四年（79 年）召集的白虎观会议上。这是配合政治一统对汉末以来经学混乱的一次整顿，章帝以最高权威的身份重新强化了统一的官方意识形态。何休的《春秋公羊解诂》就是思想文化统一的标志。

二、何休《春秋公羊解诂》对《春秋》诠释的总结

何休一生致力于经学，“精研《六经》，世儒无及者”，遭党锢之祸，“覃思不窥门，十有七年”，“作《春秋公羊解诂》”。

《春秋公羊解诂》是何休倾力十七年“覃思不窥门”而结撰的代表作，被后人誉为“汉代《春秋》公羊学说的一部总结性的著作”，“《春秋》公

羊学研究的一座里程碑”①。之所以倾注如此大的心力重释《春秋》、倡立《公羊》，书《序》中自称目的有二：一为学术；二为政治。

学术层面上，一是纠正以往误入歧途的公羊学研究。武帝以降，以《公羊春秋》为代表的今文经学，作为官方学术，在长期优越与功利中走向衰敝：俗儒贵章句而不重义理，至有“背经、任意、反传、违戾”，阐释烦琐而愈发不解要领，“讲诵师言至于百万犹有不解”②，公羊学在追名逐利中走向谶纬和烦琐。二是纠正左氏独盛的学术偏向。自汉末以来，以《左传》为代表的古文经学，经过自身的长期努力，在与今文经的反复较量中渐登前台，甚至风靡朝野，“至使贾逵缘隙奋笔，以为《公羊》可夺，《左氏》可兴”③。作为公羊今文学大师，眼见学术日去，“恨先师观听不决，多随二创。此世之余事，斯岂非守文、持论、败绩、失据之过哉！余窃悲之久矣”④，因此要为拯救《公羊春秋》乃至整个今文经学做出努力。

政治层面上，东汉末年，宦官专权、党锢之祸致民不聊生。何休本人也受党锢之累不得位列朝班，因而寄希望于通过学术拯救人心、挽救岌岌可危的东汉统治，“服务于现实的政治需要，是何休整顿《公羊》的出发点和重要原则”⑤。

基于上述原因，《公羊春秋解诂》的写作目的和旨义主要有如下两点：

其一，正元始、重一统，倡导敬德爱民，谴告东汉统治。

面对朝政失序、君权旁落，何休不得不借注《公羊》重提君权威严，严审国家一统。围绕《春秋公羊传》开篇：“元年春王正月。元年者何？君之始年也。春者何？岁之始也。王者孰谓？谓文王也。曷为先言王而后言正月？王正月也。何言乎王正月？据定公有王无正月，大一统也”，借董仲舒《春秋繁露·二端》进一步阐述大一统理论：“元者，气也，无形以起，有形以分，造起天地，天地之始也。故上无所系，而使春系之也。不言公，言君之始年者，王者、诸侯皆称君，所以通其义于王者，惟王者然后改元立号。《春秋》托新王受命于鲁，故因以录即位，明王者当继天奉元，养成万物。”⑥ 何休继承董仲舒，从“元”为天地之始出发，阐述

① 赵伯雄．春秋学史．济南：山东教育出版社，2004：219.

② 何休．公羊春秋解诂：序//阮元．十三经注疏．北京：中华书局，1980：2190.

③ 同②2191.

④ 同②2191.

⑤ 章权才．何休《公羊解诂》研究．广东社会科学，1984（1）.

⑥ 何休．春秋公羊解诂//阮元．十三经注疏．北京：中华书局，1980：2196.

新王始统，必改元立号，以重其始。王之政由“元”始，则“政莫大于正始，故《春秋》以元之气正天之端，以天之端正王之政，以王之政正诸侯之即位，以诸侯之即位正竟内之治。诸侯不上奉王之政则不得即位，故先言正月而后言即位。政不由王出则不得为政，故先言王而后言正月。王者不承天以制号令则无法，故先言春而后言王。天不深正其元则不能成其化，故先言元而后言春。五者同日并见，相须成体，乃天人之大本，万物之所系，不可不察也”①。天立君威，不可撼动，则天下一统不可撼动。“统者，始也，总系之辞。天王者，始受命改制，布政施教于天下，自公侯至于庶人，自山川至于草木昆虫，莫不一一系于正月，故云政教之始。”② 自王侯至庶人，无所逃于君王统治。何休借《春秋》桓公五年、僖公八年、成公十三年等经文解说，不失时机地表达他的“尊王”思想，彰显君权的神圣。如释《公羊传》桓公五年秋“从王正也”条，《春秋公羊解诂》发挥说：“美其得正义也，故以从王征伐录之。盖起时天子微弱，诸侯背叛，莫肯从王者征伐，以善三国之君，独能尊天子。”③

对下，从君威引出尊王以树立王权；对上，本着“国以民为基”的思维逻辑，强调君权的稳固在于国君重德、爱民、用贤，以谴告政治。何休针对东汉末外戚阉宦专权、贤人不用的腐败局面，接续《公羊传》的“讥世卿”，一再强调国君用人的重要：“礼，公卿大夫士皆选贤而用之。卿大夫任重职大，不当世，为其秉政久，恩德广大，小人居之，必夺君之威权。故尹氏世，立王子朝，齐崔氏世，杀其君光。君子疾其末则正其本。”④ 世卿世禄尾大不掉，危及君权，不只春秋时代，两汉以来诸侯、豪强称霸一方，也曾对帝王权威与中央一统有过重大威胁。何休的这些观点不仅是重述历史，更是针对现实。

何休对重德爱民思想的发挥，是借复活先秦儒家民本思想完成的。如解释《公羊传》桓公十一年“以为知权也”条，以为：“祭仲知国重君轻，君子以存国除逐君之罪，虽不能防其难，罪不足而功有余，故得为贤也。”⑤ 国君的废立在国民利益面前无足轻重，祭仲以百姓安宁决定国君取舍，值

① 何休．春秋公羊解诂//阮元．十三经注疏．北京：中华书局，1980：2196.
② 同①.
③ 同①2216.
④ 同①2204.
⑤ 同①2220.

得称赞。重德爱民思想贯穿整个《公羊》诠释，包含了重民命[①]、止奢泰[②]、轻赋敛[③]、贵教贱刑[④]、富民安民[⑤]等。这些爱民思想，表达了他对奢侈兼并、横征暴敛的深恶痛绝，所谓“奢泰多取于民，比于桀也”[⑥]，“灵公无道，民众不悦，以致见杀”[⑦]，透露出与孟子“闻诛一夫纣，未闻弑君也”（《孟子·离娄上》）一脉相承的精神。任何思想都受特定社会现实影响并反映这一现实。这显然是何休对东汉末年君权旁落、宦官专权和豪强兼并、横征暴敛之类政治腐败现象的批判，对民不聊生的社会黑暗的揭露，是一个临渊知危者对统治者的谴告。

在谶纬盛行的背景下，何休对东汉统治的谴告也借用了《公羊》灾异与谶纬，借天象推说人事，借天道以明王道，用灾异达到谏政的目的。《春秋公羊解诂》特别重视《春秋》灾异[⑧]，几乎每一条都借用《公羊传》、董仲舒和谶纬的天人感应，将天象与人事牵合进行发挥性解说。可大致归纳为两类：

一则对《公羊》有传的，加以进一步阐发。如对于《春秋》隐公三年春“王二月，己巳，日有食之”，《公羊传》只不过简单解释为：“何以书？记异也。”意思是：天象有怪异，史官记录了下来。何休却联系现实进一步发挥道：“异者，非常可怪，先事而至者。是后卫州吁弑其君完，诸侯初僭，鲁隐系获，公子翚进谄谋。”[⑨] 在何休看来，此次日食的发生并非

---

① 何休《春秋公羊解诂》释《公羊传》僖公四年春“侯屈完也”条下，称赞齐桓公伐楚“不顿兵刃，以文德优柔服之”是“重爱民命”（阮元．十三经注疏．北京：中华书局，1980：2249）。

② 何休《春秋公羊解诂》释《公羊传》成公十八年秋“有囿矣，又为也”条：“刺奢泰妨民。天子囿方百里，公、侯十里，伯七里，子、男五里，皆取一也。”（阮元．十三经注疏．北京：中华书局，1980：2299）

③ 何休《春秋公羊解诂》释《公羊传》桓公十五年春二月“求车，非礼也”条：“王者千里，畿内租税足以共费。四方各以其职来贡，足以尊荣。当以至廉无为，率天下先，不当求。求则诸侯贪，大夫鄙，士庶盗窃。”（阮元．十三经注疏．北京：中华书局，1980：2221）

④ 何休《春秋公羊解诂》释《公羊传》定公元年冬十月“异大乎灾也”条：“君子所以贵教化而贱刑罚也。”（阮元．十三经注疏．北京：中华书局，1980：2335）

⑤ 何休《春秋公羊解诂》释《公羊传》宣公十五年秋“什一而颂声作矣”条：“民以食为本也。夫饥寒并至，虽尧舜躬化，不能使野无寇盗；贫富兼并，虽皋陶制法，不能使强不凌弱。是故圣人制井田之法而口分之。一夫一妇受田百亩，以养父母妻子。五口为一家，公田十亩，即所谓什一而税也。”（阮元．十三经注疏．北京：中华书局，1980：2287）

⑥ 何休．春秋公羊解诂//阮元．十三经注疏．北京：中华书局，1980：2287.

⑦ 同⑥2280.

⑧ 据边家珍统计，《春秋》共记灾异140条，何休阐释了其中的138条（边家珍．汉代经学发展史论．北京：中国文史出版社，2003：309）。

⑨ 同⑥2203.

纯粹的自然怪异，它是上天对州吁弑君、鲁隐系获等僭越事件的预先示警。再如对《春秋》僖公十六年春“王正月，戊申，朔，陨石于宋五。是月，六鹢退飞，过宋都”，《公羊传》简单释为：“五石六鹢，何以书？记异也。”认为陨石与六鹢退飞只不过是自然界罕见的怪异现象，是史官记异。而何休《春秋公羊传解诂》却联系现实进行发挥：“王者之后有亡征，非亲王安存之象，故重录为戒，记灾异也。石者，阴德之专者也；鹢者，鸟中之耿介者，皆有似宋襄公之行。襄欲行霸事，不纳公子目夷之谋，事事耿介自用，卒以五年见执，六年终败，如五石六鹢之数。天之与人，昭昭著明，甚可畏也。于晦朔者，示其立功善甫始而败，将不克终，故详录天意也。”① 将五石、六鹢与宋国灭亡相比附，指出由于宋襄公不用贤臣导致国家败亡，而石陨、鸟退飞就是上天对宋襄公昏庸、宋国败亡的警示。再如对《春秋》文公九年九月的一次地震，《公羊传》也只说是史官“记异”，何休却注：“天动地静者常也。地动者，象阴为阳行。是时，鲁文公制于公子遂。齐、晋失道，四方叛德，星孛之萌，自此而作。故下与北斗之变，所感同也。”② 以为此次地震与星孛，是上天对鲁文公被执，齐、晋失道，四方叛德的警示。而对《春秋》文公十四年秋七月“有星孛入于北斗”条，在《公羊传》简单释为“记异”的情况下，何休也加以进一步发挥：“孛者，邪乱之气；彗者，扫故置新之象也。北斗，天之枢机玉衡，七政所出。是时桓、文迹息，正都不能统政。自是之后，齐、晋并争，吴、楚更谋，竞行天子之事，齐、宋、莒、鲁弑其君而立之应。”③

二则对《公羊》无传的，直接以灾异解说经文。《公羊传》对于《春秋》所记灾异，有很多并没有解说。对这些无传经文，何休干脆直接以灾异说经。如将《春秋》桓公十七年冬的“日食”阐发为：“是后夫人谮公，为齐侯所诱杀。去日者，著桓行恶，故深为内惧其将见杀无日。”④ 认为是上天对桓公之恶示警。《春秋》庄公十八年春“日有食之”条下，《公羊传》无解，何休也发挥说：“是后戎犯中国，鲁蔽郑瞻，夫人如莒，淫泆不制所致。”⑤ 甚至，在《春秋》僖公五年九月、襄公十四年二月和二十

① 何休．春秋公羊解诂//阮元．十三经注疏．北京：中华书局，1980：2255.

② 同①2270.

③ 同①2273.

④ 同①2222.

⑤ 同①2235.

年十月等几次“日食”记录三传皆无解的情况下，何休都用天人感应和谶纬加以解说：“此象齐桓德衰。是后楚遂背叛，狄伐晋灭温，晋里克比弑其二君”，“是后，卫侯为强臣所逐出奔，溴梁之盟，信在大夫”，“自溴梁之盟，臣恣日甚，故比年日食”①。认为这几次日食都是上天对春秋时期诸侯衰落、政出大夫、以下僭上的警示。

虽然何休对日食、彗星等天文现象的解说曾频遭后人诟病：“至何休始为《公羊》作训诂……而其言多本谶纬”②，“或疑获麟制作，出自谶纬家言；赤鸟端门，事近荒唐，词亦鄙俚；《公羊传》并无明说，何休不应载入《解诂》”③，但从现实角度看，在谶纬盛行的情况下，何休以谶说经、用灾异警示政治其实也是顺理成章的事，如皮锡瑞说的：“后汉尚谶记，不引谶记，人不尊经。”④ 当现实的道德约束无法匡正权力腐败的时候，人们便不得不借用超现实的神秘力量。

其二，博采众家，创“例”立“说”，归纳集成“三科九旨”。

理论的完善，通常与现实政治步调一致，方法、思想的完善程度一如政治的完善程度。东汉末，作为政治理论的《春秋》特别是公羊学，无论是方法归纳还是理论综合都与政治相契合，到了阶段性总结的时候。正如郑玄在诠释方法上汇总今、古一样，何休的《春秋公羊解诂》在意义诠释上对《公羊传》进行了归纳、综合与提升，使之成为阐发《春秋》公羊学思想的集大成之作。

《春秋公羊解诂》博采各家精华，“略依胡毋生条例，多得其正”⑤，吸纳董仲舒和严、颜二家春秋学以及《春秋纬》，甚至汇集了东汉今文博士李育和羊弼的学说⑥，在总汇前辈公羊学理论、方法之余，又创造性地“自设例”⑦，成为春秋公羊学中“第一位以例解经的经学大师”⑧。

---

① 何休．春秋公羊解诂//阮元．十三经注疏．北京：中华书局，1980：2250，2306，2308.

② 叶梦得．春秋考：卷三//四库全书：第149册．上海：上海古籍出版社，1987：298.

③ 皮锡瑞．经学历史．北京：中华书局，1959：122.

④ 同③.

⑤ 何休．春秋公羊解诂：自叙//阮元．十三经注疏．北京：中华书局，1980：2191.

⑥ 王国维：“今之《春秋公羊传》为何氏一家之学，至何氏之学出于谁氏，书阙无考。《后汉书·儒林列传》惟言休与其师博士羊弼追述李育意，以难二传。……余以《汉石经校记》考之，知何氏实兼用严、颜二家本也。”（王国维．书《春秋公羊传解诂》后//观堂集林：卷四．北京：中华书局，1959：167）

⑦ 孔广森．公羊春秋经传通义：叙//续修四库全书：第129册．上海：上海古籍出版社，2002：185.

⑧ 黄开国．公羊学发展史．北京：人民出版社，2013：348.

以例解经的实践开端于《公羊》《穀梁》。此后，宋均开始将日月时例作为《春秋》九旨之一，到何休实现了以例解经的理论自觉。他的《春秋公羊解诂》和《春秋公羊谥例》①，将以例解经加以“普遍化、固定化，一切皆纳入例的说明中”②，以至形成了《春秋》以例解经的一大流派③。这对研究经学分化、探索经学发展大有裨益。但也不得不承认，以例解经也因此走向理论化、程式化和绝对化的极端。

“例”原本是史书一种特定的记事方式或表述原则。《春秋》是史官记事之书，在以竹简为载体书写不便的情况下，以一万八千字，记春秋二百四十二年间一百多个国家的史事，必须按照某种约定俗成的书法规范，如什么记、什么不记、什么详记、什么略记、以怎样的次序记等等，才能重点突出、条理清晰。《春秋》按年、时（季）、月、日（含朔、晦）编年记事，这种书法规律被称为“日月时例”。宋人崔子方曾有论述：

> 《春秋》之法，以为天下有中外，侯国有大小，位有尊卑，情有疏戚，不可得而齐也。是故详中夏而略夷狄，详大国而略小国，详内而略外，详君而略臣，此《春秋》之义，而日月之例所从生也。著日以为详，著时以为略，又以详略之中而著月焉，此例之常也。然而事固有轻重矣，安可不详所重而略所轻乎？其概所重者日，其次者月，又其次者时，此亦易明尔。然而以事之轻重错于大小、尊卑、疏戚之间，又有变例以为言者，此日月之例至于参差不齐，而后世之论所以不能合也。④

今人晁岳佩撰《春秋三传义例研究》，将《春秋》书法归纳为“记事原则”“用字原则”“称谓原则”“书时书地原则”等。这些都是史书的记事规则，属于“其文则史”的范畴，应当叫作“史例”。如《左传》解经

---

① 《春秋公羊谥例》是何休专门说例之作，《隋书·经籍志》收录有何休撰“《春秋公羊谥例》一卷”（魏征，等. 隋书：经籍志//四库全书：第264册. 上海：上海古籍出版社，1987：596)。唐徐彦《春秋公羊传疏》引称为《文谥例》（徐彦. 春秋公羊传疏//阮元. 十三经注疏. 北京：中华书局，1980：2195)。今原书已佚，清马国翰《玉函山房辑佚书》辑有《春秋文谥例》（马国翰. 玉函山房辑佚书：经编春秋类//续修四库全书：第1202册. 上海：上海古籍出版社，2002：320)。

② 黄开国. 公羊学发展史. 北京：人民出版社，2013：351.

③ 如晋杜预《春秋释例》、唐陆淳《春秋集传纂例》、宋刘敞《春秋传说例》、崔子方《春秋例要》和《春秋本例》、张大亨《春秋五礼例宗》、清刘逢禄《春秋公羊经何氏释例》，及现代戴君仁《春秋辨例》、张惠淑《公羊传称谓七等研究》、周何《公羊摘例》等。

④ 崔子方. 春秋本例：序//四库全书：第148册. 上海：上海古籍出版社，1987：346.

时的书法原则，如“书”“不书”“故书”表达的是记事原则，“书曰”是指用字原则，“称”“不称”表达的是称谓原则等，大多是《左传》作者从“史”的角度表现出的书法原则，即属于“史例”的范畴。如果把“书”与“不书”之类的“史例”都看作圣人有意表达某种潜在“经意”，那便犯了生拉硬扯、过度诠释的错误。对此，宋人林之奇《春秋通解》做过分辨：

> 或曰：经之书月书日，岂无意乎？曰：此史例也，非经意也。何以言之？夫史以编年为书，故必书日月以次事之先后。若事无巨细，概书月书日，则事紊而无条矣，势必先为之法。何等事则时而已，何等事则月之，何等事则月而又日之，所以分事之轻重缓急也。故事之缓者则书时或月，事之急者则书日焉。所谓缓者何？人事则朝聘、会遇、侵地、伐国、逆女、乞师，灾异则螟、水、旱、无冰、星孛之类，皆非一日之事，故或时或月焉。所谓急者何？祭祀、盟战、外诸侯内大夫卒，灾异、日食、地震、星陨、火灾之类，皆一日之事，故日之也。间有当日而不日者，史阙文也。[①]

上述显然是对日月时例的理性认知。不过，司马迁说孔子作《春秋》“笔则笔，削则削”[②]。这种“笔削”，主要是从史、文的角度纠正史官所记《春秋》的错误，但也不能排除借用“史例”表达特定意义。如此一来，“史例”之外，便有了“经例”。语言原本是表意的，以某种特定的书法表述某种特定的意义，这是以例解经的合理之处，即所谓的“例中有义，义以例明”[③]。

如此看来，孔子“笔削”《春秋》开了以例解经的先例，《公羊》《穀梁》以例解经的方式似乎不错。但问题是，此后的经学家解说《春秋》，往往偏执地以为所有“例”中都是孔子的“大义”，因而本着一字褒贬的原则，赋予“例”过多的褒贬意义，以至无处不“例”、无时不“例”、无日不“例”。如此一来，以例解经沦为对经典穿凿破碎、牵强附会的过度诠释，颇遭后人诟病。如唐朝啖助就在认同“史例”与孔子褒贬之义的同时，批评《公》《穀》一字褒贬：“《春秋》之文，一字以为褒贬，诚则然

---

① 朱彝尊．经义考：卷一百八十三//四库全书：第679册．上海：上海古籍出版社，1987：459-460．

② 司马迁．史记：孔子世家．2版．北京：中华书局，1982：1944．

③ 黄开国．公羊学发展史．北京：人民出版社，2013：349．

矣。其中亦有文异而义不异者，二传穿凿，悉以褒贬言之，是故繁碎甚于《左氏》，《公羊》《穀梁》又不知有不告则不书之义，凡不书者皆以义说之，且列国至多，若盟会征伐丧纪不告亦书，则一年之中可盈数卷，况他国之事不凭告命，从何得书？但书所告之事，定其善恶以文褒贬耳。《左氏》言褒贬者，又不过十数条，其余事同文异者，亦无他解。”① 认同意义解说的“宋学”代表朱熹对此也不以为然：“想孔子当时只是要备二三百年之事，故取史文写在这里，何尝云某事用某法，某事用某例邪？”“《春秋》只是直载当时之事，要见当时治乱兴衰，非是于一字上定褒贬。”② 清毛奇龄、姚际恒和四库馆臣也都有批评：

> 《春秋》义例不一，无一是处，大抵此白彼墨，前三后四，必不能画一，而前人相传科指，又极其旁赜……诸所流衍，皆猬劣不足道。③
>
> 自古说《春秋》者，莫害于“例”之一字……嗟呼！自有“例”之一字，而《春秋》之义始不明于天下。圣人据鲁史以修《春秋》，何尝先自定其例乎？④
>
> 圣人禁人为非，亦予人为善，经典所述，不乏褒词，而操笔临文，乃无人不加诛绝，《春秋》岂吉网罗钳乎？至于用夏时则改正朔，削尊号则贬天王，《春秋》又何僭以乱也！沿波不返，此类宏多，虽旧说流传，不能尽废，要以切实有徵，平易近理者为本。⑤

客观地说，何休的《春秋公羊解诂》对于以例解经、过度诠释起了推波助澜的作用。但若从总结一个时代的角度评判，其积极意义则在于：从诠释书法上，体现了对前期以例解经的阶段性总结。这与其经义总结是同步的，同样透着某些总结时代的特征。同时，何休的“总结”，也是“启后”之作。在此之后，日月时例成为《春秋》经解的重要方式，对《春秋》“例”的解说，俨然成了一大经解流派。意义诠释上，何休总结“例”

---

① 陆淳．春秋集传纂例：卷一//四库全书：第 146 册．上海：上海古籍出版社，1987：381.

② 朱熹．朱子语类：卷八十三//四库全书：第 701 册．上海：上海古籍出版社，1987：746.

③ 毛奇龄．春秋毛氏传：卷一//四库全书：第 176 册．上海：上海古籍出版社，1987：10.

④ 姚际恒．春秋通论：卷前//续修四库全书：第 139 册．上海：上海古籍出版社，2002：296.

⑤ 纪昀，等．四库全书总目：卷二六．北京：中华书局，1965：210.

的目的是要从中探索孔子的“义”。从这个意义上讲，以例解经的背后仍然是为了探索“微言大义”。在这一点上，“义”“例”达成了一致。不过，需要明确的是，从日月时例中探索的“义”，其实是何休赋予《春秋》的“新义”，是他在东汉末年外戚宦官专权、等级礼制湮废的情况下，试图通过善恶褒贬和伦理等级的重建，来维系危机四伏的东汉王朝所做的努力。

何休的《文谥例》将《春秋》的“例”建构成为一个完整的理论体系：“《春秋》五始、三科、九旨、七等、六辅、二类之交，以矫枉拨乱为受命品道之端，正德之纪”，所谓“五始者，元年春王正月，公即位是也；七等者，州、国、氏、人、名、字、子是也；六辅者，公辅天子，卿辅公，大夫辅卿，士辅大夫，京师辅君，诸夏辅京师是也；二类者，人事与灾异是也”①。它是何休以例说经的大纲，因为《文谥例》的失传，我们无法了解其详，但可以从《春秋公羊解诂》中窥其大概。

“三科九旨”说详见于《春秋公羊谥例》：“三科九旨者，‘新周、故宋、以《春秋》当新王’，此一科三旨也；又云‘所见异辞、所闻异辞、所传闻异辞’，二科六旨也；又‘内其国而外诸夏，内诸夏而外夷狄’，是三科九旨也。”徐彦解说为：“何氏之意，以为三科、九旨正是一物。若总言之，谓之三科。科者，段也。若析而言之，谓之九旨。旨者，意也。言三个科段之内，有此九种之意。”② 何休把《公羊传》的核心思想归纳为三个大的方面，称“三科”。其中每个大的方面又包含了三个小的方面，总括起来称“九旨”。“三科九旨”说，虽然在名称上沿袭《春秋纬》，思想上却是对《公羊传》和董仲舒理论的总结和发展，是对自胡毋生、董仲舒以来历代公羊家寓于《春秋》经典中的“微言大义”进行的一次归纳总结，从而形成的更加精细化、更加系统化、更加条贯畅通的《春秋》大义。这是何休《春秋》诠释最大的理论创获。只有充分关照其所处的时代背景，并深入理论体系内部认真研究、仔细体味，才能真正恰当、透彻地理解何休寓于《春秋》经中的这些“新义”。

一则，一科三旨是通三统由革命向保守的转向。

“新周，故宋，以《春秋》当新王”源于董仲舒的“三统”说，何休在《春秋公羊解诂》中多次论及。如解《春秋》庄公二十七年冬“杞伯来

① 徐彦《春秋公羊传注疏》引何休《文谥例》（阮元．十三经注疏．北京：中华书局，1980：2195）。

② 阮元．十三经注疏．北京：中华书局，1980：2195.

朝”：“杞，夏后，不称公者，《春秋》黜杞，新周而故宋，以《春秋》当新王。”① 再如解《公羊传》宣公十六年夏“外灾不书，此何以书？新周也”：“新周，故分别有灾，不与宋同也。孔子以《春秋》当新王，上黜杞，下新周而故宋，因天灾中兴之乐器，示周不复兴，故系宣谢于成周，使若国文黜而新之，从为王者后记灾也。”②

“三统”说本是公羊家、董仲舒在汉代君主政治体制确立和巩固的情况下，出于为汉制法的目的而提出的理论。学说天然地内含了王朝新旧更替的必然性，即：每一朝统治都是奉天之命，但是天命无常。夏、商、周，黑、白、赤三统的轮替，代表了天命所归在于施行德治。如《春秋繁露·三代改制质文》所说：“王者必受命而后王，王者必改正朔，易服色，制礼乐，一统于天下，所以明易姓，非继仁，通以己受之于天也。……故天子命无常，唯命是德庆。故春秋应天作新王之事”③。语意非常明白，通三统理论原本在于警告统治者：天命所归，归于有德之人。若统治无德，便致天命轮替。因而，统治者既奉天命统治，便要时刻警惧戒约，切勿失德。董仲舒的“通三统”理论中，统治“轮替”的警告意味是明显的。他强调的“三统”本质是改制，是“汤武革命”，是王朝、制度的根本性轮替。就像黄开国所说的：“董仲舒的思想中，‘三统’是不断循环的，夏、商、周的‘三统’与《春秋》的‘三统’是不同的，董仲舒讲夏、商、周的‘三统’，是从三代改制的历史来说的，而讲‘新周’‘故宋’，以《春秋》当新王，则是就孔子改制而言的”④。

然而，东汉建立后的现实情况是：一方面，君主政治体制业已稳定；另一方面，刘氏政权又覆而重立。在此情况下，这种鼓吹改制、革命的理论显然已经不合时宜。特别是章帝白虎观会议的“正经义”，将“三统”说从“天子命无常，唯命是德庆”悄然引向王道之治“本于天”，“王者有改道之文，无改道之质”，也就是将“三统”的循环变异，引向仅是正朔、服色形式上的改易，而非政权的全面颠覆。如此一来，董仲舒“三统”理论中政权“轮替”的革命性意味便丧失了，为“统治者代天而治，即或有所改变，也仅是正朔、服色等形式变化，而非政权易革”这一转变所取代。这是君主政治体制完善后，意识形态领域发生的相应变化。

---

① 何休．春秋公羊解诂//阮元．十三经注疏．北京：中华书局，1980：2239.

② 同①2287.

③ 董仲舒．春秋繁露：卷七．北京：中华书局，1975：236.

④ 黄开国．公羊学发展史．北京：人民出版社，2013：378.

何氏的“三统”理论沿着白虎观会议的思路继续前行：摒弃改制因素，着力论证王朝、制度的永续性。如解说《公羊传》元年春“王正月”时，谓：“王者受命，必徙居处，改正朔，易服色，殊徽号，变牺牲，异器械，明受之于天，不受之于人。”① 其中重点强调了两点：朝代变革，只不过是正朔、服色、器械等形式的改易；改正朔、易服色也只不过是为了证实王命受于天，而非受于人。经过偷梁换柱式的诠释，一方面，在春秋战国之际伴随贵族政治崩溃而形成的哲学自觉和理性精神重新被天命论颠覆；另一方面，汉家天下授于天，自有运数。三统互为关联，汉家制度承袭三统，融合三世，不必再如夏、商、周“三统”轮替。徐彦看出其中意味，疏解道：“盖以为异代相变，故云‘异也’。所以止变，此等者，其亲亲尊尊之属不可改，即《大传》云：‘其不可得变革者，则有矣。亲亲也，尊尊也，长长也。男女有别，此其不可得与民变革者也’是也。”② 董仲舒时代为君主制确立论证的通三统，至此沦落成为论证汉代君主政治永续的依据。

二则，二科三旨是张三世从见闻不同到社会进化的转向。

何休“三科九旨”的第二“科”是对“三世说”的创造性阐释：

> 所见者，谓昭、定、哀，己与父时事也。所闻者，谓文、宣、成、襄，王父时事也。所传闻者，谓隐、桓、庄、闵、僖，高祖、曾祖时事也。异辞者，见恩有厚薄，义有深浅，时恩衰义缺，将将以理人伦，序人类，因制治乱之法。
>
> 故于所见之世，恩己与父之臣尤深，大夫卒，有罪无罪，皆日录之，“丙申，季孙隐如卒”是也。于所传闻之世，王父之臣恩少杀，大夫卒，无罪者日录，有罪者不日，略之，“叔孙得臣卒”是也。于所传闻之世，高祖、曾祖之臣恩浅，大夫卒，有罪无罪皆不日，略之也，“公子益师、无骇卒”是也。
>
> 于所传闻之世，见治起于衰乱之中，用心尚麄觕，故内其国而外诸夏，先详内而后治外，录大略小，内小恶书，外小恶不书，大国有大夫，小国略称人，“内离会书，外离会不书”是也。于所闻之世，见治升平，内诸夏而外夷狄，书外离会，小国有大夫，宣十一年秋“晋侯会狄于攒函”，襄二十三年“邾娄鼻我来奔”是也。至所见之

---

① 何休．春秋公羊解诂//阮元．十三经注疏．北京：中华书局，1980：2196.

② 徐彦．春秋公羊传注疏//阮元．十三经注疏．北京：中华书局，1980：2196.

世，著治太平，夷狄进至于爵，天下远近小大若一，用心尤深而详，故崇仁义，讥二名，“晋魏曼多、仲孙何忌”是也。

所以三世者，礼为父母三年，为祖父母期，为曾祖父母齐衰三月。立爱自亲始，故《春秋》据哀录隐，上治祖祢。所以二百四十二年者，取法十二公，天数备足，著治法式，又因周道始坏绝于惠、隐之际。主所以卒大夫者，明君当隐痛之也。君敬臣则臣自重，君爱臣则臣自尽。①

这段叙述分四个小节，每节各有所论，前后层层递进。第一节解说《春秋》“三世”的划界；第二节从书法角度分析所见、所闻、所传闻三世异辞；第三节从国家角度分析衰乱、升平、太平三世变迁与民族文化进步；第四节总结，无论个人还是国家、家族还是民族关系的变化、阶段之间的差异，其衡量标准均归于人伦道德关系。总体上看，何休对“三世”的解说，较之以往，在以下两个方面有新发展：

一是“三世”的时间划定，继承董仲舒，否定颜安乐和郑玄，并进一步论证了划分依据。

董仲舒之后，《公羊》学者颜安乐将董氏的三段划分做了局部修正，以襄公二十一年孔子出生作为“所见世”与“所闻世”的分界。此前孔子未出生，史事为孔子“所闻”，对应时间为“所闻世”；此后孔子出生，史事为孔子“亲见”，对应时间为“所见世”。颜氏划分的依据是《公羊传》对《春秋》襄公二十三年“邾娄鼻我来奔”和昭公二十七年“邾娄快来奔”都做出“邾娄无大夫，此何以书？以近书也”的相同解说。所谓“近书”，意为襄公二十三年和昭公二十七年都是孔子亲见的“近世”。颜氏据此得出结论：“二文不异，同宜一世，若分两属，理似不便。又孔子在襄二十一年生，从生以后，理不得谓之所闻也。”②

其后，郑玄又根据“九者，阳数之极”及《孝经·援神契》“《春秋》三世，以九九八十一为限”的说法，认为：“九九八十一，是人命终矣”，据此将“三世”划分变为“隐元年尽僖十八年为一世，自僖十九年尽襄十二年又为一世，自襄十三年尽哀十四年又为一世”③。

客观地看，颜氏的结论是依据《公羊传》三世异辞和孔子出生方为

① 何休．春秋公羊解诂//阮元．十三经注疏．北京：中华书局，1980：2200.

② 徐彦．春秋公羊传注疏//阮元．十三经注疏．北京：中华书局，1980：2195.

③ 同②.

“所见”这两个理由做出的，尚且有一定的道理。但郑氏的划分则完全基于谶纬，将“三世”划分为八十三年、七十九年和八十年①，有牵强附会②之嫌。

对于上述两人的说法，何休均持否定态度。徐彦《疏》讲明了何休否定的理由：

> 何氏所以不从之者，以为凡言见者，目睹其事，心识其理，乃可以为见，孔子始生，未能识别，宁得谓之所见乎？故《春秋说》云：“文、宣、成、襄所闻之世。”不分疏，二十一年已后明为一世矣。邾娄快、邾娄劓我虽同有以近书之传，一自是治近‘升平’书，一自是治近‘太平’书，虽不相干涉，而漫指此文乎？郑氏虽依《孝经》说文取襄十二年之后为所见之世。尔时孔子未生，焉得谓之所见乎？故不从之。③

何休分别将《公羊传》解说襄公二十三年和昭公二十七年的“近书”理解为一近“升平”、一近“太平”。如此一来，前后两者便分别隶属于“所闻世”与“所见世”，进而否定了颜氏的说法。至于郑玄的观点，同样信谶的何休觉得不值一驳。

何休的划分，虽然并非从历史实际出发，但从“升平”“太平”的区别觉察到了“所见”“所闻”的差异，实际上用理想化的方式区分和强调了前后两个阶段的社会变化。如此划分的依据是：

> 所以三世者，礼为父母三年，为祖父母期，为曾祖父母齐衰三月。立爱自亲始，故《春秋》据哀录隐，上治祖祢。所以二百四十二年者，取法十二公，天数备足，著治法式，又因周道始坏绝于惠、隐之际。④

上述包含三点：第一点，伦理学依据，取法于父母之丧三年之期，这是孔子“三年之丧，天下之通丧”（《论语·阳货》）的理论应用；第二点，

---

① 隐元年至僖十八年（前722—前640年）、僖十九年至襄十二年（前639—前561年）、襄十三年至哀十四年（前560—前481年），各所传闻83年、所闻79年、所见80年，至于为什么不是每个阶段都恰好81年，郑玄解释为：“所以不悉八十一年者，见人命参差，不可一齐之义。”（徐彦．春秋公羊传注疏//阮元．十三经注疏．北京：中华书局，1980：2195）

② 代国玺．概念遮覆：公羊学所谓“三世”的旧义与新诠．人文杂志，2017（6）．

③ 徐彦．春秋公羊传注疏//阮元．十三经注疏．北京：中华书局，1980：2195．

④ 何休．春秋公羊解诂//阮元．十三经注疏．北京：中华书局，1980：2200．

编年学依据，以十二公取法一年十二月；第三点，历史学依据，因为“周道始坏绝于惠、隐之际”。前两点的确有些牵强附会，为此遭到后人的批评，如元李廉《春秋会通》称：“分三世，大意本自可通，但《注》引证皆凿”①。清齐召南也批评说：“《传》三句，不过言时有远近，书册不备，不能详尽耳。何休因此遂强为分配高曾、王父、父及己身，既不可通，又妄分治乱、升平、太平名目，尤不可解也。”② 但第三点却合于史实，这也是何休诠释的创造性发现。《春秋》所记二百四十二年贵族政治，无论东周王朝还是鲁国，都经历了以这一时间为界的衰变过程。

二是用进步史观解说“三世”理论。董仲舒对“三世说”的解说基本继承了《公羊传》的原典精神。何休则借助对董氏后学严彭祖、颜安乐“三世”说（“为治”“升平”“太平”）的发挥③，通过挖掘《公羊传》对哀公十四年“西狩获麟”的意义解说，把《公羊传》和董氏“三世说”引向一个全新的领地。《公羊传》对“西狩获麟”的解说透露了“《春秋》生于乱世”的信息。然而辩证地看，乱世正是未来治世的前奏。转型时代如同黎明与黑暗的交汇时期，黑暗中孕育着黎明，痛苦中蕴藏着希望。在“吾道穷矣”的落寞中，同时存在着“拨乱世，反诸正”的光明契机。何休正是凭借经学家的敏锐看到了《公羊传》“获麟”暗含的这一“信息”，在对当下“据乱”社会的批判和对未来“太平”盛世的预构中，特别重视后者的建设性意义。换言之，尽管何休身处乱世，却乐观地看到了社会进步的大趋势，因此他的“三世说”抛弃了《公羊春秋》对“据乱”社会的祭奠，转而着力描绘社会由据乱到升平、太平的蓝图。如此，便将孔子“吾道穷矣”的惨淡引向“君子乐道”的未来。

何休以“文明”程度作为衡量标准，将《春秋》的“所传闻世”、“所闻世”和“所见世”分别比拟为“衰乱世”、“升平世”和“太平世”。如此一来，《春秋》叙事中鲁国由隐到哀秩序混乱、政治衰落的降势便反其

---

① 李廉．春秋会通：卷一//四库全书：第 162 册．上海：上海古籍出版社，1987：186.

② 齐召南．春秋公羊传注疏：考证//四库全书：第 145 册．上海：上海古籍出版社，1987：34.

③ 宋叶梦得认为，郑玄“据乱”“升平”“太平”三世说是基于严彭祖和颜安乐的“为治”“升平”“太平”三世：“公羊家言张三世，借位于鲁，以托王义，谓隐公为受命王，黜周为二王后，故以哀定昭，已与父时事为所见之世；文宣成襄，王父时事为所闻之世；隐桓庄闵僖，曾祖高祖时事为所传闻之世。遂谓诸侯不得改元，隐公为受命王，故得称元年。以所传闻为治之始，所闻为升平，所见为太平，其原皆自严彭祖、颜安乐。”（叶梦得．春秋考：卷一//四库全书：第 149 册．上海：上海古籍出版社，1987：251）

道而行，成为从衰乱到太平，秩序日益井然、社会不断发展的升势。这样的“三世”描述并不符合历史事实，但若换一种角度，从历史发展大势看，春秋战国时期正是一个旧制度从渐行湮废到彻底崩溃、新制度由曙光初露到大放异彩的转折时期。在这样一个除旧布新的时代，从怀恋旧制度的角度看是衰落，而从新制度萌生的角度看则是进步。何休描绘了这个美好的未来盛世：

> 人道浃，王道备，必止于麟者，欲见拨乱功成于麟，犹尧、舜之隆，凤皇来仪，故麟于周为异，《春秋》记以来瑞，明太平以瑞应为效也。①
>
> 尧、舜当古历象日月星辰，百兽率舞，凤皇来仪，《春秋》亦以王次春，上法天文，四时具然后为年，以敬授民时，崇德致麟，乃得称太平，道同者相称，德合者相友，故曰乐道尧、舜之道。②

他是在“缘鲁以言王义”，借春秋鲁国史表达一种历史信念：无论世道如何衰微，历史总会不断发展，社会总会不断进步，这就是何休的“文致太平”：

> 《春秋》定、哀之间，文致太平，欲见王者治定，无所复为讥，唯有二名，故讥之，此《春秋》之制也。③

徐彦疏为：

> 《春秋》定、哀之间，文致太平者，实不太平，但作太平文而已，故曰文致太平也。④

何休在春秋王制日益崩坏的现实中，给出了社会文明发展的乐观预期：拨乱世而反诸正、由野蛮走向文明、由衰乱走向和谐是历史的必然趋势。这也正是孔子作《春秋》“借事明义”应有的题中之义。何休对于“三世说”的创造性解释，得到后学的赞赏，翁银陶就给予高度评价：“‘三世说’是何休公羊学思想中最具特色、最有价值的一个方面，也是公羊学思想的一个飞跃性发展。”⑤

① 何休．春秋公羊解诂//阮元．十三经注疏．北京：中华书局，1980：2353.
② 同①2354.
③ 同①2339.
④ 徐彦．春秋公羊传注疏//阮元．古三经注疏．北京：中华书局，1980：2339.
⑤ 翁银陶．公羊传开讲．上海：华东师范大学出版社，2013：162.

可见，何休张三世的解说超越现实、面向未来，在旧制序的衰落中看到了新秩序的希望。因而，他的理论与现实貌似相悖、实则暗合，是对社会未来发展的关照，也是儒家《礼记·礼运》大同理想寄托的细化。至于有些学者指责这一理论为“非常异义可怪之论”①，则是因为没有看到这一点。不过，皮锡瑞看到了这一点，因而有下面的一段评论：

> 《春秋》借事明义，且非独祭仲数事而已也。存三统，张三世，亦当以借事明义解之，然后可通。隐公非受命王，而《春秋》于隐公托始，即借之以为受命王；哀公非太平世，而《春秋》于哀公告终，即借之以为太平世。故论《春秋》时世之渐衰，春秋初年，王迹犹存，及其中叶，已不逮春秋之初，至于定、哀，骎骎乎流入战国矣。而论《春秋》三世之大义，《春秋》始于拨乱，即借隐、桓、庄、闵、僖为拨乱世；中于升平，即借文、宣、成、襄为升平世；终于太平，即借昭、定、哀为太平世。世愈乱而《春秋》之文愈治，其义与时事正相反。盖《春秋》本据乱而作，孔子欲明驯致太平之义，故借十二公之行事，为进化之程度，以示后人治拨乱之世应如何，治升平之世应如何，治太平之世应如何。义本假借，与事不相比附。《公羊》疏于注，至所见之世著治太平，云当尔之时，实非太平，但《春秋》之义，若治之太平于昭、定、哀也。犹如文、宣、成、襄之世，实非升平，但《春秋》之义，而见治之升平。然疏之解此，亦甚明矣。昧者乃引当时之事，讥其不合。不知孔子生于昭、定、哀世，岂不知其为治为乱！公羊家明云：世愈乱而《春秋》之文愈治，亦非不知其为治为乱也。②

何休“三世说”的价值不仅在于超越当下社会纷乱，把眼光投向未来社会，将董仲舒的三世循环论发展为社会进化观，更重要的还在于把社会进步最终落脚在道德文明的进步上。在他的视野中，社会发展的程度取决于文化进步的程度。

何休对公羊家所构想的美好未来的张大，基于以下社会背景：一是大

---

① 何休．春秋公羊解诂：序//阮元．十三经注疏．北京：中华书局，1980：2190．另，顾颉刚指出：“此三世之说殊难稽信也。事实上春秋时愈降则愈不太平，政乱民苦无可告诉，何谓太平乎？使孔子而果修《春秋》，当不至扬乱世而指为太平也。”（顾颉刚．春秋三传及国语之综合研究．成都：巴蜀书社，1988：14-15）

② 皮锡瑞．经学通论：卷四．北京：中华书局，1954：22-23．

一统政治业已实现，公羊家们曾渴望的“著治太平，夷狄进至于爵，天下远近大小若一”① 的美好盛世在现实中变得清晰。然而这种“美好”却与现实中东汉政治的腐败和百姓生活环境的恶劣形成了巨大反差。这种巨大反差激发了他张大这一“美好”的欲望——以文明程度不断提高的乐观主义态度来冲淡对残酷现实的深刻感受。二是放眼人类社会发展全过程不难发现，从史前民主政治到贵族政治再到君主政治，尽管权力越来越集中，角逐越来越激烈，但社会的进步却是毫无疑问的。

从“内其国而外诸夏”的衰乱世到“内诸夏而外夷狄”的升平世，再到“夷狄进至于爵，天下远近大小若一”的太平世，何休的三段发展论既是对华夏与夷狄关系不同阶段的不同处理，也展现了一种社会历史不断进步的宏伟愿景。显然，太平世只不过是身处东汉末黑暗政治下的何休对未来社会的一种美好理想或希冀，就如同孔子在春秋乱世却依然怀着“大道之行也，与三代之英，丘未之逮也，而有志焉”（《礼记·礼运》）的美好憧憬一样具有鲜明的现实针对性。它给痛苦的人们带来了希望，鼓励人们将眼光从黑暗的现实投向光明的未来，这就是何休的借事明义。

三则，三科三旨是夷夏从文化势位差异向太平一统盛世的转向。

儒家的严“夷夏之辨”实际上是春秋战国四夷交侵下文化冲突的客观反映。西汉一统后，特别是汉武帝时期，中原与四夷的关系由紧张趋向和平。与此同时，四夷文化也在与中原文化的碰撞中不断进步。董仲舒受孔子影响，看到了中原与四夷之间政治文化格局的变动，在“夷夏之辨”问题上创造性地阐释了新夷夏观，开启了夷、夏关系认知的新篇章。

经过两汉君主政治的巩固，中原与周边关系虽伴随局势变化时有紧张，但周边文化的进步以及中原政治统一稳定的大局已定。对此，何休借对《公羊传》成公十五年冬“《春秋》内其国而外诸夏，内诸夏而外夷狄”的发挥性解说提出契合时代的新见解：“内其国者，假鲁以为京师也。诸夏，外土诸侯也。谓之夏者，大总下土言之辞也。不殊楚者，楚始见所传闻世，尚外诸夏，未得殊也。至于所闻世可得殊，又卓然有君子之行。吴似夷狄差醇，而适见于可殊之时，故独殊吴。”② 按照何休的看法，蛮夷楚国因“卓然有君子之行”，文明程度的提高，使之由夷变夏。楚的“华夏”化，合于“夷狄进至于爵，天下远近大小若一”的太平盛世夷夏观。

---

① 何休. 春秋公羊解诂//阮元. 十三经注疏. 北京：中华书局，1980：2200.

② 同①2297.

何休夷夏观的精彩之处在于，将“异内外”与“张三世”理论相联系，用三世的动态变化观照夷、夏关系的变化，对《公羊传》的“内其国而外诸夏，内诸夏而外夷狄”，从强调夷、夏的内、外之“异”转向强调二者的趋同。

经过秦汉，君主制框架确立，思想观念的统一不可避免。何休《春秋公羊解诂》对《春秋》诠释的总结，是东汉社会现实的反映。黄开国曾总结：“如果说《公羊传》在春秋公羊学的发展中起到了奠基作用，《春秋繁露》对春秋公羊学首次做出系统性阐发，那么《春秋公羊解诂》则是春秋公羊学理论的集大成，这三部著作是春秋公羊学发展史上的三个里程碑。”① 之所以称为“三个里程碑”，是因为它们恰好处在贵族政治解体到君主政治建立、巩固，即从东周到两汉社会政治转型的三大节点上。新制度的奠立、发展和完善与经学的理论奠立、体系发展和集大成总结，明显构成了对应关系。所以，与其说《春秋公羊解诂》“是对汉代春秋公羊学两百多年发展的总结”，倒不如说它是对东周两汉社会政治转型完成的学术与思想总结。

自此以后，我们看到，在整个魏晋到清朝前期长达一千五六百年的时间里，春秋学尤其是春秋公羊学始终随政治起伏跌宕，与君主政治体制的完善和稳定相一致，始终处于一种相对平稳、沉寂的状态。直到清末中国社会遭遇“三千年未有之变局”，在新一轮的社会转型期中，长期沉潜的《公羊春秋》诠释才再一次焕发出新的生命力。

① 黄开国．公羊学发展史．北京：人民出版社，2013：348.

附录　西汉三传传授表

1. 西汉《左氏春秋》传授表

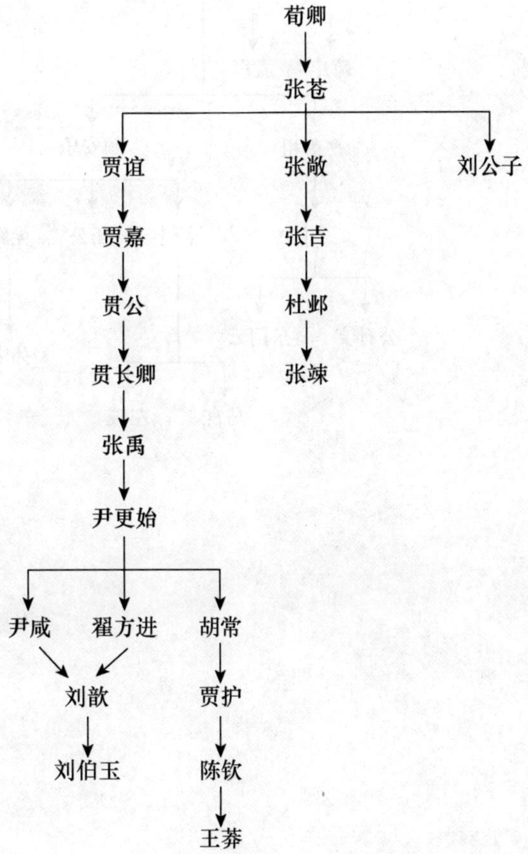

2. 西汉《公羊春秋》传授表

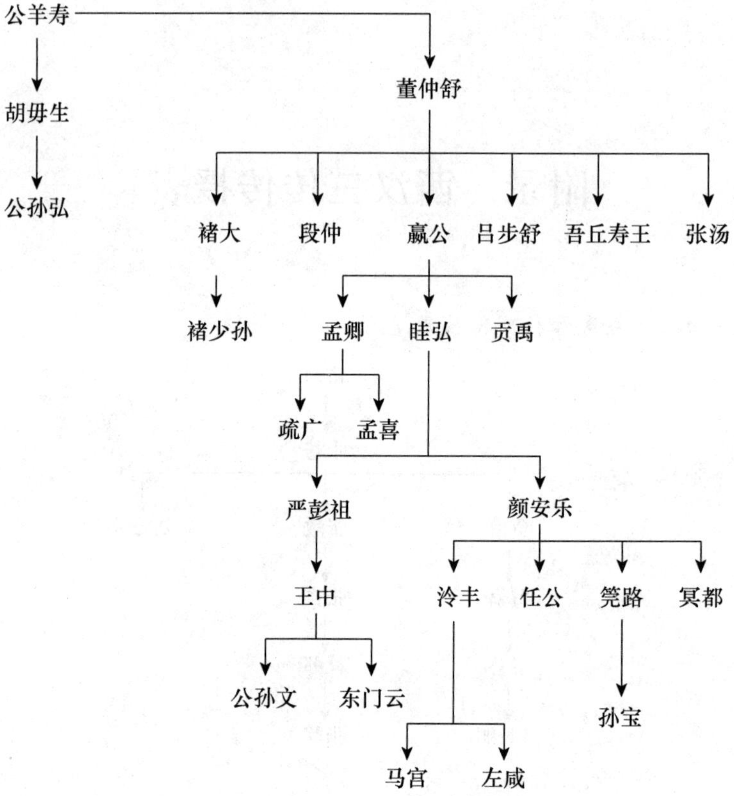
公羊寿
胡毋生
公孙弘
董仲舒
褚大
段仲
嬴公
吕步舒
吾丘寿王
张汤
褚少孙
孟卿
眭弘
贡禹
疏广
孟喜
严彭祖
颜安乐
王中
泠丰
任公
筦路
冥都
公孙文
东门云
孙宝
马宫
左咸

3. 西汉《穀梁春秋》传授表

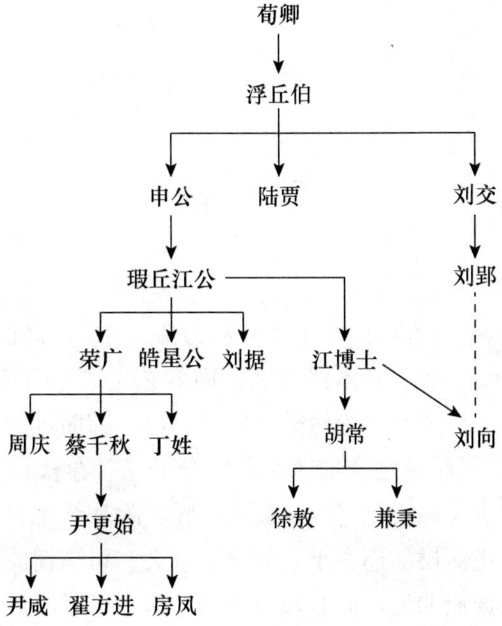

注：以上三表主要参阅司马迁《史记·儒林列传》（中华书局，1982）、班固《汉书·儒林传》（中华书局，1962）、唐晏《两汉三国学案》（中华书局，1986）、徐复观《中国经学史的基础》（上海书店出版社，2005）。

后　记

宋人孙觉说："《春秋》之于六经最为深义。"（孙觉《春秋经解·自序》）晁说之也说："儒者必本诸六艺，而六艺之志在《春秋》。苟舍《春秋》以论六艺，亦已末矣。纷然杂于释老、申、韩而不知其弊者，实不学《春秋》之过也。"（晁说之《景迂生集》卷十三《春秋》）《春秋》之于六经、儒学乃至中国思想文化何以如此重要呢？除从学术、思想和文化本身的意义考量外，更深层的还在于它的政治意义。司马迁的"有国者不可以不知春秋，前有谗而弗见，后有贼而不知。为人臣者不可以不知春秋，守经事而不知其宜，遭变事而不知其权。为人君父而不通于春秋之义者，必蒙首恶之名。为人臣子而不通于春秋之义者，必陷篡弑之诛，死罪之名"（司马迁《史记·太史公自序》）正是从这一意义上立论。正如石厉总结的："春秋之学……是典型的为政治服务的学术，在儒家经典中，它是最能够集中反映儒家社会政治思想的一门学说。"（石厉《春秋公羊学家思想考略》）

《春秋》因其浓厚的政治属性，自诞生起，就与政治保持着紧密的联系。在东周两汉社会转型、政治巨变的当口，其重要性愈加表现得淋漓尽致：从孔子借《春秋》总结东周政治得失，到三传借《春秋》表达社会变革，再到汉代武帝借《公羊春秋》完善君主政治体系，宣帝借《穀梁春秋》实现君主政治从重建到稳固的转变，哀帝、王莽试图借《左氏春秋》实现西汉政治自救，以及东汉光武帝借《春秋纬》神化和重建东汉政治。终于，随着两汉君主政治的稳定与社会转型的结束，《春秋》诠释在东汉末年以何休与郑玄对经学的融汇和总结，完成了中国历史上第一轮政治秩序重建的任务。因此，我们看到：在其后的魏晋至清末整个君主政治体制的稳定期，《春秋》诠释也相应地沉寂。直到清末新一轮社会转型开始，才进入第二轮活跃期，成为新一轮社会转型与变革当仁不让的理论和舆论引导者。

以道自任、出仕入世、学为所用、服务现实，是中国历代知识分子的理想和追求。顾炎武写《日知录》是为了“有王者起，将以见诸行事，以跻斯世于治古之隆，而未改为今人道”，一心效仿顾氏的陈澧也一意寄望于自己的《学思录》（后改名《东塾读书记》）能够“幸而传于世，庶几读书明理之人多，其出而从政者，必有济于天下”。

李源澄在谈到经学的特殊性和重要性时说：“欲知经学对吾国影响之大，当自历史中求之，亦惟于历史中求经学，始能见经学之意义。”（李源澄《经学通论·论经学之范围性质及治经之途径》）从诠释学的角度看，哲学诠释旨在解决经典诠释的理论思辨问题，回答什么是诠释；诠释史旨在探索经典诠释的发展路径，梳理诠释变迁；诠释方法论旨在解决诠释的方法问题，回答怎样诠释。而通过深入探索经典诠释与其背后的社会政治之间的互动关系，弄清如何诠释、回答为何如此诠释，则是本书写作的目的。

赵伯雄《春秋学史》为春秋学者提出了一项任务：“对于今日的学者来说，研究《春秋》经义的思想内涵及其对社会生活的影响固然重要，而探求历代的统治阶级如何最大限度地利用儒家经典，来达到维护他们的统治的目的，同样具有重要的意义。而这一工作，应该是经学史研究的一项主要任务。”随着历史的演进，《春秋》作为本就与政治紧密关联的学术思想，在不同的时代诠释中实现了其自身意义和内涵的演变，而演变所由以发生的动因和方向，正是时代赋予的使命和要求。透过《春秋》意义的变革，探寻其与社会政治之间发生着怎样的互动关系，则是本书写作的史学和文化学目的。

然而，人何其小，事何其大，兼以“学者之病在懒而躁”（陈澧《东塾读书论学札记》），能不能完成这样的任务、达成这样的目的，依然不免战战兢兢、忐忑不安。

2020 年 5 月 1 日

图书在版编目（CIP）数据

东周两汉社会转型背景下的《春秋》诠释/朱松美著. --北京：中国人民大学出版社，2021.3
ISBN 978-7-300-29122-2

Ⅰ.①东… Ⅱ.①朱… Ⅲ.①中国历史-春秋时代-编年体②《春秋》-研究 Ⅳ.①K225.04

中国版本图书馆 CIP 数据核字（2021）第 045385 号

国家社科基金后期资助项目
东周两汉社会转型背景下的《春秋》诠释
朱松美　著
Dongzhou Lianghan Shehui Zhuanxing Beijing Xia de Chunqiu Quanshi

出版发行	中国人民大学出版社		
社　址	北京中关村大街 31 号	邮政编码	100080
电　话	010－62511242（总编室）		010－62511770（质管部）
	010－82501766（邮购部）		010－62514148（门市部）
	010－62515195（发行公司）		010－62515275（盗版举报）
网　址	http://www.crup.com.cn		
经　销	新华书店		
印　刷	北京玺诚印务有限公司		
规　格	165 mm×238 mm　16 开本	版　次	2021 年 3 月第 1 版
印　张	18.75 插页 2	印　次	2021 年 3 月第 1 次印刷
字　数	313 000	定　价	59.00 元